A Arte da Reengenharia
O Renascimento da Empresa

Kelvin F. Cross
John J. Feather
Richard L. Lynch

A ARTE DA REENGENHARIA

O Renascimento da Empresa

Tradução:
Ivo Korytowski

Jorge Zahar Editor
Rio de Janeiro

Título original:
Corporate Renaissance
(The Art of Reengineering)

Tradução autorizada da primeira edição inglesa,
publicada em 1994 por Blackwell Publishers,
de Londres, Inglaterra

Jorge Zahar Editor Ltda.
rua México 31 sobreloja
20031-144 Rio de Janeiro, RJ
Tel.: (021) 240-0226 / Fax: (021) 262-5123

Capa: Kathia Junqueira e Marciso Carvalho

CIP-Brasil. Catalogação-na-fonte
Sindicato Nacional dos Editores de Livros, RJ.

C958a Cross, Kelvin F., 1953-
A arte da reengenharia: o renascimento da corporação/Kelvin F. Cross, John J. Feather, Richard L. Lynch; tradução Ivo Korytowski. – Rio de Janeiro: Jorge Zahar Ed., 1995
308p.

Tradução de: Corporate renaissance: the art of reengineering
Inclui apêndices e bibliografia
ISBN 85-7110-326-7

1. Desenvolvimento organizacional. 2. Planejamento estratégico. 3. Administração industrial. I. Feather, John J. II. Lynch, Richard L. III. Título.

CDD – 658.4063
95-1442 CDU – 65.011.8

SUMÁRIO

PARTE IV: DANDO VIDA À PINTURA

PREFÁCIO

Às vezes acontece quando dirigimos nosso automóvel de volta para casa após um dia extenuante. Ou pode ocorrer no meio de uma reunião de negócios. Porém, mais provavelmente, você o sente fisicamente — como uma úlcera. Não importa como, cedo ou tarde os gerentes chegam a uma constatação perturbadora e dolorosa. Os sistemas de negócios e as organizações que ajudaram a construir no correr dos anos podem estar fundamentalmente fora de sintonia com as realidades do mercado. Para piorar mais as coisas, a melhoria incremental e os esforços de manutenção ocultam o desafio real. Os sistemas e as estruturas básicos dos negócios são o xis da questão e precisam ser reprojetados.

Embora os gurus da qualidade venham há muito tempo sustentando que a melhoria contínua tem dois componentes — quais sejam, melhorias *incrementais* e *radicais* nos produtos e nos processos —, pouco se diz ou se escreve sobre como identificar sistematicamente e implementar rapidamente as melhorias radicais. Entretanto, não faltam exemplos de transformações bem-sucedidas de empresas em torno de produtos e/ou processos. Entre os exemplos conhecidos, estão a Saturn, a Toys R Us, a Taco Bell, a Disney e divisões da Ford Motor Company. Esses exemplos mostram que uma empresa, ou qualquer organização, pode se renovar e emergir como um protagonista fortalecido — como se tivesse renascido.

A arte da reengenharia gira em torno do tema da renovação. Escolhemos a metáfora do "renascimento" por suscitar algumas semelhanças surpreendentes com o conhecido período de renovação artística, científica e social que ocorreu em meados do presente milênio.

O termo "renascimento" no subtítulo indica que muitas empresas atuais estão ainda na "Idade Média". Consideremos algumas das semelhanças. Os órgãos hierárquicos e funcionais (com freqüência chamados de "silos funcionais") embutidos em tantas empresas nos últimos quarenta anos se assemelham às torres góticas e aos tetos abobadados das grandes catedrais européias.* Similarmente, os departamentos isolados, com sua visão míope de mercado e centrada no produto, evocam os feudos da Idade Média. Não surpreende que a bem-sucedida Saturn Company da General Motors tivesse que ser construída fora dos "feudos" existentes dessa empresa.

* *As catedrais góticas são renomadas por sua orientação vertical e pela divisão em partes separadas. Imensas escoras eram necessárias para apoiar sua estrutura. Os arquitetos góticos não poupavam esforços para ocultar das pessoas no interior da estrutura o esforço requerido para apoiá-la. Outros adicionavam elementos que expressavam função sem realmente realizá-la. Familiar, não?*

Em seu âmago, o Renascimento foi uma época de redescoberta dos valores do mundo. Como um movimento humanista, centrou-se na arte de aperfeiçoar uma habilidade. Essas habilidades foram desenvolvidas nas oficinas dos artesãos, que mais tarde se tornaram as escolas de arte do Renascimento. Foi esse conjunto coletivo de habilidades que formou a base das grandes realizações da época.

Para apreciar a "arte da reengenharia", os aprendizes atuais podem se inspirar nas obras clássicas de Frederick Taylor, Edwards Deming, J. M. Juran, Peter Drucker, Russell Ackoff e Jay Forrester. Como os mestres do Renascimento, esses *experts* em gerenciamento desafiaram a sabedoria predominante e promoveram a liberdade de fazer experiências com processos e sistemas.

Esse é o espírito que consideramos fundamental para a bem-sucedida renovação empresarial. Contudo, à semelhança do Renascimento europeu, onde o surto de novas informações foi acompanhado de negação, resistência e regressão, a reengenharia coloca os indivíduos e as organizações diante de um dilema. Participar do processo criativo de reinvenção do modo como o trabalho é realizado destrói inevitavelmente a ordem existente e cria uma sensação de perda e de incerteza sobre o nosso lugar na nova ordem.

Este livro pretende abordar os dois lados desse dilema. Primeiro, proporcionamos as ferramentas necessárias para a reengenharia de processos arcaicos; depois, mostramos como lidar com as conseqüências da reengenharia de recursos humanos *antes* da consolidação do novo projeto.

MENÇÃO ESPECIAL

Embora muitas pessoas tenham contribuído, direta e indiretamente, para este livro, somos especialmente gratos a dois indivíduos. É com nosso profundo apreço que agradecemos a Arnold S. (Jud) Judson, da Gray•Judson•Howard, e a Peter Pyclik, presidente da The Faxon Company, por suas valiosas contribuições para *A arte da reengenharia.*

O discernimento de Jud, produto de mais de quarenta anos como um destacado consultor gerencial nas áreas de planejamento estratégico e comportamento organizacional, influenciou fortemente a nossa percepção de que a reengenharia é mais do que mudar processos de trabalho. Também apreciamos profundamente os comentários, as sugestões e as contribuições de Jud para a melhoria do contexto, da estrutura e do estilo deste livro.

Bem no início do projeto, Peter nos ajudou a moldar a visão do livro — transformando nosso esboço original em um plano detalhado. Igualmente valiosas foram as idéias de Peter sobre a implementação de mudanças em grande escala e sobre o papel da tecnologia da informação em possibilitar essa mudança.

Consideramo-nos afortunados de contar com mentores e amigos desse calibre.

AGRADECIMENTOS

Muitas pessoas contribuíram, direta ou indiretamente, para este livro e, no decorrer de nossa aprendizagem, ajudaram a moldar nosso pensamento e a aguçar nossas habilidades de reengenharia.

Primeiro, devemos muito às obras dos "mestres" do gerenciamento: Peter Drucker, Russell Ackoff, Jay Forrester, Edwards Deming e Joseph Juran. Todos eles continuam nos inspirando com suas visões e antevisões das questões de sistemas de negócios e de gerenciamento.

A reengenharia — assim como a arte — não é uma disciplina passiva. Nossas observações, nossos comentários e nossa metodologia não resultam de pesquisas ou de estudos acadêmicos. As páginas que se seguem são uma síntese de nossas experiências combinadas com quase quatro dezenas de grandes projetos de reengenharia dos últimos dez anos.

Em nossos primeiros anos de reengenharia, apreciamos as oportunidades e os projetos que nos foram propiciados por Noel Greiner, Alex Gliksberg e Bob Aspel, da Wang Laboratories, por Bob Cahill, aposentado pela A.G. Spalding and Company, e pela Digital Equipment Corporation.

Com base nessas experiências valiosas, adquirimos uma nova perspectiva e novas habilidades com nossos colegas da área da consultoria. Agradecemos a Dan Gray, Arnold Judson e Don Howard pela ênfase no contexto estratégico e na importância de uma abordagem colaborativa no projeto e na mudança das organizações. Além disso, agradecemos a Henry Foley, presidente e principal executivo da Gray•Judson•Howard, por suas idéias e por suas contribuições ao nosso pensamento sobre empresas de serviços, qualidade do serviço e projeto de serviço. Apreciamos especialmente a visão e a persistência de Henry, que levaram ao desenvolvimento e à depuração do Mapeamento do Sistema de Serviço (SSM — *ver* Glossário no Apêndice A).

Outra fonte de nossa aprendizagem e compreensão da reengenharia foi o Center for Quality Management (CQM). Um agradecimento especial por impulsionar nossa compreensão dos sistemas de Gestão da Qualidade Total (TQM) vai para Ray Stata, presidente da Analog Devices, Inc. (ADI) e co-fundador do CQM; para Tom Lee, presidente do CQM e para o professor Shoji Shiba, que presta consultoria ao CQM. Eles demonstraram que a Gestão da Qualidade Total é muito mais do que um programa de melhorias incrementais. É a qualidade do sistema gerencial no sentido mais amplo, quer seja necessária uma melhoria radical ou incremental de produtos, serviços ou processos. Somos especialmente gratos ao professor Shiba, que nos ensinou por meio de exemplos e compartilhou conosco suas ricas experiências em muitas empresas e instituições, inclusive a União Japonesa de Cientistas e Engenheiros (JUSE) e o Instituto Kawakita. Somos gratos também a Art Schneiderman, Ira Moskowitz, John Sheridan (ADI), Gary Burchill (marinha norte-americana), Alan Graham (consultor de desenvolvimento de produtos), Phil Gulley e Diane Shen (CQM), Dave Walden (Bolt, Beranek & Newman), Mike Bradley e John Petrolini (Teradyne) e Ron Santella (Genrad), que, junto com Rich Lynch, prepararam vários dos manuais e *workshops* de Gestão da Qualidade Total do CQM, sob a direção do professor Shiba. Esses documentos serviram como fontes básicas para os conteúdos dos Capítulos 3 e 12 e do Apêndice C.

Os reengenheiros de empresas com os quais colaboramos também merecem menções individuais. Na AT&T, agradecemos a toda a equipe do projeto ORION pela oportunidade de trabalharmos com ela, e agradecemos especialmente a Julie Stockman por sua ajuda em reforçar a abordagem que defendemos neste livro. Também na AT&T, apreciamos o trabalho de Gene Jachera e Ruthann Kalas, além de muitos outros integrantes do IMS. Na Time Insurance Company, somos gratos a Kathy Thomas, John Krick, Brenda Lund e a todo o projeto BRIDGE por seus comentários sobre nossa metodologia. Na New Hampshire Insurance, devemos agradecimentos especiais a Marybeth Carroll e a toda a equipe do projeto de reengenharia. Na Weight Watchers International, agradecemos os comentários e as sugestões de Frank Hussy. Geof Schlakman da Actmedia também merece uma menção especial, junto com Ted Hill da ARMCO Specialty Steels. Victor Agruso, da Hallmark Cards, nos forneceu excelente *feedback* sobre o desafio dos recursos humanos na reengenharia. Na BMW norte-americana, agradecemos a Mike DeMarco e à sua equipe por compartilharem suas experiências com o SSM. Finalmente, em The Faxon Company, gostaríamos de agradecer a Peter Pyclik, Ted Barnes, Lois Bacon, Cynthia Dibble, Sue Murray, Jeanne Knight e a toda a equipe do Project Renaissance por propiciarem um rico contexto de implementação.

Gostaríamos ainda de agradecer a nossos colegas Jack DeSanctis (Simplex) e Mike Emery (Addison-Wesley Publishers) por suas contribuições sobre a motivação no Capítulo 12.

Um agradecimento especial vai para Steve Lynch por seus esboços criativos que levaram à arte final da capa do livro.

Finalmente, estendemos nossa gratidão a Caren, Dorothy, Patty, Marianne e Kevin pela paciência, pelo estímulo e pelos sacrifícios.

No decorrer deste projeto, registramos as observações e as idéias de muitas pessoas. No entanto, assumimos plena responsabilidade pela interpretação da "arte da reengenharia" retratada nestas páginas.

Kelvin F. Cross
John J. Feather
Richard L. Lynch

Cambridge, Massachusetts
Dia do trabalho, 1993

Parte I

A INSPIRAÇÃO PARA A RENOVAÇÃO

O Renascimento deve ter sido uma época desconfortável, embora emocionante, de se viver. Entretanto, essas mesmas tensões suscitaram uma efusão de energia criativa como o mundo jamais vira antes. É um paradoxo fundamental que o desejo de retornar aos clássicos, baseado na rejeição da Idade Média, tenha trazido para a nova era não o renascimento da Antigüidade, mas o nascimento do homem moderno.

H. W. Janson (historiador da arte)

Capítulo 1

INTRODUÇÃO

É inútil tentar, por incessantes reformas da legislação, curar a patifaria em um estado cuja ordem fundamental está errada.
Platão, *A República*[1]

O primeiro tiro da revolução da reengenharia já foi disparado. A sabedoria predominante sobre os modelos tradicionais de negócios já está sendo abalada. Atualmente, as empresas se defrontam com expectativas e com uma busca da excelência que transcendem as capacidades da teoria e da prática empresarial atuais. Sobreviver significa criar novos modelos. Essa mudança de paradigma não é menos drástica do que aquela ocorrida durante o Renascimento, nos séculos XV e XVI. Há quinhentos anos, a visão do mundo foi virada de cabeça para baixo, trazendo-se o homem para o centro da perspectiva do artista e criando-se uma visão da excelência humana.

A visão que impele a reengenharia é muito mais do que uma sobreposição, às operações atuais, de uma miscelânea de atividades de melhoria contínua. Para nós, a reengenharia começa com uma "tela" em branco. Após um exame aberto e cuidadoso das tendências do setor, do mercado e da tecnologia, bem como das necessidades dos clientes, os líderes empresariais devem transmitir uma visão e uma perspectiva claras sobre o atendimento dessas necessidades no mercado mediante processos novos. Este livro fornece a executivos e gerentes uma palheta de modelos, de ferramentas e de gabaritos para o reprojeto dos sistemas de negócios e das organizações que estejam fundamentalmente fora de sintonia com as realidades do mercado. O resultado final desse empreendimento é mais do que um novo processo de contas a pagar ou uma forma melhor de processar pedidos de indenização. Trata-se de uma revolução do modo de pensar sobre os mercados, sobre os processos essenciais (ver Glossário no Apêndice A) e sobre as pessoas — enfim, um renascimento empresarial.[2]

Definição de Reengenharia

Encontram-se várias definições de reengenharia[3] na literatura recente, mas nossa preferida é a de Mike Hammer:

> A reengenharia é o repensar fundamental e a reestruturação radical dos processos empresariais que visam alcançar drásticas melhorias em indicadores críticos e contemporâneos de desempenho, tais como custos, qualidade, atendimento e velocidade.

Essa definição assemelha-se em seu espírito ao conceito de "gerência interativa" advogado por Russell L. Ackoff em seu livro seminal *Creating the Corporate Future*.[4] A gerência interativa lida com sistemas como produtos de interações. Ackoff define um sistema como um conjunto de dois ou mais elementos que satisfazem estas três condições: (1) o comportamento de cada elemento exerce um efeito no comportamento do todo; (2) o comportamento dos elementos e seus efeitos sobre o todo são interdependentes; e (3) os elementos de um sistema estão tão conectados, que subgrupos independentes não conseguem ser formados. Em outras palavras, um sistema, como o corpo humano, não pode ser dividido em suas partes.[5] A segunda idéia-chave de Ackoff reside em seu ensinamento da arte de criar um "projeto idealizado" — um projeto baseado não em alguma previsão imprecisa do futuro, mas no potencial do que a organização poderia ser *hoje*:

> Em um ambiente como o nosso, onde a mudança e a complexidade estão ocorrendo em um ritmo cada vez mais acelerado, nossa capacidade de previsão está se deteriorando significativamente. Mais importante, porém, é a percepção crescente de que não precisamos prever o futuro a fim de lidar com ele. Existe um método melhor: trabalhar retroativamente, de onde se gostaria de estar agora até onde se está realmente. Quando observamos onde estamos de onde gostaríamos de estar, percebemos mais corretamente que a maioria das obstruções estão em nossas cabeças, podendo portanto ser removidas. Com isso, torna-se possível para nós obtermos melhorias bem maiores.[6]

Peter F. Drucker repete o chamado de Ackoff para a inovação prática. Ele argumenta que os empresários não deveriam inovar para o futuro. Eles deveriam canalizar suas energias e seu talento para produtos e processos inovadores com vistas ao presente.[7] Hammer, Ackoff e Drucker compartilham uma visão do potencial de uma organização como um sistema não-limitado pela prática existente ou por previsões incertas do futuro. O seu foco recai — a exemplo do Renascimento — sobre a criatividade e a inovação humanas alcançáveis já.

A Paisagem da Reengenharia

A definição da reengenharia talvez seja mais clara do que seu escopo ou como abordá-la.

Para se compreender a reengenharia, é importante examinar primeiro a questão do escopo. Consideremos uma pequena exibição escondida em um canto do Smithsonian Air & Space Museum de Washington. Chama-se "A Potência de 10" (Pyramid Films) e mostra como o foco e a perspectiva mudam com a altitude. O filme de curta metragem começa com uma cena de um homem a um metro de distância. A câmera se afasta, então, para dez metros de distância, mostrando um casal sobre uma toalha de piquenique em um gramado ao ar livre. A cena muda para cem metros de distância e observamos um parque, alguns barcos em uma marina e automóveis em um trecho da estrada. De mil metros, começamos a perceber os detalhes parciais da cidade de Chicago. De dez mil metros, vemos os "padrões" da Chicago Standard Metropolitan Statistical Area: as principais estradas, as áreas densamente povoadas e grande parte do lago Michigan. De cem mil metros, todo o lago Michigan e as cidades vizinhas se tornam visíveis, bem como os padrões climáticos do meio-oeste. Logo, a viagem revela o planeta, o sistema solar, o espaço sideral, a galáxia e assim por diante.

Uma viagem pela maioria das organizações revela as mesmas diferenças drásticas de perspectiva. Perto das operações, observamos o indivíduo e, depois, a célula de trabalho. Mais acima, começamos a vislumbrar grupos de atividades e, depois, departamentos. Ainda mais acima, esses departamentos começam a se confundir, e subprocessos e processos de negócios aparecem como padrões de tráfego em um mapa. Subindo-se ainda mais, emergem os sistemas operacionais da empresa ou processos essenciais (por exemplo, lançamento de novos produtos, atendimento de pedidos, gerenciamento das receitas). Prosseguindo-se a subida, a perspectiva muda novamente, agora para as unidades estratégicas de negócios, para a própria empresa e, finalmente, para o setor como um todo.

Onde Aplicar a Reengenharia

Desse modo, qual é o foco/escopo apropriado da reengenharia? Será a célula de trabalho? O departamento? O processo de negócios ou o processo essencial? Para os "artistas" da empresa engajados em um renascimento empresarial, as fronteiras da reengenharia estão nos níveis do sistema essencial de negócios e do processo de negócios.

A necessidade de se atacar o processo inteiro vem sendo amplamente reconhecida nas empresas norte-americanas. Em uma pesquisa de 1993, três quartos dos entrevistados revelaram que "tinham algumas grandes iniciativas de melhoria de processos em andamento e que muitos desses projetos eram caracterizados como de larga escala, interfuncionais e abrangendo toda a empresa".[8]

Definimos um processo essencial [*core process*] como todas as funções e seqüências de atividades (independente de onde residem na organização), políticas e procedimentos, e sistemas de apoio necessários para se atender uma necessidade do mercado através de uma estratégia específica. Inclui todas as funções envolvidas no desenvolvimento, na produção e na provisão de produtos ou serviços específicos a determinados clientes. Em outras palavras, a ênfase recai sobre o fluxo de trabalho — e não sobre os organogramas.[9] O lançamento de novos produtos, o atendimento de pedidos e o atendimento aos clientes são exemplos do que queremos dizer por "processo essencial". Em suma, existem três componentes em nossa definição de processo essencial:

1. Seqüência de atividades: Em vez de visualizar o trabalho como atividades estanques e individuais de departamento para departamento, imagine-o como um rio que flui continuamente — independente das fronteiras políticas arbitrárias e alimentado por

muitos afluentes. Fundamentalmente, o processo essencial é uma rede de fornecedores internos e de clientes através da organização que fazem com que o trabalho seja realizado.

2. Implementa uma estratégia: Uma estratégia de negócios normalmente não consegue ser implementada por um departamento isolado. Uma estratégia requer o comprometimento e a cooperação de toda a organização.
3. Fornece um produto ou serviço ao cliente: Um processo essencial inclui a seqüência de atividades que culmina no efetivo fornecimento do produto ou do serviço ao cliente final.

Um "processo de negócios" pode ser imaginado como um importante componente dos processos essenciais. Por exemplo, o processo de desenvolvimento de produtos (transformar especificações em produtos) faz parte do sistema de lançamento de novos produtos, que também inclui a pesquisa de mercado e a colocação em produção. A paisagem da reengenharia é mostrada na Figura 1.1.

Figura 1.1 ◆ A Paisagem da Reengenharia

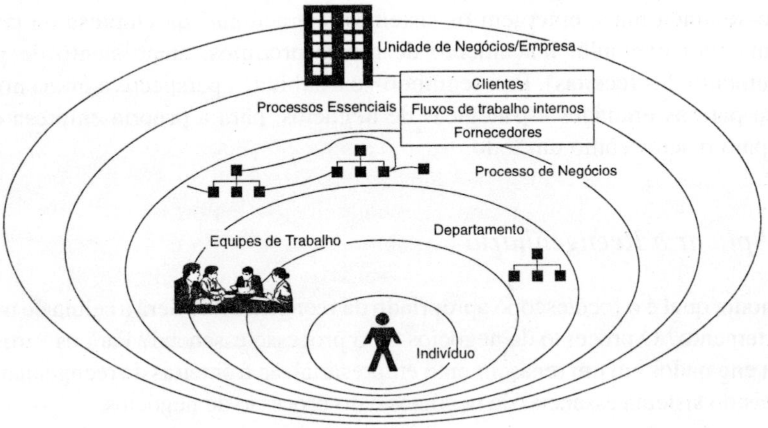

Relacionamento com a Gestão da Qualidade Total

Muitas pessoas nos indagaram sobre a diferença entre a reengenharia e a Gestão da Qualidade Total (TQM — Total Quality Management). É uma pergunta válida, pois a TQM tem sido definida como "um sistema estruturado para se atenderem e ultrapassarem as necessidades e expectativas dos clientes, mediante a participação de toda a organização no planejamento e na implementação de processos de melhoria radicais e contínuos".[10] Conquanto as implementações da Gestão da Qualidade Total variem de empresa para empresa, na prática a maioria das empresas e das organizações começa de forma limitada, com um pequeno número de equipes de solução de problemas trabalhando em melhorias incrementais no processo existente. Projetos-piloto desenvolvem adeptos locais e o processo é expandido por toda a empresa, repleto de programas de treinamento em qualidade, de conselhos de casos de qualidade e assim por diante. Esses projetos são, normalmente, desenvolvidos a partir da perspectiva atual, limitados pelas políticas atuais e estreitos no foco — suscitando um envolvimento interfuncional limitado. Art Schneiderman, vice-presidente de qualidade e produtividade da Analog Devices, compara essa espécie de implementação a "perguntar 'por quê?' cinco vezes". Em outras palavras, ao isolarmos um aspecto pequeno e estanque de um problema, ignoramos as interações do sistema. Ademais, ao desenharmos um diagrama de causa e efeito e perguntarmos "por quê?" cinco vezes, cada vez que tentamos nos aproximar da causa fundamental, mais nos enredamos no sistema existente.

Quando mudanças de vulto ocorrem fora da organização — tais como alterações no mercado ou avanços dos concorrentes —, as tentativas de melhoria incremental nos processos existentes são simplesmente insuficientes. A reengenharia é exigida para a mudança em grande escala. Algumas empresas de ponta que estão implementando a Gestão da Qualidade Total reconheceram esse desafio. Elas estão desenvolvendo abordagens que desafiam os axiomas empresariais predominantes e que atacam problemas sistêmicos muito complexos tanto organizacional como tecnicamente. Essas ações exigem a liderança da alta gerência, um claro senso de premência, uma constância de propósitos e métodos sistemáticos.

Quando a gerência empreende tal esforço, precisa reconhecer sua responsabilidade para com todos os envolvidos de exigir e liderar um processo que tem por objetivo ganhos substanciais. Conforme argumentam Stan Davis e Bill Davidson, "para obter melhorias de cem por cento, de trezentos por cento, de quinhentos por cento, você não pode fazer as mesmas coisas de forma melhor. Você tem que fazer algo fundamentalmente diferente e, no processo, a sua empresa será fundamentalmente transformada".[11]

Art Schneiderman nos fornece novamente uma noção prática. A reengenharia deve ser considerada um evento singular em termos de mudança radical e de instabilidade. À medida que novos processos são definidos, a gerência deve rapidamente voltar para o modelo de várias equipes pequenas trabalhando para alcançar os ganhos por meio de controle estatístico de processos (SPC — Statistical Process Control) e realizando melhorias incrementais para ajudar a atingir o pleno potencial do processo reestruturado. A relação entre melhoria radical ou descontínua e melhoria incremental pode ser vista na Figura 1.2.

Nossa experiência nos mostrou que muitos gerentes ficam confusos com essa relação sinérgica. Declarar a Gestão da Qualidade Total "ultrapassada" ou adotar a reengenharia como o próximo "modismo gerencial" significa ignorar a aprendizagem organizacional dos últimos dez anos. A Gestão da Qualidade Total (mesmo em sua definição mais limitada, que é a mais comumente adotada) fornece os dados de avaliação do desempenho e de solução de problemas que alertam a gerência quando chega o momento de aplicar a reengenharia, conforme mostrado em (A). As equipes de Gestão da Qualidade Total podem sugerir melhorias relacionadas a opções de projeto e idéias que podem estar além do escopo da equipe, mas podem ser usadas na "arte" da reengenharia (B). A Gestão da Qualidade Total também ajuda o sistema gerencial a alcançar plenamente os benefícios (C), fornecendo a infra-estrutura (fixação de metas, treinamento, avaliação de desempenho, incentivos etc.) para "reconectar" os trabalhadores em torno das metas e dos objetivos do sistema de negócios reestruturado. A Gestão da Qualidade Total, na acepção mais ampla, abrange a reengenharia e fornece as ferramentas e a disciplina necessárias para a inovação e para a mudança radical.

Tom Lee, presidente do Center for Quality Management, descreve a Gestão da Qualidade Total como a "tecnologia de gerenciamento", mas observa sabiamente que tanto a tecnologia como a arte são parceiras compatíveis na busca da excelência e da estética — ou, em nossa metáfora, de uma melhor qualidade da vida profissional.[12]

Figura 1.2 ◆ Melhoria Radical *versus* Incremental

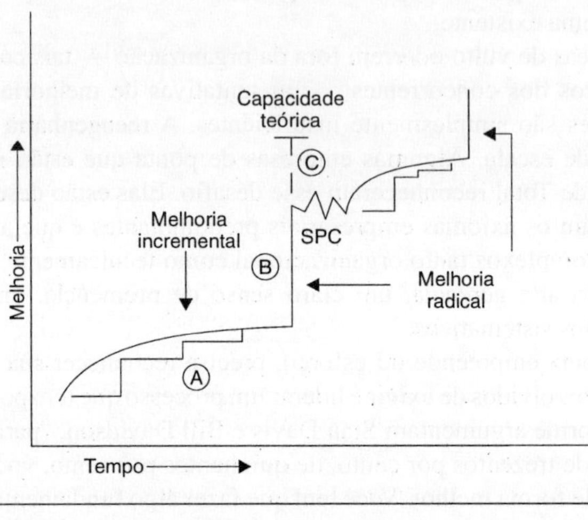

A Hora de Aplicar a Reengenharia

Constatamos que as perguntas a seguir ajudam a determinar quando um processo essencial deve sofrer reengenharia:

- Os seus clientes estão exigindo mais em troca de menos?
- Os seus concorrentes estão em condições de fornecer mais em troca de menos?
- Você conseguiria operar isoladamente uma unidade do início ao fim do processo cinco vezes mais rapidamente do que o tempo de ciclo normal?
- Os seus esforços de melhoria incremental da qualidade não deram em nada ou foram um desapontamento?
- Os investimentos em tecnologia não deram resultados?
- Você está planejando lançar produtos e serviços radicalmente novos ou suprir novos mercados?
- A sua empresa corre perigo de entrar no vermelho?
- As suas tentativas de *downsizing* e de redução de custos não conseguiram mudar o rumo da empresa?
- Você está unificando ou consolidando operações?
- Os seus processos essenciais de negócios estão fragmentados e desintegrados?

Caso tenha respondido "sim" a qualquer uma dessas perguntas, provavelmente é hora de aplicar a reengenharia. Se respondeu "sim" a duas ou mais, definitivamente é hora de reunir uma equipe que consiga retroceder do processo essencial total e pensar "como ele poderia ser se começássemos do zero?".

Por Que os Processos de Negócios Começam a Falhar?

Para compreender por que os processos de negócios entram em pane, é importante reconhecer como se formaram originalmente.

A Evolução dos Processos Empresariais

A maioria dos processos de negócios com que trabalhamos ou que examinamos evoluiu espontaneamente, e não intencionalmente. Em geral, processos projetados décadas atrás têm recebido acréscimos — em vez de serem substituídos — de forma *assistemática* para dar conta das ofertas cada vez mais complexas de produtos e da exigência de mais valor pelo cliente.[13] Por exemplo, sistemas *just-in-time* têm sido impostos com sistemas ultrapassados de controle de materiais e de contabilidade de custos, e processos com *input* do cliente têm sido sobrepostos aos esforços tradicionais de desenvolvimento com foco no produto. Os resultados de tal evolução são processos em mutação — e não reestruturados. Resta aos gerentes de nível médio e aos departamentos de Sistemas de Informações Gerenciais descobrir como encaixar os pinos quadrados nos buracos redondos. Ao fazê-lo, muitas empresas têm involuntariamente "institucionalizado o assistemático e consagrado o temporário".[14]

Seis Boas Razões para se Voltar à Prancheta de Desenho

Existem várias razões convincentes *pelas quais* é necessário aplicar a reengenharia a processos essenciais. Cada razão (ou combinação de razões) também sugere *quando* chega a hora de repensar como sua organização agrega valor.

Razão 1: Suas atividades de melhoria contínua atingiram um beco sem saída.

Qualquer processo tem uma capacidade teórica ou, em termos inversos, um nível atingível de defeitos teoricamente mínimo. Por exemplo, uma forma fácil de se calcular o tempo de ciclo teoricamente mínimo de um processo é operar isoladamente uma unidade (ou prestar um serviço individual) sem qualquer atraso, formação de lotes ou desvio do percurso principal. Nesse caso, o teoricamente mínimo pode ser enunciado em termos de tempo do ciclo (dias, horas, minutos etc.). Supondo-se que o processamento habitual revele um desempenho bem pior e que sua empresa esteja aplicando processos de melhoria contínua (por exemplo, solução formal de problemas), você pode esperar uma redução dos defeitos à metade a cada seis a dezoito meses — dependendo da complexidade organizacional e técnica do problema.[15] Essa "meia-vida" é um indicador do ritmo de redução de um defeito (fornecimento atrasado, erro de fatura etc.) do nível atual até o mínimo teoricamente possível. Em outras palavras, representa a quantidade de tempo decorrida até que metade das "coisas" avaliadas desapareçam. Por exemplo, seria de esperar que a meia vida de um problema técnico de baixa ou média complexidade em um departamento fosse de aproximadamente seis meses. Por outro lado, a redução de um defeito à metade pode levar dezoito meses, caso o problema seja complexo e envolva vários departamentos, fornecedores e clientes na ação corretiva.

Figura 1.3 ◆ Desempenho de Fornecimento de uma Empresa de Semicondutores

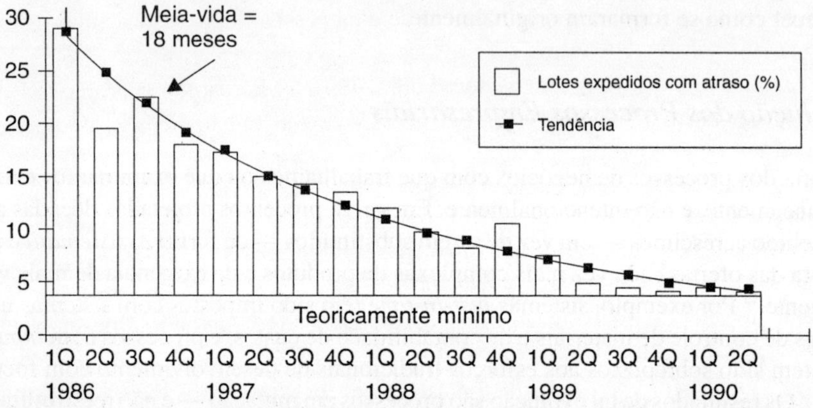

A Figura 1.3 mostra um exemplo de um processo de fornecimento de produtos em que atividades de melhoria contínua ajudaram na aproximação do teoricamente mínimo. O dilema aqui é que, ao passo que nos aproximamos do teoricamente mínimo, o resultado da meia-vida normalmente diminui ou a melhoria se torna desprezível (por exemplo, você gasta dezoito meses para reduzir o defeito — digamos, expedições atrasadas — de seis para cinco por cento, supondo que o teoricamente mínimo seja de quatro por cento). A essa altura, as equipes se frustram. Elas bateram com a cabeça na parede.

Uma forma de evitar esse amortecimento é a gerência fixar um gatilho — por exemplo, quando a organização tiver atingido 95% do teoricamente mínimo — de um esforço de reengenharia. Em outras palavras, a gerência terá que estabelecer um novo mínimo teoricamente possível.

Razão 2: A concorrência deu um salto para a frente e conquistou os seus clientes.

A mais desesperadora e premente necessidade de reengenharia advém quando não lhe resta outra saída senão agir rapidamente e fazê-lo corretamente. Infelizmente, as empresas maiores e complacentes negam rotineiramente a necessidade de reagir vigorosamente às ameaças competitivas. Elas descartam os "novatos" como insignificantes, ainda que isso represente perder um cliente. Considere os seguintes casos de negligência diante dos concorrentes:

- As grandes empresas siderúrgicas norte-americanas consideravam a Nucor e a Chapperal concorrentes sem importância.
- O serviço postal norte-americano ignorou inicialmente as incursões da Federal Express.
- No início, a Cadillac, a BMW e a Mercedes desprezaram os automóveis de luxo japoneses (liderados pela Divisão Acura da Honda) como desprovidos de tradição ou de classe.
- A Sears construiu um arranha-céu em Nova York, enquanto a Wal-Mart construiu lojas e uma infra-estrutura supereficaz de informações e de distribuição.
- A CNN e suas eficientes turmas de trabalho de uma pessoa foram vistas como insignificantes pelas redes de noticiários.
- A IBM reagiu com atraso à Apple na década de 1980 e à Microsoft na década de 1990.

Entretanto, existem alguns exemplos de sucesso da reengenharia reativa ao enfrentar o desafio de um concorrente:

- Na guerra entre a Honda e a Yamaha pela variedade de produtos, a reengenharia da Honda de seu processo de lançamento de produtos permitiu que lançasse ou substituísse 113 novos modelos de motocicleta em dezoito meses, enquanto a Yamaha só conseguiu lançar 37. Isso forçou a Yamaha a "se render".
- Igualmente no setor de motocicletas, a Harley-Davidson reinventou a si mesma depois de se libertar de uma origem corporativa.
- Quando a General Motors pegou uma folha de papel em branco e iniciou a Saturn, todos os processos essenciais sofreram reengenharia, do desenvolvimento de produtos até toda a rede atacadista e varejista (apoio do fabricante às revendedoras e planejamento de vendas e experiência de propriedade no nível das revendedoras).

Razão 3: Você está se aproximando do topo da "curva em S" e está prestes a desabar.

Dados sobre a participação no mercado, dados de vendas e demonstrativos de lucros e perdas são epitáfios sobre o desempenho passado. Eles informam sobre a saturação do mercado, sobre as mudanças dos clientes, sobre os ataques competitivos e sobre a interação desses fatores depois de ocorrido o fato. As empresas precisam de sensores melhores das condições da estrada adiante, bem como de saber a que altura estão no ciclo de vida do setor. O ciclo de vida da maioria das empresas se assemelha à letra "S", conforme mostra a Figura 1.4.

Embora muitos fatores contribuam para a maturidade e o declínio do mercado, as empresas que buscam rotineiramente fontes de oportunidades inovadoras serão provavelmente aquelas que moldarão a forma da curva e deixarão os concorrentes para trás. Peter Drucker definiu sete fontes de inovação propositada:

1. O inesperado (o sucesso inesperado, o fracasso inesperado, o evento externo inesperado).
2. A incongruência (entre a realidade como de fato é e a realidade como se supõe que seja ou "deveria ser").
3. Inovações baseadas em necessidades do processo.
4. Mudanças na estrutura do setor ou do mercado (que pegam a todos desprevenidos).
5. Demografia (mudanças populacionais).

6. Mudanças na percepção, no estado de ânimo e no significado.
7. Novos conhecimentos (tanto científicos como não-científicos).[16]

Figura 1.4 ◆ Percorrendo a Curva em "S"

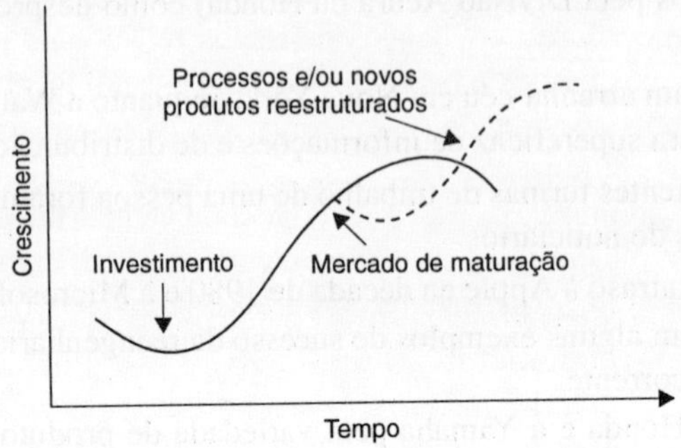

É desastroso esperar excessivamente até reconhecer que é hora de abandonar os processos e as suposições que o impeliram originalmente para cima na curva. O seu tempo e/ou os seus recursos para reengendrar uma segunda onda poderão se esgotar.

Razão 4: As exigências de seus clientes mudaram.

As expectativas dos clientes mudam com o tempo. Às vezes, os processos existentes não conseguem acomodar essas novas expectativas. Por exemplo, os clientes podem querer processar seu próprio trabalho ou participar do processo de projeto, mas o processo e/ou as políticas existentes proíbem ou impedem significativamente essa parceria.

As expectativas em mutação costumam ser enganosas. Por exemplo, conhecemos uma empresa que pensava que seu processo de entrega no prazo fosse cerca de 97% satisfatório. Entretanto, a empresa definira a entrega no prazo como lotes expedidos "sem atraso". Por algum tempo essa definição fora aceitável. Contudo, à medida que os clientes transformavam seus processos em *just-in-time*, "no prazo" passou a significar: nem adiantado nem atrasado. Os processos equipados para expedir sem atraso diferem radicalmente daqueles configurados para expedir exatamente quando necessário.

Como acontece com as Razões 2 e 3 mencionadas, auditorar os indicadores de desempenho do ponto de vista dos clientes é outra forma de determinar se a reengenharia é necessária. Se os clientes estão modificando suas definições de entrega no prazo e de qualidade e sua resposta é "não podemos fazê-lo", é hora de convocar a equipe de reengenharia. (*Observação*: as expressões "equipe de reengenharia" e "equipe de projeto" possuem significados similares. Em alguns casos, porém, a equipe de projeto pode ser um subconjunto da equipe de reengenharia e/ou ser suplementada por especialistas no assunto.)

Razão 5: Os avanços tecnológicos expandem as possibilidades.

Para o adolescente que acabou de tirar a carteira de motorista, a tecnologia do automóvel não apenas expande as possibilidades de viagem, como amplia as suas perspectivas (e freqüentemente as dos pais) até o limite. Com uma abertura similar para a aventura, os gerentes atuais devem recorrer à tecnologia como um capacitador, explorando a possibilidade de fazer coisas nunca antes imaginadas. Por exemplo, a Troca Eletrônica de Dados (EDI — Electronic Data Interchange) permite a transferência automática de pagamentos entre clientes e fornecedores; os bancos de dados relacionais permitem aos clientes personalizar os serviços usados a partir do local onde estão localizados; os sistemas de informações permitem aos trabalhadores tomar decisões em tempo real, em vez de repassar os problemas ao supervisor.

As empresas e as organizações precisam criar competência na identificação de "novos conhecimentos" (tanto científicos como não-científicos), em compreender as possibilidades da tecnologia e em experimentar aplicações potenciais (por mais distantes que estejam) nos negócios.

Razão 6: Mudanças fundamentais no setor exigem a *en*genharia.

No atual ambiente em rápida mutação, o setor de atividade e os mercados estão sujeitos a mudanças radicais e, muitas vezes, imprevisíveis. De fato, nas palavras de Peter Drucker, "mercados e estruturas setoriais são bastante frágeis. Um pequeno arranhão e se desintegram, com freqüência rapidamente. Quando isso acontece, cada membro do setor tem que agir. Continuar atuando como antes é quase uma garantia de desastre e pode condenar uma empresa à extinção".[17]

Exemplos claros povoaram as crônicas de negócios nos últimos cinco anos. Por exemplo, a Wang Laboratories, a Digital Equipment Corporation e a IBM deixaram de reagir à mudança, no setor de informática, de caixas de hardware protegidas por patente para padrões de arquitetura aberta, *desktops*, desenvolvimento de softwares e prestação de serviços. Outro exemplo de mudança setorial pode ser visto no setor editorial. A editoração eletrônica, a distribuição de documentos e os orçamentos de pesquisa declinantes das bibliotecas alteraram os relacionamentos na cadeia de valor dos serviços de informação tradicional. Alguns gerentes interpretam essas espécies de mudança melhor do que outros. Por exemplo, Steve Jobs reposicionou a empresa Next em torno de seu software NextSteps.

Ainda outras mudanças ocorrem fora do setor. Por exemplo, a legislação de proteção ambiental obriga as empresas a redesenhar seus processos; porém, os gerentes com freqüência desperdiçam a oportunidade, preferindo alterar o processo existente.

Às vezes, tecnologias de um setor influenciam outro setor. Por exemplo, a indústria da aviação e aeroespacial tem comumente alterado a configuração de outras indústrias. O caso mais recente é o composto de fibra de carvão usado na construção da Voyager para seu vôo sem escalas ao redor do mundo. Esse novo material ultraleve, se usado nos automóveis, abrirá caminho para veículos com desempenho de quarenta quilômetros por litro. Observa Amory B. Lovins, do Rocky Mountain Institute: "Não é simplesmente uma espécie diferente de automóvel. Trata-se, fundamentalmente, de uma espécie diferente de indústria automobilística." Detroit está agora avaliando as implicações. Além da economia de combustível, a eliminação da soldagem diminuirá o número de tarefas qualificadas, será necessária apenas uma fração das peças da carroceria dos automóveis convencionais e as carrocerias não enferrujarão.[18] Assim como no passado, algumas empresas aproveitarão a oportunidade e começarão a redesenhar seus processos essenciais. Outras lutarão contra as mudanças, garantindo sua extinção final.

O Retorno Financeiro da Reengenharia

Eis dois exemplos de enormes retornos financeiros obtidos com o redesenho do processo essencial.

Lançamento de novos produtos: Uma divisão da AT&T temia que sua participação no mercado fosse erodida pela incapacidade de lançar no mercado em tempo hábil novos produtos e serviços. Antes da reengenharia, o Consumer Communications Services (CCS) levava rotineiramente mais de um ano para realizar algumas das mudanças de software requeridas pelos novos produtos e serviços. Para atacar esse problema, a equipe-piloto ORION foi estabelecida. Logo ela descobriu a extensão de seu desafio. Dos 250 passos do processo, apenas quarenta estavam ligados à avaliação da viabilidade técnica, à formulação de estimativas de tempo e de custo e à implementação efetiva das mudanças. O resto estava relacionado a diferentes atividades não-agregadoras de valor, como oitenta passos de conferentes conferindo conferentes. A equipe ORION enfrentou o desafio. O processo reestruturado passou a exigir apenas cem passos, dos quais 55 eram agregadores de valor. Nesse novo processo, o tempo de ciclo foi reduzido em aproximadamente 75%. O resultado final foi o potencial de realizar a mesma quantidade de trabalho com uma redução de 40 por cento do esforço exigido. Entretanto, o volume de trabalho aumentou, pois grande número de idéias de novos produtos/serviços estava pendente, ou jamais foram sugeridas, porque o processo era demorado demais. O grande retorno financeiro desse projeto de reengenharia resultou do menor tempo de lançamento de novos produtos e serviços. A possibilidade de chegar ao mercado nove meses antes, com aproximadamente 50% a mais de produtos/serviços, resultaria em lucros adicionais de milhões de dólares anuais.

Processo de atendimento de pedidos: Em uma empresa de serviços de gerenciamento de informações para bibliotecas e usuários finais de informações empresariais, científicas e médicas, um grande projeto foi empreendido para substituir o "motor" de sua atividade. Substituir o motor englobou todo o processo essencial de atendimento, inclusive a plataforma de hardware e o software para o armazenamento das informações de editora, publicações e cliente necessárias ao pedido de assinaturas. A atividade da empresa havia crescido ao ponto de o sistema existente atingir sua capacidade teórica — porém, os clientes exigiam mais. A empresa foi para a prancheta de desenho e reavaliou seus mercados, seus fluxos de trabalho e sua tecnologia. Após conduzir extensa pesquisa e análise, reestruturou todo seu processo de atendimento de pedidos, inclusive os fluxos de trabalho e os fluxos de dados, para atender às necessidades dos clientes. O resultado final dessa transformação foi um ganho de produtividade projetado de mais de cem por cento em todo o sistema.

Existem alguns pontos em comum nesses e em muitos outros projetos bem-sucedidos de reengenharia. Um ponto importante é que essas empresas se valeram da reengenharia para expandir suas atividades, e não para retroceder. Elas enfatizaram o atendimento ao cliente e a concorrência acirrada através da quantidade e da qualidade dos produtos e dos serviços. Elas enfatizaram conquistar mais clientes, mais trabalho e mais receitas, e não simplesmente retroceder mediante a redução de custos e o *downsizing*.

Lições dos Artífices

De uma forma ou de outra, a reengenharia já vem ocorrendo por algum tempo em muitas empresas. As lições são poderosas. Você não precisa experimentá-la de primeira mão para se beneficiar dos pioneiros da reengenharia.

Por Que os Projetos de Reengenharia Muitas Vezes Fracassam

Diversos grupos já começaram a se reunir para compartilhar suas experiências com a reengenharia. Um desses fóruns foi a Boston University Manufacturing Roundtable. Em outubro de 1992, líderes de 26 empresas se reuniram para explorar as melhores práticas de reengenharia de processos de negócios. Durante a mesa-redonda de três dias, eles relacionaram as três principais barreiras ao sucesso da reengenharia:

1. Incapacidade de desenvolver a liderança necessária à mudança da reengenharia.
2. Falta de ajuda às pessoas para pensarem em termos de processos de negócios.
3. Negligência em alinhar os indicadores e as recompensas com o novo pensamento centrado em processos de negócios.[19]

Também deparamos com outras minas no caminho, representadas na Figura 1.5.

Criando um Verdadeiro Renascimento

Com base em nossa própria experiência e pesquisa empírica, um verdadeiro renascimento começa com mudanças nos sistemas e nas estruturas gerenciais da empresa. Nós questionamos esforços que tentam mudar a cultura diretamente (por exemplo, desenvolvendo um novo código de ética e pregando/comunicando-o extensivamente).

Em contraposição, conforme mostra a Figura 1.6, os sistemas reestruturados levam a novas ações, a novos papéis e a novas responsabilidades. Esses fatores começam a moldar novas condutas e atitudes na organização, reformulando por fim as normas, os valores e a própria cultura da empresa.

Eis um princípio fundamental da reengenharia que vale a pena repetir:

A reengenharia diz respeito tão-somente a mudanças radicais e sistêmicas nos sistemas e nas estruturas gerenciais dos negócios.

Figura 1.5 ◆ Minas Encontradas no Caminho da Reengenharia

- Reengenharia sem uma visão e uma estratégia compartilhadas (ou seja, nenhuma razão irresistível para a mudança).
- Reengenharia sem uma compreensão das necessidades dos clientes e das tendências do mercado.
- Tentativa de reestruturar um "subprocesso" sem compreender a dinâmica do sistema essencial de negócios (i.e., como as partes afetam o todo).
- Incapacidade de criar um ambiente para a aprendizagem organizacional (i. e., supor que um pequeno número de pessoas consegue ministrá-la).
- Falta de adaptação da abordagem ou de limitação da palheta aos aspectos críticos do processo reestruturado (i.e. tentativa de realizar coisas demais cedo demais).
- Visão da tecnologia como automação do que é feito atualmente (i.e., pavimentação de trilhas para carroças).
- Dispêndio de tempo em atividades não-essenciais que são menos críticas no novo projeto.
- Colocação de antolhos e focalização apenas em uma única dimensão de desempenho.
- Espera pela conclusão da mudança para se lidar com o lado humano da reengenharia (i.e., os aspectos comportamentais da mudança).
- Incapacidade de manter uma constância de propósito e um senso de premência.

A reengenharia exige visão, coragem, comprometimento e determinação. Por definição, a reengenharia se opõe ao feitio do pensamento empresarial tradicional. Ela vai de encontro às crenças estabelecidas sobre estilo gerencial, como fazer com que o trabalho seja realizado, o que é importante para os clientes e as expectativas de todos os empregados.

Embora acreditemos que não se vai muito longe tentando trabalhar somente sobre a própria cultura, os gerentes não devem ignorar os aspectos comportamentais da mudança. Pelo contrário, a atenção a esses aspectos concomitante à reengenharia dos sistemas e das estruturas aumenta as chances de sucesso. Abordaremos esse tópico em detalhe nos Capítulos 7 e 12.

Figura 1.6 ◆ Modelo de Mudança da Reengenharia

Fonte: Baseado em anotações de Frank Voehl, da Qualtec, e de Goodloe Suttler, da Analog Devices.

Uma Excursão pelo Renascimento Empresarial

Conforme mencionamos, este livro fornece a executivos e gerentes uma palheta de modelos, de ferramentas e de gabaritos para a reestruturação dos sistemas de negócios e das organizações que estejam fundamentalmente fora de sintonia com as realidades do mercado. Embora "renascimento" evoque o espírito da reengenharia, estendemos a metáfora à arte da pintura — transformar conceitos e idéias em algo tangível. No Capítulo 2, fornecemos um *panorama* para executivos do processo de reengenharia: o "como?" e o "quem?" da reengenharia. Nos Capítulos 3 e 4, esboçamos a análise ou o trabalho preparatório exigido pela reengenharia. Em certo sentido, o processo se assemelha à pesquisa conduzida pelos grandes retratistas do Renascimento antes de colocar o pincel sobre a tela. Sua intenção era demonstrar uma visão confiante e grandiosa de como os seres humanos se relacionam com o mundo. A análise de clientes descrita no Capítulo 3 proporciona as técnicas para a colocação do cliente em primeiro plano, enquanto a análise de linha de base descrita no Capítulo 4 demonstra o poder de observação do que acontece no plano de fundo: as tendências do setor, os referenciais de desempenho, os momentos de verdade no processo atual e possíveis pistas. No Capítulo 5, estabelecemos o estúdio do artista, colocando as opções de projeto de trabalho — como tintas — sobre uma palheta e identificando as diferentes ferramentas encontradas no tamborete da reengenharia. Como a alta gerência sabe por experiência própria, não se pode fazer tudo, ao menos não tudo de uma vez. Por conseguinte, introduzimos o conceito de uma palheta limitada — alternativas capazes de alavancar melhor o esforço de reengenharia.

Os Capítulos 6 a 10 representam o cerne do processo de reengenharia. O projeto de alto nível é descrito no Capítulo 6 e os detalhes são completados no Capítulo 7. O Capítulo 8 expõe os projetos de gerenciamento do desempenho para se reconectar a Gestão da Qualidade Total ao novo processo de negócios, embutindo-se a melhoria contínua no novo processo sob a forma de controle estatístico de processos, nós críticos para a melhoria incremental e indicadores de desempenho novos e adequadamente projetados.

No Capítulo 9, exploramos as ferramentas e as técnicas necessárias para se quantificar e simular o processo reestruturado *antes* de ser implementado. Isso ajuda a alta gerência a agir baseada nos fatos na terra do "futuro composto", ou seja, gerenciar as conseqüências de coisas que *terão sido*. Pilotos, lidar com os céticos e análises críticas formais são abordados no Capítulo 10.

O Capítulo 11 reconhece o lado escuro da reengenharia e lida diretamente com o impacto da mudança sobre o projeto organizacional, a estrutura gerencial e a força de trabalho em geral. No Capítulo 12, voltamos nossa atenção para a transição e a motivação pós-reengenharia. No Epílogo, refletimos sobre os ideais do renascimento empresarial.

NOTAS

1. Em *A República*, Platão descreve sua visão radical de um "Estado ideal" — que previa a mesma educação para as mulheres, uma educação nas artes liberais (transmitida para o Renascimento) e uma aprendizagem de orientação prática mediante o questionamento e a síntese das diferentes ciências. A obra posterior de Platão, *As Leis*, e a obra de seu discípulo Aristóteles modificaram seu Estado ideal no que chamou de um "segundo melhor Estado" mais prático. (Sem dúvida, ele também foi influenciado por suas observações pessoais dos problemas decorrentes de conceder aos reis-filósofos um poder excessivo.) Nosso uso dessa citação captura o espírito do termo renascimento como um renascer dos clássicos, bem como o desejo, a coragem e a convicção de perseguir um Estado ideal quer no governo ou nos negócios. Retomamos esse tema central da mudança e da transição na Parte IV.

2. A maioria de nossos exemplos foi extraída de nossas experiências pessoais no setor privado. Entretanto, acreditamos que as técnicas e as ferramentas da reengenharia são igualmente aplicáveis ao setor público.

3. Muito antes do advento da reengenharia, Deming, um revolucionário consultor gerencial, argumentou que as empresas necessitam de melhoria contínua e de inovação nos produtos e nos processos. Este axioma faz bastante sentido. Os clientes desejam produtos ou serviços que correspondam à sua definição de valor e que satisfaçam suas necessidades latentes. Nesse sentido, ao usarmos o termo reengenharia, ele também engloba "engenheirar" algo de novo.

4. As definições-chave podem ser encontradas em nosso glossário (Apêndice A). As leituras adicionais que julgamos úteis em nossos esforços de reengenharia estão listadas no Apêndice B.

5. Russell L. Ackoff, *Creating the Corporate Future*.

6. Russell L. Ackoff, "Reflections on Total Quality Management", Institute for Interactive Management, 27 de março de 1991.

7. Peter F. Drucker, *Innovation and Entrepreneurship*. [Ed. bras.: *Inovação e espírito empreendedor.* São Paulo, Pioneira, 1991.]

8. "Just Chasing Rainbows", *Information Week*, 1º de fevereiro de 1993.

9. Richard L. Lynch e Kelvin F. Cross, *Measure Up! Yardsticks for Continuous Improvement*.

10. Total Quality Management Master Plan, Goal/QPC Research Report No. 90-12-002, Methuen, Mass., 1990.

11. Stan Davis e Bill Davidson, *2020 Vision*. Nova York, Simon and Schuster, 1991. [Ed. bras.: *Visão 2020: Administrando sua empresa hoje para vencer amanhã*. Rio de Janeiro, Campus.]

12. Thomas H. Lee, "How the Technology of TQM Breeds Joy in Work", *Center for Quality Management Journal*, inverno de 1993.

13. Fred Traversi, *Reengineering: A Practitioner's Notebook*, reunião de executivos patrocinada pela Digital Equipment Corporation, Bedford, Mass., 26 de janeiro de 1993.

14. Michael Hammer, "Reengineering Work: Don't Automate, Obliterate", *Harvard Business Review*, julho-agosto de 1990.

15. Arthur M. Schneiderman, "Setting Quality Goals", *Quality Progress*, abril de 1988. Existem dois métodos de se estimar a meia-vida: (1) Você pode simplesmente examinar seus dados (se estiverem traçados em um formulário semilogarítmico) ou (2) empregar uma planilha eletrônica como Excel ou Lotus para calcular a meia-vida. A fórmula é: $Y\text{-}Y_{mín.}(Y_0 - Y_{mín.})\exp -a\,(t - t_0)/t_{1/2}$, onde Y equivale ao nível de defeitos, $Y_{mín.}$ é o nível de defeitos mínimo atingível, Y_0 é o nível de defeitos inicial, *t* equivale ao tempo, t_0 equivale ao tempo inicial, *a* equivale a In 2 e $t_{1/2}$ equivale à meia-vida dos defeitos.

16. Peter F. Drucker, *Innovation and Entrepreneurship.*

17. Ibidem.

18. "Experts: Technology here for 100 mpg cars", *Lowell Sun*, 13 de fevereiro de 1993.

19. Jeffrey G. Miller, Jay S. Kim e Michael Puddicombe, *Reengineering for Market Oriented Manufacturing*, Boston University Manufacturing Roundtable, janeiro de 1993.

Capítulo 2

PANORAMA DA ARTE DA REENGENHARIA

Existem duas espécies de tolos. Uma diz: "Isso é antigo, logo é bom"; a outra diz: "Isso é novo, logo é melhor".
W. R. Inge, Reitor da Saint Paul's London

Propósito do Capítulo: *Fornecemos um rápido e amplo retrato da agenda de reengenharia. A intenção é dar uma idéia de uma abordagem sistemática da reengenharia. Expomos os elementos-chave, sumarizamos os papéis da análise e do projeto e realçamos os desafios da implementação. O capítulo começa com algumas notas sobre a equipe dos projetos de reengenharia.*

Se você fosse reconstruir sua empresa em um prédio vazio no outro lado da rua, qual seria seu aspecto? É uma questão e tanto, mas é precisamente do que trata a reengenharia.

Missão e Escopo da Reengenharia

No início de um projeto de reengenharia, a missão de uma equipe de reengenharia (e, indiretamente, da organização) deve ser enunciada em termos inequívocos e desafiadores, baseados em uma ou mais das razões citadas no Capítulo 1. Por exemplo, uma declaração de missão como a da Saturn — "construir uma nova espécie de empresa automobilística" — deu o tom para melhorias radicais e mudanças em grande escala. No estágio inicial, quanto mais ampla a missão, melhor. Objetivos específicos de negócios podem ser acrescentados após uma análise mais detalhada das necessidades dos clientes, das pressões competitivas e das capacidades internas (tópicos a serem abordados nos Capítulos 3 e 4). Os limites também precisam ser claramente definidos, de modo a delinear o escopo do projeto. Por exemplo, certas questões precisam ser respondidas: O projeto se confinará a uma só unidade de negócios? Ou a uma só subsidiária? Nesse estágio, os limites relacionados às funções ou aos feudos *não* devem ser impostos como restrições. Conjuntamente, declarações de missão e de escopo proporcionam o máximo de clareza à equipe de projeto e à organização em geral quanto à criticalidade do projeto.

A reengenharia, porém, não é um esforço isolado. Ela precisa ser abordada em um contexto mais amplo. Se seu objetivo é obter melhorias radicais no desempenho de sua organização com base em uma ou mais das razões citadas no Capítulo 1, então a reengenharia (i.e., o trabalho de projeto de processos de negócios) é apenas um dos três elementos críticos exigidos (*ver* Figura 2.1).

Melhorias radicais no desempenho dos negócios são obtidas (1) formulando-se uma estratégia de negócios claramente focalizada e compreendendo-se como os produtos e serviços da carteira da empresa se enquadram nessa estratégia; (2) recorrendo-se à reengenharia a fim de projetar uma nova modalidade de operação para fornecer esses produtos e serviços; e (3) submetendo-se as operações do dia-a-dia a uma transformação revolucionária para concretizar as novas capacidades de produção/entrega de serviços.

Por exemplo, na Weight Watchers International [Vigilantes do Peso Internacional], os processos foram reprojetados de modo a fornecer novos produtos e serviços para complementar o negócio existente e aumentar os fluxos de receita. Para isso, vários de seus centros foram ajustados para oferecer alimentos congelados como uma opção do programa de redução de peso. Embora esse reprojeto tenha sido óbvio do ponto de vista do cliente, a mudança real ocorreu no novo sistema logístico. De fato, a empresa criou uma nova capacidade (mescla de produtos e serviços) que não pode ser obtida em seu serviço tradicional.

Liderando a Revolução

Compete à alta gerência fornecer uma imagem clara e nova da empresa e iniciar, motivar e sustentar a busca da excelência. De várias formas, desenvolver "imagens" e "visões" envolve a região direita do cérebro. Ou, conforme o exprimiu o mestre renascentista Michelangelo, o papel do artista é "liberar a figura do mármore que a aprisiona". Esse é um papel em que os artistas se sentem à vontade, mas que os líderes empresariais têm que aprender rapidamente.

Segundo a nossa experiência, a alta gerência (denominada em muitas empresas "equipe de liderança") desempenha um papel decisivo no *renascimento* de suas organizações. Os especialistas em "reengenharia" fornecem os projetos. A revolução da reengenharia estará fadada ao fracasso se os líderes da organização não estiverem dispostos a se pautar de acordo com os princípios a seguir:

- Examinar e desafiar sua teoria e suas suposições de gerenciamento de negócios.
- Clarificar sua visão e crença na mudança.
- Escutar imparcialmente a voz do cliente sobre o que está certo e errado na organização.
- Visualizar os processos da mesma forma que os clientes — como sistemas integrados.
- Repensar e simplificar como é fornecido valor aos clientes.
- Automatizar apenas onde e quando necessário.
- Investir a maioria do tempo motivando a organização para atingir seu pleno potencial.

Claro está que princípios como esses pressupõem o conhecimento do "como" da análise, do projeto e da implementação. À semelhança da experiência de muitas empresas que vêm implementando a Gestão da Qualidade Total, a exortação não conduz para muito longe. Métodos e ferramentas são necessários para a implementação bem-sucedida. É aqui que entra em cena o elenco da reengenharia — proporcionando conhecimentos específicos e habilidades em determinados estágios do esforço de reengenharia.

Figura 2.1 ◆ Contexto da Reengenharia

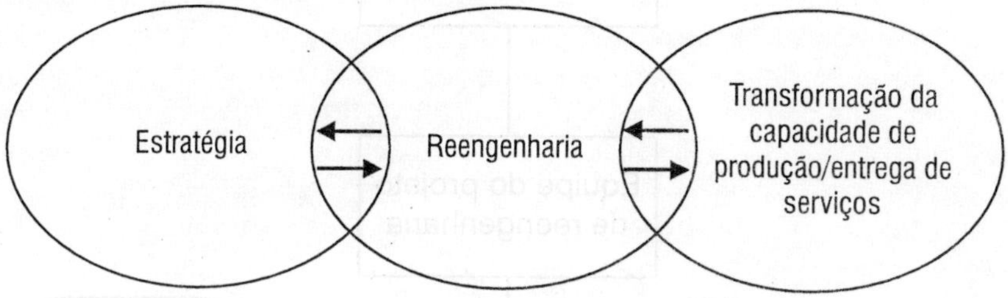

O Elenco da Reengenharia

Um grande elenco, representando diferentes funções e níveis da organização, deve ser envolvido na reengenharia da empresa:

- Alta gerência, servindo de iniciadores e patrocinadores da nova visão.
- Um gerente de projeto, orientando os detalhes e o cronograma das fases de análise, projeto e implementação.
- Uma equipe de reengenharia básica que, além das responsabilidades por suas tarefas, também funcione como um comitê-geral.
- Subequipes de pesquisa — extraídas da equipe básica e ampliadas conforme as necessidades de membros do processo essencial — para analisar o processo corrente, aspectos de desempenho da corrente e as melhores práticas do setor.
- Equipes de projeto (igualmente extraídas da equipe básica e ampliadas conforme as necessidades de membros do processo essencial) responsáveis pelo primeiro esboço do novo mundo.
- Equipes-piloto extraídas das operações para refinar o projeto.
- Equipes de gerenciamento da implementação e da transição, incumbidas de implementar o novo projeto e acalentar a nova organização.

Os relacionamentos entre esses participantes são mostrados na Figura 2.2.

Esse empenho de recursos se traduz tanto em tempo como em dinheiro. O próprio projeto de reengenharia, da análise até a implementação de um piloto, costuma ser realizado em cinco a oito meses. Entretanto, a plena implementação organizacional leva de um a dois anos ou talvez mais, dependendo do teor da tecnologia da informação. Dado que a reengenharia é um evento à parte que ocorre de uma vez, deve ser tratado como um "projeto" — não apenas qualquer projeto, mas aquele visto como crítico para o futuro da empresa. Como tal, requer o envolvimento intensivo da alta gerência desde o seu início, com um deslocamento gradual da responsabilidade para a média gerência e os líderes das equipes, à medida que o projeto avança para a implementação.

Figura 2.2 ◆ Membros do Elenco de Reengenharia

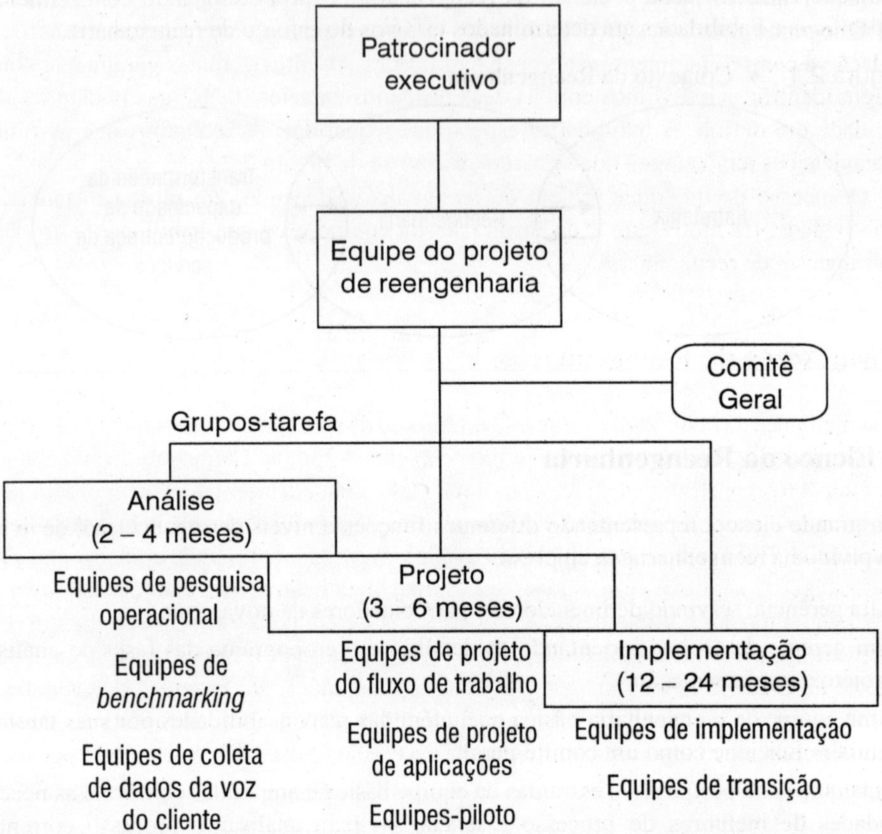

A reengenharia de processos essenciais não é um empreendimento trivial. Ela requer um gerenciamento superior de projetos. A Tabela 2.1 ilustra como as regras do gerenciamento de projetos se aplicam à reengenharia.

Os projetos de reengenharia representam alguns desafios singulares. Primeiro, como a reengenharia se aplica a processos essenciais — às vezes denominados "sistemas operacionais de negócios" —, identificar o responsável pelo processo total pode ser difícil. Na maioria das empresas, o sistema operacional de negócios não tem um "chefe". Deparamos com poucas organizações onde alguém estava realmente identificado como responsável pelo lançamento de novos produtos, pelo atendimento de pedidos ou por serviço e suporte pós-vendas. Certamente, os gerentes individuais são responsáveis por *partes* de um processo existente, mas nenhum indivíduo isolado é responsável pela totalidade. Na maioria dos casos, o diretor de operações é o proprietário *de facto* do processo. Ele compartilha com o presidente o patrocínio da revolução da reengenharia.

Tal senso de propriedade compartilhado requer uma forte parceria e um nível de confiança efetivo. Antes que um projeto de reengenharia seja lançado, os altos executivos patrocinadores têm que esclarecer certas questões para si mesmos: Quem ganhará ou perderá o que com a reengenharia? Quem na equipe de liderança será agente eficaz da mudança? O que é requerido nesse papel?

O segundo grande desafio é encontrar o talento certo para a tarefa de reengenharia, em relação a comprometimento, energia e habilidades. Os altos gerentes geralmente conseguem identificar indivíduos com as duas primeiras características, mas podem ter dificuldade em definir as habilidades específicas requeridas. Acreditamos que as futuras organizações terão cargos que se assemelharão ao da Figura 2.3.[1]

O sucesso de qualquer projeto de reengenharia depende, em última instância, da criatividade, da motivação e da inspiração da equipe e de sua habilidade com várias ferramentas de reengenharia.

Vista Aérea da Reengenharia

À semelhança da maioria dos projetos, um esforço de reengenharia abrangente compreenderá as fases de análise, projeto e implementação. A Figura 2.4 mostra detalhadamente os elementos constituintes da reengenharia. Cabe uma advertência sobre a ordem nesse diagrama. O processo retratado é bastante linear. Na prática, porém, não é tão direto e seqüencial. Por exemplo, o trabalho de análise da reengenharia pode começar antes que a estratégia de negócios se cristalize. Se o projeto detalhado estiver claro, mas houver um hiato de tempo até a implementação (digamos, a espera pelo fornecimento de um novo software), a gerência sênior poderá começar a reestruturar a organização antes que os fluxos de trabalho reestruturados estejam implementados. Na Figura 2.4, pretendemos fornecer um modelo geral para a reengenharia. Para sua eficácia, ele precisa ser ajustado e modificado, de modo a atender melhor às necessidades da visão e da cultura peculiares de uma empresa.

Tabela 2.1 ◆ Diretrizes de Gerenciamento de Projetos

Regras do gerenciamento de projetos	Aplicação à reengenharia
A liderança de alto nível patrocina o projeto.	O presidente, o diretor operacional e outros líderes seniores controlam os processos essenciais devido à sua natureza interfuncional.
A missão, as metas e os objetos são claramente enunciados.	O líder cria uma "visão compartilhada que fomenta o comprometimento e o engajamento genuínos, em vez da aquiescência". Um estatuto do projeto detalhado, que especifique claramente os papéis e as responsabilidades, ajuda a definir como será atingido o novo estado desejado da empresa.

Um gerente de projeto em tempo integral é designado.	O gerente de projeto deve ter uma sólida experiência em reengenharia, Gestão da Qualidade Total e dinâmica organizacional – além de habilidades de gerenciamento de projetos.
A escalação da equipe do projeto deve refletir as habilidades, as perspectivas e os conhecimentos apropriados/requeridos.	Uma equipe de reengenharia geralmente inclui: • Um especialista em reengenharia externo – alguém que possa questionar e desafiar mais abertamente. • Uma equipe de tempo integral (por exemplo, engenheiros de processos, profissionais de desenvolvimento de recursos humanos e profissionais da qualidade) sem interesses pessoais na manutenção do processo atual. • Pessoal interno que represente áreas multifuncionais. Os indivíduos são selecionados com base na capacidade de serem agentes de mudança e mentores eficazes du-rante a transição. Eles também lidam com as exigências de política organizacional e de comunicações internas.
Uma metodologia segura é sistematicamente seguida.	Uma metodologia abrangente e detalhada é requerida para a "inovação propositada".
Um cronograma/orçamento é estabelecido no ínicio dò projeto.	Os projetos de reengenharia demandam tempo: de um a vários anos, dependendo do componente de tecnologia da informação. Paciência e constância de propósito são requeridas.
Os indicadores de sucesso são definidos operacionalmente.	Melhorias ou metas radicais devem ser definidas como parte da missão. Essas metas são inalcançáveis no processo atual.

Figura 2.3 ◆ Atribuições do Consultor em Reengenharia

Cargo: Consultor em Reengenharia de Processos
Redes Afiliadas: Organização da Qualidade & Transição

Principais Desafios e Responsabilidades

1. Diagnostica problemas organizacionais e de sistemas de negócios e participa da reengenharia desses processos/estruturas empregando ferramentas de mapeamento, de projeto de fluxo de trabalho e de modelagem estática e dinâmica.
2. Serve de elo entre o projeto de novos produtos/serviços e a implementação através de pilotos desses sistemas na área operacional, que pode incluir a participação nos testes e no treinamento/consultoria nessa área.
3. Presta serviços de consultoria à equipe de liderança com relação à solução de problemas reativa e pró-ativa, à medida que digam respeito ao processo que sofre reengenharia. Pode prestar esses serviços a clientes/fornecedores. Identifica e utiliza as técnicas e as ferramentas da qualidade apropriadas à situação, tais como solução de problemas em sete passos, fluxogramas, voz do cliente etc.
4. Participa do projeto e do desenvolvimento do sistema de indicadores de desempenho e do processo de aplicação de metas de desempenho da empresa para ajudar a sincronizar e a alinhar a organização em torno dos novos fluxos de trabalho.
5. Monitora o mercado em busca de idéias de novos produtos e participa de *benchmarkings* de produtos concorrentes. Também se volta para fora da empresa em busca das melhores práticas demonstradas, interligando-se com sociedades e associações profissionais e examinando outras organizações. Traduz idéias inovadoras em exigências estruturadas e/ou alternativas de fluxo de trabalho.
6. Serve como mentor e agente de mudança para a empresa durante períodos de transição.

Conhecimentos e Habilidades Exigidos

Mente aberta, excelente capacidade de observação e habilidade de escutar os outros. Pessoa em constante aprendizagem.
Forte "orientação sistêmica". Habilidades analíticas, de diagnóstico e de solução criativa de problemas altamente desenvolvidas.
Conhecimentos práticos de conceitos, técnicas e ferramentas de Gestão de Qualidade Total, gestão da mudança e reengenharia.
Excelente comunicação, apresentação e habilidades de influenciar pessoas.
Capacidade de gerenciar projetos múltiplos e complexos em um ambiente dinâmico.

Figura 2.4 ◆ Os Elementos Constituintes da Reengenharia

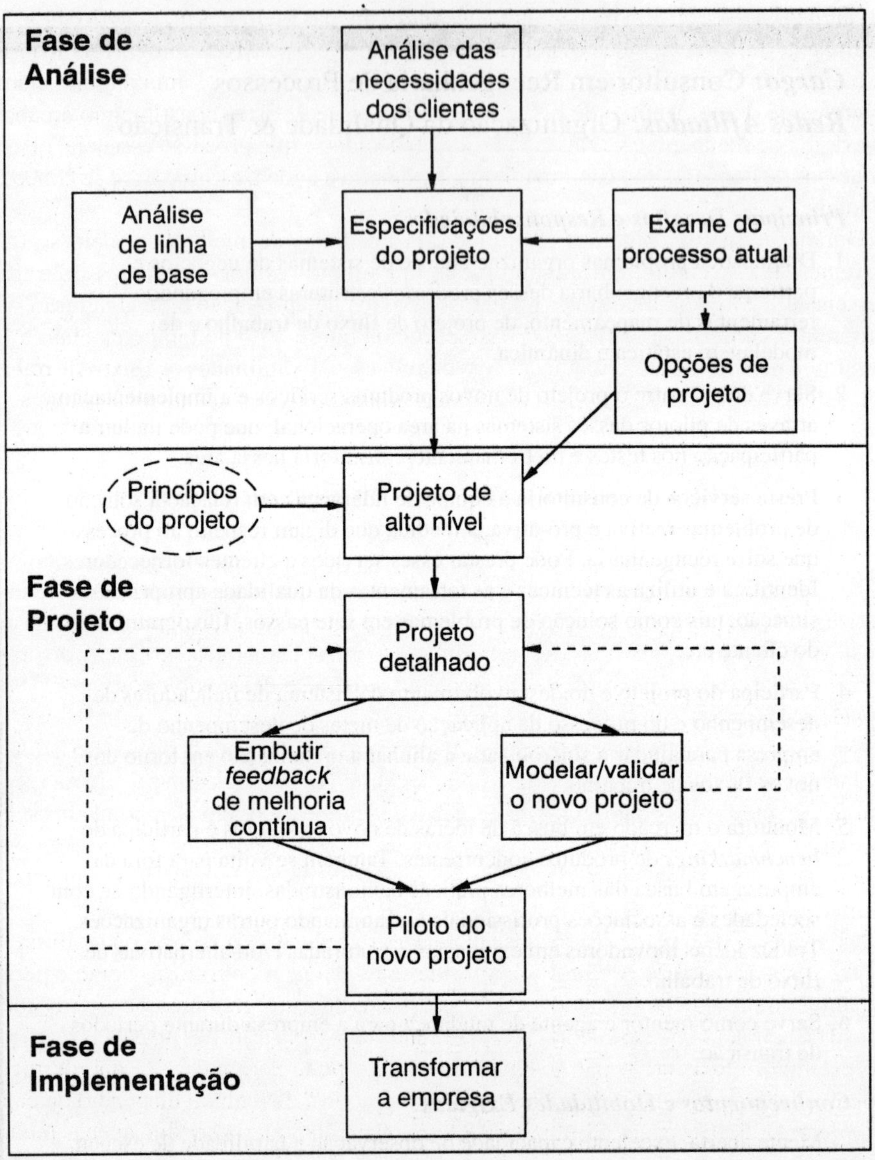

A Fase de Análise da Reengenharia

Na primeira fase — a fase de *análise* —, uma compreensão profunda dos mercados e das necessidades dos clientes é desenvolvida. Além disso, a pesquisa se volta para a compreensão detalhada de como o trabalho vem sendo atualmente realizado internamente, com vistas aos níveis de desempenho exigidos para se igualar e superar a concorrência. Em alguns casos, convém realizar um *benchmarking* das melhores práticas do setor. Essa análise externa fornece material para as opções de projeto possíveis integráveis ao projeto de reengenharia. Da estratégia de negócios da empresa, deriva-se um conjunto claro de objetivos de desempenho e de especificações de projeto. Estes constituem o arcabouço do esforço de reengenharia. Nessa fase inicial, decide-se que processo essencial ou quais processos de negócios são candidatos à reengenharia e onde o esforço deve se concentrar de início.

Durante a análise, algumas oportunidades imediatas de melhoria podem se tornar aparentes. Por exemplo, em uma empresa, um simples exame dos fluxos de trabalho convenceu a gerência a eliminar numerosos passos de aprovação e de conclusão — os conferentes conferindo conferentes. Isso eliminou quase 30% do tempo de ciclo e 10% do esforço para realizar o trabalho através do processo. Examinados os fluxos de trabalho e discutidas as constatações, a introdução das mudanças levou apenas uma semana.

Estabelecimento das especificações do projeto

As especificações do projeto se desenvolvem a partir da análise dos três elementos críticos brevemente descritos anteriormente: a análise das necessidades dos clientes, a análise de linha de base e o exame do processo atual. As especificações do projeto constituem, de fato, especificações preliminares — uma planta inicial grosseira do projeto de reengenharia. As especificações do projeto também se desenvolvem a partir de uma consideração das exigências de gerência.

Qualquer proprietário que esteja fazendo reformas em seu imóvel insiste em examinar as plantas também de uma perspectiva orçamentária. No início de um projeto de reengenharia, algumas ordens e diretivas da gerência da empresa exigem normalmente esclarecimento. Geralmente, classificam-se em uma destas duas categorias: (1) expectativas e orientações da gerência para o projeto de reengenharia e (2) restrições impostas ao resultado do projeto.

Na primeira categoria, a preocupação é definir a missão e o escopo ou os limites do projeto. Pressupostos são definidos conforme se relacionem com coisas como o período de tempo do projeto, as limitações dos processos e talvez o grau em que o pensamento radical é encorajado ou desencorajado. A segunda categoria trata das possíveis restrições. Por exemplo, o executivo patrocinador do projeto pode perguntar: "O que de melhor podemos fazer sem nenhum dispêndio de capital novo?" "Nenhum dispêndio de capital novo" é uma diretiva clara e limitadora. Outra restrição poderia ser que apenas recursos atuais estão disponíveis para o projeto ou que a gerência financiará novas tecnologias apenas com base nas economias realizadas na operação.

A Fase de Projeto da Reengenharia

Com base em nossa experiência em mais de uma dezena de projetos de reengenharia, acreditamos que existem vários princípios-chave que se aplicam à reengenharia. Esses princípios de projeto se enquadram em seis categorias:

1. Qualidade do serviço
2. Fluxo de trabalho
3. Espaço de trabalho
4. Melhoria contínua
5. Força de trabalho
6. Tecnologia da informação

Os princípios de qualidade do serviço fornecem orientação sobre o projeto de processos da perspectiva do contato com os clientes. Os princípios de fluxo de trabalho dizem respeito à natureza básica do gerenciamento do fluxo de trabalho através de uma série de passos. Os princípios de espaço de trabalho abordam os fatores ergonômicos e as opções de *layout*. Os princípios de melhoria contínua ajudam a assegurar que um processo seja auto-sustentável pela incorporação da melhoria contínua e da aprendizagem. Os princípios de força de trabalho se baseiam na premissa de que qualquer fluxo de trabalho requer pessoas para fazê-lo funcionar e que estas são parte integral do projeto e da implementação do processo, e não uma consideração posterior. Os princípios de tecnologia da informação fornecem diretrizes que asseguram que a tecnologia é vista como uma opção capacitadora para melhorar os fluxos de trabalho com valor agregado. (O Apêndice D sintetiza esses princípios em forma de *checklist*.) Todos esses princípios serão apresentados e discutidos em detalhe no decorrer deste livro. Identificamos um princípio-chave da reengenharia pelo símbolo 🔑.

Na fase de *projeto*, os processos de repensar e projetar a melhor forma de servir os clientes são desenvolvidas. Baseada nos princípios, nas especificações e nas opções desenvolvidos na fase de análise, uma equipe de reengenharia pinta um quadro de como o processo poderia ser *atualmente* — primeiro, como um simples esboço das idéias fundamentais e, depois, como um mapa mais detalhado da forma como o trabalho será realizado.

A fase de projeto também inclui o desenvolvimento de mapas detalhados dos processos, de procedimentos e de políticas operacionais e o projeto de infra-estruturas de apoio (por exemplo, indicadores de desempenho, projeto das tarefas, projeto organizacional e sistemas de remuneração).

O projeto é, então, validado por entrevistas e modelagem empresarial, ao mesmo tempo em que os indicadores-chave de desempenho são definidos. A fase de projeto termina pela expansão do envolvimento operacional, testando-se o novo processo através de um piloto.

À semelhança da fase anterior, oportunidades imediatas também podem emergir durante a fase de projeto. Em um compromisso de reengenharia, uma empresa descobriu que, estabelecendo caixas postais separadas, poderia se valer do serviço postal norte-americano para realizar grande parte de sua classificação. O tempo de processo foi reduzido em um dia e os custos de espaço postal foram reduzidos em 20%.

A Fase de Implementação e Transformação da Reengenharia

Na fase de *implementação*, a organização inteira aplica e institucionaliza o novo projeto em suas operações do dia-a-dia. O planejamento da implementação em geral começa paralelamente ao piloto e, em alguns casos, ao trabalho anterior de análise e projeto.

Existem dois componentes na implementação: (1) o planejamento e a execução da logística de conversão, em grande escala, à nova modalidade de operação (por exemplo, treinamento, modificações nas instalações) e (2) a condução da transição. Um perfil do processo, da organização e da "cultura" atuais é contrastado com o estado reestruturado proposto. A natureza e a magnitude dos desníveis a serem eliminados determinam a magnitude desse esforço de transformação. Todas as mudanças organizacionais, sistêmicas e pessoais necessárias para assegurar o sucesso de longo prazo do novo projeto são identificadas e implementadas nessa terceira fase. O impacto cumulativo de todas essas mudanças pode estimular ou exigir o repensar de como a empresa como um todo está definida e de sua estratégia futura.

Na reengenharia, o projeto não se encerra quando a mudança inicial foi sinalizada pelo piloto. Na verdade, o período de *transição* é bem mais crucial. Ele começa depois que o piloto foi declarado um sucesso e termina quando a organização aprende como um todo como incorporar o novo projeto de processos às operações do dia-a-dia. Embora o próprio projeto de reengenharia seja um evento delimitado, costuma ter implicações mais amplas para a organização como um todo e, para que floresça a longo prazo, exige mudanças mais fundamentais no modo como os executivos gerenciam, os supervisores e empregados pensam sobre o trabalho e as metas são alcançadas.

Aprendizagem Organizacional

Os líderes empresariais com quem conversamos reconhecem que um renascimento genuíno de suas empresas exige mais do que a reengenharia dos processos essenciais. Tal projeto radical é apenas o começo. Uma vez instituído, ele é a trilha para a aprendizagem organizacional. Nas palavras de Ray Stata, principal executivo da Analog Devices: "O ritmo em que os indivíduos e as organizações aprendem pode se tornar a única vantagem competitiva sustentável, especialmente nos setores que exigem um alto grau de conhecimentos."[2] No mundo atual de mudanças aceleradas nas tecnologias e nos mercados, esse é um *insight* fundamental.

A aprendizagem organizacional difere da aprendizagem individual. A aprendizagem individual ocorre quando uma pessoa adquire novos conhecimentos e *insights*. Estes podem ou não levar à mudança de comportamento. A aprendizagem organizacional ocorre através do pensamento *sistêmico* e de *insights*, conhecimentos, modelos mentais e aprendizagem em equipe *compartilhados*.[3] A mudança é bloqueada, a não ser que todos os principais agentes de decisões aprendam conjuntamente, venham a compartilhar crenças e metas comuns e estejam comprometidos com a tomada de ação.

Acreditamos que não existe risco maior na reengenharia do que aquele que transparece no seguinte provérbio chinês: "Um homem convencido contra sua vontade continua com a mesma opinião anterior." Ou, conforme se lê em um recente artigo da revista *Fortune*:

> Com toda sua retórica viril e seu conteúdo tecnológico, a reengenharia no final é como qualquer outro esforço para se mudar a forma como as pessoas trabalham: a cultura conta bastante. A mudança não ocorrerá meramente porque a gerência a deseja. Afirma Bruce Ruppert, da Agway [uma cooperativa de suprimento de fazendas do nordeste norte-americano]: "Você pode sobreviver

> da maneira antiga [por algum tempo]. Você pode sobreviver da maneira nova. É o raio da transição que mata você." Quando a folha de papel antes em branco fica coberta de quadros, linhas e setas, começa o verdadeiro teste de liderança.[4]

É por isso que a reengenharia exige necessariamente mudanças tanto nos sistemas como nas estruturas. Essas devem incluir realinhamentos organizacionais e novos sistemas de gerenciamento do desempenho.

NOTAS

1. De fato, o U.S. Department of Labor identificou os "analistas de processos de negócios" como uma profissão que crescerá grandemente nos próximos dez anos.
2. Ray Stata, "Organizational Learning — The Key to Management Innovation", *Sloan Management Review*, primavera de 1989.
3. Ibidem.
4. Thomas A. Stewart, "Reengineering: The Hot New Managing Tool", *Fortune*, 23 de agosto de 1993.

Parte II

PREPARANDO PARA PINTAR

A arte é a diferença entre ver e simplesmente identificar.
Jean Mary Morman (historiador da arte)

Capítulo 3

ANÁLISE DE CLIENTES: O CLIENTE EM PRIMEIRO PLANO

O cartomante procura prever o futuro. O sábio procura controlá-lo.
Russell Ackoff

Propósito do Capítulo: *Focalizamos na fase inicial da reengenharia: a análise de clientes. Nossa premissa básica é que devemos examinar os clientes de modo a determinar não apenas as necessidades de produtos/serviços, como também as capacidades e características dos processos. A primeira parte deste capítulo aborda algumas das técnicas analíticas que ajudam a identificar novas oportunidades críticas que possam levar a novas estratégias e alianças e, às vezes, a novos negócios. Essas novas estratégias e alianças, por sua vez, influenciam as exigências e os parâmetros da capacidade de reengenharia de processos. Na última parte deste capítulo, sintetizamos vários princípios-chave de projeto de serviços que ajudam a integrar os recursos internos às necessidades dos clientes.*

O retratista, ao se aproximar da tela vazia, tem uma imagem do "modelo" gravada em sua mente. A imagem, porém, é mais do que uma semelhança física. O artista compreende o eu profundo do modelo, suas nuanças de comportamento, seus gostos e aversões, bem como sua tela de fundo "ambiental". Essa visão advém da observação e talvez de análises detalhadas.[1] É nesse sentido que os clientes são o local óbvio de onde começar a fase de análise da reengenharia. Afinal, são eles que definem as necessidades de desempenho dos sistemas organizacionais e de seus processos essenciais.

Perspectivas no Cliente

O sucesso nos negócios advém não do foco na concorrência, e sim do exame das necessidades atuais e futuras dos clientes. São duas as exigências dos clientes de qualquer fornecedor de produtos ou serviços: (1) eles desejam produtos ou serviços que atendam às *suas* necessidades e exigências e (2) desejam obter tais produtos ou serviços eficiente e eficazmente.

Nos Olhos do Observador

Na arte, a beleza reside "nos olhos do observador"; nos negócios, a qualidade só pode ser julgada pelo cliente. Mas o que é qualidade? O especialista em gerenciamento Armand V. Feigenbaum define a qualidade como se segue:

> A qualidade é uma determinação do cliente, e não de um engenheiro ou de um gerente geral ou de marketing. Baseia-se na experiência real do cliente com o produto ou o serviço, avaliada em relação às suas necessidades — enunciadas ou não, conscientes ou meramente sentidas, tecnicamente operacionais ou inteiramente subjetivas — e sempre representa uma meta em mutação em um mercado competitivo.[2]

A visão dinâmica e subjetiva da qualidade de Feigenbaum implica três níveis ou dimensões da qualidade pelas quais as organizações devem lutar *simultaneamente*.

1. Uma oferta de um produto/serviço, além de realizar o que o produtor/fornecedor diz que deveria, deve realizar o que o *cliente* necessita. Em suma, ela deve estar apta a ser usada pelos clientes no contexto de suas necessidades imediatas.
2. Produtos/serviços (ou ao menos alguns aspectos deles) deveriam atender às necessidades futuras dos clientes — exigências dos clientes que estes talvez não sejam capazes de enunciar claramente.
3. Produtos/serviços também devem ser percebidos como de valor (resultados/desempenho de custo).

As duas primeiras dimensões da qualidade lidam com a compreensão e o atendimento das necessidades dos clientes através do próprio produto ou serviço. A terceira dimensão da qualidade aborda como o produto ou serviço é fornecido. A não-focalização das necessidades dos clientes pode levar a pique as iniciativas de reengenharia. Freqüentemente, um processo de negócios procura ser tudo para todos os clientes. No atual clima empresarial de "personalização em massa", existem provavelmente múltiplas classes de clientes, cada uma com suas próprias necessidades imediatas e futuras. *Exatamente por isso a análise de clientes é tão crítica.* Começar pela segmentação dos clientes ajuda a focalizar as organizações e seus processos essenciais no que é necessário para conquistá-los e preservá-los.

As necessidades dos clientes e os níveis de satisfação também podem ser influenciados por condições externas de mercado: a economia, a política e a tecnologia, que por sua vez produzem impacto sobre o projeto do processo. Durante a fase de análise, as empresas devem manter uma saudável perspectiva "de fora para dentro" ou de comprador do processo a ser projetado.

Em muitas empresas, o *output* de um processo é considerado um sucesso se aquele produto ou serviço é produzido de acordo com especificações internas. Dada essa orientação de dentro para fora, o foco do esforço da empresa está em produzir o que considera (com freqüência baseado na experiência passada) um bom produto/serviço. Tipicamente, a visão predominante é que os clientes estão errados caso rejeitem o produto ou os serviços da empresa. Essa mentalidade de "mercado vendedor" surgiu após a Segunda Guerra Mundial, quando os Estados Unidos eram praticamente a única nação com uma capacidade estabelecida de produção em massa e os mercados mundiais estavam ávidos por produtos. Mesmo hoje em dia, algumas empresas exibem uma arrogância semelhante quando não têm que encarar a competição global.

As empresas que adotam uma perspectiva do comprador possuem uma percepção totalmente diferente dos objetivos organizacionais e de como o trabalho é realizado. Nelas, o propósito do trabalho é atingir a satisfação dos clientes. Fornecer o produto ou o serviço não é um fim em si mesmo; pelo contrário, é um meio de se obterem resultados para o cliente. As empresas "voltadas para o cliente" se mantêm receptivas às necessidades subjacentes de um cliente, avaliam a extensão da satisfação dos clientes e, depois, mediante um processo de melhoria (incremental ou radical, conforme discutido na Figura 1.2), alteram os processos ou produtos/serviços a fim de aumentar a satisfação. Esse ciclo de *feedback* também é afetado por mudanças externas nos mercados, na tecnologia, na economia e na sociedade (conforme mostrado na Figura 3.1), pois estas alteram as necessidades dos clientes e, portanto, o que é necessário para satisfazê-los. Avaliar constantemente se os produtos/serviços estão satisfazendo as necessidades atuais dos clientes e se as capacidades do processo continuarão à altura fornece pistas vitais sobre a missão e o escopo do esforço de reengenharia.

Compreensão dos Mercados

A fim de contextualizar adequadamente o que seus clientes lhe contam, você precisa primeiro analisar o mercado em busca de oportunidades. Às empresas com foco interno, muitas vezes passam despercebidas mudanças demográficas e econômicas, mudanças de segmentos e tendências tecnológicas com uma importância potencial para seus objetivos e suas estratégias.

Visões internas de produtos ou de serviços podem ser irrelevantes ou enganadoras. Consideremos o Ford Edsel. Do ponto de vista de um engenheiro, o Edsel era um "bom automóvel". Entretanto, o mercado não estava demandando outra opção na classe de produto existente. Já havia muitas alternativas. A Ford tentou entender por que as vendas do Edsel eram fracas e descobriu que os segmentos de clientes haviam mudado. Uma nova classe de compradores estava mais preocupada com o desempenho, o estilo e a imagem. Esse fracasso inesperado levou a Ford a projetar o bem-sucedido Thunderbird, que atendeu às necessidades de uma nova classe de compradores.[3]

A segmentação do mercado pode significar coisas diferentes, dependendo da perspectiva e da circunstância. Para o financista, a segmentação do mercado pode se referir à contribuição para a receita ou ao potencial de crescimento de um grupo específico de clientes, normalmente baseada em seus padrões de compras. Para o grupo de documentação do produto, o departamento jurídico e a distribuição, a segmentação do mercado pode se relacionar primariamente à geografia. A identificação dos segmentos do mercado e de suas características ajuda a empresa a tomar melhores decisões quanto às metas e aos investimentos.

Figura 3.1 ◆ Propósito do Trabalho no Modelo Voltado para o Mercado

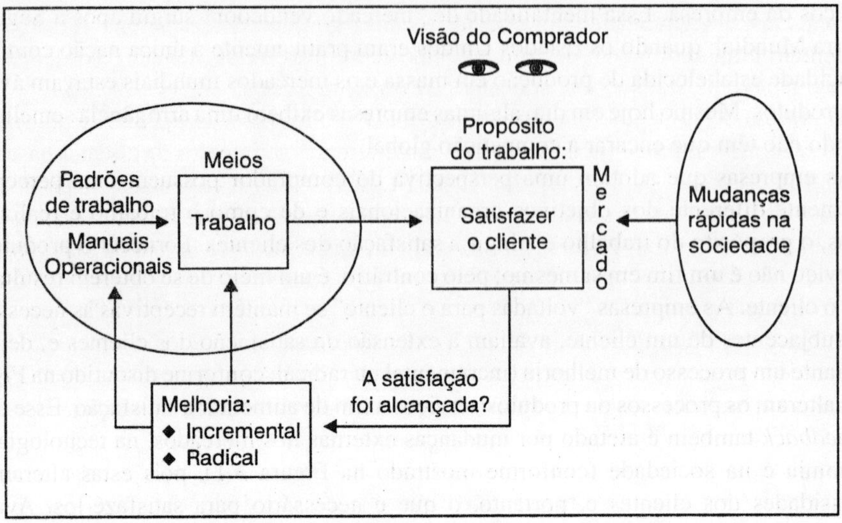

Fonte: Baseado em palestras de Shoji Shiba, *Center for Quality Management*, Cambridge, Mass.

Por exemplo, uma grande empresa de equipamentos de escritório com atuação global visualizou seu mercado em três dimensões: localização geográfica, produtos/serviços e setor de atividade (*ver* Figura 3.2). A quantificação dos "cubos" na matriz tornou possível identificar as áreas de receitas elevadas e/ou crescimento rápido e nelas focalizar as energias da empresa.

Figura 3.2 ◆ Matriz de Segmentação

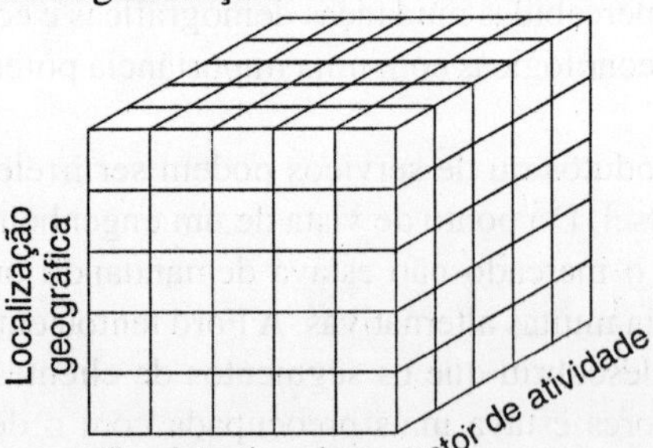

Essa visão particular da segmentação é financeira e voltada para o mercado, e não voltada para o cliente. Uma segmentação por clientes é necessária para a reengenharia eficaz de uma empresa ou de um processo de negócios com vistas a satisfazer melhor as necessidades dos clientes. Isso porque, das perspectivas do trabalho cotidiano e dos custos, nem todos os clientes são iguais. Empresas vitoriosas aprenderam a segmentar por conjuntos de clientes que possam ser lucrativamente atendidos. Davidow e Uttal apontam as diferenças entre a segmentação por clientes e por mercado: os segmentos de clientes tendem a ser menores e enquanto a segmentação por mercado focaliza nas necessidades, a segmentação por clientes focaliza no que estes esperam.[4] As empresas que tentam uma abordagem de "um tamanho serve para todos" tendem a descontentar um segmento e prestar serviço a clientes que esperam menos.

A empresa de equipamentos para escritórios descobriu que, independente da geografia, do produto comprado ou do setor, existem diferentes segmentos de clientes baseados em outros critérios. Os clientes de funções técnicas, como engenharia e pesquisa e desenvolvimento, queriam pouco suporte técnico no período inicial de venda ou pós-venda. Já os clientes de funções como vendas, marketing e recursos humanos (que tendiam a ser menos técnicos) — pelo que se descobriu — desejavam um alto grau de suporte técnico e de atendimento.

A empresa de equipamentos de escritório só conseguiu reestruturar eficazmente seus processos de negócios de prestação de serviços após compreender as necessidades de cada um desses segmentos ou grupamentos de clientes. Foram projetados dois sistemas de serviço, um para cada segmento de clientes. O sistema de atendimento do grupo de clientes não-técnicos incluiu muitos contatos, que os clientes acharam tranqüilizadores, se não essenciais. Esse sistema de atendimento, tão eficaz com o cliente não-técnico, seria visto como constrangedor e maçante, se não condescendente, pelo segmento de clientes técnicos.

Pesquisa de Clientes dentro dos Mercados

Poucos executivos que conhecemos reclamam que não têm informações suficientes dos clientes. Os clientes certamente se fazem ouvir. Normalmente, eles se manifestam quando têm uma reclamação e ao mudarem de fornecedor. Entretanto, esse *feedback* chega tarde demais no processo. Cada contato com um cliente — seja em um telefonema de venda, durante o processo de pedido ou em um atendimento pós-venda — é uma "hora da verdade"[5] em que o cliente fornece *feedback* direto e focalizado no contexto de sua experiência. Esses dados fornecem pistas sobre suas expectativas, percepções e necessidades. O segredo está em capturar o que eles estão contando — escutar a "voz do cliente".

Há vários métodos conhecidos de coleta de dados sobre os clientes: análise das queixas dos clientes, pesquisas, entrevistas diretas com clientes e grupos de foco estruturados com clientes selecionados. Cada uma dessas técnicas contribui em certo grau para a análise de clientes, mas possui também suas limitações, conforme mostra a Tabela 3.1.

Na reengenharia, o ponto de partida crítico é compreender o que os clientes desejam e precisam. Essa compreensão pode ser adquirida observando-se e escutando-se os clientes objetivamente, sem tendenciosidade. Esse *feedback* pode ser coletado por meio de telefonemas de vendas, de telefonemas ou visitas de atendimento e de reclamações. Encontros espontâneos em exposições de produtos e experiências pessoais de empregados com um produto ou serviço também fornecem informações úteis. Geralmente, os dados da "voz do cliente" são qualitativos, e não quantitativos.

Segundo a nossa experiência, as equipes de reengenharia muitas vezes lutam para compreender dados qualitativos. Algum entendimento de semântica — o estudo das palavras e do significado e de como as pessoas se comunicam — é fundamental nesse estágio de análise. Assim como o engenheiro se precaverá contra dados que sejam distorcidos ou tendenciosos, as equipes de reengenharia devem tomar cuidado para não interpretar erroneamente os dados lingüísticos coletados. No processamento de dados lingüísticos (i.e., conversão de informações para uso da empresa), as vozes dos clientes costumam ser distorcidas ou mascaradas. O que os clientes dizem pode estar mesclado com afeição, abstração, inferência, julgamento ou pensamento bivalente (uma orientação bivalente considera a informação como existindo em um de dois estados: bom ou mal, rápido ou lento, fácil ou difícil). Para que sejam compreendidas, as exigências dos clientes devem ser enunciadas em termos claros e mensuráveis.[6]

Tabela 3.1 ◆ Problemas na Coleta de *Feedback* dos Clientes

Método	Limitações
Análise das reclamações dos clientes	Focaliza no negativo – o que está errado; raramente revela necessidades positivas.
Questionários e pesquisas	A amostragem pode não incluir os usuários líderes, que são os primeiros a adotar novidades; as perguntas podem condicionar o resultado; os clientes não se sentem à vontade para se abrir; fornece numerosas estatísticas e gráficos, mas poucas pistas sobre as necessidades reais.
Visitas diretas a clientes individuais	Produz resultados incertos; difíceis de gerir ou de manter focalizadas; dados interessantes podem ser coletados, mas são difíceis de converter em uma forma utilizável.
Grupos de foco	Uma série de dados qualitativos são obtidos, mas vulneráveis a erros de interpretação; se membros da equipe de reengenharia (ou de projeto de produtos) participarem ativamente, em vez de apenas observarem, um pequeno número de perguntas contextuais poderia revelar ou esclarecer as necessidades.

Definição das Necessidades dos Clientes

Para muitas pessoas, os processos de projeto e de inovação podem parecer misteriosos — envolvendo uma mescla secreta de *insights*, inspiração, intuição e instinto singulares. Decerto, algumas inovações são criadas assim. Contudo, Peter Drucker adverte contra a loucura de se fiar em um "lampejo de gênio":

> Existem inovadores que são "bafejados pelas musas" e cujas inovações resultam de um "lampejo de gênio", em vez do trabalho pesado, organizado e propositado. Mas tais inovações não podem ser copiadas. Elas não podem ser ensinadas e não podem ser aprendidas. Não há como ensinar alguém a ser um gênio.[7]

Em nossa visão, a noção de que o projeto e a inovação dependem mais da inspiração do que do trabalho pesado e sistemático é um mito. Os elementos de projeto no processo de reengenharia que estamos descrevendo exigem métodos sistemáticos e analíticos e o uso de ferramentas da qualidade familiares aos gerentes contemporâneos. Uma dessas ferramentas é a "voz do cliente".

Dados da voz do cliente são cruciais para a definição das verdadeiras necessidades dos clientes com vistas à melhoria da qualidade das ofertas no mercado — se a análise for *input* para o projeto de um novo produto ou processo.

O Center for Quality Management, sob a direção de Shoji Shiba, desenvolveu uma metodologia de coleta, transformação e operacionalização da voz do cliente para o projeto de produtos/processos.[8] Identificando-se e estruturando-se as necessidades-chave dos clientes (para o projeto de produtos e/ou processos) no princípio desse processo analítico, aumenta-se grandemente a probabilidade de que o projeto do produto/processo seja responsivo às necessidades reais dos clientes. Além disso, a capacidade da equipe de reengenharia de convergir para — e comunicar — um conjunto claramente enunciado e inequívoco de necessidades dos clientes aumenta a probabilidade de que as atividades posteriores do projeto serão compatíveis e complementares e de que os recursos não serão desviados para questões sem importância.

A Figura 3.3 apresenta um fluxograma do que Shoji Shiba denomina o processo de "Engenharia de Conceitos": moldar idéias e necessidades imprecisamente definidas em necessidades tangíveis. Na terminologia de Deming, isso equivale a desenvolver necessidades que sejam operacionalmente definidas.

A Engenharia de Conceitos engloba uma variedade de ferramentas analíticas para a coleta, o esclarecimento e a priorização das necessidades, incluindo o método KJ,[9] as classificações forçadas e os diagramas de árvore. Essas ferramentas, combinadas com a análise competitiva (Capítulo 4), ajudam a construir a "casa da qualidade" ou a tabela de Desdobramento da Função Qualidade (QFD — Quality Function Deployment).[10]

A Engenharia de Conceitos tem ajudado empresas como a Analog Devices e outras empresas do Center for Quality Management a concentrar recursos de P&D escassos em produtos ou melhorias críticos (ver um caso real no Apêndice C). Além disso, ela tem uma vantagem igualmente importante: consegue fornecer as especificações para o processo reestruturado. Uma vez identificadas as necessidades dos clientes e a carteira de produtos/serviços da empresa estrategicamente alinhada com essas necessidades, elas podem ser usadas para moldar a capacidade e as possibilidades do sistema de produção ou de prestação de serviços.

Figura 3.3 ◆ Captação das Necessidades em Mutação dos Clientes

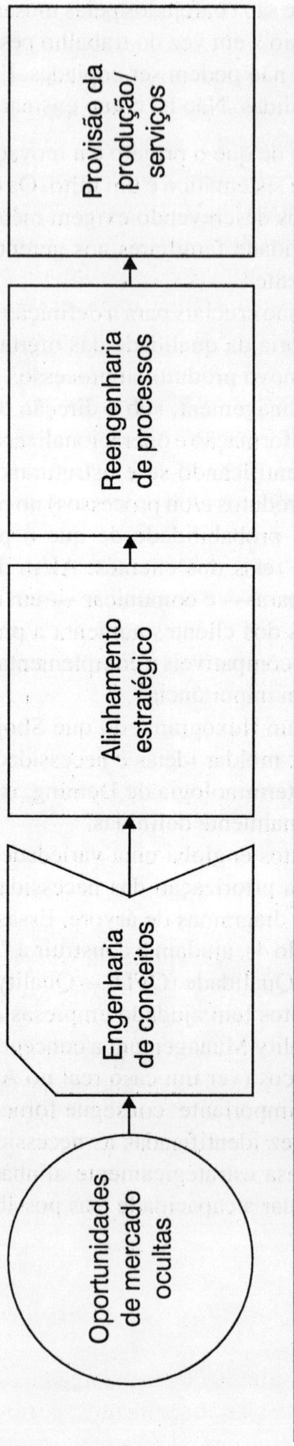

Fonte: Shoji Shiba, Center for Quality Management, Cambridge, Mass.

Serviço: Vista Aérea de uma Empresa

Todas as organizações — e não apenas as empresas de serviços — podem ser vistas como prestadoras de serviços. Mesmo no caso de fabricantes de bens físicos, o serviço associado costuma ser tão importante para o cliente como o produto em si. Por exemplo, os fabricantes de computadores com vendas diretas ao consumidor já não são julgados ou classificados tão-somente pela qualidade do hardware que produzem. À proporção que o hardware se assemelha cada vez mais a uma mercadoria comum, os vendedores competem através dos serviços de consultoria e do suporte para resolver os problemas dos clientes. Por exemplo, analistas da Apple Computer se juntaram aos altos executivos da Avis Rent-a-Car, Charles Bell, vice-presidente de pesquisa de sistemas, e Peter Tittler, vice-presidente de redes e comunicações, para reestruturarem o sistema de reservas de transações intensivas (23 milhões de chamadas ao ano) da empresa. A equipe observou de perto a forma natural de as pessoas trabalharem e projetou ferramentas adequadas aos fluxos de trabalho corretos. A solução, o terminal TAFT (Tulsa Advanced Function Terminal), proporciona um acesso mais rápido a uma ampla gama de dados "locais" em constante mutação, porém atualizados. Valendo-se de um "software inteligente" que sugere as próximas janelas de informações, o terminal TAFT presta grande auxílio ao funcionário que faz as reservas. Segundo Bell e Tittler, a Avis espera reduzir o tempo médio de "conversa" de 135 para cerca de 115 segundos. Dado o elevado volume de telefonemas, cada segundo poupado redunda em uma economia anual de cem milhões de dólares. Além do mais, o tempo de treinamento foi reduzido à metade.[11]

Na maioria dos contatos de serviço, empresas bem-sucedidas como a Apple Computer escutam seus clientes e encaram o serviço prestado em termos de seu valor total. Ao escutarem os clientes de uma perspectiva de serviço, as empresas tomam conhecimento de preocupações que vão bem além da entrega no prazo e da qualidade. Elas incluem a eficácia da solução, a propensão em personalizar em função de uma necessidade específica, a facilidade de uso, a qualidade e o meio da documentação, a confiabilidade a longo prazo, a responsividade, a eficácia do serviço de manutenção e o suporte técnico fornecido. Em suma, as atividades são gerenciadas da perspectiva de quão bem atendem os clientes *antes e depois* da expedição do produto — ou seja, em relação aos resultados globais para o cliente.[12]

Ao usarmos a palavra "serviço" neste livro, queremos dizer todos os aspectos, as ações e as informações que aumentam a capacidade do cliente de perceber o valor potencial de um produto ou serviço básico.[13] Com essa perspectiva, torna-se então possível identificar todos os pontos críticos quando uma empresa entra em contato com os clientes. Uma vez identificados, os seguintes princípios podem ser aplicados para se maximizar a experiência positiva de um cliente com um sistema de prestação de serviços.

Princípios de Projeto da Qualidade dos Serviços

A análise de clientes resulta no alinhamento estratégico dos produtos e serviços com as reais necessidades dos clientes. Esses alinhamentos, por sua vez, influenciam os parâmetros da capacidade e das possibilidades da reengenharia de processos. Cinco princípios-chave do projeto de serviços podem ajudar a integrar os recursos internos com as necessidades dos clientes.

PRINCÍPIO DE INTEGRAÇÃO DA QUALIDADE DOS SERVIÇOS 1: *Gerencie as Expectativas e o Desempenho de Cada "Momento de Verdade".*

Um momento de verdade é o ponto no tempo quando um cliente entra em contato com a empresa. Para que os momentos de verdade sejam identificados, é importante uma vista aérea da operação, focalizando-se em como, quando e onde os clientes entram em contato com a empresa durante o ciclo de vida de seu relacionamento. A Figura 3.4 apresenta uma visão parcial de uma seqüência desses encontros. O sucesso desses encontros é determinado por uma fórmula simples:

$$SC = D\text{-}E$$

onde SC é a satisfação dos clientes, D é o desempenho e E são as expectativas. Os clientes ficam satisfeitos quando o desempenho iguala ou excede suas expectativas. Por exemplo, a Southwest Airlines recebe ótimas cotações dos passageiros — apesar de seus aviões espartanos e do serviço de bordo sem luxo — cultivando sua imagem de tarifas baratas e programas de milhagem.[14] Inversamente, os clientes ficam insatisfeitos quando o desempenho está aquém de suas expectativas. Claro está que as organizações devem focalizar no seu desempenho, mas isso por si mesmo é insuficiente. Elas também devem dar atenção ao gerenciamento das expectativas de seus clientes.

Expectativas podem ser criadas ou influenciadas por vários mecanismos específicos como:

- Publicidade.
- Promessas de um vendedor.
- Especificações publicadas.
- Experiência com um concorrente.
- Experiência anterior com o produto ou serviço.
- Experiências em grupos de foco.

Um desequilíbrio acentuado entre as expectativas e o desempenho costuma ser devastador. Isso pode ocorrer quando a publicidade de uma empresa promete mais do que suas operações são capazes de fornecer. Os resultados são clientes insatisfeitos e muitas vezes queixosos. As empresas bem-sucedidas como a Avis gerenciam os dois membros da equação, fixando as expectativas no nível "correto". Elas "subprometem" e depois "superfornecem".[15]

PRINCÍPIO DE INTEGRAÇÃO DA QUALIDADE DOS SERVIÇOS 2: *Torne o Intangível Tangível.*

Os serviços, ao contrário dos produtos, são com freqüência caracterizados como intangíveis. Certamente, é muitas vezes difícil ver, tocar, sentir, ouvir ou degustar um serviço. Quando uma organização consegue tornar um serviço mais tangível para o cliente, normalmente se beneficia bastante. A maioria dos hotéis "cinco estrelas" segue este princípio. Por que outro motivo a camareira dobraria as toalhas e colocaria um bombom sobre o travesseiro? As revendedoras de automóveis fazem o mesmo quando cobrem o chão do automóvel com tapetes de papel após a revisão. Todas as empresas podem descobrir encontros em que podem fazer algo para demonstrar o valor que estão fornecendo. Por exemplo, uma empresa de serviços de gerenciamento de informações toma a iniciativa de enviar *faxes* aos clientes com a posição dos problemas (por exemplo, uma solicitação de material), mostrando-lhes que estão trabalhando em seu favor nos bastidores. A Lifescan, uma fornecedora de medidores do nível de glicose, além de fornecer aos clientes o local mais próximo para suprimentos, também indaga se precisam de orientações — tornando o valor de seu serviço mais evidente para o cliente.

Figura 3.4 ◆ "A Hora da Verdade" no Processo de Embarque de um Passageiro (do *Check-in* ao Avião)

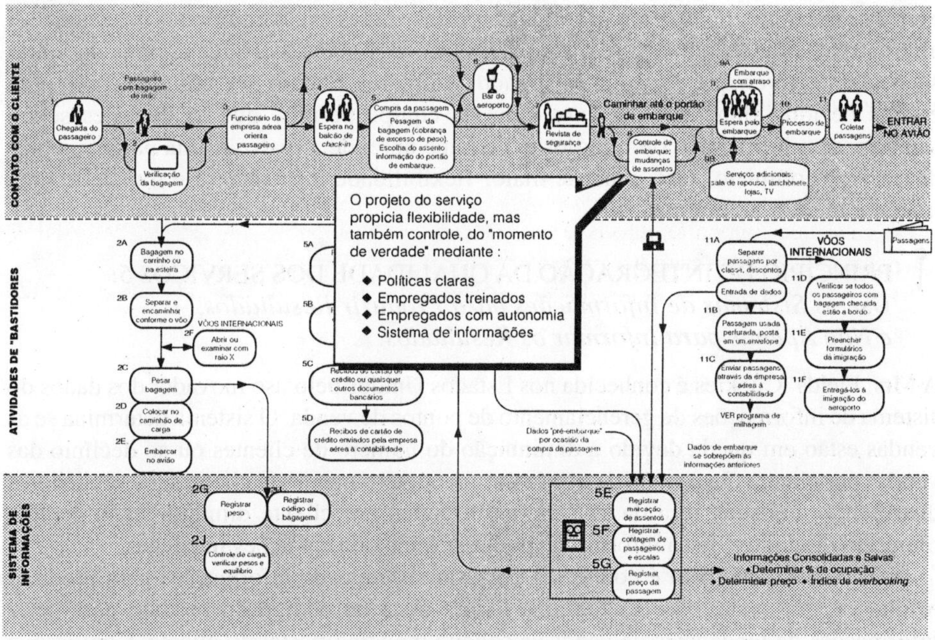

PRINCÍPIO DE INTEGRAÇÃO DA QUALIDADE DOS SERVIÇOS 3: *Planeje Ações Corretivas para as Exceções.*

A Quinta Lei de Murphy — se alguma coisa pode dar errado, dará errado — pode transformar um encontro de serviço em um desastre, mesmo no mais bem projetado processo. Por exemplo, um hotel pode projetar uma área de desembarque com um manobrista para acomodar certo número de veículos por hora. Inevitavelmente, alguns clientes fecharão a porta do automóvel esquecendo a chave dentro, bloqueando o fluxo de tráfego e irritando os demais clientes e não-clientes afetados pelo engarrafamento. Trata-se claramente de uma exceção. Alguns hotéis se guardam contra esse problema mantendo chaves-mestras ou ferramentas que permitam abrir rapidamente os automóveis trancados. De forma semelhante, os órgãos de trânsito mantêm reboques em locais estratégicos prevendo enguiços na hora do *rush*. Certamente, existem dilemas entre custo e serviço. Nem todas as exceções podem ser enfrentadas. As empresas precisam descobrir quais delas propiciam a melhor vantagem de custo/benefício.

PRINCÍPIO DE INTEGRAÇÃO DA QUALIDADE DOS SERVIÇOS 4: *Dê Autonomia à Linha de Frente.*

Quando mapeados da perspectiva do cliente, os sistemas de prestação de serviços viram de cabeça para baixo. Os empregados da linha de frente figuram perto do topo do diagrama, enquanto a gerência é posicionada como facilitadores e fornecedores de ferramentas. É imperativo para um serviço excelente assegurar que a linha de frente esteja equipada para realizar *todo* o serviço e esteja investida de *empowerment* para agir. Por exemplo, os funcionários das empresas aéreas estão equipados para oferecer alternativas quando um vôo se atrasa. Eles também poderão emitir cupons de jantar se o cliente tiver que esperar. Resultados similares podem ser atingidos por uma equipe de uma financeira. O *know-how* da equipe permite que as decisões sejam tomadas sem burocracia ou retardos e a equipe aprende a realizar uma parcela maior do serviço completo. Isso concede maior flexibilidade à financeira e transmite uma imagem melhor ao cliente.

PRINCÍPIO DE INTEGRAÇÃO DA QUALIDADE DOS SERVIÇOS 5: *Use os Sistemas de Informações para Produzir Resultados, e Não Apenas para Informar os Resultados.*

A Mrs. Fields' Cookies é conhecida nos Estados Unidos pelo uso inovador dos dados do sistema de informações de gerenciamento de pontos de venda. O sistema determina se as vendas estão em queda devido à diminuição do número de clientes ou ao declínio das vendas por cliente. Se a razão da queda for um número menor de clientes, os vendedores distribuirão amostras fora da loja. Se os biscoitos por cliente diminuírem, o gerente oferecerá descontos. Essa informação pode ser traduzida em ações imediatas.

A Toys R Us também é conhecida por usar sistemas de informações para produzir resultados. Na saída, o caixa faz uma leitura ótica do código do produto para gerar informações de tendências de vendas e solicita o código postal do cliente. Com isso, a empresa coleta dados para futuras decisões de localização de lojas.

Sistemas de informações também estão produzindo resultados para a Apple Computer. O Centro de Assistência da Apple, que atende a quatro milhões de telefonemas ao ano, responde rapidamente aos clientes graças aos seus sistemas de suporte. Por exemplo, quando um cliente descreve um problema, os representantes da Apple conduzem uma pesquisa textual nos sessenta mil artigos do Banco de Conhecimentos da Apple. Ferramentas como essa ajudaram a Apple a resolver 80% dos problemas na primeira chamada em seu primeiro ano de operação. O sistema de informações da Apple faz mais do que ganhar pontos junto aos clientes. Os problemas dos produtos são agrupados automaticamente em categorias, produzindo uma "lista dos dez mais" para os gerentes de produto e o principal executivo. Os gerentes de produto, não desejando figurar nessa lista, reúnem-se semanalmente no Centro de Assistência para saber em primeira mão e prematuramente os problemas dos clientes. Jackie Whiting, diretor dos Centros de Assistência aos Clientes da Apple, estima que a empresa já evitou 3 milhões de dólares em reparos na garantia.[16] Esses sistemas de suporte eletrônico também poderão se tornar um produto oferecido pela Apple.

O caso citado da Apple exemplifica o desafio singular com que se defrontam as empresas atuais. O projeto de novos processos não deve apenas produzir melhorias radicais, mas ser também uma fonte de inovação nas ofertas ao mercado de sorte a aproveitar as novas oportunidades.

Especificações dos Clientes

Os tipos de análises voltadas para o cliente que sugerimos devem fornecer especificações para o projeto tanto de produtos como de processos. Por exemplo, uma necessidade de produto/serviço (digamos, um atendimento em 24 horas) descoberta durante uma análise da voz do cliente pode indicar a necessidade de uma nova instalação de produção ou de prestação de serviço inexistente no sistema atual. Similarmente, a análise de clientes pode revelar grandes hiatos entre as expectativas dos clientes e os níveis atuais de desempenho da organização. No exemplo do Capítulo 1, a empresa que pensava que seus fornecimentos eram 97% entregues no prazo descobriu, mediante análise, que a especificação de seu projeto estava errada. Os clientes não estavam satisfeitos com o desempenho dos fornecimentos da empresa de acordo com sua avaliação (expedições "não-atrasadas"). A especificação que refletia precisamente as necessidades dos clientes era "nem adiantado, nem atrasado".

Insights da Análise de Clientes

Embora a maioria das empresas já possua uma estratégia de negócios implantada, uma análise e um reexame abrangente dos mercados e dos clientes pode aprimorar as atividades empresariais e os produtos, serviços e critérios de desempenho que mais contam para os clientes. Como ponto de partida de qualquer esforço de reengenharia, um perfil dos clientes é essencial. Esse perfil ajuda a estabelecer o contexto estratégico para os produtos e serviços existentes. Uma vez compreendido isso, os candidatos-chave à reengenharia podem ser identificados e a capacidade e as possibilidades de cada um desses processos podem ser determinadas.

A extensão da análise de clientes como parte de um esforço de reengenharia depende da qualidade dessa espécie de trabalho já realizado como parte dos esforços anteriores de formulação de estratégias. Se o trabalho anterior for relativamente recente e de alta qualidade, bastarão análise crítica e síntese dos segmentos e das exigências de desempenho. Em outros casos, uma análise mais ampla será necessária.

A análise de clientes visa responder a duas perguntas: qual a forma mais proveitosa de segmentar os clientes, de modo que diferenças nas exigências de desempenho das categorias de clientes possam ser determinadas? Quais são as necessidades de cada segmento? Por exemplo, certo segmento de clientes deseja um atendimento rápido e está disposto a pagar por isso. Outros clientes preferem custos reduzidos e são menos exigentes quanto à velocidade. Se a análise revelar que ambos estão sendo atualmente atendidos de forma idêntica, a equipe de reengenharia poderá sugerir dois tipos distintos de "serviço" no novo projeto.

A segunda pergunta ilustra que são as "necessidades", e não as expectativas, que contam. Durante as décadas de 1970 e 1980, as expectativas eram baixas em relação aos automóveis norte-americanos e, especialmente, às oficinas autorizadas. Exagerando um pouco, podemos dizer que bastava algo dar certo para as expectativas serem superadas. Talvez as expectativas dos clientes fossem baixas por ignorarem o que era possível. Os fabricantes do Lexus, do Infiniti e do Saturn compreenderam que superar as expectativas era fácil. Compreender as necessidades reais forneceu o combustível em direção à vantagem competitiva.

NOTAS

1. Na Mona Lisa, por exemplo, Leonardo da Vinci não se limitou a captar a imagem da modelo; ele insinuou alguns segredos interiores em seu sorriso enigmático.

2. Armand V. Feigenbaum, *Total Quality Control*. Nova York, McGraw-Hill, 1983. [Ed. bras.: *Controle da qualidade total*. São Paulo, Makron Books, 1994.]

3. Peter F. Drucker, *Innovation and Entrepreneurship*. [Ed. bras.: *Inovação e espírito empreendedor*. São Paulo, Pioneira, 1991.]

4. William H. Davidow e Bro Uttal, "Service Companies: Focus or Falter", *Harvard Business Review*, julho-agosto de 1989.

5. Jan Carlzon cunhou a expressão "hora da verdade" em seu livro de mesmo nome. Uma hora da verdade é qualquer ponto em que um cliente entra em contato com a empresa; a experiência pode ser favorável ou desfavorável. Jan Carlzon, *Moments of Truth*. Cambridge, Mass., Balinger, 1987. [Ed. bras.: *A hora da verdade*. Rio de Janeiro, COP Editora, 1992.]

6. Os detalhes desses elementos podem ser encontrados em S.I. Hayakawa, *Language in Thought and Action* (4ª edição). Nova York, Harcourt Brace Jovanovich, 1978.

7. Peter F. Drucker, *Innovation and Entrepreneurship*.

8. Essas notas foram tomadas por Richard Lynch ao trabalhar com Shoji Shiba no desenvolvimento do manual de "engenharia de conceitos" do Center for Quality Management. Agradeço a Gary Burchill, Ron Santella, Diane Shen, Alan Graham e Fred Pouliot por seu debate animado e desenvolvimento desses conceitos. Para obter informações adicionais, consulte Shoji Shiba, Alan Graham e David Walden, *A New TQM for America*.

9. O método KJ foi inventado por Jiro Kawakita, um notável antropólogo japonês, como meio de sintetizar e caracterizar grandes volumes de dados antropológicos coletados durante suas expedições. Em uma dessas excursões, Kawakita tomara notas em pequenos pedaços de papel e, depois, os dispusera sobre sua mesa para registrá-las em seu diário. Observando a forma como as fichas estavam agrupadas, Kawakita descobriu novos significados nos dados não-aparentes nas anotações individuais. Mais tarde, Kawakita refinou essa "descoberta" e desenvolveu o que se conhece hoje por método KJ. Uma ferramenta prática para a definição e o esclarecimento de problemas, a técnica envolve o registro de dados qualitativos em fichas (fatos expressos em uma sentença), a organização das fichas em grupos baseados nas semelhanças das imagens contidas nas fichas, a atribuição de títulos aos grupos (i.e., a extração da essência das fichas de um grupo), a descoberta dos relacionamentos entre os grupos e o foco nos problemas mais importantes.

O Método KJ é particularmente útil nas seguintes situações: (1) as questões que envolvem um problema parecem grandes e complexas; (2) as informações relevantes ao problema figuram em pensamentos e idéias desorganizados; (3) uma mudança radical dos conceitos tradicionais faz-se necessária; e (4) o consenso da equipe é essencial para a solução bem-sucedida de problemas.

10. Originário do Japão, o Desdobramento da Função Qualidade (QFD) é um sistema de projeto de produtos ou serviços com base nos desejos dos clientes e envolvendo todos os membros das organizações fornecedoras. Como tal, trata-se de um diagrama conceitual para o planejamento e as comunicações interfuncionais.

11. A Apple Computer conduziu um telefórum interativo em 15 de abril de 1993. Bell e Tittler participaram por telefone desse evento instrutivo.

12. Richard B. Chase e David A. Garvin, "The Service Factory", *Harvard Business Review*, julho-agosto de 1989.

13. William H. Davidow e Bro Uttal, *Total Customer Service: The Ultimate Weapon*.[Ed. bras.: *Serviço total ao cliente: a arma decisiva*. Rio de Janeiro, Campus.]

14. James Brian Quinn, *Intelligent Enterprise*. Nova York, Free Press, 1992.

15. Ibidem.

16. Apple Computer, telefórum interativo, 15 de abril de 1993.

Capítulo 4

PERSPECTIVAS DE LINHA DE BASE: AS INFLUÊNCIAS NO PLANO DE FUNDO

As únicas coisas que envoluem por si mesmas em uma organização são a deseordem, os atritos e o mau desempenho.
Peter F. Ducker (consultor gerencial)

Propósito do Capítulo: *Abordamos as análises de linha de base que ajudam a formar (junto com as necessidades dos clientes) as especificações de projeto do processo reestruturado. Duas perspectivas são abordadas. Começamos com uma visão de perto das tendências do setor e das especificações de desempenho dos concorrentes. Fornecemos, então, algumas ferramentas para uma visão de alto nível do processo atual.*

Uma análise dos ambientes interno e externo atuais posiciona o processo de projeto em um contexto mais amplo. Antes de aplicar a reengenharia a um processo específico, convém adquirir uma noção da magnitude da mudança e da melhoria necessárias tanto para igualar e superar as ações dos concorrentes como para maximizar as oportunidades internas existentes para aumentar a eficácia.

A chave para a compreensão e a análise das influências do setor, dos referenciais de desempenho dos concorrentes e dos parâmetros de seu processo está na linha de visão — a perspectiva da equipe de projeto. Nas belas-artes, a perspectiva diz respeito à representação de uma cena inteira e de sua estrutura, ao relacionamento entre o que está próximo do observador e o que está mais distante. Na reengenharia, a perspectiva é obtida tanto por uma visão de baixo do ambiente externo quanto por uma vista aérea do processo analisado.

Perspectivas no Plano de Fundo

A antropologia também pode contribuir para nossa compreensão da perspectiva. Jiro Kawakita, um notável antropólogo, aplicou seus cinco princípios da observação, aperfeiçoados após muitos anos de expedições, à prática empresarial.[1] Assim como na análise de clientes, identificar o que é importante nos dados de linha de base do ambiente externo e dos processos internos requer uma observação refinada e a capacidade de processar dados qualitativos. O primeiro princípio de Kawakita é obter "uma visão de 360 graus". Com isso, ele quer dizer observar a cena sem tendenciosidade e de vários ângulos diferentes. O objetivo é enxergar além do óbvio e tentar discernir algo de novo.

O segundo princípio da observação de Kawakita — "caminhar pelas pedras" — é uma alusão a alguém atravessando um riacho. Não é prático nem inteligente tentar planejar todos os passos de análise do início ao fim. É melhor dar alguns passos e, daquela nova perspectiva, planejar o melhor passo seguinte.

A "descoberta por acaso" é o terceiro princípio de Kawakita. Ao se concentrar em um processo, você verá novas e interessantes associações de dados e, muitas vezes, descobrirá opções de projeto no processo existente. É provável que, à medida que os processos evoluíram, boas idéias tenham sido enterradas na organização. Durante a análise de linha de base, uma equipe de reengenharia procura enxergar sob o "verniz" — à semelhança da restauração de uma pintura antiga. Essa linha de estudo pode revelar detalhes de processamento obscurecidos pelas devastações do tempo, pela tecnologia e por programas que seguem o "modismo do mês". O quarto princípio de Kawakita — "a capacidade intuitiva" — diz respeito à qualidade humana da criatividade. O matemático francês Jules-Henri Poincaré notou a importância da intuição ao afirmar que "é pela lógica que provamos, mas é pela intuição que descobrimos". As análises, portanto, devem incluir o pensamento não-convencional.

O último princípio de Kawakita lida com a natureza da informação qualitativa. Ele argumenta que a diversidade de observações e a atenção à semântica são mais importantes do que a estatística. Elas fornecem o combustível para a inovação.

É com olhos bem abertos que uma equipe de reengenharia deve começar seus esforços de decifrar os mistérios do plano de fundo da tela.

Natureza Dinâmica do Setor

O grau de mudanças em quase todos os setores atuais não tem precedente. Contudo, mesmo nos velhos tempos de ciclos de vida relativamente longos dos produtos, mudanças setoriais e na estrutura do mercado pegavam desprevenidos os líderes empresariais. Um exemplo clássico foi quando os três grandes fabricantes norte-americanos de automóveis dormiram no volante enquanto a Toyota, a Honda e a Nissan arrebataram o mercado de automóveis pequenos. O principal executivo da GM, Jack Smith, Jr., explica assim o fenômeno:

> Quando os japoneses começaram a chegar, nós não demos bola para eles e eles foram gradualmente avançando. O que nós não reconhecemos foi que eles estavam fabricando automóveis de uma forma diferente, a um custo bem menor e, igualmente importante, com um nível de qualidade superior.[2]

Similarmente, a BMW e a Mercedes avaliaram erroneamente o mercado de automóveis de luxo, quando o Acura, o Lexus e o Infiniti começaram a roubar seus clientes. No setor de computadores, a IBM se manteve aferrada aos seus *mainframes*, enquanto minicomputadores e sistemas distribuídos abocanhavam violentamente seu mercado. A

Wang Laboratories ignorou o surgimento do mercado de PCs e, agora, está praticamente fora do jogo. Esses exemplos mostram o perigo de deixar de focalizar nos rumos da mudança em seu setor. Porém, como sustentar o foco, quando tanta coisa parece estar mudando em tantas direções?

As fontes de inovação de Peter Drucker listadas no Capítulo 1 podem fornecer algumas pistas. A chave para a solução do quebra-cabeça está fora de sua organização. Porém, é preciso um olho treinado para discernir as tendências significativas — que estão ao nosso redor, embora às vezes parcialmente camufladas.

- Parcerias em evolução, como bancos concorrentes compartilhando redes.
- Tecnologias convergentes, como a telefonia e a TV a cabo. Por exemplo, o principal executivo da Tele-Communications, John Malone, teve uma visão para sua empresa baseada na integração dessas duas tecnologias. Isso tornará os aparelhos de TV inteligentes e interativos, fornecendo aos consumidores mais canais, filmes por encomenda, vídeo-telefonia, compras a domicílio expandidas e programação interativa.
- Ecossistemas empresariais[3] em que as empresas co-evoluem em torno de inovações e trabalham cooperativa e competitivamente para satisfazer as necessidades dos clientes (por exemplo, computadores pessoais, bens eletrônicos de consumo, informações e comunicações).
- Envolvimento do usuário final na efetiva criação do produto ou do serviço — postos de gasolina de auto-serviço, caixas automáticos de bancos.
- Movimentação ao longo do espectro de valor agregado. Por exemplo, a sofisticação crescente em tecnologia da informação dos clientes aliada a rápidos progressos tecnológicos levaram esses clientes a desejar soluções de tecnologia da informação para suas necessidades de negócios, além do hardware e do software em si. Isso levou as empresas de informática a alterar suas estratégias de negócios e suas ofertas de produtos/serviços. Empresas como a IBM, a Digital Equipment e a Apple Computer, além de venderem hardware e software, vendem também serviços de consultoria a fim de obter resultados para seus clientes. Um artigo recente da *Fortune* sugeriu que "não compensa subestimar a capacidade de mudança de uma organização. A IBM, bem como a Digital, ainda tem uma grande oportunidade como prestadora de serviços, ajudando as empresas a alinhavar sistemas complexos. Se conseguirem resolver alguns de seus próprios problemas, poderão ganhar fortunas aplicando a sabedoria adquirida em outras empresas".[4] De forma semelhante, a Xerox vende mais do que copiadoras; ela também ajuda os clientes a projetar seus documentos.

Outras tendências no cenário setorial incluem a nacionalização e a impressão de uma fórmula a lojas tradicionais (por exemplo, Home Depot, Staples, Kinko's) e a terceirização de atividades "de bastidores" (por exemplo, a Taco Bell terceiriza o preparo de seus alimentos).

Inteligência Competitiva: Focalizando o Plano de Fundo

Assim como algumas empresas não conseguem acompanhar as mudanças em seu setor e em seus mercados, outras parecem confusas sobre a base de sua concorrência — preço, desempenho, número de ofertas, qualidade do serviço etc. Por exemplo, uma loja de artigos domésticos que se apregoava a "número um em atendimento aos clientes" tinha tão poucos vendedores que os clientes tinham que esperar vinte minutos até serem atendidos. A carência de vendedores resultava de um foco nos preços baixos — e não no nível de atendimento. A loja "superprometia" e "subfornecia". Quando a Home Depot Store abriu uma filial próxima, os clientes desertaram aos bandos.

Na década de 1980, uma empresa de assinaturas de revistas especializadas cometeu um erro semelhante e quase trágico. Ela anunciou que "não há nada que não façamos por nossos clientes". Embora segmentasse seu mercado por tipo (bibliotecas acadêmicas, de negócios e médicas), não o segmentou pelas necessidades de serviço dos clientes. Os procedimentos operacionais da empresa eram pouco utilizados e, em conseqüência, quase todo o trabalho era assistemático. Por exemplo, não era incomum um agente ignorar os dados de pedido de assinatura e as soluções do sistema de informações da empresa e sair na rua a fim de comprar um exemplar da revista para o cliente. Michael Porter sintetiza o resultado dessa estratégia bem-intencionada, mas perigosa:

> Ser todas as coisas para todas as pessoas é uma receita para a mediocridade estratégica e para o desempenho abaixo da média. É uma manifestação da falta de vontade de fazer escolhas sobre como competir. Procura-se a vantagem competitiva por todos os meios e não se consegue nenhuma, pois alcançar diferentes tipos de vantagem competitiva costuma exigir ações inconsistentes.[5]

Uma empresa precisa de clareza sobre sua própria estratégia competitiva para que possa aprender com a análise do desempenho de terceiros. Existem grandes diferenças entre as estratégias. As empresas podem competir com base em níveis constantes de qualidade e de confiabilidade, na capacidade de cumprir rotineiramente os compromissos de fornecimento assumidos, na responsividade, na rapidez de lançamento de novos produtos ou na capacidade de personalizar. A escolha da estratégia deve se basear em uma combinação da compreensão dos clientes (Capítulo 3), dos concorrentes e das próprias possibilidades.

Quando uma empresa carece de uma estratégia clara, uma equipe de reengenharia pode ajudar a formulá-la, ao realizar análises de clientes, dos concorrentes e das possibilidades internas, no esforço de projetar sistemas de prestação de serviços apropriados e competitivos.

A Influência dos Concorrentes sobre o Ambiente

Uma vez compreendidas as bases da concorrência, o passo seguinte é obter uma idéia do que constitui uma diferença competitiva significativa para cada base de concorrência. Para isso, é preciso desenvolver especificações de desempenho. Por exemplo, se a base da concorrência é a satisfação pós-vendas dos clientes, é preciso comparar as características específicas das garantias e da assistência técnica dos diferentes concorrentes. Essa forma de análise costuma ser denominada *benchmarking*. Grande parte do método de *benchmarking* foi desenvolvido pela Xerox Corporation em resposta a incursões dos concorrentes japoneses. A Xerox define o *benchmarking* como "uma abordagem estruturada de olhar para fora da organização, estudando-se e adaptando-se as melhores práticas externas, de modo a complementar as operações internas e obter idéias criativas. O *benchmarking* é uma experiência de aprendizagem: observar como a concorrência está se conduzindo agora e projetar como será esse desempenho no futuro".[6]

Os *benchmarkings* de processos — ou das melhores práticas demonstradas — dizem respeito especificamente à realização do trabalho em outras empresas. Segundo nossa experiência, o papel do *benchmarking* de processos recebe às vezes uma ênfase exagerada. Concordamos com as palavras de Peter Pyclik, presidente de The Faxon Company:

> Por definição, a experiência de reengenharia não é exportável, pois se baseia na capacidade criadora e inovadora dos detentores dos futuros processos. Ela não deve absolutamente ser exportada, podendo ser apenas um gabarito ou um padrão. Reengenharia não é pintar segundo uma receita.

Acreditamos que o papel mais apropriado do *benchmarking* na análise é o *benchmarking* do desempenho. Assim como a análise da voz do cliente discutida no Capítulo 3, o *benchmarking* do desempenho ajuda uma equipe de reengenharia a começar a análise de uma perspectiva de fora para dentro. Acreditamos também que é importante compreender os padrões estabelecidos não apenas pelos concorrentes, mas também pelas empresas líderes, pois elas balizam indiretamente as expectativas dos clientes.

O processo de *benchmarking*, quando empregado na reengenharia, costuma ter quatro fases: planejamento, análise, integração e ação.[7]

Durante a fase de planejamento, uma equipe de reengenharia identifica os marcos de desempenho evocados pela estratégia e identifica os melhores concorrentes e/ou as empresas líderes. Isso pode ser realizado por meio de discussões com clientes ou com associações. A fase de planejamento se encerra com os métodos de coleta de dados (por exemplo, exame da literatura, estudos de consultorias, pesquisas telefônicas ou visitas *in loco*). Existem também alguns atalhos. Alguns desses dados estão disponíveis através do International Benchmarking Clearing House (um serviço do American Productivity and Quality Center, em Houston, Texas).

Nas fases de análise e de integração do *benchmarking*, as estatísticas de desempenho vitais são comparadas com as possibilidades dos processos atuais, anotando-se as diferenças significativas. Quaisquer informações sobre mudanças futuras que possam afetar o desempenho também devem ser usadas na determinação das especificações do projeto. Por exemplo, o *benchmarking* de um distribuidor de hardware e software de computador revelou que o suporte aos clientes desse concorrente-chave era menor, porém mais eficiente para um número semelhante de clientes. A equipe de reengenharia descobriu que um concorrente recebia 40% menos de comunicações de problemas e que, quando esses surgiam, resolvia o dobro de problemas por telefonema.

Na metodologia da reengenharia delineada no Capítulo 2, esses *benchmarkings* são apenas uma das três fontes das especificações do projeto. Destarte, a implementação das mudanças deve se dar no contexto de todas as especificações e opções de projeto possíveis.

Implicações sobre a Carga de Trabalho

Outra importante influência externa sobre o esforço de projeto é a característica da carga de trabalho. Todos os dias chega trabalho novo. Quase toda empresa recebe pedidos que têm que ser processados. Um grupo de manutenção de sistemas recebe "pedidos de alteração". Uma empresa seguradora processa apólices e pedidos de indenização. Uma oficina autorizada processa automóveis. Não faz sentido promover a reengenharia de um processo sem primeiro entender as características da carga de trabalho básica.

Uma análise da carga de trabalho engloba as características do trabalho a ser processado, tais como os volumes, a freqüência, a sazonalidade, os ciclos, o *mix*, os níveis de qualidade e as mudanças previstas. Por exemplo, na reengenharia de um serviço de manutenção de sistemas, pedidos de alteração em um período superior a um ano tiveram que ser analisados para se desenvolver um perfil do trabalho. A equipe aprendeu com esse exame que não apenas o trabalho variava em diferentes épocas do ano, como 50% dos pedidos de alteração eram feitos para corrigir pedidos anteriores e outros 10% visavam guardar lugar na fila.

Às vezes, as descobertas atingem as raias do constrangedor. Por exemplo, um grande centro de atendimento telefônico aos clientes ficou chocado ao descobrir que 60% dos telefonemas recebidos eram dirigidos ao departamento errado. O cliente ou bem não entendia as instruções ou não lhes dava importância.Como um fato desses podia passar despercebido? Simplesmente porque as chamadas erradas eram transferidas para o departamento correto sem qualquer registro da transação. Entretanto, ao embarcar em um esforço de reengenharia, a empresa procurou entender a carga de trabalho inteira: todos os telefonemas recebidos, não apenas os "legítimos" que geravam uma ficha de acompanhamento do problema. Antes da reengenharia, os indicadores internos se referiam às fichas processadas, e não às chamadas recebidas.

O intento desse esforço é assegurar que qualquer novo processo reestruturado seja capaz de lidar com o trabalho que precisa ser realizado.

Compreensão dos Parâmetros Operacionais dos Processos Internos

Uma vista aérea das operações atuais dá a uma equipe de reengenharia a oportunidade de retroceder e obter uma visão objetiva — de diferentes ângulos — do processo existente.[8] Na Faxon, a equipe de reengenharia entrevistou empregados e gerentes-chave da linha de frente das diferentes funções para obter um quadro do sistema vigente de prestação de serviços. A equipe aplicou o método KJ descrito no Capítulo 3 para processar os dados qualitativos gerados (*ver* Figura 4.1). Gail Howell, gerente de atendimento aos clientes, explica o valor da estrutura do método KJ:

> Abordar o problema pela estrutura do método KJ ajudou a equipe de reengenharia a ver mais claramente as características do processo. Esses detalhes costumam se perder nas operações do dia-a-dia. Enfrentar os fatos às vezes dolorosos e entender diferentes pontos de vista ajudou a ampliar o nosso pensamento. Na verdade, quebrou o gelo para nossos esforços de reestruturação, por nos mostrar a importância e a necessidade da mudança.

Figura 4.1 ◆ Processo Atual pelo Método KJ

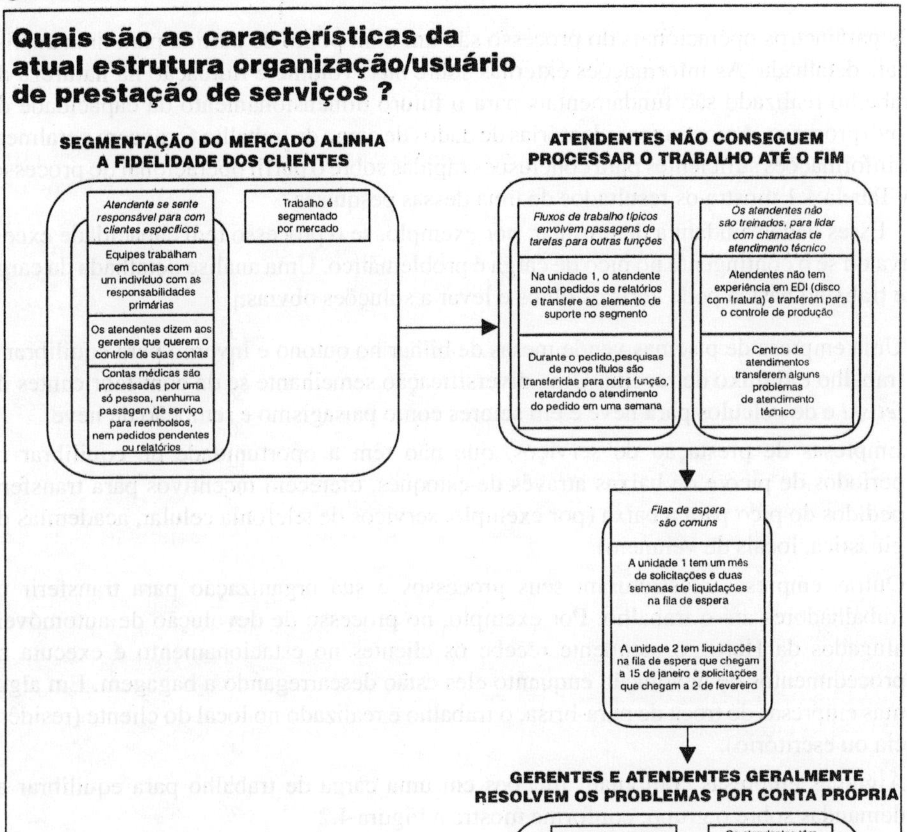

Natureza do Trabalho

Os parâmetros operacionais do processo são um bom ponto de partida para uma análise mais detalhada. As informações externas sobre *mix*, volume e flutuação na natureza do trabalho realizado são fundamentais para o futuro dimensionamento da capacidade do novo processo. Amostragens aleatórias de dados de carga de trabalho fornecem geralmente informações suficientes para conclusões rápidas sobre o perfil operacional do processo. A Tabela 4.1 mostra os resultados de uma dessas pesquisas.

Esses dados ajudam a determinar, por exemplo, se o processo tem capacidade excessiva ou se o contingente no pico de carga é problemático. Uma análise detalhada da carga de trabalho básica pode abrir os olhos e levar a soluções óbvias:

- Uma empresa de piscinas vende mesas de bilhar no outono e inverno para equilibrar o trabalho e o fluxo de receita. Uma diversificação semelhante se dá com fabricantes de *jet ski* e de veículos para neve e em setores como paisagismo e remoção de neve.
- Empresas de prestação de serviços, que não têm a oportunidade de equilibrar os períodos de pico e de baixas através de estoques, oferecem incentivos para transferir pedidos do pico para a baixa (por exemplo, serviços de telefonia celular, academias de ginástica, locais de veraneio).
- Outras empresas reestruturam seus processos e sua organização para transferir os trabalhadores até o trabalho. Por exemplo, no processo de devolução de automóveis alugados da Hertz, o atendente recebe os clientes no estacionamento e executa os procedimentos de devolução enquanto eles estão descarregando a bagagem. Em algumas empresas de troca de pára-brisa, o trabalho é realizado no local do cliente (residência ou escritório).
- Algumas empresas combinam funções em uma carga de trabalho para equilibrar as demandas sobre o grupo, conforme mostra a Figura 4.2.

Tabela 4.1 ◆ Estatísticas de Linha de Base

Produto	% da Receita Anual	Volume	Flutuação
Produto A	35	100/mês	Sazonal
Produto B	20	200/mês	Mensal
Produto C	25	600/mês	Diária
Produto D	20	800/mês	Uniforme

Outro tipo de dado operacional útil é o nível de retrabalho:

- Um departamento de Sistemas de Informações Gerenciais descobriu que 42% dos pedidos de alteração de clientes de outras partes da empresa eram para modificar ou aprimorar um pedido anterior já atendido.

- Um distribuidor de peças de automóveis descobriu que 6% dos pedidos eram de peças que deveriam ter sido incluídas em um pedido anterior.

Embora relativamente direta, a coleta de dados de carga de trabalho normalmente não se restringe a um relatório do sistema de informações e envolve consideráveis deslocamentos e "garimpo". Descobrimos que as seguintes diretrizes podem ser úteis:

- Não confie inteiramente nos dados computadorizados ou nas informações históricas. Relatórios de computador podem ser enganadores; definições diferentes podem ser usadas ou os dados existentes podem ser válidos somente para outro propósito (por exemplo, custo dos produtos para avaliação de estoques).
- Sempre visite a área operacional para observar fluxos de trabalho reais.
- Não colete dados de variável única, como número de entregas no prazo e número de entregas atrasadas. Eles contêm apenas uma dimensão de informação. Colete dados adicionais como linha do produto, departamento, tempo de fabricação, extensão dos atrasos etc.

Por exemplo, ao analisar a organização de serviços de software CCS da AT&T, a equipe de reengenharia percorreu arquivos em papel de até dezoito meses antes para obter um perfil fiel do trabalho realizado. A análise de mais de trezentos pedidos de alteração levou a equipe a "descobrir" que cerca de 50% dos empregados da divisão estavam envolvidos em alterar pedidos de alteração anteriores. Na Faxon, uma busca similar pelos arquivos centrais revelou que o atendente acessava menos de 1% dos registros armazenados — e, desse 1%, apenas um terço era considerado útil. Essa descoberta foi importante, pois a empresa vinha cogitando em adquirir hardware e software de processamento de imagens para acessar os documentos. Em vez disso, a equipe de reengenharia fez esta anotação para o estágio de projeto: "Mudar a atenção para a eliminação da armazenagem dos registros desnecessários."

Caracterizar a carga de trabalho atual do processo é um importante primeiro passo, mas uma compreensão bem mais detalhada do processo existente é necessária.

Mapeamento de Como o Trabalho é Realizado

À semelhança de viajantes partindo em nova viagem, uma equipe de reengenharia precisa de um mapa do processo de negócios — primeiro para esclarecer detalhadamente como o trabalho é realizado e, mais tarde, para definir melhorias substanciais. Um mapa de processo de negócios é, em essência, uma espécie de fluxograma que retrata os tipos de atividades e suas inter-relações e o que é preciso para operar um processo essencial ou parte desse processo. Os mapas servem a vários propósitos nos estágios de análise de linha de base e de projeto:

- Ajudam a compreender a perspectiva do cliente — a razão de ser de uma empresa —, quer esse cliente seja o usuário final ou um canal de distribuição.
- Ajudam também a focalizar no fluxo de trabalho interno para clientes internos — a razão de ser de um departamento ou de uma função —, da criação do produto/serviço até o valor fornecido ao cliente final.

Figura 4.2 ◆ A Eficácia da Combinação de Grupos para Equilibrar o Contingente com a Carga de Trabalho

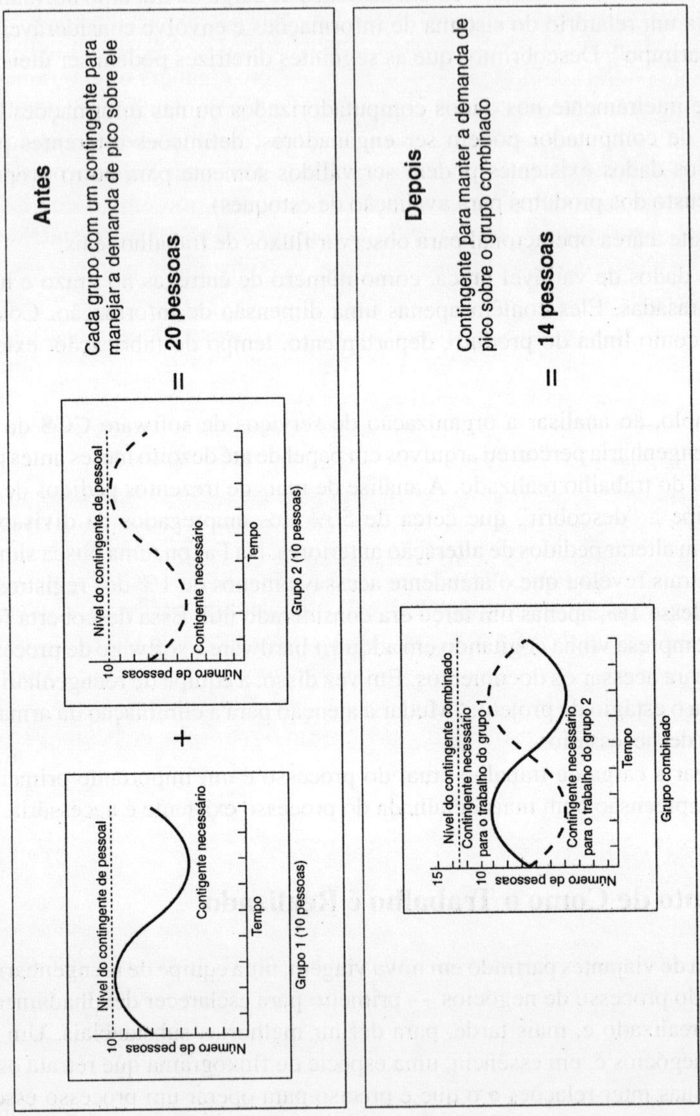

- Por fornecerem um quadro holístico da forma como o trabalho é realizado, os mapas também podem ajudar uma equipe de reengenharia a simplificar e otimizar as operações.
- Eles podem ser usados para determinar que padrões medem efetivamente o fluxo de trabalho para melhorar o valor dos produtos ou serviços.

Mapeamento do Sistema de Serviço – Uma Visão Explodida do Processo Atual

Embora os fluxogramas (em suas várias formas) sejam a técnica mais conhecida, descobrimos que o Mapeamento do Sistema de Serviço (SSM — Service System Mapping)[9] é especialmente poderoso. Essa técnica de mapeamento combina os diagramas de serviço com os fluxogramas de engenharia industrial.[10] O Mapeamento do Sistema de Serviço consegue realçar *da perspectiva do cliente* onde as coisas vão bem (qualidade e desempenho do fornecimento) e onde poderiam falhar. Por estar voltado para o serviço, o Mapeamento do Sistema de Serviço mostra o grau em que um processo de negócios satisfaz os clientes mediante o ciclo de vida completo de todos os encontros envolvidos. Esse mapeamento também documenta o papel desempenhado pelo cliente no processo de prestação de serviços.

Em contraposição, os fluxogramas tradicionais de engenharia industrial têm servido tipicamente para o exame da eficiência das atividades de bastidores (tempo de ciclo e desperdício). Os fluxogramas e a análise, pelos engenheiros industriais, das operações de bastidores — retratando operações, inspeções, movimento, atrasos e armazenagem — visavam tipicamente realçar oportunidades de redução de custos.

No Mapeamento do Sistema de Serviço, as atividades são visualizadas no contexto de como agregam valor para o cliente. Nas palavras de Henry Foley, presidente e principal executivo da Gray•Judson•Howard e co-criador dessa técnica:

> O Mapeamento do Sistema de Serviço é como arrancar o telhado de sua empresa e observar de cima como flui o trabalho. É uma forma de ajudar os gerentes a retroceder de suas preocupações funcionais e ver a empresa como um todo, para depois promover a reengenharia da forma como flui o trabalho entre as funções. Sem essa perspectiva, a qualidade do serviço torna-se fundamentalmente comprometida.[11]

Por Que Mapear?

Antes de abordarmos o "como" do Mapeamento do Sistema de Serviço, é importante examinar o seu papel na análise de linha de base. O mapeamento tem as seguintes utilidades:

- Leva a percepções compartilhadas e coerentes da experiência dos clientes com todo o processo essencial.
- Identifica todos os pontos de contato entre o processo de negócio e seus clientes.
- Fornece a base para o desenvolvimento de um modelo econômico da empresa.
- Identifica oportunidades de melhorar a eficácia do processo de negócios.
- Fornece o quadro contextual para o projeto dos processos de negócios.
- Ajuda na localização de pontos de controle e de indicadores estratégicos de desempenho.

O processo de mapeamento também permite às empresas aproveitarem alguns benefícios imediatos ou oportunidades imediatas, ao revelar problemas enterrados sob os procedimentos existentes e atacá-los no ato. Por exemplo, um distribuidor publicitário mapeou um processo em que todo um grupo responsável por um produto realizava apenas inspeções em processo. A equipe recomendou que a atividade fosse eliminada imediatamente. Vejamos outro caso. O Mapeamento do Sistema de Serviço de uma empresa seguradora de porte médio revelou o processamento de uma certificação de seguro que se pensava ter sido eliminada anos antes. Essa atividade representava cerca de 25% do volume da divisão! O comitê-geral corrigiu imediatamente as apólices e os procedimentos para evitar essa atividade.

Em suma, o Mapeamento do Sistema de Serviço serve de catalisador para a compreensão e a melhoria de todos os aspectos do desempenho nos negócios. Segundo nossa experiência, o uso dessa ferramenta resulta nos seguintes benefícios:

- Melhora a comunicação: ao fornecer uma representação gráfica do processamento do dia-a-dia, um mapa representa um grande progresso em relação às descrições "verbais" (uma imagem vale por mil palavras). Um mapa reduz o risco de representações variadas e imprecisas das operações atuais e estabelece um fundamento para uma efetiva colaboração por toda a empresa em torno de melhorias dos processos de negócios. Em outras palavras, o Mapeamento do Sistema de Serviço ajuda os empregados a passar do estado atual de operações para o estado desejado.
- Ajuda a focalizar na pesquisa de mercado: ao fornecer um retrato preciso e gradual dos pontos de contato com os clientes da perspectiva destes últimos, um mapa aumenta a capacidade da gerência de focalizar e ter como alvo áreas críticas para a satisfação dos clientes. A necessidade de uma compreensão melhor de certos aspectos do contato com os clientes pode levar a uma pesquisa de mercado direcionada adicional.
- Ajuda no projeto de operações e na gestão de processos: quando acréscimos, exclusões ou alterações são feitas em um mapa, torna-se mais fácil — por estarem na mesma página — ver os efeitos à frente e para trás. Um mapa também permite a visualização das operações ou atividades de bastidores em um contexto mais amplo, em relação ao cliente.
- Aponta onde os sistemas de informações agregam valor: o Mapeamento do Sistema de Serviço permite projetar os sistemas de informações de uma perspectiva mais estratégica. Não apenas os pontos de contato com os clientes, os fluxos de materiais e atividades específicas são representados, mas os fluxos de informações necessários à consecução das atividades-chave também são incluídos. Novos sistemas de informações (ou melhorias nos sistemas existentes) podem ser projetados para vincular atividades de valor agregado no processo essencial.[12]
- Focaliza nas áreas críticas de avaliação de desempenho: O Mapeamento do Sistema de Serviço facilita a coleta de indicadores-chave necessários ao processo de reengenharia. Além disso, estimula o desenvolvimento de políticas, de procedimentos, de diretrizes e de programas de treinamento eficazes que ajudam a estabelecer o contexto para sistemas de gerenciamento do desempenho. De posse de um mapa, uma equipe de reengenharia pode localizar os pontos críticos de avaliação. Uma perspectiva pictórica ampla facilita o projeto de indicadores para a obtenção do melhor equilíbrio estratégico entre a qualidade do serviço, a qualidade do produto e a lucratividade. As avaliações de desempenho são mais eficazes quando controlam

o fluxo horizontal de trabalho conforme retratado pelo mapa e quando não são condicionadas pela estrutura vertical da organização. O mapa fornece essa perspectiva ao retratar todas as atividades em um fluxo contínuo, em vez de compartimentalizá-las por suas funções organizacionais.

Desenho de um Mapa do Sistema de Serviço

Agora que descrevemos as características e os benefícios do Mapeamento do Sistema de Serviço, podemos focalizar em como desenvolver um mapa para um processo essencial (ou de negócios) específico.

A Figura 4.3 mostra um gabarito de Mapeamento do Sistema de Serviço. Um mapa eficaz deve:

- Mostrar todos os contatos e todas as atividades com usuários finais.
- Mostrar todos os contatos e todas as atividades com quaisquer canais de distribuição.
- Mostrar o relacionamento entre as atividades de bastidores necessárias para apoiar quaisquer canais de distribuição e usuários finais.
- Mostrar todo o suporte de informações necessário.
- Mostrar relacionamentos com quaisquer vendedores/fornecedores-chave.

Não existe uma forma única e padronizada de desenvolver um Mapeamento do Sistema de Serviço. O protocolo para o desenho das faixas horizontais, os segmentos do processo e o nível de detalhe necessário dependem do propósito do mapa. Cada situação é diferente, não apenas quanto ao problema abordado pelo processo de mapeamento, como também em termos das percepções/expectativas dos usuários do mapa. Essas exigências situacionais devem ser claramente estabelecidas inicialmente. Uma vez compreendidas, há cinco passos necessários para se desenvolver um mapa.

PASSO 1
Estabelecer as Faixas Horizontais

As faixas horizontais em um mapa servem para organizar as atividades em categorias de importância estratégica e operacional. Essas faixas permitem correr os olhos mais facilmente pelo mapa e realçar as responsabilidades importantes. Um Mapeamento do Sistema de Serviço típico contém:

- Uma faixa de usuário final, que indica seqüencialmente os processos de serviço experimentados por um usuário final; se o usuário final for o cliente, essa faixa deverá se intitular "faixa de contato com os clientes".
- Uma faixa de canal de distribuição, que indica seqüencialmente os processos de serviço pelos quais um intermediário fornece o serviço da organização produtora ao usuário final.
- Uma faixa de atividade de bastidores, que indica as atividades de serviço invisíveis ao usuário final que apóiam e facilitam os processos que tocam a faixa de contato com os clientes.

Figura 4.3 ◆ Gabarito do Mapeamento do Sistema de Serviço

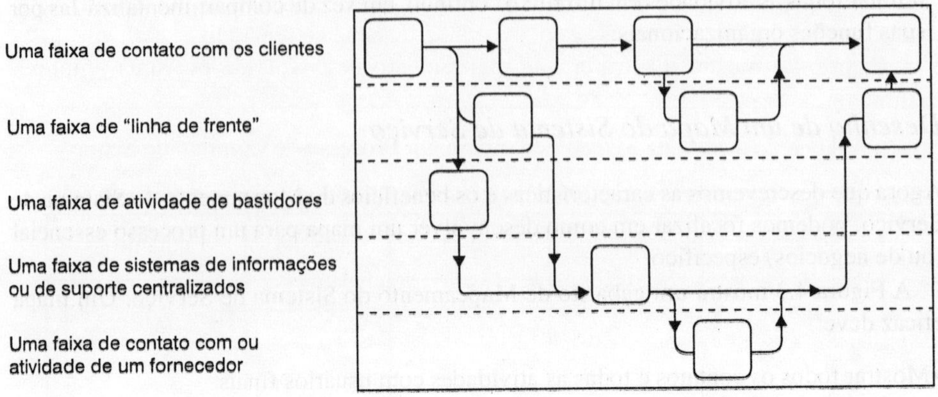

- Uma faixa de gerenciamento das informações, que realça como os dados coletados são realimentados para os gerentes, para as equipes de trabalho e para os indivíduos (geralmente na forma de relatórios *on-line* e em papel).
- Uma faixa de fornecedor, se um componente-chave do fluxo do processo exige a atividade e o contato com um fornecedor.

Embora essas faixas sejam genéricas, podem ser personalizadas por uma equipe de reengenharia para se adequarem à organização, geralmente através de uma análise breve com os principais gerentes operacionais. Entretanto, temos uma dica: não crie faixas demais (mais de sete). Quanto maior o número de faixas, mais provavelmente os fluxos e os percursos serão difíceis de decifrar.

PASSO 2
Traçar os Segmentos do Processo

Os segmentos do processo descrevem cronologicamente os elementos de trabalho realizados do primeiro ao último contato com um cliente. Coletivamente, esses segmentos do processo fornecem um panorama da forma como o trabalho é realizado, progredindo do contato inicial, do pedido do produto/serviço e do fornecimento do produto/serviço até a resolução de problemas e a descontinuação ou a atualização do produto ou serviço.

O nível de detalhe apresentado em um mapa deve ser suficiente para a identificação dos grandes passos necessários à realização de todo o trabalho (incluindo a provisão de informações-chave) envolvido no funcionamento do dia-a-dia de determinado processo de negócio. Os usos específicos que serão feitos de um mapa ajudarão a encontrar o ponto ideal entre rapidez de desenvolvimento e precisão/detalhe. Em alguns mapas, o tempo é escasso e um panorama de nível relativamente alto é suficiente. Em outros, precisão e detalhes específicos são cruciais.

Em nossa opinião, pensar nos segmentos do processo da perspectiva do produto ou do serviço facilita a tarefa. Desse modo, uma equipe de reengenharia consegue descrever o ciclo de vida em blocos de atividade. Por exemplo, da perspectiva de um objeto, ele é cotado, vendido, fabricado/processado, expedido, instalado e reparado.

A Figura 4.4 mostra a estrutura de mapeamento desenvolvida por uma empresa seguradora.

Figura 4.4 ◆ Estrutura de Mapeamento para um Processo de Contrato de Seguro

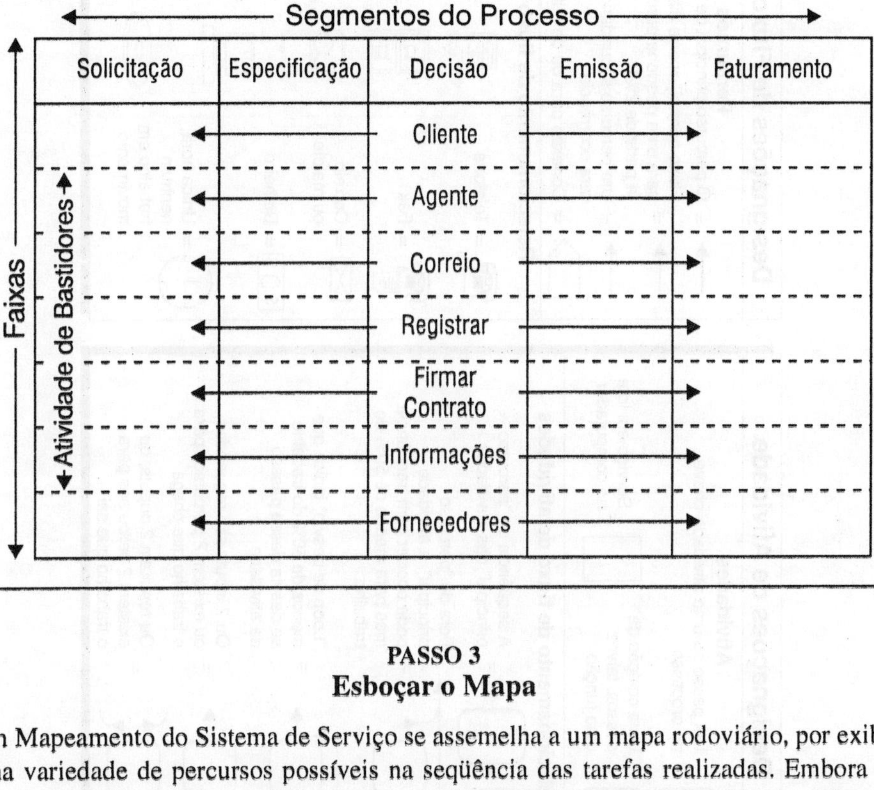

PASSO 3
Esboçar o Mapa

Um Mapeamento do Sistema de Serviço se assemelha a um mapa rodoviário, por exibir uma variedade de percursos possíveis na seqüência das tarefas realizadas. Embora as principais rodovias sejam enfatizadas, as estradas vicinais menos percorridas também são representadas. Um mapa deve exibir a progressão normal do trabalho como se estivéssemos observando a empresa de cima para baixo.

O fluxo de trabalho retratado é definido pela forma como os clientes, as informações e os produtos se movem ao longo do processo. Em muitos casos, símbolos — como um *fax*, cifrões, um computador ou uma folha de papel (sobrepostos ao percurso) — indicam o tipo de trabalho e a forma como ele flui. Por exemplo, um símbolo de telefone pode aparecer entre o ponto onde um cliente pode telefonar à empresa e a atividade de bastidores responsável por atender à sua solicitação. Um símbolo de gráfico de barras pode representar um ponto de avaliação no processo e um símbolo de computador pode representar a armazenagem ou a recuperação de dados. A Figura 4.5 mostra alguns dos ícones que consideramos úteis na comunicação do modo como o trabalho é realizado.

Figura 4.5 ◆ Ícones Usados no Mapeamento do Sistema de Serviço

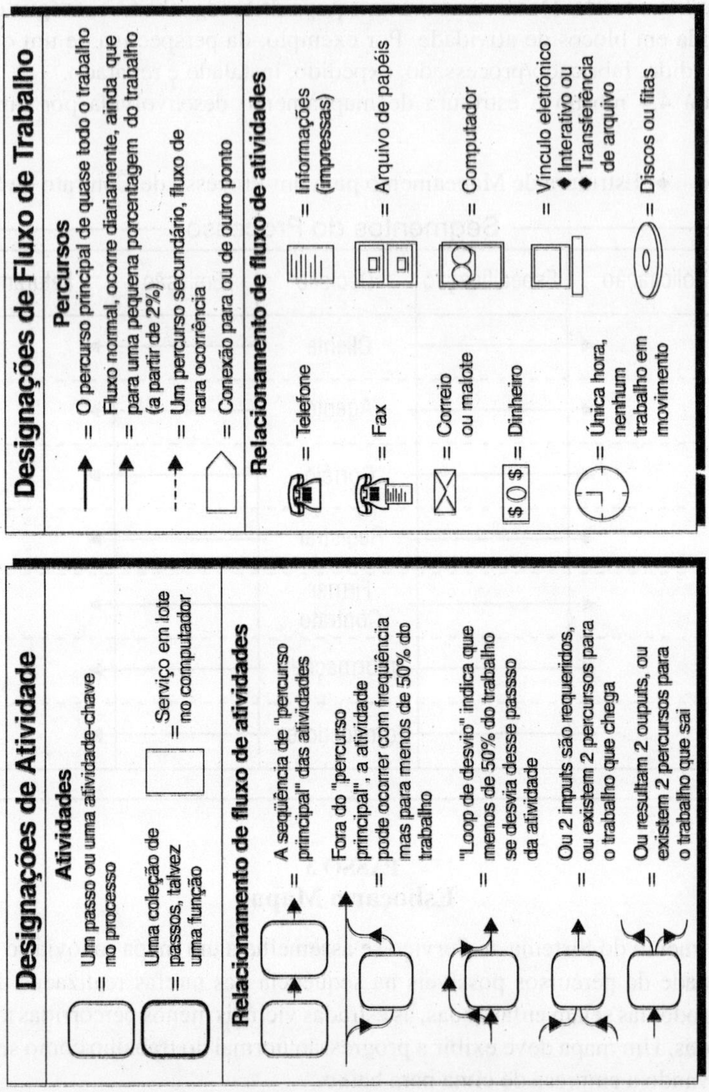

À semelhança de um mapa rodoviário, um Mapeamento do Sistema de Serviço mostra percursos e seus inter-relacionamentos, mas não as capacidades e a utilização dos percursos. Para que um esforço de reestruturação tenha sucesso, também é fundamental compreender a carga de trabalho em cada percurso.

Dado que os fluxos de trabalho e de informações estão sempre fluindo, uma grande limitação de qualquer mapa é o fato de representar apenas um instantâneo do processo em um momento específico. Em qualquer processo, o trabalho possui características específicas de fluxo, que dependem da freqüência com que ele percorre o percurso principal. Definimos percursos principais como aqueles que acomodam fluxos com uma porcentagem do trabalho superior a 50%. A Figura 4.6 mostra uma atividade de percurso principal, com as setas em linha reta representando o percurso direto.

Fora do percurso principal, existe normalmente uma variedade de "estradas secundárias", menos percorridas mas, mesmo assim, podendo acomodar até 50% do trabalho. A figura 4.7 mostra o fluxo de um percurso secundário, representado pela variante sob o percurso principal.

Figura 4.6 ◆ Fluxo de Percurso Principal

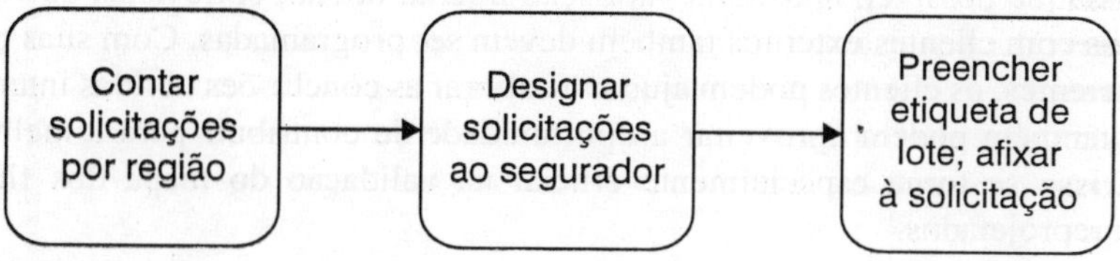

Figura 4.7 ◆ Fora do Fluxo de Percurso Principal

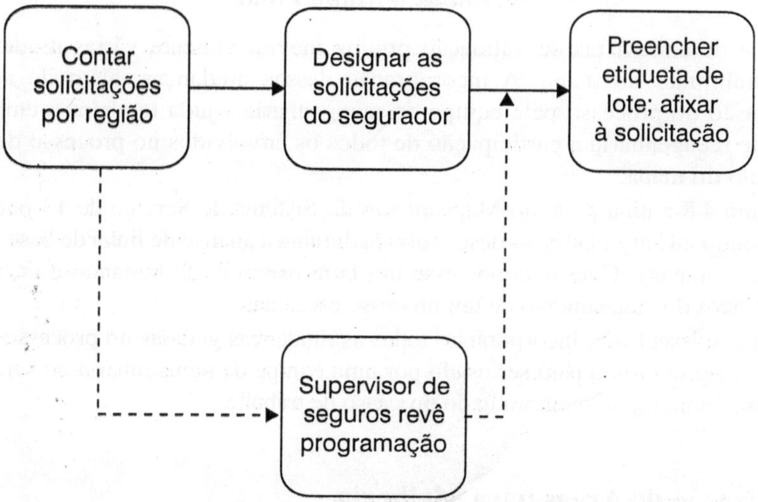

PASSO 4
Validar o Mapa

No desenvolvimento de um Mapeamento do Sistema de Serviço, as complexidades e as sutilezas são tamanhas, que raramente é possível produzir um quadro 100% preciso do processo na primeira tentativa. O processo de desenvolvimento deve ser encarado como exigindo várias iterações: uma versão preliminar seguida de um ou mais passos de validação/revisões.

Uma vez preparada uma versão preliminar do mapa, várias entrevistas de validação são programadas, normalmente com membros seniores que ocuparam várias posições na empresa. Esses indivíduos, além de capazes de fornecer uma perspectiva mais ampla para o mapa do que as fontes iniciais de informação, conseguem também validar os detalhes de segmentos específicos. Por exemplo, na Time Insurance Company, Kathy Thomas, uma segunda vice-presidente com uma ampla perspectiva, ajudou a dar à versão preliminar do mapa o selo da aprovação, uma vez introduzidas algumas pequenas alterações:

> Tivemos uma cerimônia em que afixamos o mapa na sala da equipe de projeto. O mapa era uma prova do grau em que nosso processo se afastara do cliente. Estávamos micro-gerenciando tarefas, mas ignorávamos totalmente o processo dos clientes.

Sempre que possível, após uma validação interna inicial, entrevistas de validação adicionais com clientes externos também devem ser programadas. Com suas perspectivas diferentes, os clientes podem ajudar a calibrar as conclusões obtidas internamente. Eles também podem aproveitar a oportunidade de contribuir para a melhoria do serviço. Isso se torna especialmente crucial na validação do mapa dos fluxos de trabalho reprojetados.

PASSO 5
Desenhar o Mapa Final

Uma série de entrevistas de validação produz inevitavelmente várias mudanças na versão preliminar do mapa. A incorporação dessas mudanças, além de aguçar a compreensão do processo pela equipe de reengenharia, ajuda também a embutir no esforço de reengenharia a participação de todos os envolvidos no processo de desenvolvimento do mapa.

A Figura 4.8 é uma parte do Mapeamento do Sistema de Serviço de 13 páginas — representando 284 atividades — desenvolvida durante a análise de linha de base da Time Insurance Company. Consideramos esse um bom exemplo do tamanho e do nível de detalhe típicos do mapeamento de um processo essencial.

O mapa redesenhado, incorporando todas as mudanças geradas no processo de validação, está agora pronto para ser usado por uma equipe de reengenharia no seu esforço em produzir um projeto melhorado do processo de trabalho.

Identificação de Áreas para Melhoria

Um Mapeamento do Sistema de Serviço bem desenhado não fornecerá respostas a esta pergunta de uma equipe de reengenharia: "Que inovações poderemos introduzir no projeto desse processo de negócios de sorte a melhorar substancialmente o desempenho?" Porém — nas palavras de Tom Devane, um consultor estabelecido em Denver —, "o mapa pode exibir 'padrões suspeitos' " e, assim, fornecer pistas à equipe de reengenharia. Um tipo de pista é um intervalo de tempo substancial em que o usuário/cliente não experimenta nenhuma interação com a organização fornecedora (*ver* Figura 4.9). Nesse caso, a equipe de reengenharia deve se perguntar: "Como tornar a atividade de bastidores mais visível para o cliente?"

Outro tipo de pista pode ser revelada por segmentos no mapa onde o fluxo de trabalho parece pular abruptamente de uma faixa para outra, para depois retornar — em saltos que evocam muitos *video games* atuais.[13] Esse padrão pode ser causado por uma série de

Figura 4.8 ◆ Análise de Linha de Base do Processo de Contrato de Seguro

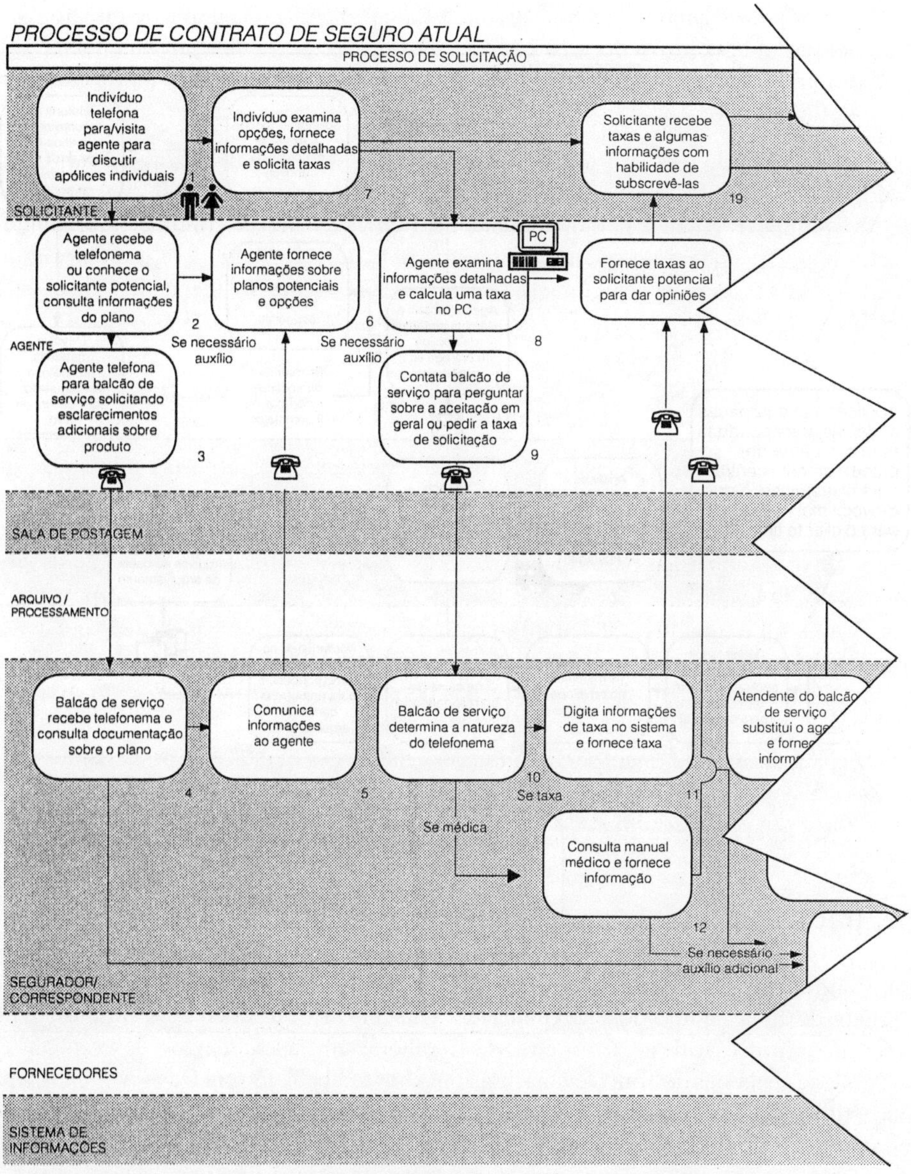

Figura 4.8 ◆ Continuação

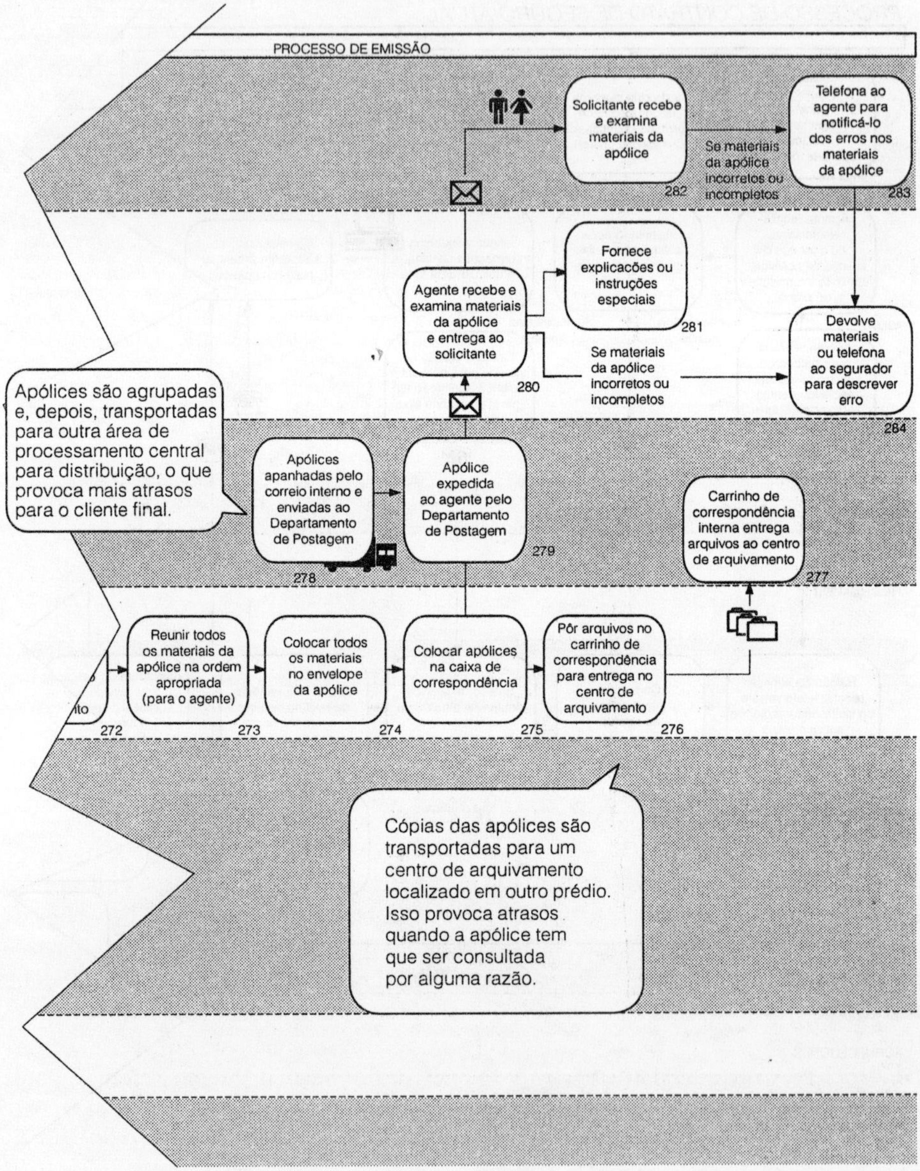

passagens de serviços para certos especialistas (*ver* Figura 4.10). Uma equipe de reengenharia, ao deparar com tal padrão em um mapa, pode indagar como reduzir a necessidade de especialistas e evitar múltiplas passagens de serviços.

Além de levantar questões e apresentar à equipe de reengenharia pistas potenciais para o projeto, tais análises de um mapa muitas vezes despertam o senso de premência necessário à consecução do esforço de reengenharia. Quando tais informações são compartilhadas com os membros mais céticos da organização, podem ajudar a convertê-los à causa da reengenharia.

Em suma, a análise do processo atual ajuda a equipe de projeto a começar a compreender o propósito do trabalho da perspectiva do cliente. Além disso, fornece dados para ajudar a organização inteira a entender os problemas do "estado atual" e cria um comprometimento compartilhado e um senso de premência para a rápida transição ao "estado desejado".

Figura 4.9 ◆ Possível Pista: Um Hiato

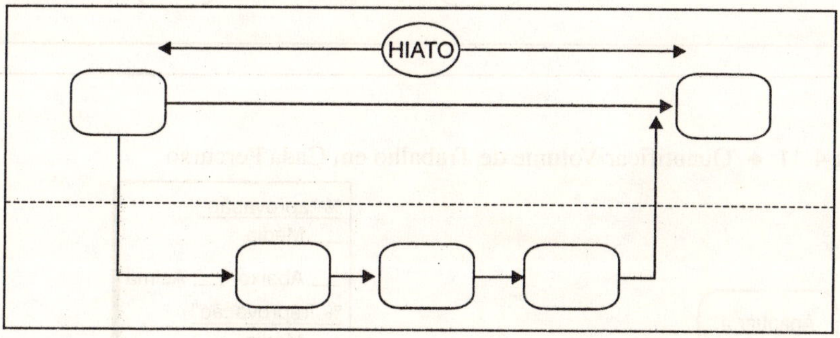

Transferência de Números para o Mapa

Um auxílio para a análise mais profunda do processo atual retratado no mapa é quantificar o processo e transferir alguns números para o mapa. Quando os tempos de ciclo reais de trabalho são adicionados a um mapa, surgem com freqüência novas questões a serem consideradas por uma equipe de reengenharia. Por exemplo, em uma empresa seguradora, uma equipe ficou surpresa ao descobrir que era preciso uma média de cem dias para se fechar um novo negócio. Essa informação foi importante no início do projeto de reengenharia, porque o mapa ajudou a revelar problemas de responsividade com os fornecedores e excesso de passagens de serviços na matriz.

Outra empresa seguradora havia sempre orçado em quinze dias a venda de um seguro de saúde. Após analisar apólices de até um ano antes, a equipe de reengenharia constatou que o tempo médio de processamento interno era de fato de 37 dias. Ainda pior, do ponto de vista do cliente, o processo levava sessenta dias.

A forma mais fácil de compreender os números é examinar o tempo de processo, o tempo de ciclo e as atividades com valor agregado.

Figura 4.10 ◆ Possível Pista: O Salto

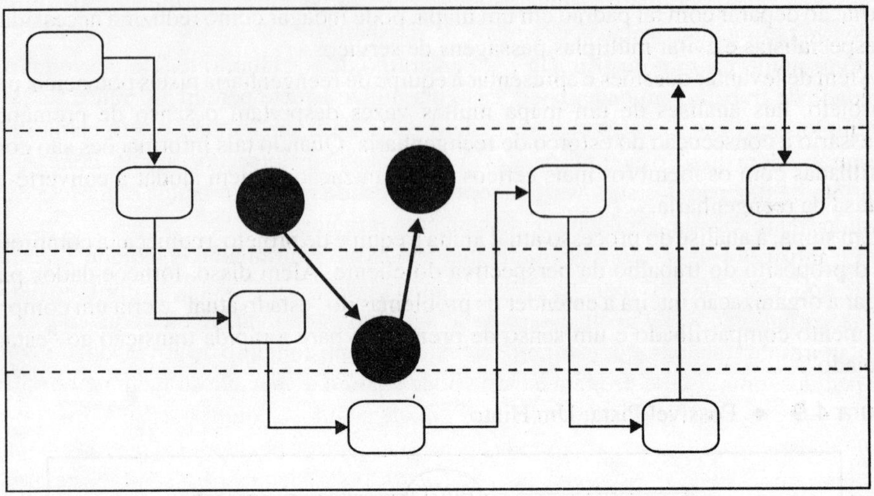

Figura 4.11 ◆ Quantificar Volume de Trabalho em Cada Percurso

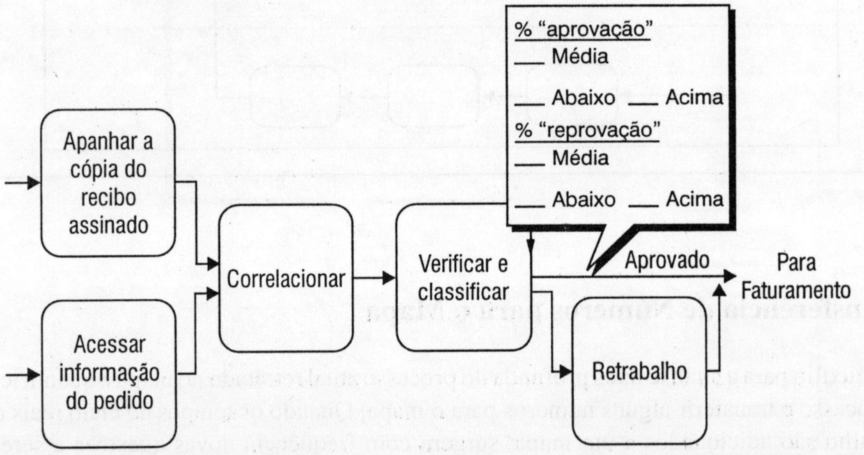

Tempo de Processo

O tempo de processo se refere ao tempo total de produção de uma unidade de trabalho, excetuando a espera. É a soma dos deslocamentos, dos ajustes, das verificações e do reparo de falhas internas/externas, bem como do tempo de agregação de valor. Estimar o tempo total de processo necessário à realização do trabalho requer dois passos. O primeiro passo consiste em definir os tipos de trabalho processados, definir os volumes e calcular a porcentagem de cada tipo de trabalho em cada percurso. A Figura 4.11 mostra a necessidade de determinar quantos recibos e pedidos podem ser correlacionados e repassados ao faturamento sem a necessidade de retrabalho.

O segundo passo é determinar, para cada tipo de trabalho, o tempo consumido por unidade de trabalho em cada passo, caso ela utilize aquele percurso (Figura 4.12). Por exemplo, verificar e classificar um pedido pode levar um minuto e retrabalhá-lo, dez minutos. Além disso, o exemplo indica que o tamanho do lote é importante. Por exemplo, um lote de dez pedidos será verificado e classificado em dez minutos e um lote de dez pedidos de retrabalho será completado em cem minutos.

Quantificar esses tempos normalmente não exige um trabalho elaborado — estudos de tempo, observações, registros de acompanhamento. Uma avaliação aproximada costuma ser suficiente. Tal avaliação pode se dar através de uma simples conversa com os executores do trabalho. Por exemplo, ao examinar um conjunto de atividades de entrada de pedidos, uma equipe de reengenharia pode examinar uma amostragem representativa dos diferentes tipos de pedido. Para cada tipo de pedido, a equipe pergunta: que porcentagem desse tipo de pedido percorre esses passos? Se esse pedido fosse percorrer o passo, quanto tempo levaria? Números aproximados são suficientes para se obter uma noção grosseira das seqüências operacionais e dos tempos de processo.

Figura 4.12 ◆ Quantificar Aproximadamente os Tempos de Processo

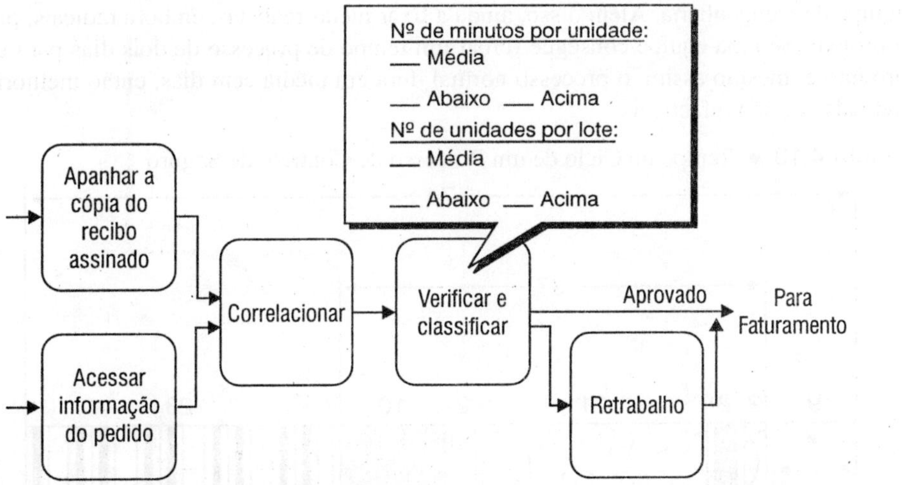

Análise do Tempo de Ciclo

O exemplo anterior se refere ao "tempo de processo" — o tempo efetivamente despendido em trabalho para se produzir um produto ou serviço. Na maioria dos casos, o tempo de processo é um componente mínimo do "tempo de ciclo" total. O tempo de ciclo é o tempo total do ponto em que o cliente solicita o produto ou serviço até seu fornecimento ao cliente. É a soma do tempo de processo, do tempo de deslocamento, do tempo de inspeção, do tempo de atraso e do tempo de armazenagem.

A análise do tempo de ciclo costuma fornecer resultados reveladores. As pessoas raramente pensam no trabalho nesse contexto. Quando uma equipe de reengenharia apresenta esses dados à gerência, esta normalmente se torna defensiva. Por exemplo, quando uma gerente de uma seguradora descobriu que o processamento de novos negócios demandava em média cem dias, resistiu à análise. Após acalorada "discussão", ela insinuou que o período da amostragem não refletira as condições normais. Ela recomendou que se examinasse outro período de tempo para obter uma "cifra mais real". A equipe de reengenharia aquiesceu. Na amostragem seguinte, encontrou uma média de 103 dias!

A Figura 4.13 mostra o processo de contrato de seguro da Time Insurance. Observe-se que a emissão média, vista de uma perspectiva interna, levava 37 dias (a gerência pensava que o desempenho fosse de cerca de vinte dias). Se a apólice tivesse que ser reemitida, levaria 74 dias. A análise da equipe de reengenharia indicou onde ocorriam retardos e começou um processo de indagar pelo porquê. Mas é enganador examinar o tempo de ciclo de uma perspectiva interna. Em vez disso, ele deveria ser visto pelos olhos do cliente final. A Figura 4.14 mostra o mesmo processo de contrato de seguro retratado na figura anterior, mas dessa vez da perspectiva do cliente. A análise de linha de base do tipo de trabalho realizado e do tempo gasto nas diferentes atividades fornece dados valiosos à equipe de reengenharia. Além disso, ajuda a fixar metas realistas, embora radicais, para o projeto. Se uma equipe consegue forçar um tempo de processo de dois dias para um produto e, mesmo assim, o processo normal dura em média cem dias, então melhorias radicais não são infactíveis.

Figura 4.13 ◆ Tempo de Ciclo de um Processo de Contrato de Seguro

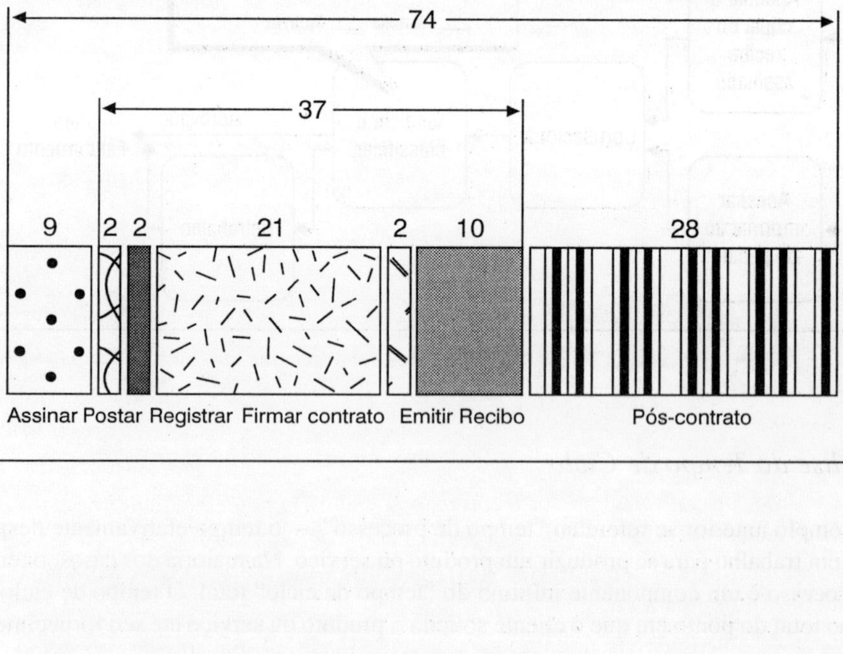

Figura 4.14 ◆ Tempo de Ciclo do Ponto de Vista do Cliente

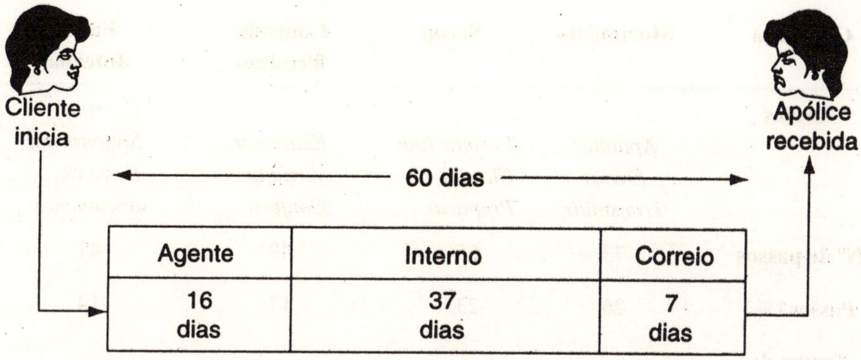

Identificação das Atividades-Chave com Valor Agregado

Uma vez completado e validado o processo de mapeamento e estabelecidos os tempos aproximados de processo e de ciclo, um teste do valor agregado pode ser aplicado aos passos do processo. Essa parte da análise determina se a atividade é importante para o cliente e para a estratégia de negócio.

Como identificar que passos do mapa são as atividades de valor agregado? Algumas perguntas simples podem ser formuladas ao se tentar determinar se as atividades do processo estão ou não agregando valor:

1. O passo está associado à intenção de acertar na primeira vez?
2. O passo o aproxima de fornecer o produto ou serviço ao cliente?
3. O cliente estaria disposto a pagar pelo passo?

Em geral, atividades com valor agregado são operações que satisfazem esses critérios. Atividades sem valor agregado são recursos imobilizados em transferir, armazenar, inspecionar e reparar.

Os passos das atividades podem ainda ser classificados nas categorias a seguir:

Com Valor Agregado

- Passos considerados essenciais ao processo — ou seja, que passam pelos três testes sugeridos anteriormente.

Sem Valor Agregado

- *Falha interna:* passos relacionados à correção de falhas de processo devidas a erros em atividades anteriores do processo.
- *Falha externa:* passos relacionados ao reparo de erros detectados pelo cliente no produto, devolvido para você.
- *Setup:* passos que preparam trabalho para uma atividade subseqüente do processo.

Tabela 4.2 ◆ Passos do Trabalho e Valor Associado do Processo

Categoria	Movimento	Setup	Controle/ Precisão	Falha Interna
Tarefas	*Apanhar Enviar Transmitir*	*Formar lote Classificar Preparar*	*Examinar Verificar Conferir*	*Corrigir Solicitar inf. Erros de documento*
Nº de passos	73	65	49	41
Passos (%)	26	23	17	14
Tempo de processo (%)	13	27	20	27
Tempo de ciclo (%)	2	4	3	4

- *Controle/Precisão:* passos relacionados à análise crítica de processos internos, muitas vezes denominados "conferentes conferindo conferentes".
- *Movimentos:* passos relacionados aos transportes físicos que ocorrem entre atividades de um processo.
- *Atrasos:* trabalho esperando pelo próximo passo de processamento.

Na Tabela 4.2, prossegue-se a análise do processo de contrato de seguro para se classificarem os passos e determinar seu impacto sobre o tempo de processo. Nesse caso, 45% dos passos do processo visavam detectar e corrigir erros resultantes de um processo não-confiável. Esses passos também consumiam 51% do tempo gasto no trabalho com a apólice. Mais alarmante é o fato de que somente 6% dos passos e 9% do tempo de processo estavam agregando qualquer valor — ou seja, emitindo apólices ou recusando propostas.

Infelizmente, esse processo estava eivado de passos sem valor agregado. Apenas 16 entre 284 passos — ou 6% — agregavam valor:

- Passos relacionados a apanhar e enviar correspondência representavam 26% dos passos.
- O *setup* (a classificação e o arquivamento da correspondência) correspondia a 23% dos passos.
- Verificar faturamentos e examinar solicitações representavam 17% dos passos.
- Falhas internas, como solicitações de dados faltantes e informações de preparo e encaminhamento incorretas representavam 14% dos passos.
- Falhas externas (a reemissão de uma apólice) correspondiam a outros 14% dos passos.

Tabela 4.2 ◆ Continuação

Falha externa	Valor agregado	Atraso	Total
Reemitir *Retrabalhar* *Ressubmeter*	*Decidir* *Emitir* *Recusar*		
40	16	–	284
14	6	–	100
4	9	–	100
0,5	1	85,5	100

Essas proporções são típicas das empresas que examinamos, particularmente aquelas de prestação de serviços. Somente uma porcentagem reduzida dos passos realmente agrega valor. A maioria dos passos nesse processo resulta de um alto grau de especialização no processo. Numerosas passagens de serviços resultam em erros e estes levam a passos de inspeção e a retrabalho.

Especificações de um Projeto

Todo o trabalho descrito nos Capítulos 3 e 4 tem como alvo o desenvolvimento de especificações — os detalhes sobre as particularidades e a dimensão de um processo.

A Tabela 4.3 apresenta algumas das especificações que serviram de orientação para o grupo CCS da AT&T na reengenharia de sua organização de serviços de software.

Síntese das Perspectivas

Neste capítulo, descrevemos como a linha de base pode ser examinada de duas perspectivas: as pressões externas das mudanças do setor e da concorrência e a sinopse interna dos parâmetros e dos padrões de fluxo de trabalho do processo atual. As lições da análise de linha de base não consistem em descobrir como um concorrente reagiu a uma situação semelhante ou em copiar uma melhor prática, nem representam uma caça às bruxas. Elas são anotações de pesquisa preciosas que devem ser trazidas para o "estúdio" de projeto como parte da aprendizagem organizacional, por representarem as influências do mercado. Em certo sentido, as anotações da análise são como os cadernos de esboços de um artista — elas formam a linha de base para a investigação das opções de projeto e o esboço do novo processo.[14]

Tabela 4.3 ◆ Exemplos de Especificações do Projeto ORION

Objetivos (voltados para o cliente)

- Fornecer estimativas de tempo e de custo para as principais mudanças em 20 dias.
- Processar as principais Solicitações de Mudança em 2-6 meses (não ultrapassar 6 meses).
- Processar alterações de tabela em 2-5 dias.
- Processar mudanças e conversões menores em 2 dias a 2 meses
- Programar trabalho baseado nas necessidades do originador.
- Igualar ou exceder qualidade do processo atual.
- Padronizar formato e diretrizes da Solicitações de Mudança.

Objetivos (voltados para a gerência)

- Precisão na estimativa do tempo de processo das Solicitações de Mudança
- Número de passos de análise/verificação/teste não deve exceder os passos com valor agregado.
- Melhorar tempo de lançamento de todas as mudanças em 75%.
- Reduzir custo da mudança ao das empresas líderes.

Pressupostos/restrições

- Arquitetura atual
- Nenhuma "vaca sagrada".

Parâmetros operacionais (carga de trabalho)

- Volume de aproximadamente 40 Solicitações de Mudança ao mês.
- Complexidade a desenvolver (%).

Baixa	Média	Alta	Muito Alta
36	29	28	7

- Complexidade a desenvolver (%) por cliente

Cliente	Baixa	Média	Alta	Muito Alta
Estratégia	19	12	10	1
Produto	12	10	10	2
Finanças	2	4	2	3
Ops Con	4	3	5	2
Outros	0	1	1	

NOTAS

1. Os princípios da coleta de dados qualitativos de Kawakita foram apresentados ao Center for Quality Management por Shoji Shiba.

2. "GM Boss Fine Tuning Reconstruction", *Boston Globe*, 24 de maio de 1993.

3. James Moore, "Predators and Prey: A New Ecology of Competition", *Harvard Business Review*, maio-junho de 1993.

4. "The New Computer Revolution", *Fortune*, 14 de junho de 1993.

5. Michael E. Porter, *Competitive Advantage: Creating and Sustaining Superior Performance*. Nova York, Free Press, 1985 [Ed. bras.: *Vantagem competitiva: criando e sustentando o desempenho superior*. Rio de Janeiro, Campus.]

6. "Competitive Benchmarking: The Path to a Leadership Position", Xerox Corporation, 700P90261 (1988).

7. Ibidem. Detalhes sobre a condução de pesquisas e visitas de campo estão contidos nesse documento. Outra boa fonte é Robert C. Camp, *Benchmarking: The Search for Industry Best Practices That Lead to Superior Performance*. Milwaukee: ASQC Quality Press, 1989.

8. Essa perspectiva realista foi uma característica distintiva do Renascimento — eles não temiam ver as coisas como eram.

9. Mapeamento do Sistema de Serviço [Service System Mapping] é uma marca de serviço da Gray•Judson•Howard de Cambridge, Mass.

10. Os diagramas de serviço foram desenvolvidos por Lynn Shostack como um mecanismo para retratar um contato direto do cliente com a empresa juntamente com as atividades de suporte imediatas.

11. "Viewing Service Systems as a Whole Can Pinpoint Breakdowns, Inefficiencies", *Service Edge Newsletter*, abril de 1992.

12. Jeffrey G. Miller, Jay S. Kim e Michael Puddicombe, "Reengineering for Market-Oriented Manufacturing", Manufacturing Roundtable, Universidade de Boston, janeiro de 1993.

13. A Boston Company, uma empresa de serviços financeiros, chama esses padrões irregulares, para cima e para baixo, de "cobras" e reuniu suas tropas para eliminá-los. *Ver* Richard Pastore, "Paths of Least Resistance", *CIO*, 1º de abril de 1993.

14. Por exemplo, Leonardo da Vinci encheu volumes de cadernos com seus esboços, aprendendo o tempo todo e aperfeiçoando sua observação e suas habilidades analíticas.

Capítulo 5

CONFIGURAÇÃO DA PALHETA

Temos que ousar pensar os pensamentos "impensáveis". Temos que aprender a explorar todas as opções e possibilidades que nos confrontam em um mundo complexo e em rápida mudança.

Senador James William Fullbright
Discurso no Senado norte-americano, 1964

Propósito do Capítulo: *Configurar a palheta da reengenharia é um processo em dois estágios. Este capítulo começa com uma rápida análise de um amplo espectro de idéias e de opções de projeto: técnicas de gestão de processos, estilos de organização e de projeto de cargos, melhores práticas e idéias dos trabalhadores e capacitadores tecnológicos. Conforme os gerentes seniores sabem por experiência, não se pode fazer tudo, ao menos não tudo de uma vez. A segunda parte do capítulo, que é a parte crítica, apresenta o conceito de uma "palheta limitada", a saber, escolhas capazes de alavancar melhor o esforço de reengenharia.*

Antes que um artista comece a pintar, é necessário preparar uma série de tintas em uma palheta. Embora exista um grande número de tipos de tinta, de cores e de texturas possíveis, apenas uma pequena seleção acaba integrando a palheta. Qualquer conjunto selecionado é baseado na inspiração de um artista individual e em sua visão do que será expresso. Isso, por sua vez, pode se basear parcialmente na aprendizagem adquirida pela experiência anterior e na análise da situação que se apresenta.

O mesmo vale para a reengenharia. Existe um sem-número de idéias, de técnicas e de tecnologias que podem ser escolhidas para contribuir na consecução da mudança de paradigma. Apenas uma minoria de todas as opções disponíveis irá compor a "palheta". Mesmo assim, o fato de uma opção integrar a palheta não significa que será usada — mas apenas que ela é promissora. O uso real dependerá de suas interações com as outras "cores" (necessidades dos clientes, objetivos da empresa e características do processo).

Não há uma fórmula mágica para a seleção das opções. Cada artista possui um estilo individual. A arte da reengenharia consiste na seleção das opções "certas" que definem um estilo. As escolhas ligadas ao estilo não são o mesmo que as especificações. Enquanto as especificações dizem respeito a dados concretos e mensuráveis, o estilo implica uma abordagem mais vaga e qualitativa que representa uma qualidade da imaginação e da individualidade expressa nas ações de uma pessoa.

Dada a existência de inúmeras idéias e opções de projeto entre as quais escolher, concentrar-nos-emos nos temas comuns que orientam a seleção dessas ferramentas. Eles podem ser definidos como formas de gerenciar processos de trabalho, formas de estruturar organizações e serviços, formas de gerar novas idéias e formas de usar a tecnologia. Cada um desses "temas" será discutido em certo detalhe nas páginas seguintes.

Formas de Gerenciar Processos de Trabalho

Talvez os projetos de processos mais amplamente aclamados, experimentados e testados sejam aqueles que empregaram alguma combinação das ferramentas e das técnicas características dos programas de *just-in-time* (JIT) e da Gestão da Qualidade Total (TQM).

Just-in-time, um termo cunhado pelos ocidentais para descrever o que observaram nas fábricas japonesas, originou-se ironicamente nos Estados Unidos — em uma fábrica da Ford e nos supermercados norte-americanos. Trata-se de um sistema norteado por um compromisso com a melhoria contínua da qualidade do produto e com a eliminação do desperdício. Muito se tem escrito sobre técnicas e ferramentas como *kanban*, gerenciamento visual, cinco Ss etc. A Gestão da Qualidade Total traz o mesmo compromisso sistemático com a melhoria. Define-se como um sistema estruturado para se atenderem e ultrapassarem as necessidades e expectativas dos clientes, mediante a participação de toda a organização no planejamento e na implementação de melhorias radicais nos produtos/serviços e de processos de melhoria contínua.[1] Os círculos de qualidade, o controle estatístico de processos, a solução de problemas em sete passos, os diagramas de Pareto, os diagramas de espinha de peixe, as sete ferramentas de gestão e planejamento, a voz do cliente, o Desdobramento da Função Qualidade, *Hoshin Kanri* e assim por diante são métodos e ferramentas extensamente documentados dos sistemas de Gestão da Qualidade Total.

Just-in-time e Gestão da Qualidade Total têm sido usados em todas as espécies de projetos nos últimos dez anos. Assim, qual é a novidade? Na reengenharia, essas ferramentas se enquadram em um contexto mais amplo e estratégico do estado desejado — ausente quando as ferramentas se aplicam para ganhos graduais. De fato, nas empresas de ponta, as implementações da Gestão da Qualidade Total vêm dando conta de melhorias em grande escala e radicais. As ferramentas e técnicas não são uma mera cor na palheta. São cores que desempenham um papel na emergência de uma visão.

Se as empresas chamam esses programas de melhoria de *just-in-time* ou Gestão da Qualidade Total não importa. Uma rosa, qualquer que seja seu nome, tem o mesmo perfume! Nosso propósito é mostrar como selecionar os métodos e as ferramentas apropriados, nos contextos da reestruturação de um processo e do estabelecimento da infra-estrutura para manter e melhorar os ganhos.

Embora *just-in-time* e Gestão da Qualidade Total tenham se originado na indústria, segundo nossa experiência, muitos projetos inovadores e radicais de reengenharia resultaram da aplicação desses métodos a atividades não-industriais. Consideremos os exemplos a seguir:

Um grande fornecedor de equipamentos de escritório empregou *just-in-time* para poupar milhões de dólares em seu departamento de serviços de manutenção. Esse órgão era responsável por vender e providenciar serviços de reparo e de manutenção preventiva dos equipamentos de escritório por uma taxa anual. Um setor desse departamento, de gestão de contratos, era encarregado de processar contratos novos, renovações em contratos existentes e alterações de contratos. O *input* para a gestão de contratos era uma carta ou um formulário e o *output*, uma conta para o cliente. Infelizmente, os processos de trabalho internos eram uma bagunça. Pilhas de trabalho se acumulavam sobre as escrivaninhas, mas as coisas não progrediam. Quando o trabalho progredia, era de forma intermitente. O acúmulo de serviço se media em semanas e o tempo médio de processamento, uma vez iniciado o trabalho, superava duas semanas. Os dólares não faturados montavam a milhões.

Para arrumar a bagunça, a empresa escalou um vice-presidente de fabricação, que acabara de converter com sucesso a maior fábrica da empresa ao sistema *just-in-time*. O vice-presidente reconheceu que os problemas da área de gestão de contratos se assemelhavam bastante aos que encontrara na fabricação. O acúmulo de serviços, em forma de cartas e formulários, era como matéria-prima esperando ser processada. Além disso, como na fabricação, havia estoques em processo, o trabalho avançava em lotes e sofria atrasos de dias entre as operações. Similarmente a muitas fábricas, embora o tempo de trabalho efetivo se medisse em frações de horas, o tempo real para um serviço percorrer um processo se media em semanas. O aspecto mais preocupante e maléfico desse processo era o impacto sobre os clientes. Estes recebiam contas atrasadas e imprecisas e, depois, deparavam com a incapacidade da empresa de lidar eficazmente com consultas sobre o faturamento.

O novo vice-presidente conduziu uma análise minuciosa do trabalho e do processo. Uma conclusão-chave foi a necessidade de diferenciar o trabalho "de tramitação rápida" daquele "de tramitação lenta". O trabalho de tramitação rápida não envolvia nenhuma pesquisa ou solução de problemas, podendo ser processado rapidamente e sem papéis. Já o trabalho de tramitação lenta foi categorizado como qualquer transação que requeresse pesquisa. Princípios de *just-in-time* (por exemplo, processamento paralelo, eliminação de passagens de tarefas etc.) foram então aplicados ao trabalho de tramitação rápida, enquanto uma combinação de princípios de *just-in-time* e de Gestão da Qualidade Total (gestão de gargalos, solução de problemas etc.) foi usada no projeto do processo de tramitação lenta.

A operação foi organizada em equipes, cada qual atendendo uma região diferente do país. Dentro de cada equipe, o trabalho de tramitação rápida foi direcionado para uma "via expressa", que processava o trabalho de uma forma verdadeiramente *just-in-time*:

- Mudanças contratuais eram realizadas uma de cada vez.
- Um sistema ininterrupto, "sem costuras", foi estabelecido para completar o trabalho em questão de minutos.
- Controles de tipo *kanban* foram usados para gerenciar os níveis operacionais.
- As escrivaninhas foram colocadas próximas entre si e as áreas de retenção foram eliminadas.

- Os sistemas de acompanhamento foram eliminados (ou o trabalho ainda era "matéria-prima", ou já estava "terminado").

Dissociando-se o trabalho lento do rápido, este último deixou de sofrer retenção.

O trabalho de tramitação lenta foi destinado aos empregados mais experientes. Em termos gerais, uma tarefa de tramitação lenta passou a levar de uma hora a quatro semanas para ser completada. Além de processar o trabalho, esses empregados eram também responsáveis por compreender por que o trabalho era de tramitação lenta e por assegurar que a causa básica fosse consertada. O projeto previu que a função deles incluísse tempo para atividades de análise de dados e de solução de problemas (descritas em mais detalhes nos Capítulos 8 e 12). Eis alguns exemplos:

- Análise do trabalho de tramitação lenta por (1) região, (2) produto/serviço, (3) tipo de transação (nova, renovações, mudanças) e (4) freqüências e ciclos de ocorrência.
- Fixação de prioridades, sugestão e execução de ações de melhoria.

Essa diferenciação clara entre trabalho de tramitação lenta e rápida, com processos projetados para cada caso, revelou-se uma grande revolução:

- O tempo de ciclo se reduziu em 60%.
- Fixou-se um objetivo realista de realizar 95% de todo o trabalho em um dia ou menos.
- O acúmulo de serviço foi reduzido em 80%.

Os empregados e os clientes também se beneficiaram, conforme refletido nos comentários dos trabalhadores:

> "A pesquisa, a entrada no sistema, o faturamento/créditos são completados simultaneamente, o que elimina as atividades redundantes."
>
> "O processamento agora ficou mais fácil, pois não temos que extrair dados de arquivos ou esperar pelo preenchimento de papéis."
>
> "Menos papelada no meu escritório — nenhum acúmulo. Agora capaz de processar transações mais rápida e eficientemente."
>
> "Trabalho menos penoso, mais espaço no escritório, trabalho (pastas) menos pesado e comunicações mais eficientes, que me permitem satisfazer os clientes."
>
> "Não há necessidade de papelada gerada pelo sistema. Mais tempo é despendido no processamento preciso das solicitações dos clientes, com resultados rápidos e quase imediatos."
>
> "É estimulante ver que nossas idéias estão finalmente atingindo a gerência e sendo implementadas na organização."
>
> "Nossa credibilidade como uma empresa aumenta grandemente quando consigo fornecer respostas imediatas e precisas às perguntas de nossos clientes."

Esse cenário é importante no sentido de que a aprendizagem organizacional e a análise da aplicação de ferramentas anteriores podem ser carreadas para o projeto de reengenharia.

Além das Cores Primárias do JIT e do TQM

A maioria dos artistas vai além do uso das cores primárias em suas composições, selecionando tons, matizes e tintas. De forma semelhante, uma equipe de reengenharia não se limita a selecionar TQM ou JIT como uma técnica. Mais propriamente, a identificação e a seleção das opções de projeto para a reengenharia devem se dar no próximo nível de detalhe. Entre as perguntas típicas estão: que técnicas específicas de *just-in-time* devemos empregar? Que método de melhoria da qualidade convém aplicar? A Figura 5.1 mostra exemplos em que se transcendem essas siglas para selecionar opções específicas que podem contribuir para o projeto de um novo processo.

Em nosso exemplo, o departamento de gestão de contratos não se limitou a "implementar JIT" ou "praticar TQM". Pelo contrário, transcendeu deliberadamente essas "siglas mágicas" para selecionar e integrar os componentes corretos de cada técnica no contexto da visão e das metas da reengenharia.

O mesmo se deu quando o Banco de Boston selecionou diversas opções de projeto *just-in-time* na reengenharia de sua atividade de processamento de valores mobiliários. O banco consolidou suas operações em um único local e organizou o trabalho em torno de seus processos essenciais, gerenciando e movimentando dinheiro e títulos. Nosso colega Ted Kraybill, um consultor que participou do projeto, diz que a intenção do projeto foi "usar atributos selecionados do *JIT* para criar uma fábrica flexível e *just-in-time* de processamento de títulos".

Figura 5.1 ◆ Opções na Reengenharia

Experiência do cliente	Garantias incondicionais	Grupos de discussão
	Envolvimento do cliente	Vendas consultivas
	Recuperação do serviço	Contato com empregados "dos bastidores"
TQM	Voz do cliente	Tempo integral por algum tempo
	Equipes de melhoria	Círculos da qualidade
	Controle estatístico de processos	Equipe de trabalho em parte do dia-a-dia
JIT	Gerenciamento de lotes	Cartões kanban
	Sistema de tração	Recipientes mín./máx.
	Gerenciamento de gargalos	Passagens de serviços um de cada vez
Gerência	Unidades de negócios autônomas	Líder eleito
	Equipes autodirigidas	Autonomia de contratação/demissão
	Sistema de informações executivas	Fixação das próprias prioridades
Sistemas (técnicas e tecnologia)	Processamento distribuído	Telefones celulares
	Comunicação sem-fio	Pagers
	Aplicação	Transmissão por microondas

Um dos atributos selecionados pelo Banco de Boston foi um *layout* de fábrica baseado em *just-in-time* aplicado ao escritório. Ambientes de trabalho em forma de U com mesas móveis e sem paredes divisórias eram servidos por cabos que se estendiam pelo teto como iluminação de pista. Isso permitia ao banco alterar o *layout* da noite para o dia conforme as características do trabalho recebido. Um artigo da revista *Fortune* citou seu vice-presidente sênior Tom Towers: "Criamos uma instalação capaz de atender a todas as linhas de produtos." O artigo prosseguiu dizendo que, após dois anos e meio, a divisão processa 80% a mais de títulos, com dezessete por cento a menos de empregados.[2]

Formas de Estruturar Organizações e Cargos

Ao começar um novo quadro, o artista costuma ter em mente um estilo específico. Embora o motivo possa ser uma flor, o estilo poderia ser realista, impressionista ou abstrato. O estilo define a natureza da pintura. As pinturas refletem geralmente o estilo em que os artistas são mais habilidosos ou se sentem mais à vontade, um estilo que gostariam de dominar ou um estilo em que não se sentem à vontade, mas que vêem como um desafio.

Para uma equipe de reengenharia, a situação é semelhante. Sua meta pode estar clara — projetar um novo processo. Contudo, a equipe deve escolher um estilo organizacional. O *estilo* organizacional diz respeito à forma como as pessoas envolvidas em determinado processo são organizadas, gerenciadas e recompensadas. Assim como ocorre com o pintor, o estilo é uma *escolha*, e não uma especificação.

Eis alguns estilos organizacionais que elegemos para nossos projetos de reengenharia e que figuram nos casos publicados de sucesso:

- Horizontalização das estruturas organizacionais (poucos níveis hierárquicos).
- Organização do trabalho em equipes de trabalho e células de trabalho.
- Ampliação dos cargos (múltiplas tarefas) combinada com o *empowerment* dos empregados para tomar certas decisões.
- Abordagens variáveis à remuneração variável usando incentivos individuais e de grupo.

Esses estilos serão discutidos a seguir e no Capítulo 7.

Horizontalização das Estruturas Organizacionais

Em uma estrutura organizacional mais horizontal, existem menos gerentes de nível médio e muito mais trabalhadores por gerente. Alguns sugerem que gerentes supervisionando sessenta ou setenta associados seria típico.[3] Embora inexista algo como uma razão ideal, já se observa uma tendência clara:

- Na instalação da General Electric em Bayamon, Porto Rico, existem 172 trabalhadores horistas e apenas quinze "conselheiros" assalariados, além do gerente da fábrica. Existem apenas três níveis na organização, sem supervisores ou pessoal de assessoria.[4]
- Na Federal Express, a extensão de controle da linha de frente é de 50:1.[5]

Organizações mais horizontais propiciam a tomada de decisões mais rápida, maior agilidade de resposta aos clientes, comunicações mais diretas, menos falhas de comunicação e despesas gerais menores.

Quando os trabalhadores dispõem das ferramentas e do treinamento relevantes, junto com um processo mais eficazmente projetado, conseguem administrá-lo por si próprios. Na instalação da General Electric, a chave foi o amplo treinamento, bem como maior remuneração para quem concluísse mais cursos. Na Federal Express, a ênfase recaiu sobre as ferramentas — o sistema de informações, que pôs tudo de que os trabalhadores precisavam literalmente ao alcance da ponta de seus dedos. Em ambos os casos, os trabalhadores receberam autonomia e apoio para tomar decisões relacionadas às suas operações. Os processos, as ferramentas, o treinamento e as organizações e políticas de apoio implantados foram previstos no *projeto*.

A extensão de controle (que determina o grau de horizontalização da estrutura organizacional) é uma opção de projeto. Extensões de controle maiores são possibilitadas pela eficácia do projeto do processo reestruturado combinada com vários outros fatores. Em seu livro *Management*, Arthur G. Bedeian sugere a avaliação de dez fatores na determinação de uma extensão de controle apropriada:[6]

1. Personalidade do gerente.
2. Capacidade do gerente.
3. Ritmo e nível de atividade do gerente.
4. Tolerância do gerente à fadiga.
5. Tempo em que o gerente não está supervisionando.
6. Capacidades dos subordinados.
7. Complexidade do trabalho.
8. Semelhança entre as atividades dos subordinados.
9. Localização dos subordinados.
10. Assistência disponível.

Para fins de reengenharia, os quatro primeiros critérios são essencialmente irrelevantes. Eles podem ser válidos para a seleção de um gerente, uma vez projetada a organização reestruturada e a extensão de controle associada; porém, não são critérios nos quais basear o projeto.

Os critérios de 5 a 10 são mais apropriados ao trabalho de projeto. Os melhores projetos de reengenharia respondem a perguntas como:

- Que capacidades são requeridas e como alcançá-las?
- Como e onde os trabalhadores e gerentes gastarão seu tempo?
- Que apoio é necessário e como os trabalhadores e gerentes serão apoiados?

A implicação é que existe uma necessidade cada vez maior de mais trabalho de equipe. A reengenharia diz respeito à integração do processo com o projeto organizacional, de modo que os trabalhadores possam se focalizar cada vez mais nos clientes e cada vez menos nos chefes.

Projeto da Equipe

Desde o despontar da revolução industrial, o sucesso nos negócios tem dependido da eficácia coletiva das pessoas empregadas. Certo grau de trabalho de equipe é sempre necessário. À proporção que o papel do artesão individual diminuiu e que empresas com muitas pessoas se formaram, os empregados foram reunidos em uma "cadeia de valor" para vender, produzir e entregar produtos. Cada pessoa tem uma especialidade; porém, tem que trabalhar em conjunto, à semelhança de um time de beisebol.

A reengenharia não é uma transição para um ambiente baseado em equipes, e sim o uso apropriado de diferentes tipos de equipes. Drucker cita três tipos de equipes:[7]

1. *O Time de Beisebol*: os jogadores jogam *na* equipe; eles não jogam *como* uma equipe. Cada posição — engenharia, fabricação, marketing — realiza sua tarefa de forma própria. Exemplos poderiam ser uma equipe cirúrgica realizando uma operação cardíaca, uma linha de montagem e uma equipe tradicional de projeto de produtos.
2. *O Time de Futebol*: os jogadores têm posições fixas, mas jogam *como* uma equipe. A liberdade individual é limitada. A palavra do técnico é lei. Exemplos poderiam ser uma orquestra sinfônica, uma unidade hospitalar que acode um paciente que entra em estado de choque às três da madrugada e equipes japonesas de projeto de automóveis.
3. *O Time de Duplas de Tênis*: os jogadores têm posições primárias, em vez de fixas, de modo que cobrem seus companheiros de equipe. Com um máximo de cinco a sete membros, estes têm que treinar e trabalhar conjuntamente por algum tempo antes de funcionar plenamente como uma equipe. Deve haver uma meta clara para a equipe completa, mas bastante flexibilidade com respeito ao trabalho e ao desempenho dos membros individuais. Nessa espécie de equipe, apenas o time "realiza"; os membros individuais "contribuem". Exemplos poderiam ser as equipes de produção da original fábrica da Volvo em Kalmar, uma equipe de executivos seniores que formam a "presidência" e algumas empresas e sociedades de serviços profissionais.

Drucker resume concisamente o desafio aos gerentes:

> Todas essas três espécies de time são verdadeiras equipes. No entanto, são tão diferentes — no comportamento que exigem, no que fazem de melhor e no que não conseguem absolutamente fazer —, que não podem ser híbridas. Uma espécie de equipe só consegue atuar de uma forma. É dificílimo mudar uma espécie de equipe em outra. A mudança gradual não pode funcionar. É preciso um rompimento total com o passado, por mais traumático que seja. Isso significa que as pessoas não podem se reportar ao chefe antigo e ao novo técnico, dirigente ou líder da equipe. Além disso, suas recompensas, sua remuneração, suas avaliações e suas promoções devem depender totalmente de seus papéis nas novas equipes. Mas isso é tão impopular, que a tentação de fazer concessões é sempre grande.
>
> Em outras palavras, equipes são ferramentas [opções de projeto]. Como tal, cada projeto de equipe tem suas próprias características, suas próprias exigências, suas próprias limitações. O trabalho em equipe não é "bom" nem "desejável" — é um fato. Sempre que as pessoas trabalham conjuntamente ou jogam conjuntamente, fazem-no como uma equipe ou um time. Que equipe empregar para que propósitos é uma decisão crucial, complicada e arriscada, dificílima de tomar.[8]

Tom Peters, em *Liberation Management*, argumenta que equipes pequenas e autodirigidas (o modelo das "duplas de tênis") serão com freqüência o modelo desejável.

Segundo ele, temos que incutir o "espírito empresarial" em todos: transformar todos os empregados em empresas familiares, em pessoas realmente empenhadas no negócio, responsáveis pelos clientes do pedido ao fornecimento de um serviço ou produto. Em geral, Peters afirma que a "conversão ao espírito empresarial" incluirá estes elementos:[9]

- Amplo treinamento em diferentes atividades, responsabilidade pelo orçamento, "propriedade dos ativos", substancial autoridade de gastos e responsabilidade pela garantia e gestão da qualidade.
- O poder (e a exigência) de agir por iniciativa própria e envolver outras funções sem aprovação prévia ou críticas posteriores.
- Possuir clientes reais, de cujos "casos" o "homem de negócios" se apodere — mantendo-os até o fim (ou seja, "espírito empresarial" significa coordenar a execução dos serviços não realizáveis pessoalmente, inclusive convocando superespecialistas "mais experientes" se necessário).
- Acesso a todas as informações financeiras de todas as funções em tempo real, segregadas por cliente.
- Amplo acesso às informações não-financeiras, como os dados dos cronogramas (incluindo a capacidade de alterar o banco de dados dos outros).
- Acesso aos sistemas especialistas, participação como membro em uma estrutura de gestão de conhecimentos.
- Acesso à "Universidade Global" (ou seja, pronto acesso aos BBS e bancos de dados externos).

A lista de Peter mostra o grau em que o tradicional trabalho *de assessoria* das funções de apoio pode ser adicionado e integrado ao trabalho de *linha* de uma equipe "com espírito empresarial".

O livro *Self-Directed Work Teams* defende as mesmas metas de Tom Peters: obter equipes autodirigidas e voltadas para os negócios. Ele preconiza a transição para o autogerenciamento em cinco estágios:[10]

Estágio 1: início.
Estágio 2: estado de confusão.
Estágio 3: equipes centradas no líder.
Estágio 4: equipes rigidamente formadas.
Estágio 5: equipes autodirigidas.

O trabalho de equipe ajuda a romper o autoperpetuador e destrutivo círculo vicioso do mau desempenho. São graves as conseqüências da abordagem tradicional de formar especialistas bitolados para funções à prova de idiotas, com arregimentação e controles rígidos. Entre elas, estão os altos níveis de absenteísmo e rotatividade e a estagnação da produtividade e da qualidade. Em muitas empresas, o ciclo vem se perpetuando por tanto tempo, que é difícil distinguir os resultados das causas — conforme mostra a Figura 5.2.

O círculo vicioso pode ser rompido. Um novo processo, com um claro e novo foco no cliente e uma ênfase no verdadeiro trabalho de equipe, pode ajudar bastante na obtenção de um novo nível de comprometimento, conforme mostra a Figura 5.3. Essa abordagem se vale das capacidades tanto mentais como físicas. Em muitos aspectos, são os trabalhadores que expressam melhor os méritos do trabalho de equipe. Após trabalharem em um novo ambiente de equipe por alguns meses, os comentários dos trabalhadores são quase idênticos de empresa para empresa, de setor para setor:

"Antes, eu não sabia o que acontecia com meu trabalho depois de realizá- lo."

"Aprendi tanto no contato com pessoas de outras áreas da empresa!"

"Eu costumava me sentir isolado do chefe. Agora, não preciso mais de chefe. Eu tenho a equipe."

"Agora, consigo ver imediatamente se minhas ações ajudam ou prejudicam. Antes, isso não era óbvio."

Em essência, os novos projetos organizacionais e de processos baseados em equipes podem fazer com que todos saiam ganhando. A empresa ganha com as enormes melhorias de desempenho que beneficiam tanto os acionistas como os clientes. Os trabalhadores lucram com um forte senso de contribuição e de participação. Acima de tudo, todos saem ganhando quando os serviços são projetados não para apenas explorar as atuais habilidades das pessoas, e sim para usar e expandir suas capacidades potenciais.

Figura 5.2 ◆ O Círculo Vicioso do Declínio

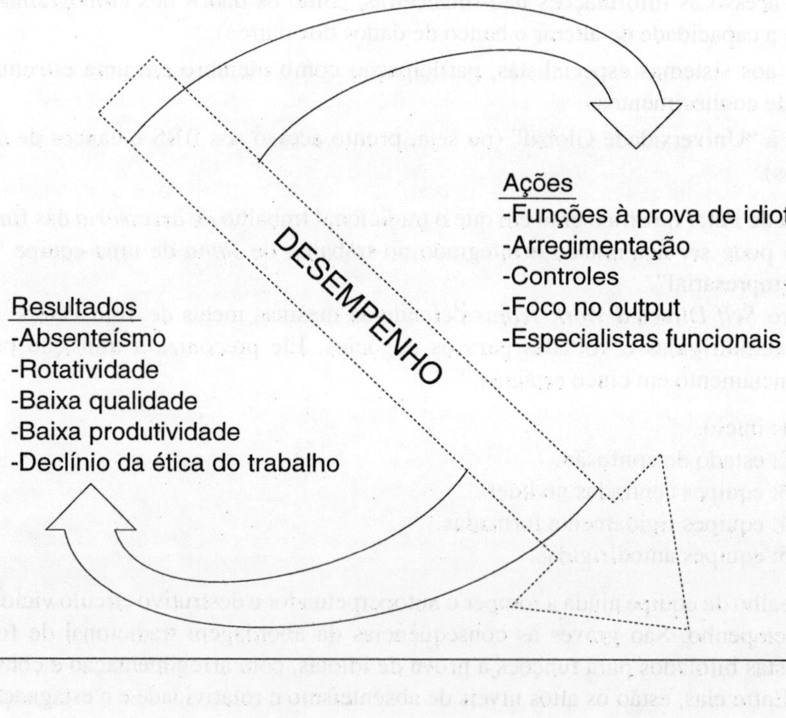

Trabalho de equipe além das fronteiras da organização

O Mapeamento do Sistema de Serviço, já mostrado na Figura 4.8, forma o projeto para parcerias com valor agregado através das fronteiras organizacionais. Essas parcerias sugerem várias novas mudanças na organização e na formação das equipes. As agendas e os interesses cobrem diversas entidades, porém servem a um único propósito. Além do mais, aumenta a importância do prestador de serviço da linha de frente — independente do órgão a que pertence.

As parcerias estão florescendo em setores que variam desde a indústria automobilística às agências de viagens e até à educação. Clientes e fornecedores estão formando tais parcerias e as organizações estão redefinindo relacionamentos tradicionais. Por exemplo, as cadeias varejistas usam a troca eletrônica de dados (EDI) com seus fornecedores. A IBM e a Sears estão formando uma nova parceria, em que a IBM prestará serviços de rede de dados para ambas as empresas. Mesmo rivais tradicionais estão formando parcerias. Um exemplo são os caixas automáticos [no Brasil, o Banco 24 Horas]: concorrentes tradicionais estão formando parcerias de redes bancárias.[11]

As parcerias propiciam um sem-número de formas de organizações independentes fornecerem mais valor e prestarem melhor serviço. Abrir novos canais de distribuição, eliminar a inspeção de materiais ou de dados, possibilitar novos produtos ou serviços, reduzir custos de estoques e gerenciar os riscos do desenvolvimento são exemplos de oportunidades a serem exploradas.

Figura 5.3 ◆ Um Novo Nível de Comprometimento

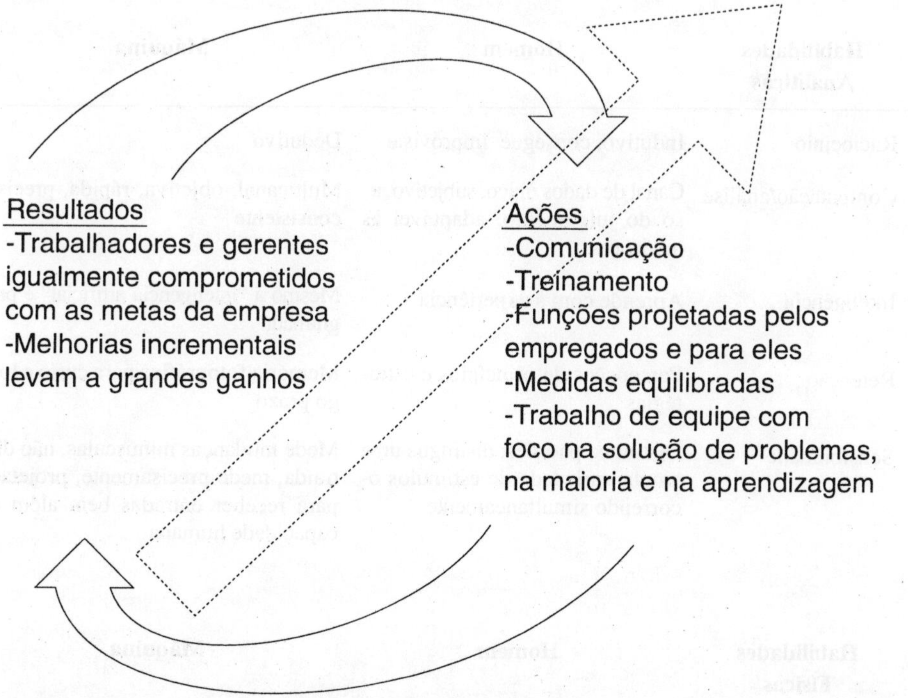

A Taco Bell serve de exemplo concreto. Ela determinou que sua agregação de valor básica está no serviço prestado pelos empregados de linha de frente em contato com os clientes. Por conseguinte, ela terceirizou as operações de bastidores, como o preparo de alimentos, para conquistar uma margem competitiva em relação às redes tradicionais de *fast-food*.[12]

Projeto das Tarefas

Aproveitar as habilidades das pessoas não é uma área de interesse nova. A idéia de compatibilizar o projeto das tarefas com as habilidades dos trabalhadores é ventilada há algum tempo. Os seres humanos são inerentemente mais apropriados para desempenhar algumas tarefas. Inversamente, existem outras tarefas em que as máquinas são mais proficientes.

Embora já tenha vinte anos, o livro de W.T. Singleton, *Man-Machine Systems*, descreveu os atributos para os quais o homem ou a máquina é mais adequado. A descrição continua aplicável à atual seleção e integração de tecnologias, de técnicas e de estilos para um processo reestruturado. A Tabela 5.1 mostra as diretrizes de Singleton.[13]

Entretanto, projetar as tarefas é mais do que analisar as habilidades humanas. Compatibilizar a interface homem-máquina é apenas o primeiro passo. Como parte de um renascimento empresarial, a ênfase recairá sobre o projeto de tarefas que capitalize as capacidades *potenciais* das pessoas.

Tabela 5.1 ◆ Habilidades do Homem e da Máquina

Habilidades Analíticas	**Homem**	**Máquina**
Raciocínio	Indutivo, consegue improvisar	Dedutivo
Computação/análise	Canal de dados único, subjetivo, uso do julgamento, adaptável às mudanças	Multicanal, objetiva, rápida, precisa, consistente
Inteligência	Aprende com a experiência	Mesmo a "inteligência artificial" é programada
Retenção	Percepções de princípios e estratégias	Memória fotográfica para curto e longo prazo
Sensibilidade	Distingue padrões, distingue uma ampla variedade de estímulos ocorrendo simultaneamente	Mede mudanças minúsculas, não distraída, mede precisamente, projetada para receber entradas bem além da capacidade humana

Habilidades Físicas	**Homem**	**Máquina**
Velocidade	Lento, inconstante	Rápida, constante
Poder	Limitado	Constante, fixado pelo projeto
Destreza	Muito móvel, versátil, flexível	Fixada pelo projeto, pode manusear um número fixo de múltiplas tarefas altamente complexas

Resistência	Varia (por dia, semana, idade), geralmente previsível, rápida substituição	Ritmo constante, panes inesperadas, possíveis longos tempos de substituição ou reparo

Os melhores processos reestruturados desafiam as pessoas a transcender suas habilidades atuais. Talvez o atributo mais significativo do renascimento empresarial seja o projeto das tarefas de modo a ajudar o indivíduo *e* a organização a aprender.

Essa ênfase na aprendizagem significa que, cada vez mais, as tarefas exigirão generalistas com uma especialidade, em vez de especialistas cada vez mais limitados. Por exemplo, os grupos de desenvolvimento de softwares tinham, tradicionalmente, especialistas para cada sistema de computador e módulo de software. Todavia, quando uma mudança no sistema era requisitada, geralmente exigia mudanças em vários sistemas e módulos de software. Isso acarretava inúmeras passagens de serviço de um especialista para outro, com meses de retardo. Uma vez reestruturado esse processo, os especialistas em cada sistema/módulo foram agrupados para dar apoio a um gerente de produto cujos pedidos de mudança seriam provavelmente semelhantes. Com o tempo, os especialistas compartilharam suas experiências, de modo que todos no grupo aprenderam cada vez mais a alterar qualquer um dos sistemas. O grupo e seus integrantes passaram a focalizar nas mudanças para seu "cliente", em vez de o próprio sistema. Com o tempo, o grupo e seus integrantes aprenderam a introduzir mudanças da forma mais econômica de modo a satisfazer seus solicitantes.

Como pode-se observar, as tarefas se assemelharão a um fornecedor independente. A tarefa de um fornecedor independente é significativa; porém, seu título — se é que o tenha — não o é e inexiste uma descrição formal da tarefa. Em número crescente, muitas tarefas empresariais parecem estar migrando nesta mesma direção: menos cargos estanques (ou seja, mais "associados") e menor uso de rígidas descrições de tarefas. Como ocorre com o fornecedor independente, o foco recai sobre a colaboração com os outros para satisfazer as necessidades dos clientes. Destarte, à medida que as tarefas se tornam mais generalistas e os membros das equipes se assemelham mais a fornecedores independentes, aumenta a necessidade de perspicácia empresarial, em complemento às habilidades técnicas.

À medida que as opções de projeto das tarefas tendem para a independência, exigem também uma flexibilidade organizacional e pessoal. Os trabalhadores podem se alinhar mais proximamente com o trabalho recorrendo-se ao meio expediente, ao compartilhamento de tarefas, à rotatividade de tarefas ou ao trabalho em casa [*telecommuting*]. Por exemplo, os Vigilantes do Peso aumentaram seu efetivo e realinharam a força de trabalho, de modo a enfrentar o enorme aumento de trabalho na época de pico, em janeiro, contratando ex-empregados e aposentados para atender telefonemas e prestar serviços. Na matriz, o aumento do trabalho de suprimento das filiais com materiais foi processado por profissionais autônomos trabalhando de suas casas e pela alocação de pessoal de assessoria às tarefas de linha durante o pico. A empresa ganhou por minimizar o número de empregados em expediente integral e os trabalhadores ganharam por contarem com uma variedade de opções de emprego (por exemplo, o aposentado que trabalha dois ou três meses no ano, a mãe que trabalha de nove da manhã às duas da tarde).

Esquemas de Remuneração

Os sistemas de pagamento constituem um componente-chave do projeto dos processos de trabalho, pois são importantes fatores de motivação para se assegurar o sucesso do novo projeto. Cada vez mais, acredita-se que a reformulação do sistema de remuneração é crucial para a melhoria contínua de um processo de reengenharia. Alguns afirmam que todo o tempo e treinamento dedicados à melhoria da qualidade se mostraram ineficazes em si; a Gestão da Qualidade Total só funcionará realmente quando os trabalhadores participarem da ação. Por exemplo, a Whirlpool instituiu planos de "participação nos lucros", em que os empregados participam das economias resultantes de melhorias da qualidade.[14]

Assim, as opções de sistemas de remuneração devem ser consideradas como parte do processo de reengenharia, devendo-se escolher entre as diferentes abordagens — pagamento por conhecimento, pagamento por desempenho, pagamento por habilidade, participação nos lucros etc. — e entre sistemas centrados no indivíduo ou no grupo. A escolha deve se dar no contexto do que melhor se adapta ao projeto do processo e à abordagem global e filosofia de remuneração da empresa.

Algumas tendências comuns na remuneração estão emergindo em muitos dos esforços de reengenharia de que participamos ou que investigamos. Uma delas é a de se pagar pelo desempenho e/ou pelos resultados do negócio. Após decidir a relação entre os componentes fixo e variável do pagamento de um empregado (tais razões podem variar enormemente), a equipe de projeto estabelece a fórmula de remuneração. O elemento variável é vinculado tanto ao desempenho da equipe como à contribuição do indivíduo ao desempenho da equipe. A parte fixa da remuneração de um empregado é vinculada ao conhecimento, às competências e/ou às habilidades individuais.

Boyett e Conn, em seu livro *Workplace 2000*, prevêem que a remuneração variável se tornará uma parte crescente da remuneração total de todos os empregados, até que "mais de 40% do pagamento médio norte-americano variará substancialmente de um mês para o outro".[15] A Figura 5.4 ilustra como a remuneração individual poderia ser estruturada.

Segundo nossa experiência, as grandes empresas têm sido lentas em tornar variável uma parte maior do pagamento (se é que chegam a fazê-lo). Sua relutância resulta de uma preocupação com a possibilidade de introduzir injustiças, reais ou percebidas, na estrutura global de pagamentos da empresa. Assim, embora os parâmetros de um novo sistema de remuneração tenham feito parte de muitos projetos, muitas empresas aguardam pela estabilização do novo processo, antes de realmente finalizar o projeto e alterar o sistema de remuneração.

Formas de Coletar Novas Idéias

As opções de projeto podem ser geradas a partir de uma variedade de fontes externas e internas.

Exame do Trabalho de Outros Artistas

Artistas novatos muitas vezes procuram aprender com as melhores práticas de pintores experientes. O principiante deseja saber como uma pintura foi realizada e qual era seu aspecto ao ser concluída. Equipes de reengenharia têm o mesmo interesse. Elas desejam conhecer:

Figura 5.4 ◆ Decomposição Possível da Remuneração dos Empregados

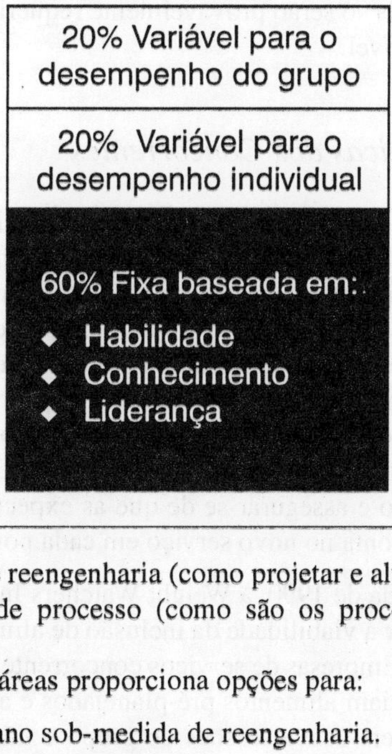

1. As melhores práticas de reengenharia (como projetar e alterar qualquer processo).
2. As melhores práticas de processo (como são os processos similares de melhor desempenho).

   A pesquisa nessas duas áreas proporciona opções para:

1. Elaborar seu próprio plano sob-medida de reengenharia.
2. Identificar opções de projeto de processos.

No entanto, tal pesquisa costuma ser limitada e altamente focalizada. Dado que as melhores idéias de reengenharia advêm das energias criativas de uma equipe motivada para realizar o *benchmarking*, e não para copiar os outros, as equipes tendem a limitar sua pesquisa de *benchmarking* a um pequeno número de empresas e de processos selecionados e a buscar apenas poucos indicadores e opções.

> Uma equipe de reengenharia de um órgão de serviços aos consumidores visitou um fabricante de computadores. Os membros da equipe queriam ver como ele iniciara um reestruturação radical e implementara a produção *just-in-time* baseada em células de trabalho. Constataram que o vice-presidente de fabricação

visitava a célula-piloto de trabalho semana sim semana não, enviando assim uma forte mensagem aos trabalhadores e aos demais de que o novo projeto contava com respaldo. Eles quiseram aplicar a idéia à execução de seu projeto. A equipe de reengenharia também visitou uma importante administradora de cartões de crédito, onde obteve várias idéias: a empresa era vista como prestadora de serviços, e não como "fiscalizadora"; orçamentos do tempo e do custo para realizar mudanças eram realizados em um dia; as liberações de softwares eram pequenas e freqüentes. A equipe de reengenharia decidiu adotar essas idéias em seu projeto.

Na maioria dos casos, o *benchmarking* (de métodos de projeto e de práticas de processo) presta-se melhor à geração de idéias e opções, e não de especificações. Nesses casos, o nível de detalhe e o tempo dedicado ao *benchmarking* se limitam ao exame de umas poucas empresas cuidadosamente selecionadas durante um período de poucas semanas. Detalhes adicionais só serão provavelmente requeridos se uma opção for selecionada no projeto de alto nível.

Compreensão das Técnicas dos Concorrentes

Às vezes, faz sentido documentar em grande detalhe as "práticas demonstradas" de uma empresa concorrente. Normalmente, isso só é possível em empresas de serviços, em que as práticas são públicas e prontamente observáveis. Geralmente, vale a pena fazê-lo quando uma organização de serviço precisa projetar um processo melhor para capturar o mercado de um concorrente que esteja prestando o mesmo serviço. As expectativas dos clientes já foram condicionadas por todos os encontros que tiveram com o concorrente. Se o novo serviço concorrente for realmente percebido como melhor, será essencial compreender esses encontros, não para copiá-los, mas para certificar-se de que nenhum detalhe passou despercebido e assegurar-se de que as expectativas já estabelecidas dos clientes sejam levadas em conta no novo serviço em cada ponto de contato.

No início da década de 1990, a Weight Watchers International [Vigilantes do Peso] resolveu testar a viabilidade da inclusão de alimentos em seus programas de perda de peso. Empresas de serviços concorrentes, como a NutriSystem e a Jenny Craig, ofereciam alimentos pré-planejados e aconselhamento individual. A Weight Watchers usava sessões de grupo e não vendia alimentos. A empresa sentiu que tinha muito por aprender, antes de desenvolver e testar sua versão desse tipo de serviço.

A Weight Watchers queria compreender o funcionamento dos serviços concorrentes. Ela queria entender a experiência do cliente nas sessões de aconselhamento individual e o processo de fornecer alimentos como parte do programa. Na verdade, ela queria comprar o produto do concorrente e realizar a engenharia reversa, assim como a General Motors compra um Lexus e o desmonta.

Uma equipe saiu pelos Estados Unidos para se inscrever nos serviços dos concorrentes, participar de seus programas e documentar a experiência. Um Mapa do Sistema de Serviço detalhado, com aproximadamente duzentos passos, foi criado para cada concorrente. Os mapas retrataram a experiência de um cliente com o ciclo de vida completo do serviço — a consulta inicial de venda, a consecução da "meta de peso", a participação no programa de "manutenção" e o abandono final do programa. Uma "Folha de Procedimentos" foi desenvolvida para cada passo, descrevendo em detalhe as tarefas, os materiais e as conversas que transpiraram.

Esse *benchmarking* detalhado das práticas dos concorrentes permitiu à Weight Watchers identificar pontos fracos e oportunidades de superar os serviços dos concorrentes. Talvez mais importante, ele ajudou a empresa a criar a mensagem de marketing e o programa de orientação que enunciariam claramente como seu novo serviço era diferente e melhor do que os dos concorrentes e permitiriam aos clientes saber o que esperar.

Coleta de Idéias da Força de Trabalho

Os melhores esforços de reengenharia se baseiam na inteligência coletiva da organização. Ignorar as contribuições potenciais da força de trabalho é perigoso por dois motivos: (1) boas idéias ou opções serão perdidas ou descobertas tarde demais e (2) os trabalhadores, com toda razão, se sentirão desvalorizados ou, ainda pior, marginalizados do esforço de reengenharia. Do ponto de vista empresarial, convém ouvir as idéias dos empregados. Elas não são difíceis de descobrir.

Geralmente, em qualquer organização, muitas idéias foram propostas e, depois, rejeitadas ou descartadas no correr dos anos. Muitas dessas idéias merecem um reexame. Idéias "antigas" podem ampliar o leque de opções do projeto. Infelizmente, muitas idéias excelentes jamais são seriamente consideradas. Por exemplo, quaisquer tentativas passadas de encorajar o envolvimento dos empregados em equipes de geração de idéias (*brainstorming*, Círculos da Qualidade, Equipes de Melhoria etc.) resultaram no surgimento de inúmeras idéias ao longo dos anos. Infelizmente, na época, muitas dessas idéias foram consideradas grandiosas demais, radicais demais ou inflamatórias demais para que fosse possível implementá-las ou estarem dentro do escopo do trabalho da equipe. Uma equipe de reengenharia deveria tentar retroceder e ressuscitar todas essas idéias. Além disso, deveria procurar as novas idéias escondidas nos arquivos, em anotações e nas cabeças das pessoas por toda a empresa. Uma vez descoberta, cada uma dessas idéias deve ser avaliada e, depois, a ação apropriada deve ser tomada.

Para a coleta dessas idéias, é essencial fornecer um contexto que encoraje os empregados a se manifestar. Uma vez que as pessoas compreendam a missão, o escopo e os objetivos do projeto de reengenharia, estarão mais propensas a oferecer suas idéias e sugestões. Quando tal contexto for comunicado, a razão e o foco da exumação de velhas idéias e da criação de novas se tornarão claros. Por exemplo, em uma tentativa de reengenharia de uma linha de produtos da fábrica de Zanesville da ARMCO Specialty Steel, muitas idéias foram coletadas e quantificadas. O líder do projeto "Blue Sky", Ted Hill, calculou que o valor total de todas as idéias dos empregados era significativo: o custo do produto poderia ser reduzido em mais de 25% com baixo investimento de capital. Embora a maioria dessas idéias tivesse sido sugerida no passado, seu escopo foi considerado excessivo pelas equipes de melhoria da qualidade do programa Q+ no nível central do trabalho.

Sempre que as sugestões dos empregados são solicitadas, é fundamental que uma equipe de reengenharia responda a cada sugestão oferecida, quer a idéia seja ou não aproveitada. A credibilidade não apenas de uma equipe de reengenharia, mas também da gerência em geral, está em jogo. A percepção do esforço de reengenharia será formada ou rompida em função do tratamento dispensado às idéias e a seus formuladores.

Formas de Usar a Tecnologia

Graças a Mike Hammer, Tom Davenport e outros autores, os gerentes estão começando a enxergar a tecnologia como uma *opção*, e não uma *especificação* na reengenharia.

Consideremos o caso de duas empresas seguradoras: a Empresa A e a Empresa B. Ambas sofriam de problemas semelhantes: problemas percebidos de capacidade e de fluxo de trabalho, custos excessivos, queixas dos clientes, medo da regulamentação governamental e tempos de ciclo excepcionalmente longos. Cada empresa adotou uma abordagem diferente para a solução do que era essencialmente o mesmo conjunto de problemas:

EMPRESA A Reengenharia via tecnologia
Investir em tecnologias de imagem e de voz
EMPRESA B Reengenharia via projeto do fluxo de trabalho
Eliminar as atividades não-essenciais sem valor agregado
Otimizar as atividades essenciais com valor agregado
Organizar-se em equipes de trabalho autodirigidas

A Tabela 5.2 fornece um perfil da situação "antes" e "depois" de cada empresa. A Empresa A gastou muito mais dinheiro com muito menos retorno. Ela passou a transmitir os lotes de informações eletronicamente, em vez de fisicamente, mas as atividades sem valor agregado, as posições dos especialistas e as passagens de serviço continuaram numerosas. A Empresa B empregou as abordagens analíticas descritas nos Capítulos 3 e 4 e obteve grandes ganhos sem nenhum investimento novo em tecnologia. Ela simplesmente se organizou para atender segmentos de clientes, removeu passos sem valor agregado, usou equipes com foco no cliente e generalistas para reduzir as passagens de serviços e fez o trabalho progredir uma unidade de cada vez da recepção até a conclusão. Uma vez iniciado o processamento de um pedido de indenização, ele não parava.

Claro está que, em muitas situações, a tecnologia é uma ferramenta apropriada e poderosa na reengenharia, especialmente quando usada como capacitadora em um fluxo de trabalho reestruturado:

> A Putnam Companies, uma companhia de investimentos sediada em Boston, estava afogada em correspondência que, por exigência governamental, tinha que ser processada no dia da chegada. Valendo-se de aplicativos de tratamento de imagens e gerenciadores de arquivos e de sistemas de distribuição, a fim de ler oticamente e automaticamente priorizar e encaminhar a correspondência, o

Tabela 5.2 ◆ Comparação do Processamento de Pedidos de Indenização de Duas Seguradoras

	Empresa A Sistema de Tratamento de Imagens		**Empresa B Equipes de Trabalho Autodirigidas**	
Categoria	**Antes da Reengenharia**	**Depois**	**Antes da Reengenharia**	**Depois**
Tempo de processo (dias)	37	31	88	9
Tempo de processo por pedido (horas)	5	5	4	2
Posições no processo	11	10	17	8
Inspeções no processo	2	2	2	0
Número médio de passagens de serviço	19	19	42	9
Níveis gerenciais	3	3	3	2
Ganho de produtividade	30% Estimados	5% Reais	26% Estimados	33% Reais
Período de retorno financeiro (anos)	2 Estimados	5+ Reais	1 Estimado	1 Real

tempo de processamento de uma unidade de correspondência se reduziu de três horas e meia para trinta minutos. Em 1992, o volume aumentou 40% sem a necessidade de pessoal adicional. Gavan Taylor, diretor-executivo de sistemas de informação, comentou que "a tecnologia é apenas uma capacitadora. Sem refinar o fluxo de trabalho, você não obterá todos os benefícios".[16]

A Ingram Micro, uma distribuidora de computadores de Santa Ana, Califórnia, estava atolada em faturas que eram distribuídas para auxiliares voltados a fornecedores específicos. Depois que a análise indicou que 75% do trabalho não era específico de um fornecedor, as faturas foram concentradas em uma equipe para o processamento de rotina. As faturas problemáticas foram entregues a equipes menores com experiência em fornecedores específicos. Esse projeto de encaminhamento rápido ou lento, combinado com o tratamento de

> imagens, permitiu uma redução de 50% no tempo de processo. À semelhança da Putnam, a Ingram Micro viu-se às voltas com um volume 30% maior sem aumentar seu efetivo. Steve Graham, diretor sênior de desenvolvimento de sistemas da empresa, comentou: "Começamos examinando o tratamento de imagens, mas foi no fluxo de trabalho que encontramos realmente o valor[17]".

A tecnologia pode possibilitar processos de negócios, serviços e produtos anteriormente inimagináveis, impossíveis ou ao menos financeiramente inviáveis. Mas a tecnologia pode ser dispendiosa. Antes de partir diretamente para o investimento em tecnologia, as equipes de reengenharia devem examinar as necessidades dos clientes e da empresa e o potencial do processo de satisfazê-las sem tecnologia. Assim, a tecnologia é vista e posicionada como uma opção a ser aplicada apenas quando isso for um bom negócio.

Descreveremos a seguir as oportunidades que se abrem com a aplicação da tecnologia, bem como algumas das armadilhas. Nossa discussão está centrada em três áreas tecnológicas praticamente inseparáveis dos projetos de reengenharia: (1) tecnologias de processos (ou seja, máquinas e ferramentas), (2) tecnologias de sistemas de informações e (3) tecnologias de comunicações.

Tecnologias de Processos

Nós defendemos duas diretrizes no que tange ao papel das tecnologias de processos na reengenharia: (1) não complique e (2) tamanho não é documento.

Não complique

Imagine esta cena: um salão do tamanho de meio ginásio repleto de carrinhos, cada qual contendo sessenta bolas de basquete em diferentes estágios de elaboração. Bolas de basquete cor de laranja a perder de vista! Em algum ponto, ocultadas por esses carrinhos e intercaladas entre eles, estão as prensas de moldar, as cabines de pintura e as máquinas empacotadoras. Esse era o cenário de um dos maiores fabricantes de bolas de basquete do mundo. O problema: de onde provinha o trabalho? Para onde fluía?

A solução dependia da pessoa a quem se formulasse a pergunta. O pessoal de sistemas de informações sugeria um sofisticado sistema de controle do chão-de-fábrica. Os engenheiros de controle de materiais queriam instalar um labirinto de correias transportadoras, monocarris e tecnologias de robótica. No final, não foi necessária nenhuma tecnologia complicada. Ela só teria agregado custos à realização do verdadeiro trabalho (ou seja, o trabalho de valor agregado). Sistemas de rastreamento não agregam valor. Apenas a fabricação, o acabamento e o empacotamento de bolas agregam valor, podendo ser considerados "o verdadeiro trabalho" de uma fábrica de bolas de basquete.

A solução encontrada foi o uso da gravidade (uma fonte de energia muito barata e confiável) para rolar individualmente as bolas de basquete de uma estação de trabalho para a outra. Com isso, eliminaram-se centenas de carrinhos, um sistema de rastreamento confuso e ineficaz e pilhas de estoques.

A lição aqui é "não complicar", concentrando-se no trabalho com valor agregado.

Tamanho não é documento

Na seleção de tecnologia de processos, advogamos que "tamanho não é documento". Em vez de uma "megamáquina", "megafunção" ou mesmo "megaempresa", as empresas reestruturadas com sucesso tendem a enfatizar pequenas unidades de trabalho focalizadas. A implicação para as tecnologias de processos é que o afunilamento de todo o trabalho em uma grande unidade de equipamento processador não convém mais.

Para tornar sua qualidade competitiva, uma companhia siderúrgica reconheceu a necessidade de modernizar suas instalações de usinagem a fim de fornecer maior variedade de aço. As alternativas eram comprar uma megausina de sessenta milhões de dólares ou três miniusinas de 25 milhões de dólares, totalizando 75 milhões. Ambas resultariam aproximadamente na mesma qualidade e quantidade de aço, na velocidade de processamento especificada pelos fabricantes. Diante desses fatos, prevaleceu a filosofia tradicional de tecnologia de processos e a megausina foi escolhida.

Infelizmente, foi a escolha errada. A máquina jamais se aproximou das velocidades de operação ou dos níveis de qualidade especificados. Devido ao afunilamento do trabalho nessa usina, ele tinha que ser agrupado em lotes e programado para passar pela máquina. Isso gerou retardos dispendiosos e dificuldades de coordenação. Os tempos de troca de ferramenta e de inicialização canibalizavam a disponibilidade de tempo produtivo. Entretanto, o tempo de paralisação para a troca de ferramenta era trivial se comparado com a perda de tempo e de materiais durante as rodadas de inicialização. O estado estacionário era alcançado "na hora certa" do encerramento e da nova troca de ferramenta. Para complicar ainda mais o problema, o equipamento tinha que funcionar fora do horário normal a fim de compensar o tempo perdido, restando pouco tempo para a manutenção preventiva.

Contudo, o pior aspecto desse processo foi seu impacto sobre a aprendizagem organizacional. Ele a matou. A única função dos operadores da usina era regular seus ajustes e suas tolerâncias até que o material pudesse ser processado. Em nenhum ponto eles tinham oportunidade de fornecer aos passos anteriores do processo *feedback* atual sobre problemas com materiais. Ainda que tivessem tempo para isso, quando um lote de materiais entrava na usina, os passos anteriores prosseguiam processando outra coisa. Esse ciclo de falta de *feedback* dificultava a melhoria do processo.

Infelizmente, em virtude da seleção da megausina, esse ciclo de falta de *feedback* foi incorporado ao projeto do processo reestruturado.

O que poderiam ter feito em vez disso? Três linhas de produção alimentavam essa megausina. Uma miniusina poderia ter sido providenciada para cada linha. Cada linha se concentraria em um tipo específico de aço. Cada usina teria menos trocas de ferramenta, menos tempo de paralisação e uma qualidade superior resultante da constante aprendizagem, à medida que as equipes procurassem tornar o "seu" aço cada vez melhor.

Essa filosofia do "tamanho não é documento" na seleção da tecnologia de processos mostrou-se válida nos mais diferentes cenários: fábricas, lojas varejistas, empresas seguradoras e até usinas nucleares. Por exemplo, em uma usina nuclear canadense, foram construídos cinco mini-reatores, em vez de um mega-reator. Isso permitiu à operação funcionar sempre com 80% de sua capacidade, com apenas um gerador parado a cada vez para manutenção. Além disso, equipes de trabalho menores e mais coesas poderiam aprender e crescer como equipe, sem se perder em uma organização gigante.

A lição a extrair é que se devem examinar as necessidades da empresa, antes de escolher uma tecnologia de processos.

Tecnologias da Informação

À semelhança da usina na empresa siderúrgica, em muitas empresas as tecnologias do processo essencial são aquelas da informação. No passado, todas as informações tendiam ao afunilamento em um sistema central de informações. A exemplo da megausina, o trabalho era agrupado em lotes e programado. No mundo novo do processamento distribuído, dos banco de dados em tempo real, do CD-ROM e similares, torna-se cada vez mais fácil acessar e processar as informações sem retardos ou divisão em lotes.

A Tabela 5.3 sintetiza as opções de projeto oferecidas pela tecnologia da informação.

A chave para o uso eficaz da tecnologia da informação não está em acelerar o fluxo de informações, mas em fazer a coisa certa com elas. Os melhores projetos de reengenharia que usaram a tecnologia da informação enfatizaram seu uso para impulsionar os negócios, e não para gerar papel.

Informações podem *impulsionar* os negócios

Em grande parte das empresas, a tecnologia da informação tem sido desenvolvida e empregada para auxiliar os processos administrativos e financeiros. Em nossa experiência de mapeamento de inúmeros processos de negócios, poucos foram os casos, durante anos, de uso da tecnologia da informação para impulsionar os negócios, em vez de produzir pedidos, faturas, relatórios e demonstrativos financeiros. Tudo isso está mudando.

Descrevemos no Capítulo 2 como a Mrs. Fields' Cookies emprega a tecnologia da informação para desencadear ações por parte dos prestadores de serviços de linha de frente. A tecnologia permite a tomada de ações pró-ativas para melhorar o desempenho da empresa, em vez de relatórios sobre o desempenho depois de ocorrido o fato.

Os *scanners* óticos dos supermercados são vantajosos tanto para o cliente como para a empresa. Entretanto, os maiores benefícios não são o menor tempo de passagem do cliente pela máquina registradora ou a diminuição do trabalho da caixa. Como na Mrs. Fields', os maiores benefícios estão na capacidade de rastrear as vendas em tempo real. Neste caso, a informação permite ao supermercado manter os produtos permanentemente disponíveis para os clientes, porém minimizando os custos relacionados aos níveis de estoques, à obsolescência e ao desperdício. Além disso, fornece ao supermercado um poder de barganha na negociação com os fornecedores, ávidos em acessar suas informações de vendas em tempo real. Nesse setor altamente competitivo, tudo isso ajuda a diminuir os custos da empresa e os preços pagos pelos clientes.

Tabela 5.3 ◆ As Possibilidades da Tecnologia da Informação na Reengenharia

Possibilidade	Impacto Organizacional
Transacional	Consegue transformar processos desestruturados em transações rotinizadas.
Geográfica	Consegue transferir informações rápida e facilmente, por grandes distâncias, tornando os processos independentes da geografia.
De automação	Consegue substituir ou reduzir o trabalho humano em um processo.
Analítica	Consegue aplicar métodos analíticos complexos a um processo.
Informacional	Consegue trazer grandes quantidades de informações detalhadas para um processo.
Seqüencial	Possibilita mudanças na seqüência das tarefas em um processo, muitas vezes permitindo o processamento simultâneo de várias tarefas.
Gestão de conhecimentos	Permite a captura e disseminação de conhecimentos e know-how para a melhoria do processo.
Rastreamento	Permite o rastreamento detalhado do estado, do *input* e do *output*.
Desintermediação	Pode ser usada para conectar duas partes dentro de um processo que, de outra forma, se comunicariam por intermediários.

Fonte: Thomas H. Davenport e James E. Short, "The New Industrial Engineering: Information Technology and Business Process Redesign", *Sloan Management Review*, verão de 1990.

Em outros casos, a tecnologia da informação é a empresa

A American Airlines desenvolveu originalmente o sistema SABRE para gerenciar mais eficientemente as reservas para suas próprias linhas aéreas. Em 1989, o SABRE se tornara um centro de lucros que vendia seus serviços a todas as empresas de aviação e seus clientes. Alcançou um valor líquido de mais de um bilhão de dólares, correspondendo a um quarto da AMR, a empresa controladora da American Airlines.[18] O SABRE é mais rentável para a AMR do que seu negócio de linhas aéreas. Bem prematuramente, a American Airlines previu a necessidade de um sistema de reservas eficaz para todas as empresas de aviação e seus clientes e, em seguida, agiu em consonância com essa previsão. Embora se tratasse muito mais de um esforço de engenharia do que de reengenharia, o caso demonstra como a informação pode se tornar mais valiosa para uma empresa do que seu produto ou serviço tradicional.

Em um esforço de reengenharia, os usos mais criativos da tecnologia da informação costumam surgir ao se estenderem as fronteiras do projeto. Nesses casos, a investigação de diferentes opções tecnológicas revela uma oportunidade. Tais oportunidades só conseguem ser descobertas com um conhecimento prévio dos segmentos de clientes e suas necessidades e de onde faz sentido aplicar a tecnologia.

Olhando-se para a frente, a tecnologia da informação permitirá novos modos de operação que servirão mais eficiente e eficazmente ao cliente. Consideremos o potencial dos supercomputadores. A capacidade está disparando e os preços estão despencando. O impacto dos supercomputadores pode ser prenunciado na seguinte descrição de seu emprego, junto com o software de marketing direto da Epsilon, pela Thinking Machine Corporation.

> A Epsilon de Burlington, Massachusetts, recentemente deu os últimos retoques em um software singular que permitirá ao computador dotar as empresas de vendas diretas pelo correio de uma capacidade sem precedentes de direcionar suas propostas. Por mais trivial que isso soe, as possibilidades são fascinantes. Um supercomputador consegue examinar até dez mil vezes mais dados do que os *mainframes* comumente usados — armazenando, por exemplo, uma década de históricos de compras individuais. Armado de um software, consegue realizar 750 bilhões de cálculos para localizar, por exemplo, que grupo entre 150 milhões de adultos norte-americanos mais provavelmente se interessará pela compra de tacos de golfe de quinhentos dólares. Valendo-se desse sistema, uma empresa de aviação poderia identificar automaticamente os clientes que sofreram três vôos atrasados sucessivos e, rapidamente, lhes enviar uma oferta reparadora.[19]

Uma idéia é a chave para liberar a aplicação criativa (e lucrativa) da tecnologia da informação. As equipes de projeto de reengenharia podem ser uma das fontes mais eficazes dessas idéias. Tais equipes podem criar subequipes para examinar as opções. Tendo à disposição pesquisas de clientes, um "usuário de dados" junto com um "especialista em informações" podem ter condições de avaliar uma ampla variedade dessas ferramentas de tecnologia da informação:

- Tecnologia de código de barras
- Reconhecimento ótico de caracteres
- Tratamento de imagens
- Projeto Auxiliado por Computador (CAD — computer-aided design)

- Código orientado para objetos
- Bancos de dados relacionais
- Interface gráfico com o usuário
- Processamento distribuído
- Computadores *laptop* ou portáteis
- CD-ROMs
- Supercomputação
- Reconhecimento de voz

Na maioria dos casos, as melhores idéias de emprego da tecnologia da informação advêm dos clientes e das pessoas diretamente envolvidas nos fluxos de trabalho da empresa, e não dos especialistas em tecnologia. Nas palavras de Peter Drucker: "Os especialistas em informação são ferramenteiros. Os usuários dos dados, sejam executivos ou profissionais, têm que decidir que informações usar, para que usá-las e como usá-las."[20]

Por Que o Sistema de Rastreamento da Federal Express Agrega Valor

Movimentar as informações mais rapidamente pode significar tornar mais eficiente uma atividade que simplesmente não deveria ser realizada. Foi essa nossa reação inicial diante do sofisticado sistema de rastreamento de pacotes da Federal Express. Esse sistema combinava a leitura ótica de códigos de barras, a transferência sem fios de dados e um imenso banco de dados para rastrear o movimento dos pacotes — e não para ajudar o movimento dos pacotes.

O sistema da Federal Express de determinação rápida e precisa da localização e do estado de qualquer pacote aparentemente sinalizava uma falta de confiança no processo de "entrega sem falta no dia seguinte". Entretanto, após uma inspeção mais próxima e discussões com os clientes da Federal Express, concluímos que nossa impressão inicial havia sido equivocada. Dissemos anteriormente que uma definição-chave de "valor agregado" é o fato de os clientes estarem dispostos a pagar por ele. Descobrimos que muitos clientes estão realmente dispostos a pagar pelo rastreamento. Isso não significa que a Federal Express ou os clientes (remetentes) não confiem no processo de entrega, e sim que o destinatário do pacote pode ter procedimentos internos não-confiáveis de recebimento e de distribuição da correspondência recebida.

Tecnologias de Comunicações

Estreitamente alinhada com a tecnologia da informação está a tecnologia de comunicações. Eis algumas das principais opções de comunicações a ser consideradas:

- Máquinas de *fax*
- Equipamento de teleconferência
- Correio eletrônico
- Tecnologias de telefone celular e *pager*

- Correio de voz
- Modems sem fio
- Redes locais
- Tecnologias de satélite

À semelhança das outras opções tecnológicas discutidas, as tecnologias de comunicações podem ou não ter potencial ou relevância para sua empresa. Lembre-se de que são ferramentas a serem aplicadas criativamente à sua empresa, e não simplesmente para transmitir as informações mais rapidamente.

Reunião das Opções

Tornar seu processo de negócios o melhor possível exige o uso adaptado de uma variedade de técnicas ou abordagens opcionais para o gerenciamento do processo de trabalho, a estruturação e organização do trabalho, a geração de novas idéias e o uso da tecnologia. A chave para o sucesso está em selecionar e integrar aquelas técnicas que se mostrarão mais eficazes combinadamente.

O Fundamento — Como Documentar as Opções

De modo a estabelecer um fundamento controlável, um meio homogêneo de documentar as opções tem-se revelado útil às equipes com as quais trabalhamos. As equipes de reengenharia do Consumer Communications Services da AT&T e da Time Insurance Company usaram uma "Folha Resumo de Opções/Idéias de Projeto" tal como a mostrada na Figura 5.5. Com esse formulário, os investigadores da equipe puderam descrever sucintamente cada opção e sua relevância potencial para a visão da reengenharia. O formulário permitiu à equipe escalar indivíduos para investigar as opções independentemente, o que depois permitiu à equipe inteira examinar pronta e sistematicamente cada um dos "produtos" resultantes.

Conceito de Palheta Limitada

Anteriormente, observamos que configurar uma palheta é um processo em dois estágios. O primeiro estágio envolve um exame de um amplo espectro de cores possíveis (idéias e opções); o segundo consiste em selecionar desse espectro e restringir as cores (idéias e opções) a uma "palheta limitada".

Figura 5.5 ◆ Folha Resumo de Opções/Idéias de Projeto

Área de interesse: ______________________________

Opção/idéia de projeto: ______________________________

Investigado por: ______________ Conveniência: ____alta____média____baixa

Características da opção/idéia: ______________________________

____

____

____

Como a opção/idéia pode impactar o projeto: ______________________________

____

____

____

Obstáculos potenciais à adoção da opção/idéia no piloto: ______________________________

____

____

____

Obstáculos potenciais à sua adoção em todo o sistema: ______________________________

____

____

____

Restrição das Opções

De todas as opções disponíveis, apenas um conjunto selecionado irá integrar a palheta da reengenharia. Orientação quanto às opções potencialmente mais benéficas pode ser encontrada nos objetivos e nas características tanto do negócio como do projeto de reengenharia. Algumas opções são mais adequadas do que outras às características básicas da atividade de uma empresa. Muitas dessas características dizem respeito à posição dos negócios em diversas dimensões. Em nossa experiência, vimos a seguinte lista parcial de características de negócios e/ou processos considerada na avaliação de opções:

- *Dimensão competitiva*: processos de negócios que atendem a um mercado cativo (por exemplo, serviços de apoio interno, como de informações) tendem a necessitar opções que os tornem mais orientados para o serviço e menos "autoritários". As empresas em um mercado vendedor, onde tudo que fabricam consegue ser vendido (ou seja, empresas nos estágios iniciais do lançamento de uma tecnologia nova), requerem opções que as ajudem a rapidamente aumentar a capacidade e conquistar participação no mercado. No final, a maioria das empresas terá que competir em um mercado comprador e necessita de opções que ajudem, com os componentes de atendimento aos clientes de sua atividade. Quanto mais uma empresa compete em um mercado comprador competitivo, mais crucial é a base da concorrência pela qual a empresa escolhe competir. Por exemplo, em um mercado sensível aos preços, as opções orientadas para a eficiência exigirão uma atenção extra. Se estiver competindo pela venda de produtos/serviços personalizados, as opções orientadas para a flexibilidade exigirão atenção extra.

- *Carteira:* embora um negócio com um alto conteúdo de produtos possa e deva usar eficazmente opções originalmente concebidas para negócios baseados em serviços (e vice-versa), o importante é considerar as opções mais aplicáveis à natureza essencial do negócio. Um negócio baseado em produtos requer opções relacionadas à movimentação e ao manuseio de unidades físicas. Um negócio baseado em serviços requer uma ênfase em opções relacionadas aos contatos com os clientes.
- *Cultura:* o grau em que a gerência da empresa deseja realmente delegar responsabilidade e poder influenciará a seleção das opções viáveis. Não faz sentido perseguir opções condenadas desde o início, quando os gerentes são irredutíveis em sua abordagem. Por exemplo, na reengenharia de uma empresa norte-americana controlada por uma matriz européia, tornou-se aparente que algumas opções de descentralização seriam incompatíveis com as características e as demandas operacionais exigidas pela matriz européia de suas subsidiárias.
- *Ambiente dos processos:* algumas técnicas e tecnologias foram desenvolvidas para ambientes com alto volume de transações (por exemplo, pedidos de indenização de seguros, fábricas, processamento de pedidos). Outras técnicas e tecnologias se aplicam a fluxos de trabalho personalizados e orientados para projetos (por exemplo, desenvolvimento e lançamento de novos produtos, manutenção de softwares, venda de imóveis, manutenção e reparo de equipamentos pesados). Embora algumas das idéias e opções sejam transferíveis, o grau em que uma opção é compatível com um tipo de processo poderá influenciar o grau em que seja considerado potencialmente aplicável ao processo de reengenharia.

As opções devem ser compatíveis não apenas com os objetivos e as características do negócio, mas também entre si. Por exemplo, afirmamos anteriormente que não fez sentido para a empresa siderúrgica comprar a megamáquina e pensar em células de trabalho *just-in-time* focalizadas ao mesmo tempo. Quando as idéias da megamáquina e das células de trabalho foram originalmente propostas, uma bandeira vermelha deveria ter sido levantada. Essas duas opções são incompatíveis, ou ao menos não-complementares. A opção selecionada deveria ter sido aquela que melhor correspondesse aos objetivos da empresa e do projeto. Nesse caso, o objetivo declarado envolvia flexibilidade e responsividade de modo a atender múltiplos clientes com pequenos pedidos — bem mais compatível com a opção das células de trabalho.

Uma das ferramentas mais eficazes que conhecemos para a escolha das opções e a limitação da palheta iniciais é a Matriz de Integração de Opções mostrada na Figura 5.6. Essencialmente, essa matriz se assemelha a um quadro de distâncias que associa cada cidade com todas as outras cidades, fornecendo a distância entre elas. Na Matriz de Integração de Opções, os objetivos e as características-chave do negócio são relacionados com as opções. Uma vez montada a matriz, o passo seguinte é avaliar cada intersecção. Símbolos são usados para descrever a natureza do relacionamento entre cada objetivo, característica e opção.

A matriz é usada inicialmente para assegurar que cada objetivo possua opções disponíveis que sejam definidas como um "relacionamento-chave". Caso não existam quaisquer relacionamentos-chave, ou bem o objetivo pode ser irreal, ou bem mais opções precisam ser encontradas. Usa-se também a matriz para encontrar quaisquer dependências-chave em que uma opção não pode ser selecionada sem outra. E — talvez mais importante, conforme vimos no exemplo do megaequipamento/célula de trabalho —, a matriz serve para identificar quaisquer incompatibilidades e eliminar a opção menos desejável.[21]

A matriz facilita um exame rápido de cada intersecção bem no início do processo de projeto. O desenvolvimento e o uso da matriz podem demandar tempo, mas conseguem antecipar e impedir algumas "colisões futuras". Além de focalizar o tempo da equipe nas opções mais importantes, ajuda a evitar descarrilhamentos e atrasos do projeto.

As interações das opções em um sistema individual são complexas e seus efeitos costumam ser sutis. A palheta pode ser refinada ainda mais durante a fase de projeto — primeiro, pela simulação (Capítulo 9) e, segundo, pelo piloto das opções em um contexto do mundo real (Capítulo 10).

Conclusão da Palheta

Para o artista, o arranjo de tintas sobre uma palheta representa seleções baseadas na inspiração e em uma visão do que irá ser expresso. Para uma equipe de reengenharia, o mesmo é verdadeiro. O conjunto de opções — como as seleções de tintas do artista — proporciona as matérias-primas certas para o projeto. Apenas pela mistura eficaz das opções — à semelhança da mistura de tintas — será criada uma verdadeira obra-prima. No próximo capítulo, descreveremos como o primeiro passo na criação de uma obra-prima envolve um esboço e amplas pinceladas.

Figura 5.6 ◆ A Matriz de Integração de Opções

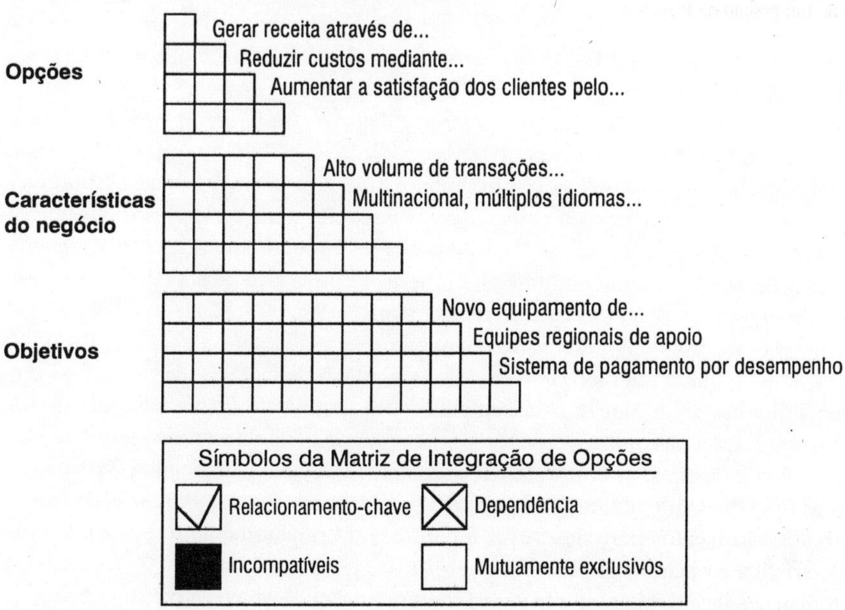

NOTAS

1. "Total Quality Management Master Plan", Goal/QPC Research Report No. 90-12-002, Methuen, Mass., 1990.

2. "U.S. Productivity: First but Fading", *Fortune*, 19 de outubro de 1992.

3. John S. McClenahen, "Managing More People in the '90s", *Industry Week*, 20 de março de 1989.

4. "In Search for the Organization of Tomorrow", *Fortune*, 18 de maio de 1992.

5. Tom Peters, *Liberation Management*. Nova York, Knopf, 1992.

6. Arthur G. Bedeian, *Management* (2ª edição). Nova York, Holt, Rinehart and Winston, 1989.

7. Peter Drucker, "There's More Than One Kind of Team", *The Wall Street Journal*, 11 de fevereiro de 1992.

8. Ibidem.

9. Ibidem.

10. Osborn, Moran, Musselwhite e Zenger, *Self-Directed Work Teams*. Homewood, Ill., Business One Irwin, 1990.

11. Benn R. Konsynski e F. Warren McFarlan, "Information Partnership—Shared Data, Shared Scale", *Harvard Business Review*, setembro-outubro de 1990.

12. Leonard A. Schlesinger e James L. Heskett, "The Service-Driven Company", *Harvard Business Review*, setembro-outubro de 1991.

13. W.T. Singleton, *Man-Machine Systems*. Harmondsworth, Inglaterra, Penguin Education, 1974.

14. Amal Kumar Naj, "Some Manufacturers Drop Efforts to Adopt Japanese Techniques", *The Wall Street Journal*, 7 de maio de 1993.

15. Joseph Boyett e Henry Conn, *Workplace 2000*. Nova York, Dutton, 1991.

16. Richard Pastore, "The Paths of Least Resistance", *CIO*, abril de 1993.

17. Ibidem.

18. Stan Davis e Bill Davidson, *2020 Vision*. Nova York, Simon and Schuster, 1991. [Ed. bras.: *Visão 2020 - Administrando sua empresa hoje para vencer amanhã*. Rio de Janeiro, Campus.]

19. *Boston Globe*, 28 de fevereiro de 1993.

20. Peter Drucker, "Be Data Literate—Know What to Know", *The Wall Street Journal*, 1 de dezembro de 1992.

21. Algumas empresas usaram essa abordagem para auditar e integrar todos seus projetos existentes — uma Matriz de Integração de Projetos.

Parte III

PASSANDO O PINCEL NA TELA

A moralidade do artista repousa na força e na verdade de sua descrição.
Jules Barbey D'Aurevilly (poeta e romancista francês)

Capítulo 6

ESBOÇO DO PROJETO DE ALTO NÍVEL

Adoro a qualidade do lápis.
Ele me ajuda a atingir o âmago
de algo e não compete com a pintura.
Andrew Wyeth

Propósito do Capítulo: *Este capítulo marca o início da fase de projeto. Nos Capítulos 6 a 8, focalizamos em alguns casos reais para fornecer um contexto coerente onde a pintura completa é criada. Neste capítulo, abordamos a mecânica de retratar o novo projeto do processo, oferecemos alguns princípios-chave de projeto de fluxos de trabalho para ajudar a orientar o projeto e descrevemos o processo de equipe criativo de geração do esboço final.*

Os pigmentos na "palheta" de reengenharia representam opções selecionadas com base na inspiração e na visão artísticas. Como o artista que põe as primeiras impressões de uma "imagem mental" — geralmente um croqui ou esboço — em uma tela vazia, a equipe de reengenharia (ou projeto) inicia o processo de renascimento com um croqui ou projeto de alto nível. Esse esboço visa a transmitir uma nova visão sobre as possibilidades do processo e as pessoas envolvidas.

Na Time Insurance, a equipe "BRIDGE" do projeto de reengenharia aplicou o lápis a uma tela em branco e chegou ao projeto mostrado na Figura 6.1.

Um esboço consegue apenas fornecer uma pista do aspecto da pintura definitiva; porém, ele transmite seus temas principais. Brenda Lund, líder da equipe BRIDGE, expressou assim a interpretação do projeto:

> Descobrimos de saída que precisávamos de uma mudança radical, e não apenas de alguns pequenos ajustes. Nosso processo de pensamento também mudou de um foco na redução de custos para o aumento da satisfação dos clientes. Através do processo de projeto, percebemos que toda nossa razão de ser era satisfazer as solicitações de nossos clientes.

Figura 6.1 ◆ Esboço da Time Insurance

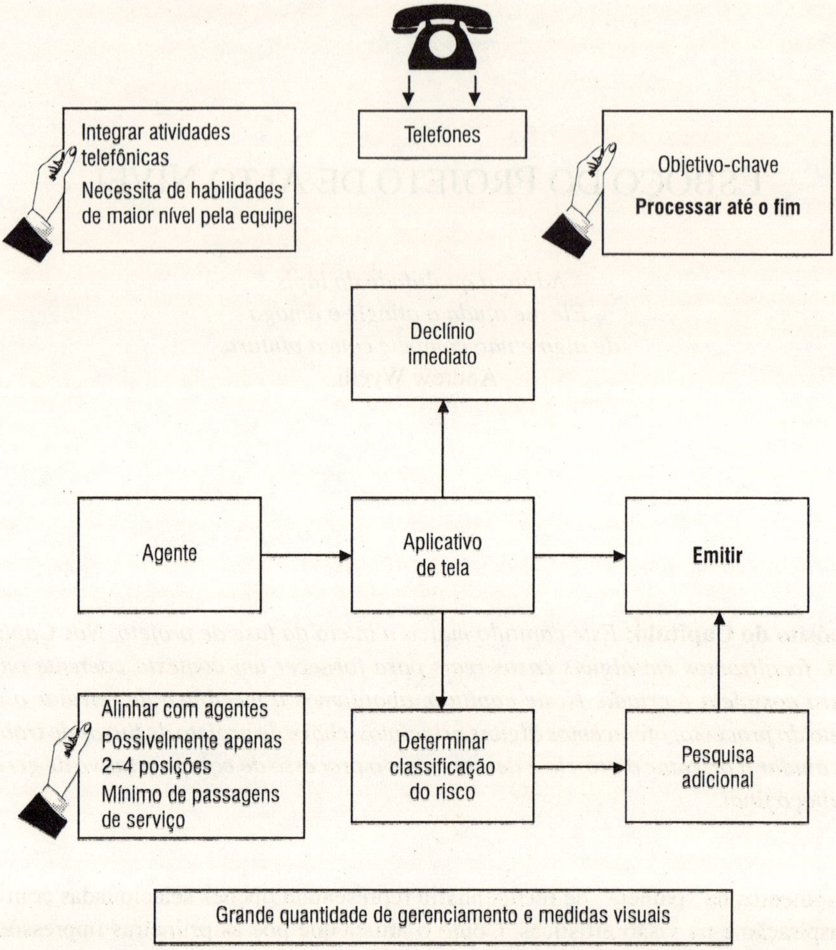

O exemplo do BRIDGE é típico do que queremos dizer por um esboço de um novo processo. Tal esboço é um modelo conceitual, que retrata os elementos fundamentais do novo processo. Como tal, o projeto deveria refletir a perspectiva de uma vista aérea — englobando o processo inteiro (por exemplo, do pedido à entrega do produto ou serviço). Nesse estágio inicial, a meta é enunciar claramente a visão da empresa e obter um consenso no nível conceitual de como realizar melhor essa visão.

Três influências convergem no processo de criação de um projeto de alto nível: (1) as especificações derivadas dos clientes e dos marcos de desempenho; (2) as opções de projeto exploradas durante a análise; e (3) os vários princípios de projeto considerados até este ponto.

Neste capítulo, descrevemos algumas técnicas úteis para se desenvolver, testar e consagrar o projeto conceitual inicial. Antes de atacar os princípios fundamentais de fluxo de trabalho em que tal projeto se baseia, uma equipe de reengenharia deve reavaliar e validar ou modificar a declaração de missão e os limites estabelecidos no início do projeto. Caso a análise subseqüente tenha revelado novas oportunidades de inovação, a missão deveria ser modificada.

Missão e Escopo Refinados

Uma declaração de missão bem-enunciada proporciona à equipe do projeto uma direção estratégica e uma meta inspiradora. A declaração de missão define claramente o que se espera que seja realizado pelo esforço de reengenharia. Por exemplo, depois de uma análise considerável, a equipe ORION da AT&T adicionou objetivos quantificáveis (mostrados em itálico) à sua declaração de missão:

> Reestruturar o processo de desenvolvimento de softwares de modo a cortar o tempo de ciclo em *50%, permitindo o processamento de mais pedidos* e ao mesmo tempo reduzindo os custos operacionais de estado estacionário em *30%; sem sacrificar a qualidade ou o desempenho do fornecimento.*

A missão do esforço de reengenharia de uma empresa de serviços foi inicialmente imaginada como um projeto de modernização dos sistemas de tecnologia da informação. Porém, após alguma análise, a alta gerência percebeu que o desafio real era a reengenharia de toda a sua atividade de modo a se manter competitiva:

> Sob o guarda-chuva de nosso Programa de Melhoria dos Serviços, estamos reinventando nossa forma de atuar. Não se trata de um processo aleatório. Ele é orientado por um conjunto de princípios de TQM e de projeto de sistemas centrados acima de tudo nos processos conforme vistos por nossos clientes. Segundo, de forma estruturada, estamos contestando suposições consagradas sobre como funcionamos. Finalmente, estamos usando tecnologia para libertar nosso pensamento sobre as possibilidades de entregar valor no mercado. No decorrer do projeto, recodificaremos todos os nossos principais aplicativos, ao mesmo tempo em que reestruturaremos os fluxos de trabalho dos processos das atividades básicas de atendimento de pedidos e de serviço e suporte. O resultado final dessa transformação da empresa será a implementação de uma nova organização orientada para os processos e um ganho de produtividade pansistêmico de 100% no atendimento de pedidos, melhorias radicais em indicadores-chave de desempenho voltado para o cliente, a redefinição de quase 80% das atribuições e um novo sistema de gerenciamento do desempenho.

Definição das Fronteiras

Anteriormente, definimos um "processo básico" como todas as funções e seqüências de atividades (*independente de onde residem na organização*), políticas e procedimentos, e sistemas de apoio necessários para se atender a uma necessidade do mercado e implementar uma estratégia. Um "processo de negócios" é um importante componente de um processo essencial. No início do desenvolvimento de um projeto de alto nível, a equipe deve estabelecer claramente as fronteiras ou o escopo do projeto. Definir onde começa o processo e onde ele acaba é como determinar as dimensões e o formato de uma tela. Por exemplo, na Time Insurance, a definição do escopo do projeto foi "o processo de negócio que começa com o recebimento de uma solicitação de cobertura de seguro e termina com a entrega de uma apólice de seguro ao cliente".

A definição do escopo do projeto deve ser validada e apoiada pela alta gerência. Sem isso, surgirá provavelmente resistência à inclusão de certas funções ou de certos elementos no projeto inicial. A resistência costuma ser expressa como "áreas que não devem ser tocadas". Em uma empresa seguradora, a equipe de reengenharia foi advertida para se manter afastada da área de teste. Após coletar um volume significativo de dados factuais durante a análise, descobriu-se que mais de 50% dos testes realizados eram desnecessários e poderiam ser eliminados no novo projeto do processo. Semelhantes guardiães do *status quo* emergiram na AT&T. Eles defenderam a integridade das funções de planejamento e de teste, quando suas atividades foram integradas em um ambiente de equipe de trabalho no projeto de alto nível.

Para que um trabalho de reengenharia atinja a eficácia máxima, a alta gerência deve insistir na inexistência de "vacas sagradas".[1]

Definição de Objetivos de Melhoria Radicais

Explicitar o desempenho desejado do "futuro estado" envia uma mensagem clara aos proprietários, clientes, fornecedores e empregados do processo de negócios objeto da reengenharia. Objetivos como "novos produtos em metade do tempo" ou "pedidos processados em um décimo do tempo" forçam as pessoas a desafiarem a sabedoria predominante e considerarem a mudança radical e cria a liberdade para se experimentarem novas idéias, abordagens e métodos.

De modo a fixar tais objetivos, deve-se preparar um resumo de todas as exigências de desempenho pertinentes antes de começar o projeto. Por exemplo, se a fase de análise incluiu grupos de foco no cliente, as expectativas dos clientes resultantes deveriam ser capturadas como metas a alcançar e superar no esforço de reengenharia (*ver* Tabela 6.1). Elas se tornam parte das especificações do projeto conforme fixadas pelos clientes, e talvez por concorrentes, num segmento específico de clientes. Tais exigências, além de influenciarem a missão e os objetivos do projeto, também fornecem a perspectiva de fora para dentro necessária para a reengenharia bem-sucedida.[2]

Um Projeto Equilibrado

Os objetivos fixados para o projeto devem equilibrar a qualidade, a entrega, o tempo de ciclo e o custo. Por exemplo, uma empresa seguradora focalizou inicialmente na redução do tempo de ciclo nos novos contratos de seguro pela eliminação dos exames de sangue. Após uma modelagem cuidadosa, estimou-se que, em virtude de decisões equivocadas no fechamento dos contratos de seguros, um maior número de pedidos de indenização acarretaria um aumento substancial dos custos. Ao manter uma perspectiva equilibrada durante o processo de projeto, a equipe pode se manter aberta a muitas idéias e avaliar cada uma de diferentes perspectivas.

As principais influências que moldam o projeto inicial advêm da compreensão das necessidades dos clientes, do processo de linha de base, do grau de extensão dos padrões de desempenho e da seleção das opções de projeto que complementam — e não limitam — a visão.

Tabela 6.1 ◆ Objetivos do Processo Voltado para o Cliente

Critério	Segmento de clientes A	Segmento de clientes B
Qualidade	100% sem defeitos	100% sem defeitos
Fornecimento	Dia seguinte	Mesmo dia
Atendimento	Fax, correio, telefone (geralmente atendido depois de 4 sinais de chamada)	Ponto de contato único (atendente do telefonema realiza a visita de atendimento)
Custo	50 dólares por unidade	100 dólares por unidade
Tempo de ciclo requerido	Média de 12 horas para assegurar 99% das entregas em 24 horas	Média de 2 horas

Princípios de Projeto de Fluxo de Trabalho

Uma contribuição-chave para o trabalho de projeto é uma compreensão dos princípios básicos do projeto de processos de negócios. Os princípios de projeto de serviço *externamente orientados* descritos no Capítulo 3 são apenas um ponto de partida. Além deles, existem sete princípios de projeto *introspectivos* que podem ajudar a maximizar o valor fornecido por um processo essencial. Esses princípios desafiam os integrantes de uma organização a repensar como e onde fornecem valor. De fato, esses princípios representam as melhores práticas do setor e ajudam a orientar a mão de uma equipe de reengenharia ao traçar as primeiras poucas linhas na tela.

PRINCÍPIO DE FLUXO DE TRABALHO 1:
Estabeleça uma Orientação de Produto no Processo.

As atividades podem ser organizadas por processos (por exemplo, funções separadas) ou por produtos (por exemplo, uma seqüência integrada de atividades). Em uma organização orientada para o processo, cada passo do processo essencial do negócio é consolidado em um centro de trabalho ou departamento. A premissa subjacente é a necessidade de maximizar a utilização tanto dos equipamentos como da mão-de-obra. Por exemplo, um departamento individual é estabelecido para testar todas as placas de circuitos impressos ou lidar com todos os pedidos de indenização de seguro.

Por outro lado, com uma orientação de produto, todas as atividades necessárias para se completar um produto "acabado" ou um serviço são organizadas em uma seqüência integrada de módulos de trabalho, conforme mostrado pelos três módulos orientados para o produto da Figura 6.2.[3]

A abordagem de produto ou de módulo de trabalho deriva da integração de três conceitos tentados e experimentados nas indústrias nos vinte últimos anos: (1) a tecnologia de grupo, (2) a célula de trabalho e (3) o enriquecimento do trabalho.

A tecnologia de grupo é a reunião de componentes e processos afins ou similares de modo a aproveitar suas possibilidades de processamento. Por exemplo, na fabricação de placas de circuitos impressos, todos os equipamentos de inserção automática, as tarefas de inserção manual, as soldas de ondas e os equipamentos de teste podem ser classificados de acordo com suas semelhanças na "fabricação".

Uma célula de trabalho ou equipe de trabalho natural se especializa na produção de uma determinada família de produtos/serviços. Essa especialização aumenta a capacidade da organização de responder a revisões de produtos. Mudanças ou aprimoramentos em produtos/serviços ou processos são facilitados pela maior capacidade de comunicação com um grupo reduzido.

Figura 6.2 ◆ Orientação de Processo *versus* Produto

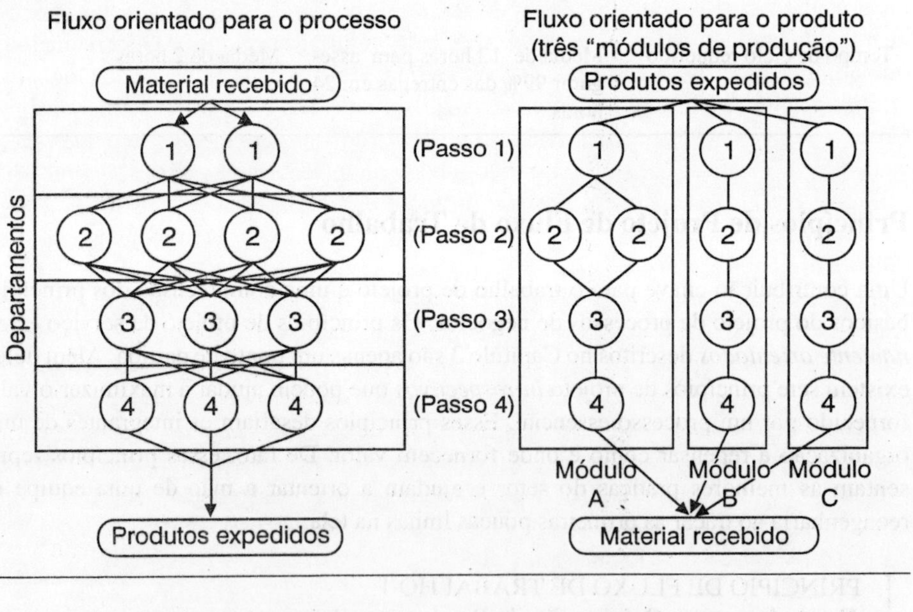

O sucesso de uma célula de trabalho depende de pessoas capazes de assumir múltiplas atribuições no contexto do produto ou serviço final. As pessoas tornam-se capazes de realizar essas tarefas enriquecidas por treinamento que explore seu poder cognitivo para a solução de problemas, a programação do trabalho e uma valorização da tarefa completa e responsabilidade por ela.

Os benefícios dessa abordagem estão bem-documentados em termos de melhor qualidade, menos retrabalho e maior responsividade. Vimos ciclos de produção reduzirem-se de trinta dias para três horas, ao mesmo tempo em que a qualidade triplicara. Nas empresas de serviços, como bancos e caixas hipotecárias, vimos ganhos igualmente substanciais: tempos de aprovação de empréstimos encolhendo de semanas e, às vezes, meses para apenas poucos dias.

Um jornal do meio-oeste norte-americano aplicou uma orientação de produto à reengenharia do processo de anúncios classificados. A gerência fundiu a função de reclamações (no tocante aos anúncios) com o departamento de anúncios classificados. O gerente do projeto explicou como a nova orientação de produto aumentou o *feedback* e a ação corretiva no contexto do desenvolvimento e da impressão de anúncios classificados:

> Não estávamos convencidos de que houvesse efetivamente um ciclo de *feedback*, nesse caso das reclamações para os agentes de anúncios classificados sobre o seu desempenho na publicação correta dos anúncios. Os agentes de anúncios classificados precisavam ouvir as reclamações e se responsabilizar por compreender e corrigir as causas dos seus problemas. Além disso, tal fusão equilibra eficazmente a carga de trabalho ao longo da semana.

PRINCÍPIO DE FLUXO DE TRABALHO 2: *Elimine* Buffers.

Os trabalhadores dependem às vezes de acúmulos ou *buffers* (um estoque em processo de trabalho em andamento) como uma espécie de tampão de segurança. Quer intencionais ou não, *buffers* de produtos ou de trabalho administrativo causam pesadelos logísticos, criam trabalho desnecessário e problemas de comunicação e entravam a aprendizagem. Com os *buffers* vem a necessidade de sistemas de controle para identificar o que está em cada *buffer*. Gasta-se tempo detectando e corrigindo erros no sistema de controle. O esforço é, então, desviado para localizar pedidos perdidos, apressar o trabalho e comunicar o andamento aos clientes. Além de desnecessários, os *buffers* criam trabalho inútil e problemas de dispersão. Os *buffers* deveriam ser eliminados.

Por exemplo, em uma empresa de computadores, o processamento das alterações nos contratos de manutenção estava levando 42 dias como resultado de uma série de *buffers* de trabalho administrativo entre áreas funcionais do processo. Algumas áreas estavam ocultando muitos dos erros que apareciam nas faturas dos clientes. Após o estabelecimento de uma orientação de produto e a reorganização em equipes, os *buffers* desapareceram. Os erros de processamento passaram a ser imediatamente detectados e eliminados. O impacto se refletiu em uma redução de 80% no acúmulo de serviço e uma redução de 60% no tempo de processamento. O fluxo de caixa também melhorou, reduzindo a necessidade de empréstimos de capital para financiar as operações.

PRINCÍPIO DE FLUXO DE TRABALHO 3: *Estabeleça um Processamento Individual.*

O processamento rápido e a ênfase na redução do tempo de ciclo desempenharam um papel fundamental no sucesso competitivo de muitos líderes setoriais, como a Hewlett Packard, a Yamaha, a Federal Express e a Motorola. Essas empresas encontraram oportunidades nas rápidas mudanças de seus mercados, das necessidades dos clientes, das tecnologias e da economia, pelo desenvolvimento de processos responsivos. Um componente-chave da velocidade é o processamento ininterrupto.

O processamento ininterrupto significa que equipes de trabalho ou indivíduos completam o que começam. Isso geralmente significa que, sempre que possível, as unidades de trabalho são processadas individualmente, e não em lotes. Por exemplo, suponha que o primeiro passo de processamento na Figura 6.3 receba 25 unidades, cada uma levando cinco minutos para ser processada. (Uma unidade poderia ser um produto em uma fábrica ou trabalho administrativo em um escritório.) Suponha que o Passo 2 também requeira cinco minutos por unidade. Se as unidades forem processadas como um lote de 25 em ambos os passos (ou seja, todas as 25 unidades forem completadas antes de serem enviadas à operação seguinte), serão necessários 250 minutos — ou seja, mais de quatro horas — para as unidades atingirem o Passo 3. Processando-se as unidades individualmente, a primeira unidade atingiria o Passo 3 em dez minutos e todas as 25 unidades atingiriam o Passo 3 em 130 minutos — ou pouco mais de duas horas. Em outros casos, o tempo de processamento e a responsividade global são prejudicados pelo meio físico de deslocamento do produto ou transmissão da informação.

Figura 6.3 ◆ Processamento em Lotes *versus* Processamento Individual

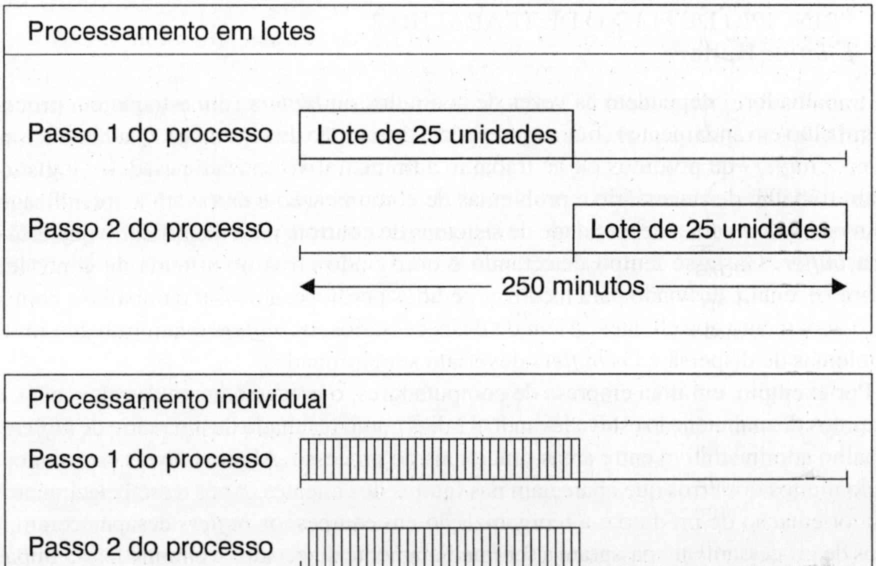

O processamento ininterrupto pode exercer um efeito libertador sobre os empregados. Na AT&T, o rápido processamento no Projeto Orion dotou a equipe de trabalho de um sentimento de realização para terminar algo rapidamente e, ao mesmo tempo, melhorar a qualidade do produto. Conforme observou Julie Stockman, "o verdadeiro pagamento foi ver o sorriso na face dos clientes quando isso foi alcançado".

Um dos maiores benefícios advém do *feedback* instantâneo. Um erro detectado no Passo 2 pode ser comunicado ao Passo 1 antes que unidades defeituosas adicionais sejam processadas. Ouvimos de um trabalhador: "Eu não sabia que importava para alguém como eu executava meu serviço. Mesmo que importasse, ninguém saberia onde me encontrar. Agora, estou bem próximo da pessoa que usa meu trabalho e sei em segundos se algo saiu errado."

PRINCÍPIO DE FLUXO DE TRABALHO 4:
Equilibre o Fluxo em Função do Gargalo.

A compreensão dos gargalos e o equilíbrio do fluxo de trabalho através deles foi uma das grandes contribuições de Eliyahu Goldratt.[4] Não faz sentido passar mais coisas (material, trabalho administrativo) por uma operação do que qualquer operação subseqüente consiga sustentar.

Por exemplo, na Figura 6.4, vemos um processo com uma capacidade de 110 unidades diárias no primeiro passo. Entretanto, o quinto passo só consegue sustentar oitenta unidades diárias. Tentar processar mais de oitenta resultará no acúmulo de "coisas" antes da quinta operação e, portanto, prejudicará o tempo de processamento.

Em muitos processos essenciais ou de negócios, os gargalos raramente são fixos. Eles estão constantemente mudando, devido ao *mix* de produtos/serviços, aos tamanhos dos lotes e aos tempos de *setup* para cada produto ou serviço. Da perspectiva de um projeto de reengenharia, a chave para o equilíbrio dos fluxos de trabalho em função dos gargalos está em projetar processos que tornem o gargalo visível e, então, flexibilizar o processo em termos de comunicações e possibilidades dos trabalhadores. Por exemplo, na área de distribuição física de um fabricante de produtos de alta tecnologia, quando os itens necessários ao atendimento dos pedidos dos clientes vinham primariamente de um depósito com compartimentos elevados, a capacidade de coleta de pedidos era bem menor. Esse gargalo se tornou bastante visível quando a extremidade inicial da linha de distribuição se esvaziou. Os trabalhadores puderam, então, comunicar-se rapidamente para resolver o problema.

PRINCÍPIO DE FLUXO DE TRABALHO 5:
Minimize o Processamento Seqüencial e Passagens de Tarefas.

O processamento seqüencial pode criar dois problemas que aumentam o tempo de ciclo: (1) as operações dependem umas das outras, sendo portanto restringidas ou limitadas pelo passo mais lento; (2) nenhuma pessoa é responsável por toda a montagem ou por todo o contato de serviço.

Suponhamos que um produto/serviço leve vinte minutos para ser completado. Conforme vemos na Figura 6.5, no processo seqüencial, cada indivíduo recebe um quarto do trabalho ou cinco minutos por unidade. Contudo, suponhamos que a terceira pessoa leve sempre seis minutos por unidade. É irrelevante se a razão é a lentidão da pessoa ou a falta de equilíbrio do processo pela engenharia. Em ambos os casos, o passo mais lento se torna a barreira e limita a produção em dez unidades por hora.[5]

As empresas podem obter grandes melhorias substituindo o processamento seqüencial pelo processamento paralelo. Por exemplo, se cada um dos quatro trabalhadores na Figura 6.5 realizar a montagem completa (cada um executando todos os quatro passos), a produção horária poderá aumentar em 15%. A pessoa mais lenta poderia continuar trabalhando no mesmo ritmo e levar 20% a mais de tempo, mas isso não afetaria a produtividade dos colegas. Além do mais, eliminando-se o tempo de "movimentação" entre os passos, obtêm-se reduções adicionais do tempo desperdiçado.

Figura 6.4 ◆ Equilíbrio do Fluxo em Função do Gargalo

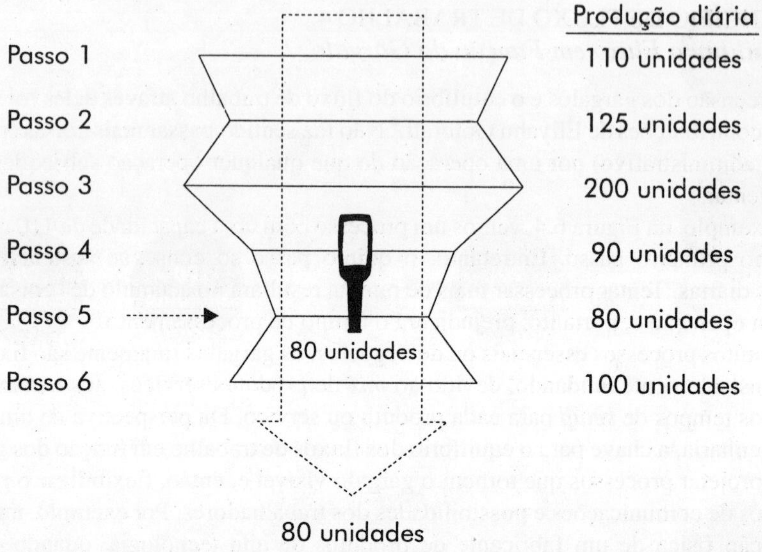

Na Time Insurance, havia 52 passagens de tarefa seqüenciais envolvendo os dezesseis grupos funcionais necessários para se processar um novo negócio. Após a reengenharia, as passagens de tarefa foram reduzidas a um máximo de sete. Isso resultou em uma redução de 80% do tempo de ciclo para trabalhos de tramitação rápida.

PRINCÍPIO DE FLUXO DE TRABALHO 6:
Programe o Trabalho com Base nas Suas Características.

A programação do trabalho (ou sua falta) é um determinante primário do tempo de processo. Imagine um serviço em que a ação seja desencadeada por cartas, *faxes* e chamadas telefônicas. Algumas transações levam mais tempo para serem completadas devido à sua abrangência e/ou complexidade. Como resultado, trabalhos que deveriam ser processados rapidamente ficam soterrados e são retardados por uma transação mais complexa, de modo que o desempenho global na realização das expectativas dos clientes se deteriora.

Um número crescente de empresas está separando seu trabalho em tramitações "rápidas" e "lentas", com base na facilidade de processamento provável. No centro de processamento de pedidos de indenização da MetLife, em Connecticut, onde cerca de oito a dez mil documentos de pedido são processados diariamente, as equipes separam o trabalho regular do especial, dando-lhes tramitações diferentes, com características e possibilidades próprias. Os pedidos de tramitação rápida (cerca de 70% do trabalho) são processados pelo segundo turno em células de trabalho de alto volume.

Figura 6.5 ◆ Processamento Seqüencial *versus* Paralelo

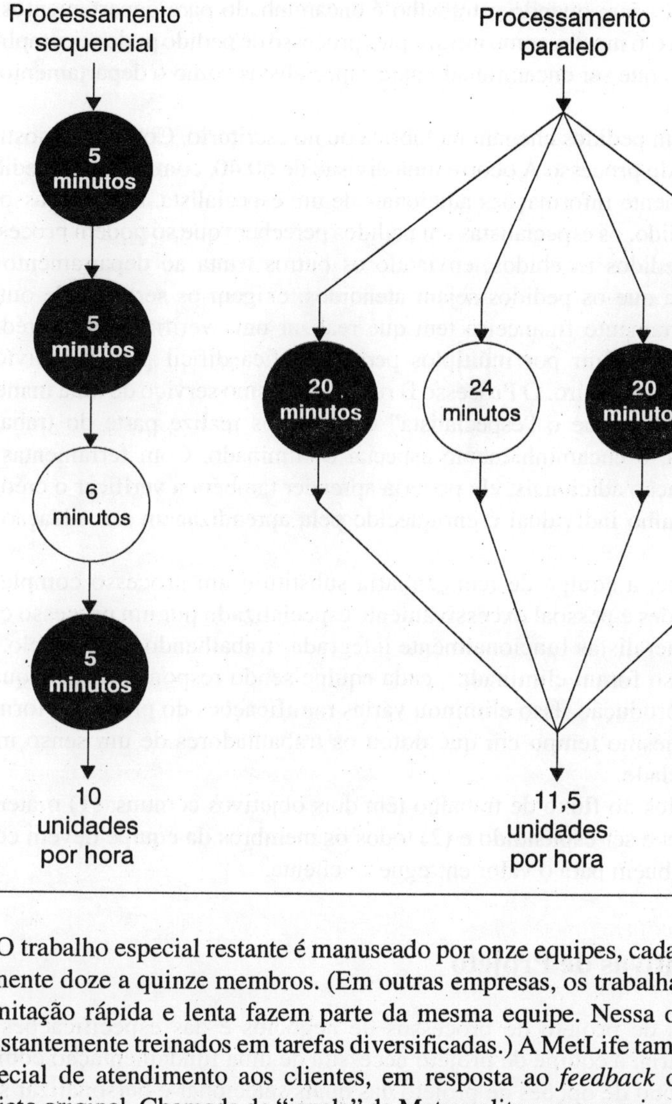

O trabalho especial restante é manuseado por onze equipes, cada uma com aproximadamente doze a quinze membros. (Em outras empresas, os trabalhadores de serviços de tramitação rápida e lenta fazem parte da mesma equipe. Nessa organização, eles são constantemente treinados em tarefas diversificadas.) A MetLife também criou uma seção especial de atendimento aos clientes, em resposta ao *feedback* dos gerentes sobre o projeto original. Chamada de "janela" da Metropolitan, essa equipe manuseia problemas (pagamentos excessivos, fraudes, ajustes e pareceres de aprovadores graduados) pelo telefone. Esses empregados haviam sido aprovadores graduados da tramitação especial e se apresentaram como voluntários para a tarefa. Cada um dos vinte membros da equipe atende chamadas telefônicas e, durante eventuais períodos de baixo movimento, lidam com pedidos de indenização de "processamento especial".

PRINCÍPIO DE FLUXO DE TRABALHO 7:
Minimize a Multiplicidade de Percursos ao Longo de Operações Especializadas.

A multiplicidade de percursos cria confusão e um pesadelo quanto ao equilíbrio e à programação, especialmente quando o trabalho é encaminhado para departamentos de especialistas. A Figura 6.6 mostra como um simples processo de pedido pode se complicar quando o trabalho tem que ser encaminhado para especialistas como o departamento de compras ou financeiro.

Nesse exemplo, cem pedidos chegam na fábrica ou no escritório. Conforme mostra a figura, logo no início do processo A ocorre uma divisão de 60:40, com quarenta pedidos exigindo automaticamente informações adicionais de um especialista. Após o passo de processamento do pedido, os especialistas em pedidos percebem que só podem processar trinta dos sessenta pedidos recebidos, enviando os outros trinta ao departamento de compras. Porém, para que os pedidos sejam atendidos, exigem os serviços de outros especialistas: o departamento financeiro tem que realizar uma verificação do crédito. Quando o trabalho pode fluir por múltiplos percursos, fica difícil para o indivíduo aprender sobre o processo inteiro. O Processo B realiza o mesmo serviço de uma maneira simplificada. Ao permitir que o "especialista" em pedidos realize parte do trabalho adicional de pesquisa, o encaminhamento especial é eliminado. Com ferramentas de tecnologia da informação adicionais, ele poderia aprender também a verificar o crédito. Nesse projeto, o trabalho individual é enriquecido pela aprendizagem e realização do trabalho completo.

Na Time Insurance, a equipe de reengenharia substituiu um processo complexo, com várias ramificações e pessoal excessivamente especializado por um processo com várias equipes de generalistas funcionalmente integradas trabalhando em paralelo. As inspeções em processo foram eliminadas, cada equipe sendo responsável pela qualidade de sua própria produção. Isso eliminou várias ramificações do processo, tornando-o funcional, ao mesmo tempo em que dotou os trabalhadores de um senso mais forte de responsabilidade.

Esses sete princípios do fluxo de trabalho têm dois objetivos comuns: (1) o atendimento aos clientes deve ser esplêndido e (2) todos os membros da equipe devem compreender como contribuem para o valor entregue ao cliente.

Opções e Alternativas de Projeto

Além dos princípios de projeto de processos de negócios e das especificações do projeto de reengenharia, a equipe de projeto necessita de uma fundamentação comum quanto à variedade total de opções de projeto das quais selecionar e personalizar seus projetos específicos.

Pode-se usar a folha-resumo de opções de projeto apresentada na Figura 5.5 para priorizar e categorizar os princípios de projeto anteriores e outros coletados durante a análise para um possível uso durante o projeto. A Tabela 6.2, um exemplo genérico da equipe ORION da AT&T, mostra como essas opções podem ser avaliadas, integradas e aplicadas. Dispondo de aproximadamente quarenta dessas opções, a equipe de projeto selecionou aquelas adaptadas à sua visão do processo reestruturado.

Figura 6.6 ◆ Minimização da Multiplicidade de Percursos por Especialistas

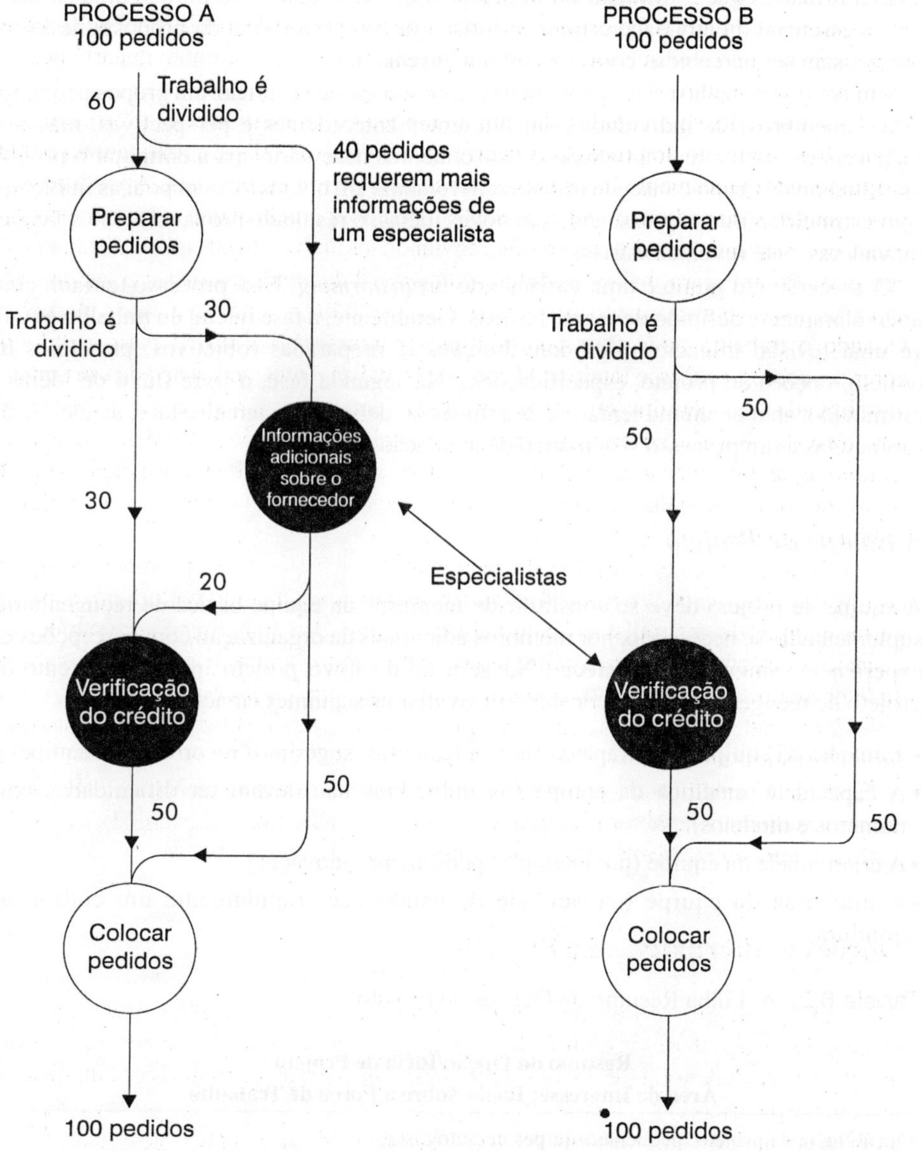

Estruturação do Processo Criativo

Chegar a um novo projeto conceitual realmente inovador e bem-sucedido para um processo de trabalho é um exercício de pensamento criativo. A qualidade do trabalho criativo depende das habilidades e dos conhecimentos dos indivíduos envolvidos e do ambiente em que esse trabalho tem lugar. Um elemento-chave do ambiente está relacionado aos fatores que estimulam ou inibem o risco individual. Isso porque uma característica essencial da atividade criativa é o risco pessoal (na forma da proposta de idéias que possam ser percebidas como "tolas" ou "irreais").

Em geral, o trabalho criativo tem mais possibilidade de ser eficaz em grupos pequenos (5 a 7 membros) de indivíduos com diferentes antecedentes e perspectivas, mas que representem coletivamente todos os conhecimentos necessários para enfrentar o problema. Quando tal grupo consegue trabalhar livremente em conjunto, com poucas inibições, com estímulo mútuo e se baseando em novas idéias, o resultado provável serão soluções inovadoras e até revolucionárias.

O processo em grupo é uma variação do *brainstorming*. Esse processo tem um conjunto claramente definido de regras básicas. Geralmente, a fase inicial do trabalho envolve uma revisão minuciosa das contribuições já preparadas (objetivos, princípios de projeto, opções de projeto, especificações). Na segunda fase, o livre fluxo de idéias é estimulado, sem nenhuma tentativa de criticar ou debater. Na terceira fase, as idéias são submetidas a um processo sistemático de avaliação e seleção.

A Equipe de Projeto

A equipe de projeto deve se constituir de membros da equipe básica de reengenharia, suplementada, se necessário, por membros adicionais da organização com percepções ou experiências singulares a oferecer. Na geração do novo projeto inicial, o gerente do projeto de reengenharia deve considerar e avaliar as seguintes características:

- Tamanho da equipe (se ultrapassar nove elementos, sugerimos recorrer a subequipes).
- A capacidade analítica da equipe (os indivíduos não devem ter dificuldades com números e modelos).
- A criatividade da equipe (por exemplo, pensamento inovador).
- A dinâmica da equipe (capacidade de estabelecer rapidamente um código de conduta).

Tabela 6.2 ◆ Folha Resumo de Opções de Projeto

Resumo da Opção/Idéia de Projeto
Área de Interesse: Idéias sobre a Força de Trabalho

Opção/idéia de projeto: pequenas equipes de autogestão
Investigado por: João Mudança Conveniência: X alta_média_baixa

Características da opção/idéia
Interfuncional; multidisciplinar; auto-avaliadora; remuneração baseada nas habilidades adquiridas; equipe constituída de mais generalistas do que especialistas; extensão do controle substituída pela extensão da comunicação; incentivos e avaliações grupais

Como a opção/idéia pode impactar o projeto
Combina várias áreas funcionais; reduz os níveis de gerência; mudança do papel do líder da equipe e do gerente

Obstáculos potenciais à adoção da opção/idéia no piloto
Resistência dos gerentes; treinamento da força de trabalho; restrições dos sindicatos; proximidade física; necessidades de capital

Obstáculos potenciais à sua adoção em todo o sistema
Financiamento; resistência à mudança; falta de apoio

- Níveis de habilidade na equipe (formação técnica e operacional, habilidades de comunicação etc.).
- Força da liderança (estilos assertivo-acalentador).
- Atitude geral (tanto verbal como não-verbal).
- Compreensão e aceitação dos princípios por detrás da reengenharia.
- Fatores motivadores (necessidade de realização, reconhecimento do desafio do próprio projeto e da oportunidade de progredir).

Esses itens, embora possam parecer muito simples, desempenham um papel importante na estruturação das sessões de projeto. Às vezes, o gerente do projeto pode querer atribuir papéis aos integrantes da equipe, como de "advogado do diabo", "cético" ou "futurista". Esses papéis são muito importantes durante as sessões de projeto.[6]

Alternativas Quanto à Equipe de Projeto

O gerente do projeto de reengenharia pode coordenar a geração do projeto de alto nível ao menos de duas formas. A primeira é desenvolver o novo projeto utilizando um processo de *brainstorming* em que toda a equipe do projeto de reengenharia participa de um grupo único. A segunda forma é um processo em dois passos, inicialmente com várias equipes menores e, depois, com uma sessão com a equipe completa. As vantagens e desvantagens de cada modalidade estão listadas na Tabela 6.3.

Segundo nossa experiência, a forma de alcançar os objetivos do projeto de alto nível é através de subequipes. Constatamos que equipes menores (ao menos cinco membros, mas não mais do que nove) geralmente serão mais criativas. Entretanto, ambas as abordagens podem ser eficazes — dependendo das habilidades e do número de facilitadores qualificados.

Brainstorming *do Projeto de Alto Nível*

Brainstorming, com uma metodologia estruturada de produção ou organização de idéias, costuma despertar muitas idéias rápida e livremente. Várias são as técnicas e os métodos de *brainstorming*, entre eles o uso de metáforas e tornar não-familiar o familiar. Vários são, também, os métodos de organizar os dados: o método KJ, os diagramas de afinidade e a Técnica do Grupo Nominal são procedimentos estruturados para a apresentação de idéias e sua organização como um meio de gerar hipóteses e de aprender coisas novas.

O brainstorming do projeto de alto nível é a mais estimulante — bem como a mais exigente e desafiadora — parte da reengenharia. A maioria dos gerentes de projeto com que trabalhamos impõe, como disciplina, o prazo de um dia para a obtenção de um anteprojeto.[7] A sessão geralmente começa com um clima de desconforto, mas rapidamente ganha impulso uma vez quebrado o gelo.[8] O papel principal do facilitador é guiar a equipe através do processo, assegurando que seus membros estejam de fato "fora de esquadro" — ou seja, transcendendo seus parâmetros ou referenciais familiares — e liderando o processo para integrar as idéias em um projeto unificado.[9]

A Figura 6.7 mostra o resultado da integração de dois projetos de subequipes na Time Insurance.

O projeto representa a integração do trabalho de duas subequipes. Nesse caso, as duas subequipes trabalharam dois dias isoladas uma da outra para finalizar "seus" projetos. Quando sinalizaram que haviam concluído, o facilitador as reuniu em uma plenária. A essa altura, as equipes combinadas conseguiram identificar rapidamente os conceitos semelhantes, bem como listar rapidamente as diferenças. Depois disso, bastou uma única sessão de quatro horas para atingirem o consenso sobre o projeto global. Esse processo foi bem-sucedido porque foi imbuído da filosofia de "é uma experiência; vamos testar e ver o resultado".

Avaliação do Impacto do Projeto de Alto Nível

Como se certificar de que o projeto está à altura da visão da equipe? Eis duas formas de validar o potencial dos projetos: (1) grupos de foco internos e (2) um modelo analítico.

Tabela 6.3 ◆ Equipe Única *versus* Subequipes em um Projeto de Alto Nível

	Vantagens	Desvantagens
Equipe única	Atinge mais rapidamente o congsenso Representação da equipe completa Melhor para equipes menos criativas Necessita de menos facilitadores	Às vezes consome mais tempo Mais difícil de gerir Limita a participação Discussões circulares
Subequipe	Participação do grupo maior e mais fácil Cria uma competição saudável e pressões de tempo entre os grupos Consenso da subequipe mais rápido Mais abertura	Processo em duas etapas consome mais tempo Cria a exclusividade e a propriedade de idéias específicas do subgrupo Projetos/idéias podem ser difíceis de integrar Pode ter lacunas no projeto Requer mais facilitação

A Time Insurance conduziu sessões internas de grupos de foco, com grupos interfuncionais representantes das áreas funcionais relevantes da organização existente. As sessões reuniam de oito a doze pessoas e duravam de duas a três horas a cada vez. O propósito não foi determinar por que os novos conceitos não funcionariam. Pelo contrário, os grupos serviram como caixas de ressonância para testar como as mudanças poderiam funcionar no novo ambiente. Além disso, as sessões revelaram alguns fatores que a equipe de projeto não percebera. Por exemplo, um grupo de foco em uma empresa de seguros de saúde sugeriu uma alternativa à exigência de declarações do médico atendente para se avaliar o risco. Essa sugestão reduziria o tempo de ciclo em 26 dias.

Em outra empresa, a equipe de reengenharia avaliou o impacto do projeto pelo uso de um modelo analítico. A equipe quantificou os seguintes parâmetros operacionais do novo processo:

- Volumes de trabalho.
- Encaminhamentos.
- Tempos (tempo de ciclo e tempo de processo).
- Efetivos de pessoal.
- Custos.

Ao organizar esses dados em um modelo de planilha simples, a equipe conseguiu avaliar várias alternativas de projeto. O modelo ajudou a equipe a resolver certas preocupações:

Figura 6.7 ◆ Modelo de Projeto de Alto Nível para um Processo de Contrato de Seguro

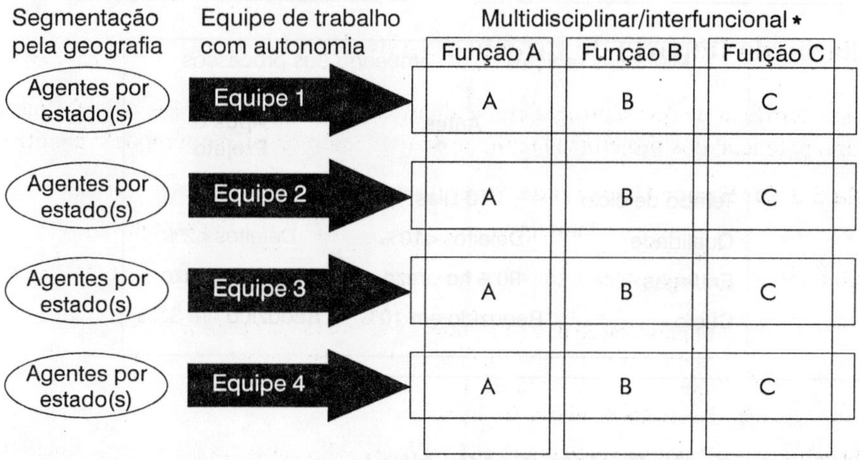

*As barras verticais representam antigos órgãos de trabalho tradicional; as barras horizontais refletem as novas equipes de trabalho interfuncionais.

- Análise de dilemas (custo *versus* tempo, tempo *versus* qualidade etc.).
- Balanceamento da carga.
- Restrições de capacidade (gargalos).
- Contenção de recursos.

Mesmo com o projeto de alto nível, a modelagem analítica ajudou a equipe a fazer ajustes no projeto. Por exemplo, uma equipe de projeto considerou equipes de trabalho de duas e de quatro posições antes de decidir pela equipe de três posições. A simulação de uma equipe de duas posições revelou a ocorrência de acúmulo de trabalho que prejudicava o tempo de ciclo. Embora a equipe de quatro posições cumprisse a meta de tempo de ciclo, não cumpriu a meta de custo unitário.

Figura 6.8 ◆ *Slides* de Apresentação

Destaques do novo projeto

- ◆ Tempo de ciclo reduzido em 50%
- ◆ Retrabalho cortado em 75%
- ◆ Custo unitário cortado em 33%

Características do novo projeto

- ◆ Passagens de tarefas reduzidas de 42 para 7
- ◆ Testes eliminados
- ◆ Inspeção em processo de alto nível

Modelo do processo de alto nível

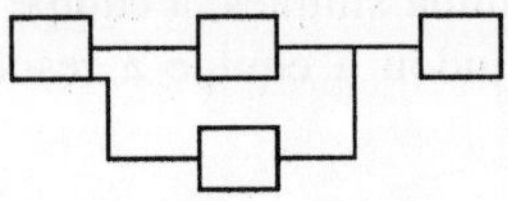

Principais mudanças nos processos

- ◆ Níveis gerenciais reduzidos de 3 para 1
- ◆ Grupos funcionais reduzidos de 22 para 3
- ◆ Fornecedores usados para as cargas de pico

Melhorias radicais no desempenho dos processos

	Antes	Após o Projeto
Tempo de ciclo	10 Dias	1 Dia
Qualidade	Defeitos<10%	Defeitos<2%
Entregas	90% no prazo	99% no prazo
Custo	Reduzido em 10%	Reduzido em 33%

Documentação do Projeto de Alto Nível

A primeira incursão pelo projeto de alto nível costuma ser um simples esboço. Durante um período de várias semanas, a equipe refina o esboço experimentando diferentes opções. Segundo nossa experiência, quando a equipe se sentir à vontade com o projeto, é hora de apresentar o esboço à gerência. Os propósitos dessa apresentação são (1) comunicar o andamento; (2) obter a aprovação para se prosseguir com o projeto detalhado; (3) reconhecer o trabalho da equipe; e (4) gerar o entusiasmo necessário à continuação do trabalho.

Esse também é o ponto em que as restrições, as preocupações e as suposições iniciais da gerência podem vir à tona e, se os dados forem convincentes, removidas. Por exemplo, em certa empresa, o sistema de controle de custos foi definido como fora dos limites da reengenharia. Contudo, após muita análise, a equipe de projeto demonstrou que mudanças no sistema de custos eram necessárias. Uma parte da apresentação do projeto foi estruturada para justificar e vender essas mudanças. Nesse contexto sistêmico, a gerência aceitou a mudança no sistema de custos como parte do projeto global.

A Figura 6.8 mostra um exemplo de *slides* básicos que a equipe de uma empresa seguradora apresentou ao seu comitê-geral.

Além dos ganhos de desempenho revolucionários apresentados e das descrições dramáticas do número de passos, funções e níveis gerenciais reduzidos, uma característica comum das melhores equipes de reengenharia com que nos associamos é seu entusiasmo pelo projeto. Isso se torna um importante fator de venda. As equipes podem tirar vantagem de seu entusiasmo. Relatórios com um tom de confiança e capazes de demonstrar progresso geram impulso.

Em suma, o projeto de alto nível diz respeito à obtenção das proporções corretas — a combinação de idéias da palheta provável de realizar a missão e os objetivos da reengenharia. O esboço inicial do aspecto que a nova operação assumirá representa tipicamente apenas conceitos sobre o fluxo de trabalho e os procedimentos reestruturados, os tipos de tarefa e de equipe exigidos e pistas sobre mudanças na organização.

Uma vez com a alta gerência a bordo, a equipe de projeto pode começar a preencher os detalhes e a delinear as mudanças específicas nos sistemas e nas estruturas.

NOTAS

1. Na realidade, é claro que existem vacas sagradas. Entretanto, elas não precisam ser obstáculos nesse estágio. Segundo nossa experiência, as melhorias mais radicais resultam de desafiar as vacas sagradas e trabalhar com os defensores do *status quo* em programas de persuasão, participação e acordos.

2. Conforme discutido no Capítulo 3, grupos de clientes têm diferentes necessidades e desejos. Se esse for o caso, deve ficar claro durante o projeto de alto nível dos processos que este reflete o aparelhamento para determinado aglomerado de clientes e que a configuração, os equipamentos e o pessoal podem mudar para corresponder ao nível de serviço exigido.

3. "Produto" não significa necessariamente o produto final de uma empresa, e sim o produto de um processo específico. Por exemplo, o produto final do trabalho administrativo da Figura 6.2 é uma fatura. Na organização com orientação de produto, o foco se volta para a realização do serviço completo da melhor forma possível.

4. Eliyahu Goldratt, *The Goal*. Croton-on-Hudson, N.Y., North River Press, 1984.

5. Em muitas situações, o problema nem sempre se deve a uma pessoa específica, mas a um gargalo flutuante criado pela fadiga, pelo produto, pelo *mix* etc. O processamento seqüencial permite a ocorrência dessa espécie de problema.

6. Observamos também que os papéis originalmente atribuídos aos membros da equipe muitas vezes mudam durante a fase de análise. O gerente do projeto deve estar atento para a dinâmica em mutação, de modo a assegurar que a estrutura da fase de reprojeto seja otimizada.

7. Isso se assemelha às competições do Renascimento, em que artesãos tinham que criar suas obras no ato (geralmente em poucas horas).

8. Temos usado o "Servo Widget Game" [Jogo do Servo-dispositivo], desenvolvido pela Gray•Judson•Howard para quebrar o gelo. Em essência, o objetivo do jogo é projetar um processo para construir unidades de Lego. A equipe pode alterar os níveis de pessoal, os papéis, a supervisão, os equipamentos, as regras de conduta, o fluxo de trabalho etc.

9. A integração força a concordância da equipe de que o projeto alcançará os objetivos do processo e assegura que todos os membros da equipe sejam agentes de mudança eficazes na defesa do projeto durante o piloto e a implementação integral.

Capítulo 7

PREENCHIMENTO DOS PEQUENOS DETALHES

Conheça as coisas menores e as coisas maiores, as coisas mais superficiais e as coisas mais profundas. Como se fosse uma estrada em linha reta disposta sobre o terreno.
Miyamoto Musashi (mestre japonês de kendo, 1645)

Propósito do Capítulo: *Se a reengenharia é uma nova forma de pensar sobre os mercados, os clientes, o processo essencial e as pessoas, o projeto deve abranger mais do que um esboço de como o trabalho é realizado. Neste capítulo, abordamos os três principais temas do projeto estrutural e do sistema: (1) documentação das operações do processo essencial (fluxogramas, procedimentos e políticas); (2) projeto das estruturas organizacionais (projeto de equipes, extensão de controle e* layout *físico); e (3) os sistemas gerenciais necessários à obtenção e sustentação das melhorias tanto do desempenho do sistema como da qualidade do ambiente de trabalho.*

Podemos imaginar o projeto do processo como o primeiro de vários sistemas e estruturas entrelaçados que devem ser mudados e sincronizados com a nova visão dos negócios. De certa forma, assemelha-se a montar a estrutura de dominós mostrada na Figura 7.1. Qualquer pedra que não tenha sido planejada, que esteja faltando ou que não esteja propriamente alinhada impede a plena realização do projeto.

Abordaremos inicialmente o grupo de "dominós" relacionados diretamente com a forma como o trabalho mudou (o processo, o projeto, os procedimentos, as políticas e as comunicações). Em seguida, abordaremos o grupo que representa estruturas organizacionais (projeto organizacional, extensão de controle, projeto de equipes e *layout* físico). Finalmente, abordaremos o grupo de dominós que compreendem o sistema de gerenciamento do desempenho (projeto das tarefas, medições, incentivos, avaliações e remuneração, sistemas de aprendizagem e certificação). Embora consideremos o projeto de um novo sistema de avaliação de desempenho e o processo de aplicação de metas como partes integrais da infra-estrutura de apoio e um impulsionador crítico do sistema de gerenciamento do desempenho, seu escopo é tão substancial e importante que merece um capítulo inteiro (Capítulo 8).

Figura 7.1 ◆ O Efeito Dominó do Projeto de Reengenharia

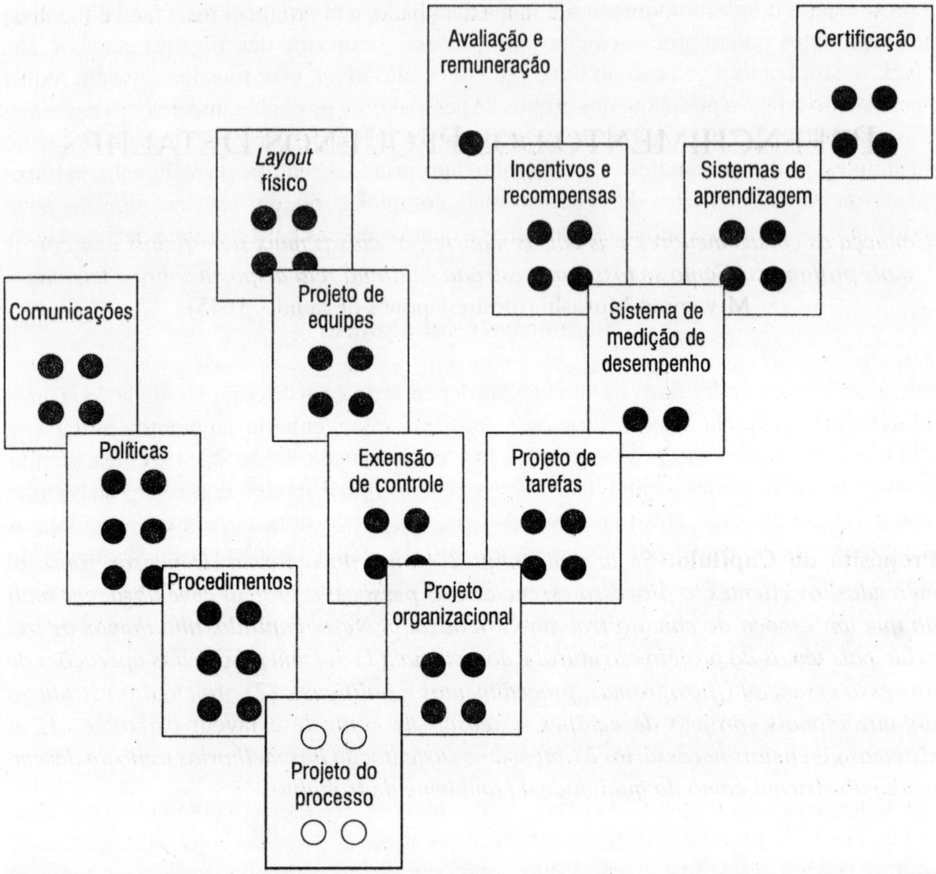

O fundamento criado durante a fase de projeto de alto nível deve, agora, receber níveis crescentes de detalhe. A seguir, deve-se criar um mapa detalhado que descreva em mais detalhe como o processo funcionará. Esse mapa deve ser desenhado no mesmo nível de detalhe do processo de linha de base. Depois, devem-se desenvolver folhas de procedimentos que se tornarão os anteprojetos para orientar a operação na implementação do piloto. (O piloto do reprojeto é discutido no Capítulo 10.)

Detalhamento do Projeto de Alto Nível

O detalhamento do projeto de alto nível é mais difícil do que o Mapeamento do Sistema de Serviço detalhado do estado atual. A razão é óbvia. No caso do processo atual, os detalhes já existem e são meramente registrados de forma sistemática. No mapa reestruturado, os detalhes são criados no contexto da realidade futura.

Detalhamento das Partes

Para se iniciar o desenvolvimento do mapa detalhado, a abordagem mais fácil é focalizar nos segmentos ou subprocessos-chave do processo conforme descritos no mapa de alto nível. Assim como a geração do novo projeto de alto nível, esse trabalho também requer pensamento criativo por pequenos grupos de pessoas com os conhecimentos e as experiências pertinentes. Por exemplo, se o novo processo inclui um percurso para trabalho rotineiro ou simples, pode ser vantajoso ter o membro apropriado da equipe de reengenharia trabalhando nessa parte. Partes do processo mais complexas podem ser decompostas entre indivíduos ou pequenas subequipes de duas a quatro pessoas para o projeto detalhado.

Segmentos e subequipes

Recorrer ou não a indivíduos ou subequipes depende do grau de complexidade do projeto do novo processo. Na Time Insurance, a equipe de reengenharia segmentou o mapa de alto nível em quatro categorias: tramitação rápida, tomada de decisões técnica, atendimento aos clientes e emissão e distribuição de apólices. A equipe do projeto de reengenharia foi subdividida em quatro subequipes, cada qual concentrada em uma dessas categorias e responsável pelo desenvolvimento de mapas detalhados do segmento do novo processo. Nesse caso, uma lógica clara justificou a concentração nos processos e subprocessos de negócios — eles continham uma missão e um escopo relativamente independentes dentro dos parâmetros de projeto gerais do processo essencial.

Passagem do Projeto de Alto Nível para os Detalhes

Em vários aspectos, o mapa do projeto de alto nível se assemelha a um mapa rodoviário — ele mostra as grandes rodovias e ferrovias, as atrações turísticas, legendas, distâncias entre cidades e assim por diante. Porém, para chegar ao endereço desejado, o viajante necessita dos detalhes das plantas das cidades: nomes das ruas, ruas de mão única, vias expressas, estacionamentos etc. O desenvolvimento desses detalhes requer um conhecimento mais aprofundado do terreno, das regras locais e das políticas. De forma semelhante, a equipe de projeto deve corporificar os detalhes do processo em uma escala bem mais detalhada.

A passagem do projeto de alto nível para os detalhes requer um conhecimento profundo da operação e uma atenção aos detalhes. Chegar a esse nível de detalhe envolve normalmente três passos: (1) esclarecer os objetivos da(s) equipe(s); (2) vincular um segmento do processo especificamente ao projeto de alto nível; e (3) fornecer um instantâneo de como o processo ou subprocesso funcionará.

Esclarecimento dos objetivos

No início do desenvolvimento do projeto detalhado, o gerente do projeto de reengenharia deve esclarecer o objetivo de cada componente/segmento/subprocesso no contexto do projeto de alto nível. Por exemplo, em um processo essencial de desenvolvimento de softwares, uma equipe pode ser incumbida do processo de programação das tarefas, com uma ênfase clara em atividades de "prevenção" de erros visíveis.

Vinculação de um segmento de processo ao projeto de alto nível

Constatamos que as perguntas a seguir podem ajudar a equipe de projeto a passar do projeto de alto nível para os detalhes:

- No novo projeto, como o cliente entra em contato com o processo?
- Como o trabalho chegará ao processo ou ao departamento: por telefone, *fax*, correio eletrônico, pessoalmente etc.?
- Como os conceitos do projeto de alto nível se traduzem em atividades específicas? Pense em como uma amostra de transações poderia ser manuseada.
- Finja que você é um pedido percorrendo o novo processo e descreva o que lhe acontece ao longo de todo o ciclo.
- Como você lidaria com o inesperado?
- Que informações-chave são necessárias (relatórios, *feedback*, indicadores) para se realizar toda a tarefa corretamente da primeira vez?
- Que dados serão necessários para capturar, medir e relatar os resultados do processo essencial?

Com perguntas desse teor, a(s) equipe(s) poderá(ão) começar a raciocinar no contexto das coisas que "terão sido".

Fornecimento de um instantâneo

A seguir, a equipe desenvolve uma versão inicial de fluxo de trabalho e conceito operacional mais detalhados para o processo ou subprocesso selecionado. Essa versão inicial poderia ter a forma de descrições por escrito ou de um fluxograma mais detalhado. Nesse estágio, para cada atividade do processo, convém desenvolver um breve resumo dos tipos de habilidades necessárias para sua realização. A lista pode ser usada na avaliação de candidatos potenciais para o piloto e fornece a base para a definição das novas atribuições do cargo. Quaisquer barreiras ou restrições potenciais que possam limitar a atividade do processo também devem ser levantadas. Caso se mostrem significativas, métodos alternativos podem ser considerados nesse ponto. Por exemplo, na AT&T, uma grande restrição às manutenções de softwares era a dificuldade em controlar alterações por tantas pessoas diferentes, em diferentes pontos do mesmo software, ao mesmo tempo. A equipe de projeto desenvolveu um mecanismo manual que eliminou esse problema a curto prazo. Um software seria adquirido ou desenvolvido para fornecer uma solução mais sofisticada e a longo prazo.

Mapeamento do Novo Processo

O mapa do estado desejado tem um propósito semelhante ao do mapa do processo de linha de base. No Capítulo 4, ao descrevermos como um Mapeamento do Sistema de Serviço (SSM) poderia ser desenvolvido, mostramos que seu propósito era a análise do estado atual e a comunicação sobre ele. Aqui, o mapeamento detalhado do propósito recém-projetado fornece um quadro claro de como o trabalho será realizado no futuro.

Combinação das Partes em um Mapa Integrado

Usando a técnica do Mapeamento do Sistema de Serviço delineada no Capítulo 4, a equipe de projeto deve combinar os componentes/segmentos/subprocessos separados em um mapa do sistema de serviço integrado. Nesse estágio, a integração harmoniosa das fronteiras dos subprocessos é crucial. À medida que emergem os detalhes de cada subprocesso, a equipe inteira participa da revisão e da modificação desses detalhes. Essas sessões de revisão fornecem a toda a equipe um quadro abrangente do novo processo e permite às equipes fundir os fluxos em um mapa único e ininterrupto. Mais tarde no processo, uma revisão semelhante será repetida depois que as contribuições das operações para o projeto forem coletadas.

Nível de detalhe

Na documentação de um processo reestruturado em um mapa, o nível de detalhe pode ser um poço sem fundo. Valemo-nos das seguintes diretrizes ou regras práticas para obter o "nível de detalhe correto":

- Concentre-se mais nas faixas de contato com clientes do que nas atividades de bastidores.
- Identifique claramente como as informações são usadas no processo.
- Identifique todas as passagens de tarefa e os retardos básicos e os encaminhamentos alternativos significativos.
- Colete informações quantitativas pertinentes, como volumes, tamanhos de lote e tempos de processo.
- Identifique as tarefas ou atividades-chave (os passos detalhados serão descritos na folha de procedimentos).
- Identifique claramente as atividades em que o tempo por unidade varia de produto para produto.
- Identifique os pontos de medição fundamentais (por exemplo, as fronteiras entre subprocessos).

Desenho do novo mapa

Ao dotar uma equipe de reengenharia de um meio de contrastar o novo com o velho, o novo mapa esclarece as mudanças que devem ser realizadas e como as exigências dos clientes serão mais eficazmente satisfeitas:

- O mapa mostra o grau em que o cliente será contatado e satisfeito no novo processo e no processo de linha de base.
- O mapa mostra o fluxo de trabalho interno e os relacionamentos entre as funções internas no fornecimento do produto/serviço ao cliente.
- Uma nova linha de base é estabelecida para a melhoria contínua.
- Um mecanismo é fornecido para se comparar visualmente o novo processo com o processo de linha de base.

A Figura 7.2 mostra uma seção do mapa detalhado desenvolvido pela equipe de reengenharia da Time Insurance Company. Alguns balões foram acrescentados para evidenciar aspectos básicos.

Observe-se que o número de atividades foi reduzido de 284, na Figura 4.8, para 85.

O Teste de Racionalidade

Uma vez desenvolvido o Mapeamento do Sistema de Serviço preliminar, ele necessita de um "teste de racionalidade". Isso pode ser obtido mediante uma revisão com o pessoal operacional e uma revisão à luz dos princípios de projeto.

Acréscimo de novos artistas

Assim como na documentação do mapa atual, as contribuições dos empregados que trabalham no processo essencial atual (o processo objeto da reengenharia) são cruciais para o refinamento do mapa. Uma vez que os empregados se sintam à vontade com as idéias documentadas no projeto de alto nível, eles são os mais adequados para traduzir esses conceitos em atividades detalhadas do processo, por reconhecerem os detalhes táticos e operacionais necessários para "dar vida ao projeto". Esses detalhes podem ser coligidos em sessões de grupos de foco e por pequenas equipes de trabalho escaladas para delinear subseções do mapa.

Também julgamos útil envolver outros elementos na análise crítica da versão preliminar do mapa detalhado do sistema de serviço. À medida que perguntas afloram durante essas análises, às vezes dados adicionais são necessários para partes do processo. Por exemplo, um observador arguto na Time Insurance sugeriu que certos contatos telefônicos adicionados ao processo seriam vistos favoravelmente pelos agentes como indício de pró-atividade. Assim, um mecanismo foi embutido para contatar os agentes antes que contatassem as novas equipes de trabalho. Esses "momentos de verdade" se mostraram um grande sucesso entre os agentes.

Uma análise crítica acaba inevitavelmente com refinamentos e alterações no mapa.

Esse processo, além de contribuir para melhorar o projeto, também aumenta a adesão de todas as áreas participantes da empresa.

Figura 7.2 ◆ Processo de Contrato de Seguro Reestruturado

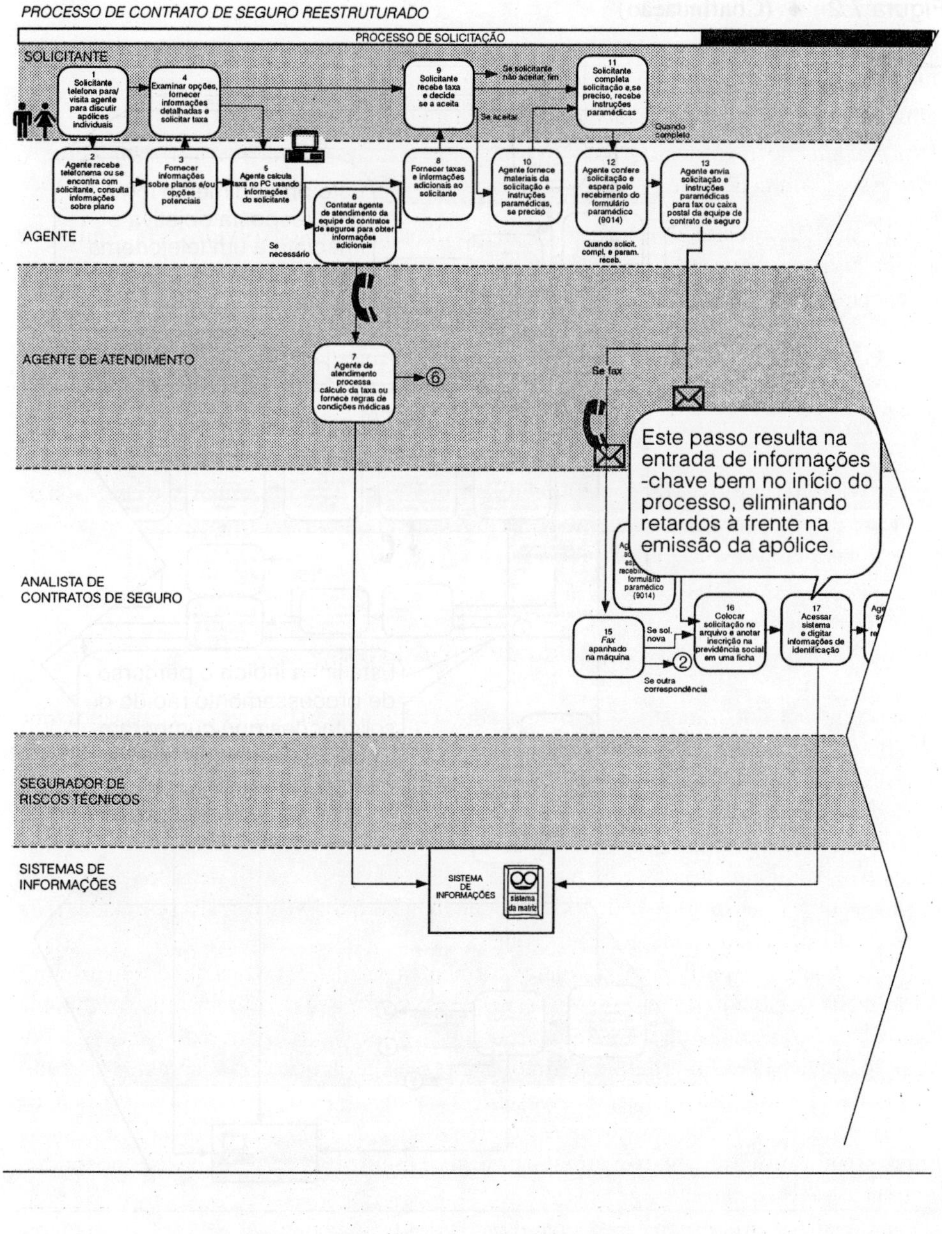

Uma questão de princípios

No Capítulo 6, discutimos a aplicação de sete princípios de fluxo de trabalho ao projeto conceitual de alto nível. Esses princípios se tornam ainda mais importantes na fase de projeto detalhado, pois sua aplicação permite à equipe testar a validade do projeto de alto nível e assegurar a sua coerência com o projeto detalhado.

Figura 7.2 ◆ (Continuação)

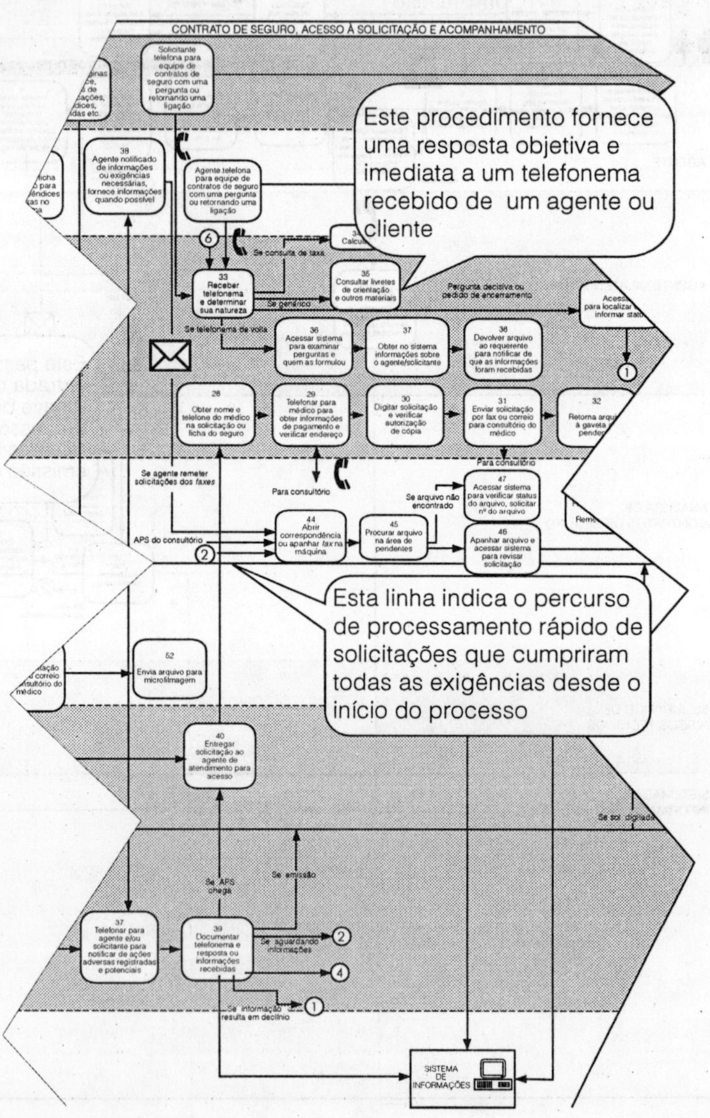

Por exemplo, nos estágios iniciais do projeto detalhado na Time Insurance, a equipe continuou a agrupar o trabalho em lotes em vários pontos do processo (uma violação do princípio de fluxo de trabalho 3). Além disso, continuou a recorrer a especialistas em partes do processo (uma violação do princípio de fluxo de trabalho 7). Durante as discussões da equipe, esses princípios foram constantemente mencionados e tornou-se claro que os objetivos do processo não seriam atingidos enquanto algum princípio fosse violado. Por exemplo, as duas violações acima resultariam em um dia extra de processamento.

Figura 7.2 ◆ (Continuação)

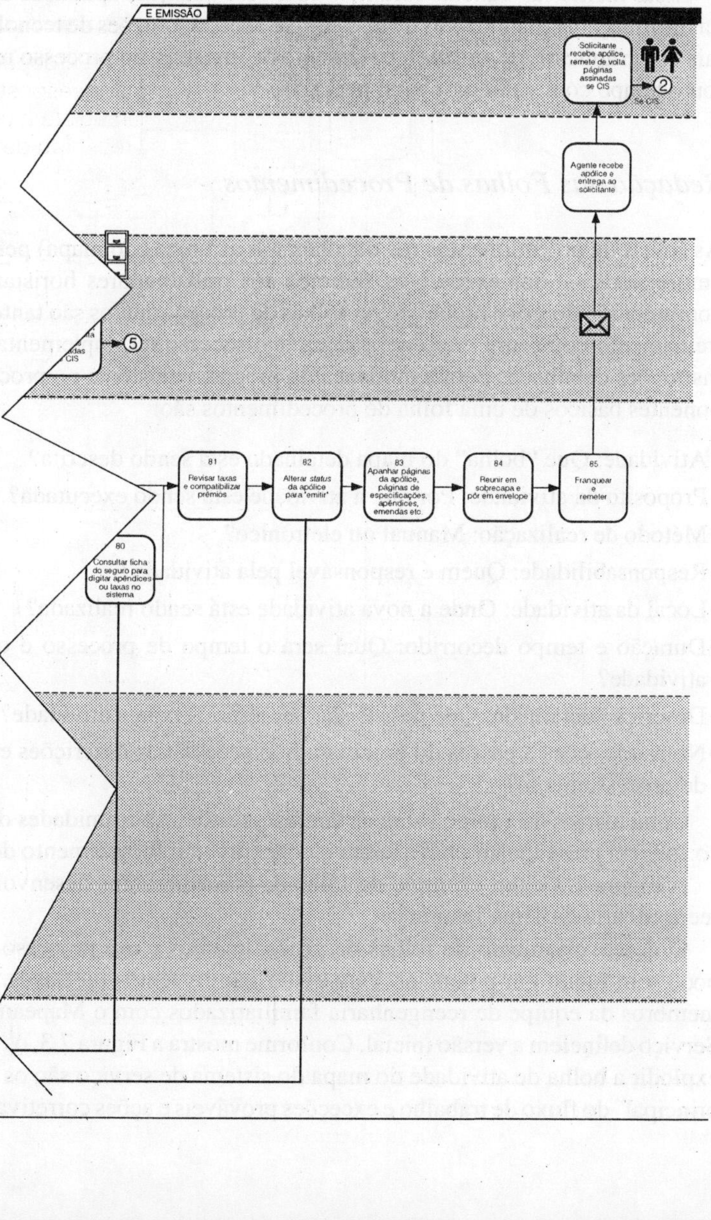

Análise de Valor

Uma vez completado o mapa detalhado, pode-se comparar o número de atividades agora classificadas como movimento, *setup*, controle/precisão, falha interna, falha externa e valor agregado com os dados do processo de linha de base (a mecânica da análise de valor foi apresentada no Capítulo 4). A Tabela 7.1 mostra tal comparação, efetuada pela equipe BRIDGE da Time Insurance. Ela revela uma redução global de 199 passos de atividade e um salto das atividades com valor agregado de menos de 10% para 60%. Grande parte dessa melhoria adveio da eliminação das atividades de retrabalho no processo.

Essas melhorias radicais foram obtidas sem qualquer aplicação de novas tecnologias da informação. Quando mais tarde a equipe adotou soluções de tecnologia da informação, tais como aplicativos *on-line* e tratamento de imagens, ao processo redesenhado, aumentou o tempo com valor agregado para 75%.

Redação das Folhas de Procedimentos

As folhas de procedimentos (os detalhes *sob* as bolhas do mapa) permitem que todos os empregados — dos executivos seniores aos trabalhadores horistas — adquiram uma compreensão do novo processo. As folhas de procedimentos são tanto uma ferramenta de treinamento como um meio de assegurar o sucesso da implementação. Elas fornecem instruções detalhadas para a mudança do processo existente no processo novo. Os componentes básicos de uma folha de procedimentos são:

- Atividade: Que "bolha" do mapa detalhado está sendo descrita?
- Propósito da atividade: Por que a atividade está sendo executada?
- Método de realização: Manual ou eletrônico?
- Responsabilidade: Quem é responsável pela atividade?
- Local da atividade: Onde a nova atividade está sendo realizada?
- Duração e tempo decorrido: Qual será o tempo de processo e o tempo de ciclo da atividade?
- Descrição detalhada: Que passos são necessários para a atividade?
- Notas/exceções a passos do processo: São necessárias descrições e narrativas especiais de processamento?

Comentários da equipe sobre as tarefas/questões/oportunidades de melhoria do serviço: Algum pressuposto-chave sobre o conceito ou o fornecimento do serviço?

A Figura 7.3 é um exemplo de folha de procedimentos desenvolvida pela equipe de reengenharia da Time Insurance.

O desenvolvimento de folhas de procedimentos é um processo demorado — outro poço sem fundo em potencial. Para evitar inícios lentos ou falsos, recomendamos que membros da equipe de reengenharia familiarizados com o Mapeamento do Sistema de Serviço delineiem a versão inicial. Conforme mostra a Figura 7.3, os dados-chave em que explodir a bolha de atividade do mapa do sistema de serviço são os passos de "percurso principal" do fluxo de trabalho e exceções prováveis e ações corretivas. Nesse ponto, 60%

Tabela 7.1 ◆ Comparação das Análises de Valor (Antes e Depois do Reprojeto)

Categoria	Movimento		*Setup*		Controle/ Precisão		Falha interna		Falha externa		Valor agregado		Total	
	Apanhar		*Formar lote*		*Examinar*		*Corrigir*		*Reemitir*		*Decidir*			
	Enviar		*Classificar*		*Verificar*		*Solicitar*		*Retrabalhar*		*Emitir*			
					Conferir		*informações*							
	Transmitir		*Preparar*		*Esclarecer*		*Erros de documento*		*Ressubmeter*		*Recusar*			
	Antes	Após	Antes	Após	Antes	Após	Antes	Após	Antes	Após	Antes	Após	Antes	Após
Número de passos de atividade	73	15	65	14	49	22	41	6	40	0	16	28	284	85
Porcentagem de passos de atividade	26	18	23	16	17	26	14	7	14	0	6	33	100	100
Porcentagem de tempo de processo	13	9	27	8	20	20	27	3	4	0	9	60	100	100

de precisão são suficientes. Uma vez parcialmente completada a folha, os membros da equipe de projeto devem analisá-la com os gerentes das operações e outros especialistas da área objeto da reengenharia. À medida que emendas vão sendo efetuadas, recomendamos que um elemento centralize as correções na documentação com vistas à padronização do estilo e à coerência. Também a essa altura, o meio de armazenagem e recuperação das folhas de procedimentos deve ser selecionado: documentação em papel, computadores portáteis, bancos de dados etc. Quando o procedimento fica cerca de 80% completo, é hora de passar para o próximo. As questões que ficam em aberto geralmente estão ligadas à política empresarial e devem ser documentadas em um registro de questões de política/em aberto. Outros detalhes serão refinados durante o desenvolvimento dos materiais de treinamento.

À semelhança do mapa, quanto maior a participação dos empregados, melhor. De fato, desenvolver as folhas de procedimentos requer a espécie de conhecimento detalhado e percepções que apenas quem realiza diariamente o trabalho possui. Podemos ver essa participação como um "teste de aceitação pelo usuário" do projeto. Os comentários a seguir são típicos de empregados energizados pela participação nas folhas de procedimentos:

> "Agora consigo ver os benefícios do reprojeto."
>
> "Minhas sugestões foram ouvidas e as folhas de procedimentos foram modificadas."
>
> "Com isso, temos um meio de participar do projeto e, depois, como um grupo, padronizar nosso trabalho."
>
> "Finalmente, algumas das idéias que defendemos há anos serão implementadas."

O processo de participação dos empregados no novo projeto (1) clarifica os detalhes operacionais, (2) inicia o processo de vender as novidades, (3) continua o processo de aprendizagem organizacional e (4) aumenta a disposição e a motivação para o piloto (discutido no Capítulo 10).

Desenvolvimento de Políticas de Negócios

Um novo projeto do processo e os procedimentos detalhados que o acompanham quase automaticamente exigem novas políticas de negócios. Tais políticas fazem parte das informações necessárias para se tomar uma decisão ou executar uma ação. Essas políticas definem as regras para o tratamento das exceções (por exemplo, dispensa de taxas ou manuseio de solicitações fora dos limites da garantia). Por exemplo, quando uma empresa de serviços reestruturou seu processo de atendimento de pedidos, a eficiência adquirida tornou muitas das antigas políticas e procedimentos de trabalho desnecessários ou contraproducentes. Além disso, as novas formas de acesso eletrônico pelo cliente ao banco de dados da empresa e a personalização dos pacotes de serviço levantaram novas questões empresariais anteriormente não consideradas. Por exemplo, questões de política emergiram sobre quem deveria ter acesso a certos dados e quem seria responsável pelo gerenciamento dos dados compartilhados. Além disso, novas regras tiveram que ser desenvolvidas para novas tecnologias (por exemplo, limites ao número de páginas que poderiam

Figura 7.3 ◆ Folha de Procedimentos

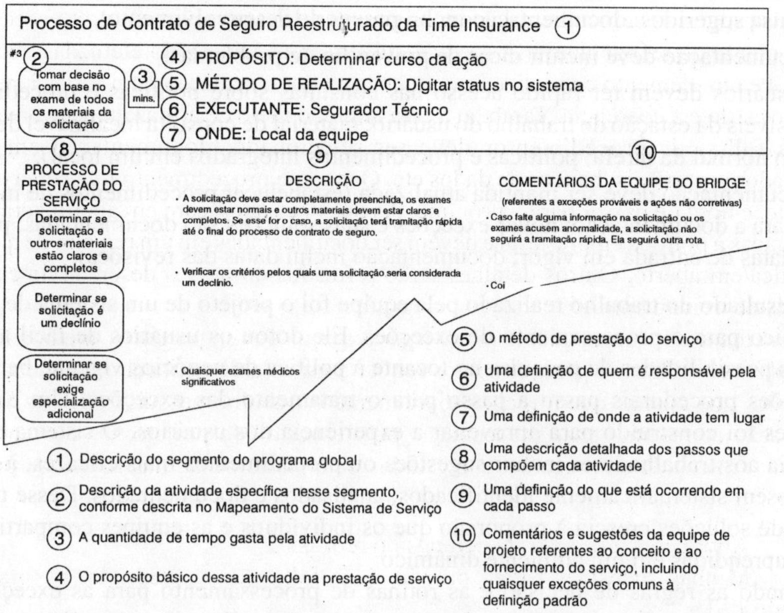

ser emitidas por *fax* de um PC). Questões como essas foram submetidas a indivíduos ou equipes específicas e suas recomendações deveriam ser aprovadas pelo comitê-geral de transição da empresa.

Planejamento para o Inesperado

Exceções ao processamento de rotina ocorrerão mesmo nos melhores projetos. A chave para serviços excelentes é ser capaz de lidar com essas exceções *rotineiramente*. Dois fatores são necessários para isso. Primeiro, procedimentos de contingência precisam ser desenvolvidos conjuntamente com as políticas do negócio. Segundo, os trabalhadores de linha de frente precisam de rápido acesso a quaisquer informações que permitam à equipe processar o trabalho até o fim.

Durante a fase de projeto do sistema de pedidos de uma empresa, a equipe de reengenharia conduziu uma sessão conjunta de projeto do aplicativo para determinar as exigências para o processamento de exceções. As exigências encontradas foram:

- A documentação deve ser indexada (por assunto, palavra-chave ou categoria; referências cruzadas e definições podem estar disponíveis *on-line*).
- Os usuários devem ter várias formas de acessar informações relevantes (do contexto de trabalho do usuário, por tarefa, da ajuda *on-line* etc.).
- Um roteiro deve ser fornecido para corrigir o processamento de exceção (critérios consagrados e exemplos fornecidos; procedimentos passo a passo disponíveis para o tratamento das exceções).

- Os usuários devem receber uma orientação inicial sobre os recursos (roteiros de pesquisa sugeridos; documentação inclui passos de desenvolvimento).
- A documentação deve incluir dicas de prevenção de problemas.
- Os usuários devem ter rápido acesso nas consultas sobre políticas e procedimentos (acessíveis da estação de trabalho do usuário; material de consulta localizável dentro do tempo normal da tarefa; políticas e procedimentos integrados em um local).
- A documentação deve ser mantida atualizada (estabelecer procedimentos de manutenção para a documentação; novas exceções e suas soluções são documentadas; políticas têm datas de entrada em vigor; documentação inclui datas das revisões).

O resultado do trabalho realizado pela equipe foi o projeto de um sistema de suporte eletrônico para o processamento de exceções. Ele dotou os usuários de fácil acesso e rápidas possibilidades de pesquisa no tocante à política de negócios vigente, bem como instruções procedurais passo a passo para o tratamento das exceções. Um banco de soluções foi construído para aproveitar a experiência dos usuários. O sistema também permitia aos trabalhadores incluir sugestões ou procedimentos mais eficazes, à medida que fossem sistematicamente identificados, analisados e documentados. Desse modo, o banco de soluções crescia à proporção que os indivíduos e as equipes compartilhavam lições aprendidas em um ambiente dinâmico.

Quando as regras de decisão e as rotinas de processamento para as exceções são prontamente acessíveis, os trabalhadores da "via expressa" podem assumir quantidades crescentes do trabalho originalmente destinado à equipe de "processamento especial".

Canais de Informação e Comunicações

Durante a fase de projeto, também é importante *projetar* os canais de comunicação necessários para respaldar o novo processo. Grande parte desse trabalho de projeto consiste no desenvolvimento de um sistema de avaliação de desempenho, assunto a ser tratado no Capítulo 8. Exigem uma consideração adicional as opções de projeto de tecnologia da informação referentes à distribuição dos dados entre os usuários.

À medida que as organizações são reformuladas e modernizadas, os padrões de comunicação se alteram. Os trabalhadores necessitam de pronto acesso às políticas e aos procedimentos a fim de solucionar os problemas imediatos. Mas eles também precisam de outras formas de comunicação. Com a aceleração do tempo de ciclo, informações sobre cargas de trabalho e *mix* no processo se tornam mais importantes. Ademais, deve-se permitir que as comunicações fluam livremente em duas direções: para cima e para baixo entre a gerência e os trabalhadores do processo essencial e lateralmente entre fornecedores internos e clientes.

Um sistema de informações deve ser capaz de fornecer a quaisquer agentes de decisões, independente de suas posições na hierarquia, a informação correta na hora certa. David Friend, presidente da Pilot Executive Software, um fornecedor do *Executive Information System* [Sistema de Informações Executivas] com sede em Boston, reconhece a importância de compatibilizar a informação com a necessidade do usuário. Em uma brincadeira com o acrônimo EIS, Friend apelidou o sistema de *Everybody's Information System* [Sistema de Informações de Todos]. Por exemplo, um executivo sênior examina o desempenho financeiro de seu grupo. Se os objetivos estratégicos não estiverem sendo cumpridos, o executivo poderá "descer" até cada divisão do grupo para descobrir que fábrica apresenta um desempenho deficiente. Outro clicar do mouse revelará gráficos de tempo de ciclo e de desperdício. Uma descida adicional nas informações poderá mostrar uma análise de Pareto do desperdício: retrabalho, refugo, custos de inspeção, estoques excessivos, horas extras etc.

Todos os trabalhadores do conhecimento necessitam de acesso a informações-chave. Eis algumas diretrizes de projeto para novos sistemas de informações internas e informes:

- Traga para baixo a tomada de decisões, dotando os trabalhadores das informações necessárias para responderem mais rapidamente às oportunidades.
- Filtre as imensas quantidades de dados para adaptar os relatórios aos diferentes usuários.
- Permita que as informações sejam facilmente compartilhadas entre os trabalhadores (independente da função) do mesmo fluxo de trabalho.

Projeto das Estruturas de Apoio

Quaisquer mudanças de vulto em um sistema organizacional complexo perturbam o *status quo*. Assim como os anticorpos protegem os organismos das mudanças impostas por bactérias e vírus, as forças da estabilidade e da tradição nas empresas podem derrubar as tentativas de inovação organizacional e dos processos. Se essas inovações devem perdurar e se institucionalizar, todos os elementos do sistema organizacional que respaldam o processo essencial também devem sofrer reengenharia. Eles incluem a estrutura organizacional e de trabalho, a disposição física, a medição, monitoramento e controle e os sistemas de avaliação de desempenho e recompensas.

Estruturas Organizacionais

As estruturas organizacionais hierárquicas tradicionais orientadas para o comando e o controle tendem a ser incompatíveis com o que é necessário para assegurar que os processos de trabalho reestruturados forneçam os resultados pretendidos. Essas estruturas fomentam formas de gerenciamento autocráticas focalizadas no controle, juntamente com o paroquialismo funcional e culturas avessas ao risco. Essas estruturas são desfavoráveis aos princípios e conceitos básicos da reengenharia. Quando se tenta aplicar a reengenharia às organizações tradicionais, o sucesso é improvável, a não ser que a estrutura organizacional tradicional seja substituída por algo assaz diferente.

Esses diferentes projetos organizacionais têm suas raízes nas obras anteriores de Henry Mintzberg, Russell Ackoff e Peter Drucker. Mintzberg denominou uma forma de organização de "*adhoc*cracia" cujos parâmetros estruturais básicos incluíam uma parte maior da tarefa total realizada pelos trabalhadores, o treinamento formal, a reunião de especialistas em pequenas equipes baseadas no mercado e uma confiança em dispositivos de coordenação para encorajar ajustes em tempo real às necessidades dos clientes ou aos problemas nos processos. Segundo Mintzberg, essa estrutura permitiria à informação fluir livre e naturalmente, sempre que necessária para promover a inovação.[1]

Ackoff expande a noção de Mintzberg de características horizontais dos sistemas e mecanismos de coordenação. Ele vê as organizações como multidimensionais (em termos de *inputs*, *outputs* e mercados), com indivíduos altamente desenvolvidos e motivados coordenados por uma gerência participativa e por "conselhos" de planejamento.[2]

Drucker adiciona a esses conceitos da organização a imagem de uma busca da excelência no dado processo. Ele argumenta que uma organização só será eficaz caso se concentre em uma dada tarefa. Como ferramenta, quanto mais focalizada for uma organização, maior a capacidade de se esmerar em sua missão básica.[3] Concentrando-se no desenlace ou nos resultados de um processo, diferentes indivíduos conseguem focalizar coletivamente em uma missão comum. Drucker também enfatiza o tema da inovação nas organizações, sugerindo que as organizações devem se dedicar a criar algo novo, embutindo em sua estrutura práticas sistemáticas que visem à melhoria contínua, à exploração do conhecimento e à inovação propositada.[4]

Os detalhes subjacentes a esses conceitos transcendem o escopo deste livro. Contudo, recomendamos que o leitor consulte as obras aqui citadas, bem como a bibliografia recomendada no Apêndice B. Vemos uma forte correlação entre essas obras e as sementes da renovação.

Nosso princípio básico é que o mapa do processo de negócio *seja* a base do organograma:

- O cliente ocupa o topo do organograma.
- As fronteiras são definidas por equipes de trabalho naturais e interfuncionais.
- O produto final e as prioridades do processo são compartilhados através do sistema.
- O sistema é dinâmico e responsivo às mudanças, à medida que novas informações e conhecimentos se tornem disponíveis.

Três elementos/conceitos-chave do projeto organizacional precisam ser realinhados com o espírito do processo de negócio reestruturado: (1) extensão de controle, (2) projeto de equipes e (3) ambiente físico.

Extensão de Controle

Conforme discutido no Capítulo 5, a reengenharia geralmente cria e/ou depende de organizações mais horizontalizadas. Isso significa menos gerentes e extensões de controle maiores. A extensão de controle é mais do que um simples exercício aritmético. Os gerentes responsáveis pelos processos essenciais do negócio devem ser capazes de obter um desempenho de alto nível de equipes constituídas por membros de várias funções diferentes. Peter Drucker os compara ao regente de uma orquestra.[5] A melhor caracterização do desafio talvez seja de Rosabeth Moss Kanter:

> As velhas bases da autoridade gerencial estão erodindo e novas ferramentas de liderança estão tomando seu lugar. Os gerentes cujo poder derivava da hierarquia e que estavam acostumados a uma área limitada de controle pessoal estão aprendendo a mudar suas perspectivas e a ampliar seus horizontes. O novo trabalho gerencial consiste em olhar para fora de uma área de responsabilidade

definida para detectar oportunidades e em formar equipes de projeto extraídas de qualquer esfera relevante para explorá-las. Envolve comunicações e colaboração através das funções, através das divisões e através das empresas cujas atividades e cujos recursos se sobrepõem. Destarte, o escalão hierárquico, o título ou as atribuições oficiais serão fatores de sucesso menos importantes no novo trabalho gerencial do que o conhecimento, as habilidades e a sensibilidade para mobilizar pessoas e motivá-las a darem o melhor de si.[6]

Conforme aludido acima, isso requer uma nova forma de habilidade gerencial. Retornaremos a essas habilidades no Capítulo 12.

Projeto de Equipes

Já discutimos no Capítulo 5 várias opções de projeto de equipes: time de beisebol, time de futebol, duplas de tênis, equipes autodirigidas etc.[7] Com base no projeto do processo, uma equipe de reengenharia deve selecionar ou modificar a opção apropriada.

Os critérios para a formação das equipes normalmente se ajustam às exigências específicas do projeto. Temos formulado as seguintes perguntas para ajudar a identificar os recursos corretos:

- Todas as funções são necessárias para se completar o produto ou o serviço representado pela equipe?
- Quais são as características de comportamento da equipe e individuais desejadas — por exemplo, assertivo, diretivo, acalentador? (Técnicas tais como Strength Deployment Inventory (SDI) e os perfis de empregados de Myers-Briggs podem ser usadas para avaliar os empregados.)
- Quão engajado está o indivíduo na efetiva implementação?
- O indivíduo trabalha melhor em equipe?
- O indivíduo possui habilidades de solução de problemas e comunicação?

Quase independentemente de como são selecionadas, as equipes passam por um processo com quatro estágios até atingir a maturidade: (1) formação, (2) confusão, (3) normatização e (4) realização [*forming*, *storming*, *norming*, *performing*].[8]

Formação

Na primeira fase do desenvolvimento da equipe, seus membros travam conhecimento entre si. A atmosfera pode variar de agitação e entusiasmo até preocupação ou ansiedade — ou qualquer combinação deles. Todos tendem a exibir seu melhor comportamento — mostram-se polidos, ouvintes atentos, um pouco reservados. Durante essa fase, as equipes se concentram na clarificação de sua missão, na fixação de metas e no estabelecimento de regras básicas.

Confusão

À medida que os membros da equipe passam a trabalhar juntos, o período de "lua-de-mel" costuma terminar abruptamente por ocasião do primeiro conflito interpessoal. Esse conflito pode ser desencadeado por muitos fatores: um questionamento dos papéis e das responsabilidades, uma tendência de certos membros de voltar às formas de trabalho antigas ou o conflito entre duas personalidades semelhantes pela liderança informal do grupo. Esse período, se conduzido apropriadamente, pode ser a fonte de novas idéias sobre o refinamento do processo, a identificação de necessidades de treinamento (por exemplo, gerências conflitantes) e a formação de códigos de conduta.

Normatização

Durante essa fase (que pode levar meses), as equipes superaram muitas das divergências internas e se concentram no trabalho. A atenção deve estar voltada para as metas da equipe, os objetivos de desempenho grupal e as áreas carentes de melhoria. Durante esse período, os membros devem ser encorajados a expressar essas idéias.

Realização

Nessa fase, a equipe aprendeu a trabalhar como uma unidade e consegue administrar os conflitos e as questões de desenvolvimento conforme vão surgindo. Ela precisa de pouca orientação da alta gerência e compartilha muitas responsabilidades.

Ambiente Físico (Projeto do Local de Trabalho)

As opções de projeto e os conceitos hipotéticos geralmente permanecem como abstrações até serem traduzidos em plantas de instalações. Somente então o escopo e a magnitude das mudanças requeridas conseguem ser plenamente visualizados.

Na década de 1980, muitas empresas de eletrônica introduziram inovações radicais na montagem de placas de circuito impresso. Elas adotaram módulos de produção em forma de U. Essa mudança foi radical. Desapareceram os departamentos especializados estanques, as prateleiras de escoamento, os transportadores de cabo aéreo, os pedidos em lotes, as pilhas de estoques em processo e os sistemas computadorizados de controle dos pedidos em andamento. Em seu lugar, surgiram equipes de trabalho processando uma placa de cada vez, interrompendo a linha caso surgissem problemas, com *feedback* imediato sobre esses problemas e flexibilidade dos trabalhadores para se deslocarem até o gargalo a fim de removê-lo (*ver* Figura 7.4).

Essa nova estrutura de célula de trabalho teve grande impacto positivo sobre a qualidade e a produtividade. O tempo de processamento caiu de vinte para menos de três dias e o resultado sem retrabalho no teste intracircuito melhorou de menos de 50% para mais de 75%. Esses resultados foram obtidos pela efetiva implementação das mudanças arroladas na Tabela 7.2.

Mudanças similares estão ocorrendo nas empresas de serviços. Por exemplo, o *layout* antigo das instalações previa sucessões de cubículos enfileirados. O espaço de trabalho era projetado para conter cestas para papéis (acúmulo de serviço), telefonemas interrompiam os atendentes de clientes na maior parte do dia e especialistas funcionais ficavam isolados em compartimentos/andares separados. O novo projeto apresentou um aspecto radicalmente novo. Os cubículos foram reordenados, equipes interfuncionais foram logicamente agrupadas, técnicas simples de gerência visual foram implantadas para ditar o ritmo de trabalho na célula, o trabalho foi encaminhado por canais de tramitação expressa e especial e as chamadas telefônicas de clientes foram direcionadas para um banco de telefones para serem atendidas por atendentes de clientes especialmente treinados (*ver* Figura 7.5).

Vários princípios-chave devem nortear o alinhamento do *layout* físico com o processo redesenhado:

PRINCÍPIO DE *LAYOUT* 1:
A Proximidade é Importante.

Tanto quanto possível, localize as pessoas próximas entre si para estimular o *feedback* imediato e informal. Isso pode significar colocar o Passo 1 próximo do Passo 10, se o *feedback* for crítico para o processo. Por exemplo, na célula de trabalho de placas de circuito (Figura 7.4), a disposição em forma de U coloca os testadores próximos dos montadores. Um sinal simples e imediato do testador de que ocorreu um problema de montagem é tudo de que se necessita para iniciar ações corretivas.

PRINCÍPIO DE *LAYOUT* 2:
Forneça Indicações Visíveis de Desempenho.

Na medida do possível, permita que os trabalhadores vejam o trabalho. Em uma caixa hipotecária, os documentos recebidos eram deliberada e conspicuamente colocados no topo de uma prateleira alta. Todo o departamento podia ver de um relance se o acúmulo de serviço estava aumentando ou diminuindo. Outras empresas usam bandejas ou pastas com códigos coloridos ou quadros de aviso com estatísticas de acúmulo de serviço para transmitir a mensagem de como o trabalho está progredindo.

PRINCÍPIO DE *LAYOUT* 3:
Proporcione uma Área Reservada.

Como muitos dos *layouts* físicos pedem escritórios/locais de trabalho abertos (os trabalhadores às vezes se sentem como em um aquário), é importante fornecer à equipe uma sensação de privacidade. Isso pode ser obtido projetando-se para as equipes uma "área reservada" para reuniões, sessões de solução de problemas, instrução etc.

PRINCÍPIO DE *LAYOUT* 4:
Forneça as Ferramentas Apropriadas.

Torne disponíveis as ferramentas apropriadas (PCs, copiadoras, máquinas de *fax* e equipamento de processamento) e disponha-as de uma forma ordenada, segura e ergonômica. Na medida do possível, as ferramentas e os equipamentos devem ficar com a equipe e dela receber manutenção.

Figura 7.4 ◆ Célula de Trabalho de Placas de Circuitos

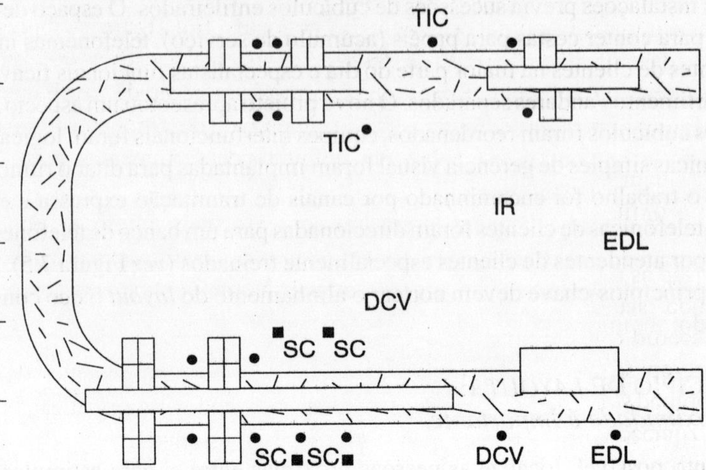

Legenda dos equipamentos:
EDL = Empacotamento duplo na linha
IR = Inserção radical variável
TIC = Teste intra-circuito
SC = Sistema de contato
DCV = Distância do centro

Tabela 7.2 ◆ Diferenças entre os Projetos de Célula de Trabalho

Conjunto anterior de opções de projeto	Novo conjunto de opções de projeto
Layout de processo	*Layout* de produto (célula de trabalho)
Processamento em lotes	Fluxo contínuo (um de cada vez)
Sistemas de controle de materiais detalhados	Serviços só começam com todas as peças disponíveis
Especialistas	Generalistas
Inspeções de círculos da qualidade (QC)	Trabalhadores responsáveis por sua própria qualidade
Departamentos separados de testes e reparos	Departamentos de testes e reparos integrados

Sistemas de Gerenciamento do Desempenho

Gerenciamento do desempenho é um termo de uso freqüente nos círculos de recursos humanos e de treinamento, mas sem uma definição de aceitação geral. Alguns profissionais de recursos humanos usam o termo para denotar um sistema de coordenação e maximização do desempenho individual, das equipes e organizacional. Os profissionais de treinamento costumam usar o termo no contexto do desenvolvimento e cultivo de habilidades compatíveis com a estratégia dos negócios. Em algumas empresas, o gerenciamento do desempenho não passa de um simples sistema de escalas ou "fatores" usados nas avaliações de desempenho. Em outras, o termo é sinônimo de "avaliações de desempenho". Algumas empresas definem o gerenciamento do desempenho como um "processo corretivo" e em outras ele cobre um conjunto de ferramentas para "aumentar o desempenho dos trabalhadores".

Ao usarmos o termo, fazemo-lo em um contexto mais amplo — uma abordagem sistemática para desenvolver, fortalecer e reforçar as ações necessárias à maximização do desempenho e da aprendizagem organizacional. Nesse contexto, o gerenciamento do desempenho abrange:

- O projeto e a aplicação ao processo essencial e a seus componentes de critérios de avaliação orientados para os resultados. Com isso, todos na organização conseguem acompanhar e monitorar o desempenho do processo essencial.
- A aplicação em toda a organização de metas do processo essencial, através de um processo sistemático de fixação de metas para facilitar a aprendizagem individual e organizacional.
- Comunicação aos indivíduos e às equipes de objetivos e expectativas específicos quanto à *tarefa*.
- Assegurar que os trabalhadores sabem como fazer o que deles se espera (aprendizagem e certificação).
- Implementação de programas de *feedback* (reconhecimento, incentivos, ação corretiva).

As duas primeiras áreas de gerenciamento do desempenho serão abordadas no próximo capítulo. No restante deste capítulo, abordamos o projeto das tarefas, estratégias de aprendizagem, certificação, incentivos e recompensas não-monetárias e avaliações e remuneração.

Projeto das Tarefas

Reprojetar as tarefas necessárias em um processo reestruturado é mais do que simplesmente documentar novos conjuntos de habilidades. Quando aplicada eficazmente, a reengenharia força uma empresa a repensar completamente sua atividade em termos de processo, tecnologia e pessoal. No reprojeto das tarefas, as seguintes diretrizes têm se mostrado úteis:

- Projete grupos ou "famílias" de cargos com base na agregação de habilidades (ou seja, cada cargo subseqüente na família executa uma parte maior da tarefa inteira. Em vez da tradicional ascensão hierárquica, as carreiras se baseiam em mais habilidades e maior escopo).
- Planeje menos níveis de tarefa, cada qual exigindo conjuntos mais desafiadores de habilidades.

Figura 7.5 ◆ *Layout* em Bloco de uma Equipe de Trabalho Hipotética

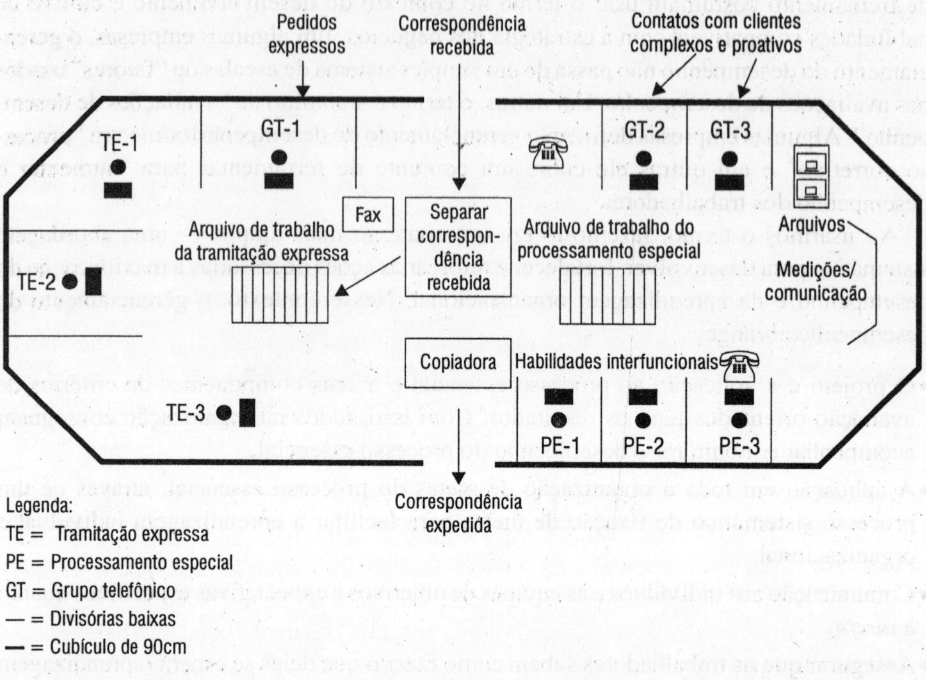

- Diferencie as tarefas por níveis ou conjuntos de habilidades, pela complexidade da tarefa, pela variedade da tarefa e pelo impacto da ação; pense na pessoa inteira.
- Redija atribuições genéricas de cargos que respaldem o ambiente dinâmico (estabeleça a expectativa de que as coisas podem e devem mudar).
- As atribuições dos cargos devem focalizar nas partes do serviço com valor agregado (por exemplo, como interagir com clientes, responsabilidades pela satisfação dos clientes).
- As responsabilidades devem incluir o desenvolvimento profissional e a melhoria contínua (uma empresa que conhecemos propõe que cerca de 25% de uma tarefa devem ser reservados para atividades de melhoria).
- Projete a flexibilidade no contexto do fluxo de trabalho (capacidade de realizar mais de uma tarefa) e preveja a rotatividade de tarefas.

À medida que um número crescente de empresas optar por equipes de trabalho "autodirigidas" no trabalho de projeto, as atribuições dos cargos de empregados e gerentes mudarão. Por exemplo, na reengenharia de "uma espécie diferente de empresa automobilística", a divisão Saturn da General Motors investiu as equipes de *empowerment* para:

- Realizar suas próprias atribuições de tarefas.
- Planejar seu próprio trabalho.
- Controlar seus próprios materiais e estoques.

- Realizar a manutenção de seu próprio equipamento.
- Manter seus próprios registros.
- Selecionar os novos membros da equipe.
- Programar interrupções e férias.
- Auxiliar no desenvolvimento e no fornecimento do próprio treinamento.[9]

O projeto das tarefas incorporou explicitamente essas responsabilidades e atividades.

Estratégias de Aprendizagem

Em uma empresa, um instrutor de operações nos informou que os fluxos de trabalho e sistemas vigentes eram tão complicados, que "uma pessoa precisava de seis meses a um ano para domar (não dominar) a tarefa". Claramente na reengenharia, a inclusão de um sistema de aprendizagem apropriadamente projetado é fundamental para se desfrutarem as melhorias de produtividade.

Nos últimos trinta anos, com base em pesquisas empíricas de Albert Bandura, Robert Gange, Leslie Briggs, Gabriel Soloman e outros, a aprendizagem tem "evoluído" de comportamental para cognitiva — da rotina clássica para a solução analítica de problemas. Os programas de aprendizagem necessários à operação de novos processos devem repensar as abordagens tradicionais do projeto educacional para aproveitar as habilidades cognitivas mais elevadas de um empregado.

Constatamos que os princípios de aprendizagem adulta de Kolb são uma excelente diretriz para garantir a competência e o crescimento no trabalho. Kolb sustenta o seguinte sobre a aprendizagem de adultos:

- Eles só aprendem quando sentem uma necessidade de aprender.
- Eles aprendem melhor e retêm mais conhecimentos quando usam uma variedade de abordagens e contextos educacionais.
- Eles aprendem melhor quando exercem controle sobre sua própria aprendizagem.
- Eles aprendem as coisas que consideram relevantes.
- Eles necessitam de prática, de *feedback* e da experiência bem-sucedida.
- Eles necessitam de um ambiente que seja aberto e confiante.
- Eles aprendem melhor quando seu histórico individual e suas experiências de aprendizagem são considerados.

Porque a tecnologia da informação pode possibilitar ou respaldar muitos dos critérios acima, vemo-la como um componente significativo da maioria dos projetos de reengenharia. Em conseqüência, o treinamento em "sistemas" (computadores e softwares) se torna um importante desafio de aprendizagem. Novas estratégias estão sendo desenvolvidas por empresas de ponta no projeto de tecnologias que reduzem as curvas de aprendizagem, que acelerem a aprendizagem e que aumentem o desempenho prático. Entre as ferramentas de estímulo do desempenho estão a ajuda *on-line*, as simulações *on-line*, materiais de consulta e conferências eletrônicas. Essas ferramentas podem ser desenvolvidas de modo a interagir dinamicamente com o usuário para acomodar a mudança e a melhoria. À medida que muda a organização, as ferramentas mudam em apoio ao desenvolvimento de habilidades práticas.

Ned Johnson, presidente da Fidelity Investments, descreve os desafios e as soluções ligados ao treinamento:

> Se você está mudando o processo pelo qual trabalha, essa mudança deve ser plenamente comunicada e explicada aos empregados. Eles precisam aprender sobre ela e as pessoas costumam aprender melhor fazendo. Assim, você precisa de grande quantidade de aprendizagem prática e de experimentação, senão poderá ter montes de novas idéias e inovações não-implementadas, o que não beneficia a organização.[10]

Cynthia Dibble, gerente de produtividade e serviços de aprendizagem de The Faxon Company, expande a noção de sistemas de suporte eletrônico e de ferramentas de aprendizagem:

> O desafio não está no desenvolvimento das ferramentas, mas em seu emprego no trabalho e no momento de necessidade. Se pudermos transferir nossas atividades de aprendizagem para o trabalho, reduziremos o tempo de aprendizagem, pois estaremos trabalhando e aprendendo no contexto real. Reengenharia e qualidade significam adaptar os processos atuais aos novos processos rapidamente. Precisamos de ferramentas que cresçam dinamicamente com a experiência de aprendizagem. Uma metáfora poderia ser a escalada de uma montanha, em que o primeiro alpinista tem que fixar os primeiros grampos na montanha e o segundo alpinista pode seguir o trajeto já testado e melhorá-lo em sua escalada. Cada novo alpinista se beneficia dos que deixaram para trás trilhas bem-sucedidas. De forma semelhante, precisamos de sistemas de aprendizagem que cresçam dinamicamente com nossa capacidade de melhorar, à medida que desenvolvermos novas habilidades e as passarmos adiante ao próximo *learner*.

Certificação

A certificação é outro sistema crítico que deve se realinhar com o intento e a visão do esforço de reengenharia. Programas de certificação devem se basear em habilidades demonstradas na prática. Os empregados precisam dominar habilidades de processo de trabalho, habilidades de atendimento a clientes e aptidões cognitivas de solução de problemas em um contexto do trabalho real.

Com grande freqüência, os processos são assolados por erros, retrabalho e outras formas de desperdício. Em incontáveis esforços de melhoria da qualidade, o "treinamento insuficiente" é citado como a causa fundamental do problema. Contudo, *por que* os programas de treinamento são insuficientes?

Acreditamos que os objetivos dos projetos de treinamento costumam ser mal formulados, deixando o estudante sem saber o que foi importante no material de treinamento. Outro problema é que a certificação não faz parte do sistema de aprendizagem ou é limitada demais. Empresas vitoriosas que valorizam e estimulam o desenvolvimento individual fornecem pequenas unidades de aprendizagem em uma variedade de formatos e testam se o treinando atingiu a proficiência total.

Incentivos e Recompensas Não-Monetárias

Na maioria dos casos, as mudanças trazidas pelo projeto de reengenharia alterarão a forma como a gerência pensa sobre as pessoas, as mobiliza e as recompensa. Se os empregados estão recebendo *empowerment* e se exige que explorem mais suas "habilidades cognitivas", segue-se que o sucesso da empresa "advém do intelecto, e não de tijolos e argamassa".[11] Os sistemas de incentivos e recompensas precisam ser ajustados à nova realidade. A equipe do projeto de reengenharia deve selecionar opções de projeto complementares da palheta: liberdade de programação do tempo (horário flexível, tempo de repouso), progresso na carreira (rotatividade das tarefas, oportunidades de liderar a equipe, aprendizagem formal e informal, interligação em rede com o setor etc.) e *empowerment* (grau de autonomia, encorajamento para solucionar problemas, autoridade para fixar regras de conduta da equipe etc.). A possibilidade de que essas opções conflitem-se com a política atual da empresa torna ainda mais importante a participação de representantes do departamento de recursos humanos na equipe de projeto. A concordância da gerência, dos sindicatos e do departamento de recursos humanos com experiências em programas de incentivo e recompensa deve ser obtida no início do projeto.

Avaliações e Remuneração

À proporção que a instalação reestruturada evolui para uma operação regular, os incentivos monetários (por exemplo, bônus por projetos, prêmios por reconhecimento, prêmios por melhoria da qualidade, prêmios por reconhecimento pelos colegas etc.) e a remuneração precisam ser periodicamente avaliados e compatibilizados com as prioridades de desempenho vigentes.

Em *Out of the Crisis*, Edwards Deming defende a necessidade de se repensar a avaliação do desempenho e do merecimento, ao citá-las como uma das sete doenças mortais que afligem a maioria das empresas ocidentais.

As oportunidades que impelem o esforço da reengenharia e o espírito por detrás da maioria dos projetos preconizam um aproveitamento maior dos talentos dos indivíduos — do empregado como um todo. Nesse contexto, as equipe de projeto podem fazer dos fracassos dos sistemas de avaliação do passado fontes de inovação: eles eram excessivamente esporádicos; míopes, com a fixação de metas irreais; havia pouca correlação entre a avaliação e o trabalho de fato executado; havia conflitos entre os indicadores individuais e os da equipe etc. O inverso dessas situações pode ser incorporado ao projeto.

As avaliações não devem ser um evento-surpresa, que ocorre uma ou duas vezes ao ano. A própria natureza dos projetos de processos que mostramos abrange a instrução constante e um envolvimento maior dos trabalhadores no processo. Na verdade, a certificação (demonstração das habilidades de desempenho e alcance da competência) fornece grande parte dos dados necessários para se avaliar a contribuição de um membro da equipe às metas da equipe e do processo do negócio. As avaliações são freqüentes quando os líderes das equipes e os gerentes/instrutores trabalham lado a lado. O foco da avaliação de desempenho anual ou semestral, então, muda para a fixação de metas e o planejamento do desenvolvimento do empregado.

Conforme sugerimos, todos os empregados do sistema de negócios devem sentir uma participação no produto deste sistema, bem como em sua produtividade total. Na reengenharia, a medição do desempenho se baseia no sucesso (indicadores de resultados) do sistema de negócios mais amplo em fornecer valor para os clientes. As prioridades e as preocupações locais ficam em um distante segundo plano. Por exemplo, um departamento no início do fluxo não relutaria em estourar seu orçamento se isso diminuísse os custos globais de todo o sistema de negócios. Entretanto, com freqüência, os sistemas de remuneração possuem mecanismos antidesempenho embutidos — tais como indicadores de "realização do orçamento" avaliados pelo gerente do departamento. De forma semelhante, trabalhadores individuais podem estar motivados a manter elevados os índices de utilização da máquina como um indicador de sua produtividade, independente de o usuário seguinte necessitar da produção extra. Para compensar essas deficiências, muitas empresas devem considerar diferentes formas de recompensa monetária grupal, tais como a participação nos ganhos (os planos mais comuns são o Scanlon, Rucker e Improshare), a participação nos lucros e a participação acionária, em que todos os empregados compartilham os ganhos econômicos da empresa.

Em essência, a participação nos ganhos é um programa de incentivos para promover e recompensar o trabalho de equipe em toda a organização. Os planos de participação nos ganhos possuem dois componentes: um canal de contribuições dos empregados (sugestões de melhoria) e uma fórmula de bônus que compara o desempenho com os objetivos operacionais, calcula o impacto da melhoria e distribui bônus em dinheiro entre os membros da organização. A participação nos ganhos difere da participação nos lucros, que está vinculada a condições da empresa além do controle do empregado (por exemplo, provisões de impostos, fixação de preços, condições de mercado etc.)

A participação nos ganhos recompensa todos os trabalhadores de um sistema específico de negócios por determinadas melhorias dentro de seu raio de controle. Por exemplo, a Analog Devices recompensa todos os empregados da fábrica por cumprirem as metas de seu Plano de Melhoria da Qualidade.

A participação nos ganhos é uma ferramenta poderosa para reforçar o trabalho interfuncional de equipe. É, portanto, fundamental que os indicadores de desempenho corretos sejam empregados. Um novo sistema de avaliação de desempenho será menos eficaz sem um sistema de incentivos e remuneração novo e apropriadamente alinhado. Um novo sistema de incentivos seria um desastre se os fatores errados fossem recompensados. Os dois programas devem combinar como a mão e a luva.

O fator-chave de projeto no sucesso dos sistemas de gerenciamento do desempenho são os indicadores usados na fixação das metas e na avaliação e remuneração dos indivíduos e das equipes. De fato, consideramos o projeto de um novo sistema de avaliação de desempenho e o contexto em que ele é definido como os componentes mais críticos do sistema de gerenciamento do desempenho. Esse esforço de projeto é abordado no Capítulo 8.

NOTAS

1. Henry Mintzberg, *The Structure of Organizations*. Englewood Cliffs, N.J., Prentice Hall, 1979.

2. Russell L. Ackoff, *Creating the Corporate Future*.

3. Peter F. Drucker, "The New Society of Organizations", *Harvard Business Review*, setembro-outubro de 1992).

4. Ibidem.

5. Peter F. Drucker, "The Coming of the New Organization", *Harvard Business Review*, janeiro-fevereiro de 1988.

6. Rosabeth Moss Kanter, "The New Managerial Work", *Harvard Business Review*, novembro-dezembro de 1989.

7. As opções de equipe discutidas no Capítulo 5 dizem respeito às operações de linha de frente. Embora a maior parte delas exija uma representação multifuncional e a capacidade de atacar problemas de forma sistemática, permanece a questão das funções de assessoria restantes. Parafraseando Stan Davis, co-autor de *Visão 2020*, "o pessoal de assessoria é como gordura: um pouco é necessário e saudável, mas o excesso é mortal". As funções de assessoria devem existir para ajudar o pessoal da linha a se tornar mais competitivo.

8. Bruce W. Tuckman, "Development Sequence in Small Groups", *Psychological Bulletin 63*, nº 6 (1965), p. 384-99.

9. "Work Design, Teams and Rewards at Saturn", *ACA Journal*, primavera-verão de 1993.

10. "The Secrets of Fidelity's Success", *Quality Progress*, junho de 1993.

11. James Brian Quinn, *Intelligent Enterprise*. Nova York, Free Press, 1992.

Capítulo 8

Projeto de Metas e Indicadores para a Melhoria Contínua

Se tudo parece estar indo bem, você obviamente desconsiderou alguma coisa.
5ª Lei de Murphy

Propósito do Capítulo: *Os esforços para se obter a melhoria radical introduzirão instabilidade em qualquer sistema organizacional. Simplesmente não conseguimos planejar suficientemente bem para que tudo dê certo imediatamente. A melhoria contínua deve ser estimulada pelo projeto. Neste capítulo, abordamos três tópicos críticos: (1) o projeto de um novo sistema de avaliação de desempenho, (2) o processo formal de solução de problemas e (3) o estabelecimento do contexto em que as metas são fixadas.*

Dada a dinâmica da reengenharia e os múltiplos ciclos de *feedback* de informações presentes, os "artistas" da reengenharia dispõem de uma oportunidade única para refletir sobre o projeto, para aprender com a experiência real e para melhorar a composição com o tempo. É, portanto, essencial *como parte do processo de projeto* "embutir" a melhoria contínua na forma de indicadores de desempenho, de pontos de coleta de dados para a solução de problemas e de metas sincronizadas através do processo.

O Papel dos Indicadores na Obtenção da Mudança Durável[1]

Em nossa opinião — e na opinião de um número crescente de pioneiros na reengenharia —, a avaliação de desempenho é o meio individual mais poderoso de assegurar o sucesso da reengenharia. Apropriadamente projetada e implementada, ela continua a motivar as equipes e os indivíduos bem depois de passado o entusiasmo do projeto de reengenharia.

Os indicadores apropriados e a forma como são usados contribuem bastante para o enfrentamento do onipresente "problema das comunicações" de que toda organização sofre. Um bom sistema de avaliação também é um elemento-chave para se assegurar a melhoria contínua e a aprendizagem.

As causas do fracasso da implementação, que realçamos no Capítulo 1, são mais sutis e numerosas do que a simples incapacidade de chegar até o fim. Essas causas originam-se do fato de que a reengenharia resulta necessariamente em grandes mudanças nos sistemas e na estrutura — no funcionamento das organizações. A implementação bem-sucedida dessas mudanças requer mudanças duráveis e abrangentes no funcionamento da organização como um sistema total e no comportamento dos departamentos individuais e das pessoas naquele sistema.

Exigências com a Organização

As metas da maioria dos processos reestruturados se confundem com as metas estratégicas do negócio. Entre elas, costumam figurar o crescimento mais rápido, uma maior participação no mercado, melhores retornos, lucros maiores etc. Por detrás da maioria dos esforços de reengenharia, estão estratégias como lançar novos produtos e serviços que atendam melhor as necessidades dos clientes em metade do tempo costumeiro. Outra estratégia pode focalizar o aumento da satisfação dos clientes através de melhorias substanciais na qualidade dos produtos e serviços, e ainda outra pode preconizar reduções de preços ainda mais agressivas viabilizadas por custos grandemente reduzidos. Geralmente, os planos que respaldam tais estratégias exigem que a organização funcione de modo diferente.

A implementação bem-sucedida de tais estratégias exige não apenas abordagens de reengenharia, como também mudanças fundamentais no comportamento da organização existente e de seus sistemas de negócios. Isso inclui todas as funções, pessoas, tecnologias, fluxos de trabalho, políticas, procedimentos, sistemas de avaliação de desempenho e a sua interação na consecução de um negócio existente ou novo. Cada organização possui sua própria cultura e potenciais de desempenho (fortes e fracos), inclusive uma habilidade inerente de resistir à mudança. Esses elementos dentro de uma organização se inter-relacionam em formas extraordinariamente complexas e sutis.

A reengenharia serve como fulcro da implementação da estratégia mais ampla. Em quase todos os casos, ela requer que uma organização implemente uma seqüência de passos de ação. Cada passo de ação especifica o escopo do trabalho a ser realizado, a natureza do "produto" quando o trabalho estiver completado, os recursos necessários (inclusive os indivíduos-chave que estarão trabalhando na tarefa), a pessoa responsável pelo cumprimento do compromisso e a data de término. A implementação de qualquer plano de ação (e, por implicação, de qualquer estratégia) é monitorada e avaliada relacionando-se o progresso real com a conclusão das tarefas do plano de ação.

Entretanto, levar a cabo um plano de ação de reengenharia não significa necessariamente que as metas do projeto tenham sido implementadas com sucesso. Uma ação marca normalmente apenas o *início* de uma mudança no sistema de negócios (consulte novamente a Figura 1.6). A plena realização do intento dessa mudança durante um período de tempo sustentado é um caso diferente. Por exemplo, um projeto de reengenharia poderia requerer a instalação de equipes de trabalho autodirigidas, o desenvolvimento de novas habilidades e uma mudança no *layout* físico do espaço de trabalho. Uma vez realizadas essas ações, um processo de monitoramento baseado somente no projeto de reengenharia sinalizaria que a implementação estaria completa. Contudo, na realidade, os ganhos pretendidos por tais ações só seriam obtidos depois que os resultados tivessem sido alcançados e preservados durante algum tempo.

Temos observado repetidamente em várias organizações diferentes dois grandes dilemas que costumam comprometer o sucesso dos esforços de reengenharia. Não se consegue contar com o tempo e a atenção sistemáticos dos executivos seniores e de seus subordinados diretos — por mais competentes e bem-intencionados que sejam — necessários para impelir a implementação no nível operacional durante o tempo total de execução de um esforço de reengenharia (que atinge de dois a três anos).

O outro dilema advém da diferença fundamental entre a natureza de uma nova estratégia de negócios e a rotina do dia-a-dia. Como tanto os processos essenciais como as estratégias de negócios abrangem várias áreas funcionais, as mudanças operacionais a serem implementadas envolvem a organização como um todo, tanto quanto seus departamentos componentes. A implementação bem-sucedida requer uma abordagem integrada e sistemática. Entretanto, como as atividades do dia-a-dia costumam carregar a bagagem do *modus operandi* anterior e, geralmente, têm preferência (na atenção dos gerentes) sobre quaisquer esforços associados com novas estratégias, é muito fácil esses novos esforços fracassarem ou serem adiados. Mesmo existindo um forte e amplamente compartilhado compromisso com a reengenharia de um processo de negócios, essas boas intenções podem rapidamente se desvanecer e a implementação ser interrompida, à medida que as pressões e as crises do dia-a-dia façam com que os indivíduos mudem suas prioridades e dispersem seus esforços. O que começa como uma tentativa de revolucionar o trabalho pode descambar na "rotina do dia-a-dia". Somente algumas opções do projeto são instaladas e as aparentemente "completadas" jamais vêem a plena realização do projeto de alto nível.

Mesmo quando um processo sofreu reengenharia, os empregados muitas vezes acham difícil se sintonizar com as novas metas e objetivos da organização — por melhor que tenham sido enunciados durante o projeto de reengenharia. Afinal, a "má comunicação" integra a pequena lista de problemas de quase todas as empresas — reestruturadas ou não. A comunicação inadequada leva à desorientação e pode confundir os melhores planos de implementação e de transição.

O Processo de Mudança Quando Indicadores Impulsionam as Ações

Indicadores voltados para os clientes e estrategicamente alinhados, integrados e instituídos no nível do processo essencial e de seus componentes sinalizam continuamente à gerência e aos empregados o que é mais importante no trabalho do dia-a-dia e para onde os esforços devem ser dirigidos. Ademais, indicadores departamentais estrategicamente orientados fornecem à gerência e aos empregados meios de identificação com o sucesso da estratégia por detrás do esforço de reengenharia e de rastrear sua contribuição para sua realização. Os indicadores podem servir como ferramentas tanto informativas como motivacionais. Ao contrário da atenção e do comportamento da gerência, facilmente perturbáveis e inconsistentes, um conjunto "apropriado" de indicadores integrados no nível departamental fornece um sinal firme, contínuo e altamente visível a todos os engajados no processo reestruturado. É por isso que um conjunto apropriado de indicadores de desempenho pode ser o meio individual mais poderoso de assegurar o sucesso de um esforço de reengenharia.

Infelizmente — conforme observou Peter Drucker —, poucas organizações chegaram perto de estabelecer um sistema de avaliação de desempenho estrategicamente orientado:

> A quantificação tem sido a mania nos negócios e na economia nos últimos cinqüenta anos. Os contadores proliferaram com a mesma rapidez dos advogados. Entretanto, não temos os indicadores de que precisamos... Os informes financeiros, os balanços, os informes de lucros e perdas, as alocações de custos etc. são um raio X do esqueleto da empresa. Todavia, grande parte das moléstias de que comumente morremos — ataque cardíaco, câncer, mal de Parkinson — não aparecem em um raio X do esqueleto. (Similarmente,) uma perda da posição no mercado ou uma incapacidade de inovar não são registradas nas cifras do contador, a não ser quando o mal já foi perpetrado. Necessitamos de novos indicadores — chamemo-los de uma auditoria empresarial — que nos dêem o controle efetivo sobre a empresa.[2]

A maioria das empresas possui uma miscelânea de indicadores que evoluíram com o tempo — a maior parte em desacordo com os novos modelos empresariais. Alguns podem até solapar a implementação, por desviarem a atenção para as questões "erradas" (por exemplo, uma ênfase excessiva na redução de custos), quando a necessidade estratégica básica é acelerar o tempo de ciclo para agilizar o tempo de lançamento de novos produtos.

O que é necessário, então, para projetar e instituir um sistema eficaz de avaliação de desempenho? O restante deste capítulo se dedica a esta questão.

Projeto de Indicadores Contemporâneos de Desempenho

A reengenharia provavelmente exporá as deficiências informacionais e motivacionais da avaliação da produtividade tradicional. Durante e após a reengenharia, os gerentes precisarão de sinais claros, atuais e relevantes de seus sistemas de informações internos para entender as causas básicas dos problemas, desencadear ações corretivas e respaldar decisões operacionais e financeiras em todos os níveis da organização. Frustrados com as inadequações dos indicadores anteriores, as equipes de reengenharia podem se ver tentadas a obliterar os velhos conjuntos de indicadores de orientação financeira e a contar somente com um novo conjunto de indicadores voltados para a qualidade. Não acreditamos que essa seja a solução. A maioria dos executivos que conhecemos não dará esse salto de fé. Eles continuarão acompanhando os indicadores financeiros e não-financeiros. Afinal, eles são responsáveis por ambos.[3]

PRINCÍPIO DA MELHORIA CONTÍNUA 1:
Desenvolva um Conjunto Equilibrado de Indicadores de Desempenho Que Funcionem como Indicadores-Mestre da Empresa.

A reengenharia não só torna obsoleta a velha organização, como também extingue muitos dos antigos indicadores de sucesso. *A reengenharia exige o projeto e a instituição de novos sistemas de avaliação de desempenho como parte do processo de reengenharia.* A sua não-realização é uma das principais razões pelas quais os esforços de reengenharia fracassam ou ficam aquém das expectativas da gerência.

No reprojeto dos padrões do processo essencial, os indicadores devem:

- Comparar o desempenho com as expectativas dos clientes — trazendo a organização para mais perto dos clientes e envolvendo todos seus integrantes em satisfazê-los.
- Servir de elo na cadeia de clientes internos e fornecedores, transformando antigas rivalidades entre departamentos em equipes interfuncionais voltadas para metas comuns.
- Ajudar a identificar o desperdício em seus diferentes disfarces — atrasos, defeitos, erros e excedentes — e concentrar a ação na redução do desperdício.
- Traduzir objetivos estratégicos nebulosos em termos concretos, acelerando assim o grau de aprendizagem da organização.
- Obter o consenso pró-mudança ao recompensar o comportamento correto.

Em *Measure Up! Yardsticks for Continuous Improvement*, expusemos uma metodologia específica para (1) respaldar as prioridades da alta gerência de forma sistemática de cima a baixo na organização; (2) agregar indicadores de forma a prover os agentes de decisões das informações corretas na hora certa; (3) equilibrar e integrar os indicadores financeiros e não-financeiros da empresa; e (4) comunicar *feedback* sobre o desempenho do processo essencial horizontalmente nas redes internas de clientes-fornecedores, suprindo cada parte das informações de que necessita para ajudar a otimizar o sistema.[4]

A pirâmide do desempenho mostrada na Figura 8.1 representa nosso modelo para se atingirem esses objetivos. No nível superior, uma visão do negócio é articulada pela gerência sênior. Por exemplo, a Seiko adotou a visão de que os relógios faziam parte do ramo da moda, e não apenas do setor dos marcadores de tempo. Essa visão inaugurou uma era totalmente nova em que novos produtos eram lançados *diariamente*! A Apple Computer é outro bom exemplo do poder da visão. Steve Jobs e George Wozniak tiveram uma visão nova da computação por parte dos usuários finais — ajustar a tecnologia à forma como as pessoas trabalham e ajudá-las a ser mais produtivas.

No segundo nível, os objetivos de cada unidade de negócios são definidos em termos do mercado (participação no mercado, penetração dos novos produtos etc.) *e* em termos financeiros (retorno do investimento, lucros, fluxo de caixa, valor agregado etc.). Estratégias são formuladas descrevendo como esses objetivos serão alcançados. No terceiro nível, para cada processo essencial — como "lançamento de novos produtos", "atendimento de pedidos" ou "serviço pós-vendas" —, objetivos e prioridades operacionais mais tangíveis são definidos em relação à "satisfação dos clientes" (ou seja, como as expectativas dos clientes são tratadas quanto a qualidade e fornecimento no processo essencial), da "flexibilidade" (a responsividade ou adaptabilidade do processo essencial) e da "produtividade" (como os recursos são gerenciados). Os objetivos são, depois, convertidos em critérios operacionais específicos: "qualidade", "entrega", "tempo de ciclo" e "desperdício" para cada departamento ou componente do sistema de negócios.

Na base da pirâmide, estão os sistemas de avaliação de desempenho, que incluem, além dos indicadores de resultados, um conjunto de indicadores de processos, que tratam da qualidade da própria experiência de trabalho e do grau de aprendizagem organizacional. Tais indicadores podem incluir o número de atividades ou de tarefas certificadas, o número de decisões que precisam ser tomadas fora das equipes de trabalho, o número de atividades de solução de problemas iniciadas, meias-vidas, o número de voluntários para a rotatividade de tarefas etc.

Continuamos acreditando tanto quanto acreditávamos quando escrevemos *Measure Up* que esse modelo representa o que Hammer, Champy e outros denominam "indicadores contemporâneos de desempenho".[5]

Figura 8.1 ◆ A Pirâmide do Desempenho

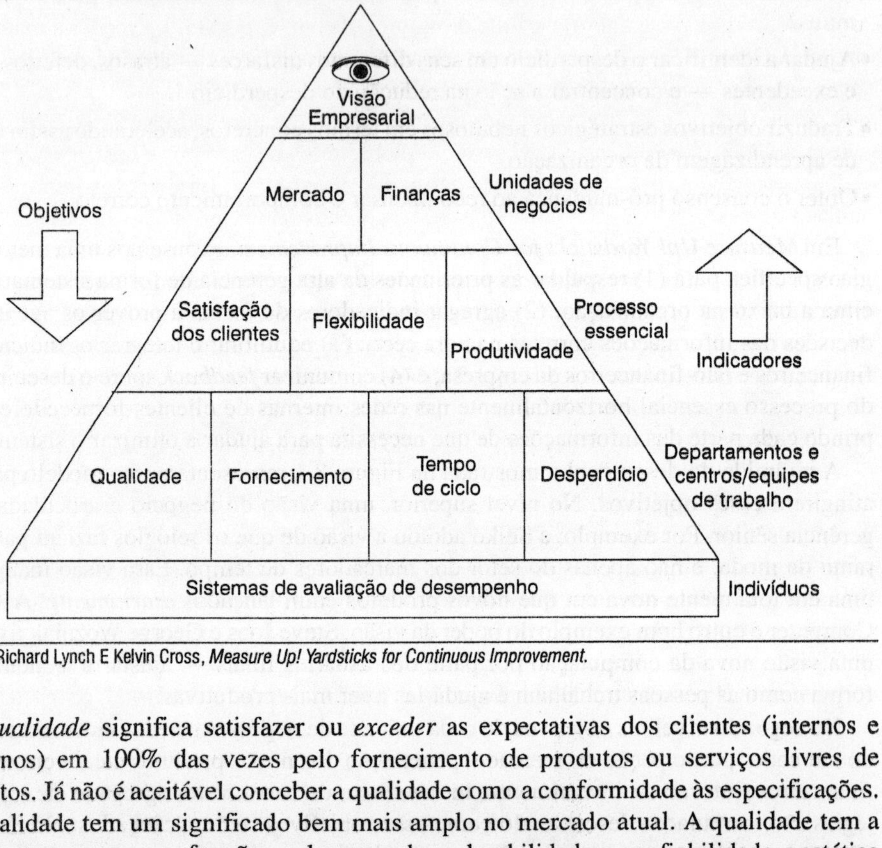

Fonte: Richard Lynch E Kelvin Cross, *Measure Up! Yardsticks for Continuous Improvement.*

Qualidade significa satisfazer ou *exceder* as expectativas dos clientes (internos e externos) em 100% das vezes pelo fornecimento de produtos ou serviços livres de defeitos. Já não é aceitável conceber a qualidade como a conformidade às especificações. A qualidade tem um significado bem mais amplo no mercado atual. A qualidade tem a ver com os recursos, as funções, o desempenho, a durabilidade, a confiabilidade, a estética e a qualidade percebida.

A *entrega* se refere à quantidade de produtos ou de serviços fornecidos pontualmente ao cliente, ao usuário ou ao próximo departamento, conforme definido pelo cliente. Na medida em que *just-in-time* é adotado em um número crescente de empresas, "no prazo" significa exatamente o mesmo. Expedir antecipadamente é tão inaceitável como expedir com atraso.

O *tempo de ciclo* é a soma dos tempos de processo, de deslocamento, de retardo, de inspeção e de armazenagem. Somente o tempo de processo é considerado um tempo "com valor agregado". O tempo de pré-teste do modelo [*throughput time*] também exprime o mesmo significado.

É importante distinguir entre o tempo de entrega e o tempo de ciclo. Por exemplo, uma empresa de aviação promete que o vôo que parte de Newark às 6:30 chegará em Boston às 8:00. Essa hora de chegada marca a entrega da perspectiva do cliente. Entretanto, para garantir uma pontualidade de 97%, a empresa de aviação tem que levar em conta causas imprevisíveis ou especiais de atrasos (mau tempo, tráfego aéreo etc.). A maioria dos vôos chega no destino em uma hora; alguns em pouco mais de quarenta minutos. Porém, alguns levam até noventa minutos. De modo a assegurar 97% de chegadas em até noventa minutos, a empresa de aviação necessita de um tempo de ciclo médio de sessenta minutos. Concentrar-se na redução do tempo de ciclo (por exemplo, embarque e desembarque, carga e descarga da bagagem) permite diminuir o desvio e, portanto, exceder a marca de pontualidade de 97% — ou favorece a margem competitiva, através da promessa de viagens ponto a ponto mais velozes (*ver* Figura 8.2).

O *desperdício* são as atividades e os recursos sem valor agregado para se satisfazerem as necessidades dos clientes. O desperdício inclui todos os esforços e custos associados a falhas, avaliações e excedentes. Essa definição tem algumas implicações importantes. Significa que esforços despendidos no reparo de defeitos ou na produção de 110 unidades para o aproveitamento de apenas 100 não representam um problema de qualidade, mas de custo. Esses problemas são internos, no sentido de que representam dinheiro e esforço despendidos para tornar correto o produto antes de ser repassado ao cliente (departamento mais à frente). No nível do processo essencial, o objetivo principal é melhorar a produtividade pela redução dos custos globais. No nível do departamento, o objetivo se torna mais específico: mensurar e eliminar as formas específicas de desperdício criadas em cada departamento ou função.

A pirâmide do desempenho está dividida em duas partes para mostrar as pressões/influências do mercado (lado esquerdo) e do acionista/banqueiro (lado direito). No nível da unidade de negócios/empresarial, os objetivos dos indicadores de mercado como "participação no mercado" e "participação relativa no mercado" são atingidos mediante a satisfação dos clientes e a flexibilidade. Os objetivos dos indicadores financeiros tradicionais de "rentabilidade", "fluxo de caixa" e "retorno do investimento" são atingidos alcançando-se os objetivos de flexibilidade e produtividade. Tradicionalmente, a produtividade tem sido medida no nível global: produtividade fatorial total, giro do ativo, valor agregado por empregado, custo das vendas etc. O problema desses indicadores é a sua natureza *passiva*, e não *ativa*. Não queremos dizer que os indicadores de desempenho tradicionais no processo essencial ou na unidade de negócios sejam incorretos. O problema está em sua insuficiência e má interpretação na organização.

Onde Medir

Os indicadores têm que ser concretos e específicos — indicadores com os quais os gerentes e os trabalhadores consigam se identificar no dia-a-dia. Esses indicadores também devem estar explicitamente vinculados ao valor que está sendo agregado, conforme percebido pelo cliente final. Se cada departamento ou grupo de atividades em um processo essencial (por exemplo, os Departamentos A, B e C na Figura 8.3) gera relatórios de qualidade, entrega, tempo de ciclo e desperdício, é fácil consolidar os dados para avaliar o sistema como um todo. Dado que os indicadores de qualidade e de entrega do sistema inteiro são determinados pelo cliente final, eles são refletidos pelos indicadores externos do último departamento ou pelo momento crítico de verdade na faixa do cliente. Assim, o desempenho do processo inteiro equivale ao desempenho do grupo que lida com o cliente final. Como um meio de avaliar o sucesso, essa abordagem exige que os gerentes locais focalizem nas necessidades do próximo departamento e nos valores globais definidos pelo cliente pagante. A medição do tempo de ciclo do processo essencial seria a soma dos tempos de ciclo dos caminhos críticos de cada departamento. De forma semelhante, o desperdício do sistema de negócios é a soma dos indicadores de cada grupo enunciados em "coisas" (por exemplo, número de itens retrabalhados, refugo) ou poderia ser mostrado como o valor do desperdício de cada departamento.

Figura 8.2 ◆ Chegada no Prazo

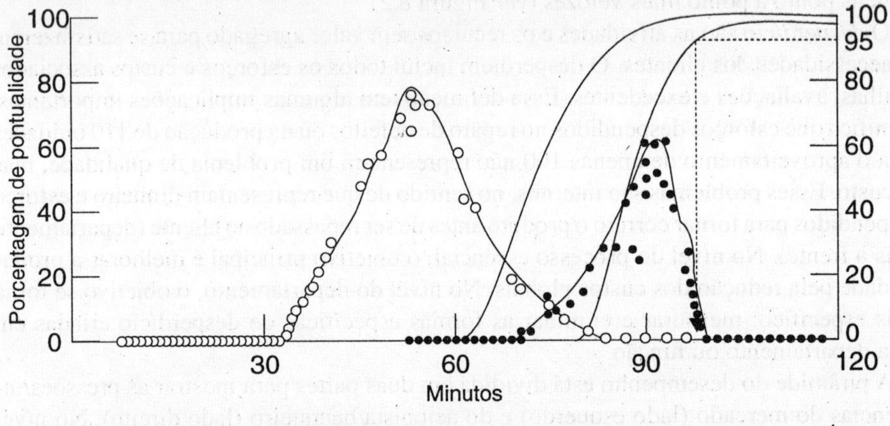

Os sistemas de avaliação de desempenho não podem mais focalizar apenas no desempenho passado. Em vez de olhar pelo espelho retrovisor do contador, os gerentes têm que aprender a interpretar a estrada à frente. Stan Davis, autor de *Future Perfect*, compara esses futuros sistemas de *feedback* aos mísseis sensíveis ao calor, capazes de corrigir a rota em pleno vôo para não perder de vista o esquivo alvo adiante:

> O controle estratégico toma as características de rastreamento e investigação da função de controle e, em vez de localizá-las no já ocorrido, situa-as no futuro. Ele rastreia continuamente como o futuro "X" está mudando, à medida que você dele se aproxima, de modo que, embora você continue gerenciando consoante objetivos futuros enunciados, esses objetivos são atualizados diariamente para corresponder à realidade em mutação.[6]

A Figura 8.3 forma a base de tal sistema estratégico de avaliação de desempenho, ao fornecer aos gerentes um mecanismo poderoso para assegurarem que seus indicadores de desempenho do dia-a-dia estão acompanhando de perto suas metas externas e que existem ciclos-chave de *feedback* para ajudá-los a fazer correções rapidamente. Claro está que os fluxos de trabalho reais raramente são tão harmoniosos e lineares. De fato, nas empresas de serviços, o usuário final entra em contato bem mais freqüentemente com a empresa.

Dada a dinâmica desse sistema, cada integrante consegue entender como contribui para o todo. Por exemplo, uma grande empresas de venda de computadores encomendados por via postal projetou a ficha de avaliação da Figura 8.4 para medir a eficácia das passagens de tarefas e a eficiência das atividades internas do processamento de pedidos.

Figura 8.3 ◆ Conexão com o Sucesso de um Processo Essencial

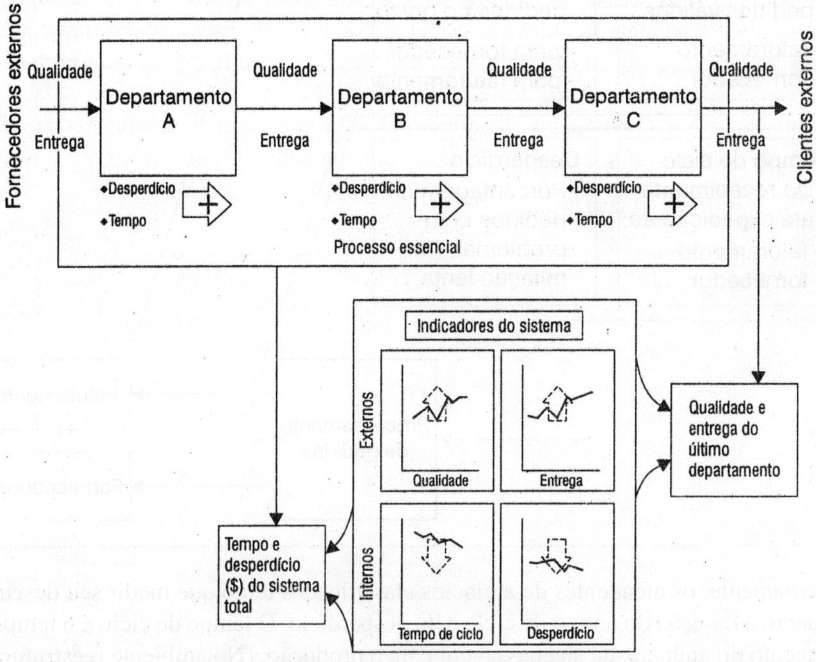

Fonte: Richard Lynch e Kelvin Cross, *Measure Up! Yardsticks for Continuous Improvement.*

O trabalho realizado por uma equipe em um jornal do meio-oeste norte-americano também ilustra o poder do alinhamento dos indicadores com as metas da reengenharia. Após a reestruturação dos fluxos de trabalho — seguindo uma orientação para o produto do processo de anúncios classificados, a gerência fundiu a área funcional que recebia reclamações sobre esses anúncios com o departamento de anúncios classificados —, os indicadores foram essenciais para continuar impelindo a melhoria contínua. Por exemplo, sem a reengenharia, talvez fizesse sentido avaliar a qualidade das informações fornecidas pelo departamento de reclamações aos atendentes do departamento de anúncios classificados. No processo reestruturado, inexistem passagens de tarefas envolvendo o departamento de reclamações como uma entidade separada. Todos estão envolvidos em receber e processar os anúncios e todos são avaliados quanto à qualidade e à entrega para o cliente no mercado.

Nesse novo fluxo de trabalho, o atendente de anúncios classificados só possui dois "clientes"-chave: um externo e outro interno. O cliente externo é o cliente do mercado — a pessoa ou a empresa que publica o anúncio. O cliente interno é o departamento de preparo/produção. São esses dois grupos que dependem da qualidade e da entrega no prazo pelos atendentes de anúncios classificados. Portanto, qualquer informe do desempenho dos atendentes deve conter indicadores da qualidade e da entrega para esses dois grupos.

Figura 8.4 ◆ Ficha de Avaliação dos Pedidos por Via Postal

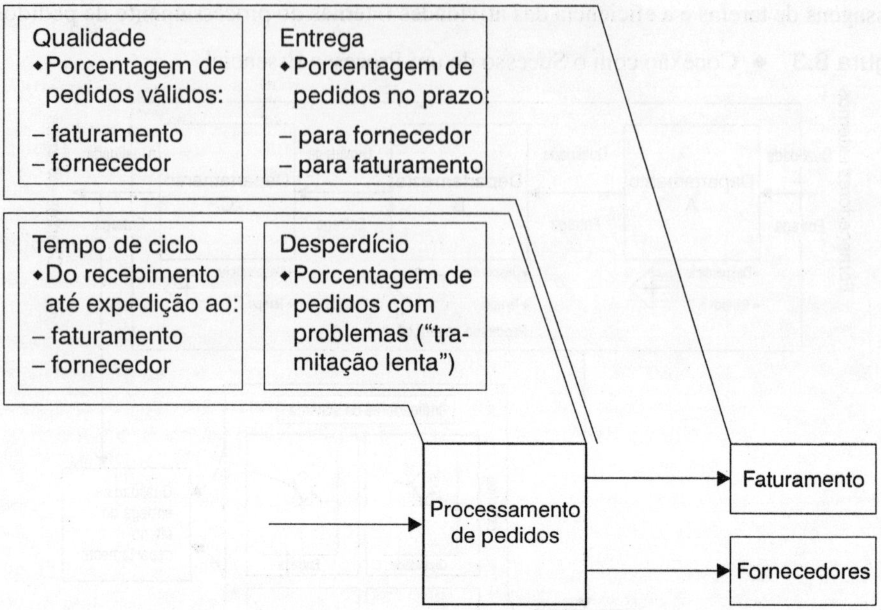

Internamente, os atendentes de anúncios classificados terão que medir seu desempenho quanto à redução do tempo de ciclo e do desperdício. O tempo de ciclo é o tempo do recebimento do anúncio até sua passagem para a produção. (No ambiente reestruturado, isso significa após a verificação de crédito e sem prova — o atendente redige o anúncio corretamente sem retrabalho.) O desperdício é certa indicação das atividades (tempo e esforço) além do essencial para cumprir as exigências de qualidade e entrega.

• A Figura 8.5 mostra a ficha de avaliação do processo reestruturado de anúncios classificados.

Feedback para a Melhoria Contínua

Além dos indicadores corretos, os indivíduos e as equipes necessitam de pontos de medição específicos de dados defeituosos. Além disso, precisam de métodos e de ferramentas para *solver* e *dissolver* exceções e problemas. Russell Ackoff traça uma distinção clara entre resolução de problemas, solução de problemas e dissolução de problemas.[7] A resolução de problemas [*problem resolving*] é a reação a falhas do serviço através de medidas *ad hoc* baseadas no julgamento subjetivo. A maioria dos gerentes e dos atendentes de clientes se orgulham da criatividade em resolver um problema ou uma falha do serviço para a satisfação do cliente.

PRINCÍPIO DA MELHORIA CONTÍNUA 2:
Projete Nós Críticos no Novo Sistema para o Feedback *de Ação Corretiva — um Processo para Melhorar o Processo.*

Figura 8.5 ◆ Ficha de Avaliação do Atendente de Anúncios Classificados

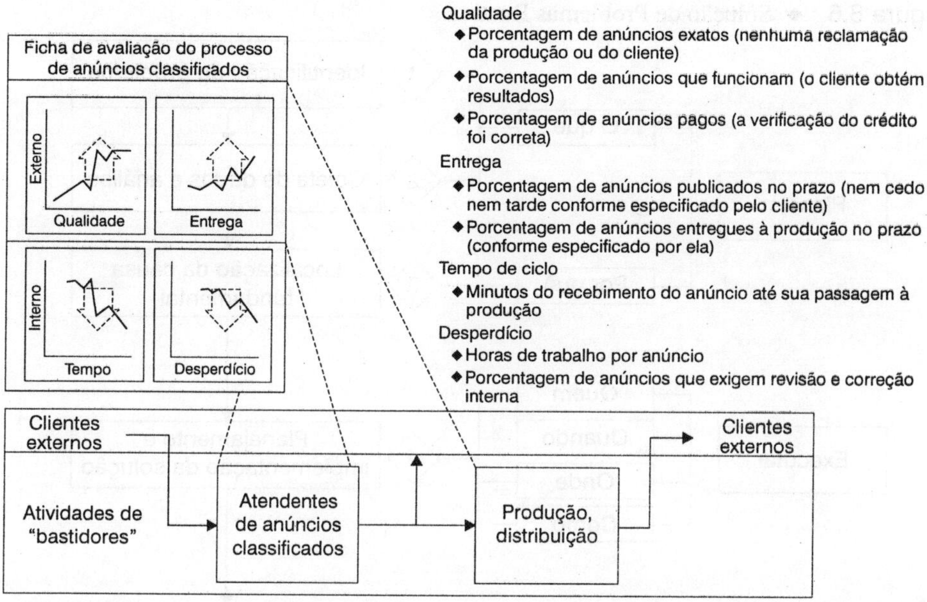

A solução de problemas [*problem solving*] incorpora métodos e indicadores mais científicos para eliminar um problema, conforme mostra a Figura 8.6. O método de sete passos mostrado na figura teve origem nas obras do falecido Walter Shewhart, um engenheiro da Bell Laboratories. Ele formulou o que é conhecido como "Ciclo de Shewhart" ou ciclo Plan-Do-Check-Act (PDCA) para descrever o processo de projeto experimental: Planeje [*Plan*] a experiência, Execute-a [*Do*], Verifique [*Check*] os resultados e Aja [*Act*] com base neles para melhorar o processo. Mais tarde, Deming usou o modelo PDCA a fim de descrever o ciclo de *feedback* básico para qualquer espécie de melhoria. O PDCA funciona bem para problemas cujas soluções sejam óbvias. Contudo, o modelo perde eficácia quando o problema não é prontamente compreendido. A União Japonesa de Cientistas e Engenheiros (JUSE) atacou essa falha no final da década de 1960 e início da de 1970 como parte do movimento do Círculo de Controle da Qualidade no Japão. Eles desenvolveram o método dos sete passos para um diagnóstico mais sistemático das causas fundamentais dos problemas e uma forma mais rigorosa de implementar soluções. Eles também simplificaram e padronizaram o formato da coleta de dados e ferramentas estatísticas para a melhoria da qualidade.[8] Os métodos de solução de problemas mais reativos compartilham um espírito, práticas, técnicas bem como ferramentas comuns, tais como os gráficos de Pareto, os diagramas de espinha de peixe e os diagramas de controle.

A dissolução do problema altera o sistema de tal forma a remover totalmente o problema. Em outras palavras, o problema deixa de surgir no sistema. Ackoff a denomina "abordagem de projeto" da erradicação de problemas. Ela difere do método dos sete passos mencionado tanto no escopo como no intento. Em vez de alterar os padrões em uma parte do processo de negócio, o objetivo é atingir o teoricamente ótimo do sistema de negócio reestruturado, abordando-se o sistema e não apenas a parte afetada.

Figura 8.6 ◆ Solução de Problemas Reativa

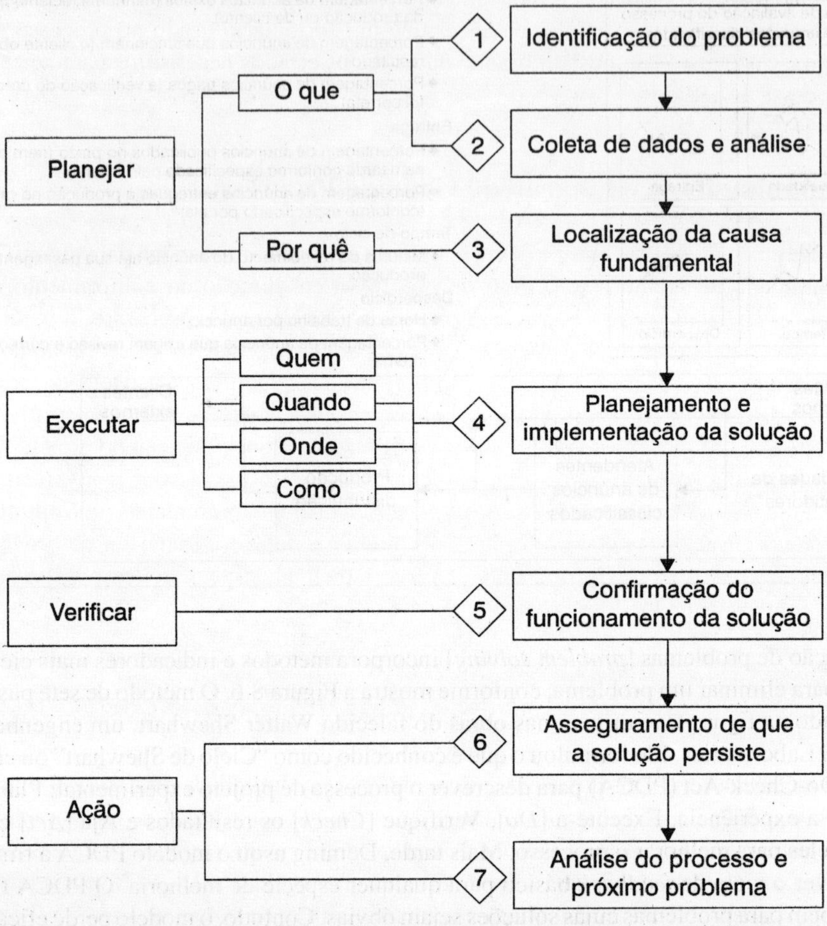

Fonte: Art Schneiderman, *Analog Devices, Inc.*

Os projetos de sistemas reestruturados de negócios devem incluir tanto a solução como a dissolução de problemas. Nos processos essenciais que projetamos, normalmente reservamos 25% da utilização dos empregados para o treinamento e a solução de problemas. Sugerimos outrossim o estabelecimento de equipes especiais (por exemplo, especialistas nos problemas de tramitação lenta) cuja tarefa é eliminar a fonte do problema. Sem esse foco e a busca da excelência, o projeto do novo processo poderá acabar não fornecendo os resultados esperados. A Figura 8.7 mostra como nós de dados críticos devem ser embutidos nos fluxos de trabalho reestruturados e se tornar parte do sistema interno de relatórios. Nesse exemplo de atendimento de pedidos, alguns pedidos e pagamentos não podem ser processados sem uma pesquisa adicional. Coletar dados sobre os tipos de informação faltante ajuda a equipe a focalizar no problema principal e em sua causa fundamental. Por exemplo, pedidos incompletos podem ser causados por informações incompletas fornecidas pelos clientes, por passos faltantes no processo de vendas, por erro de entrada de dados no computador etc. Se a barra maior do gráfico corresponder a informações incompletas dos clientes, a equipe realizará um *brainstorming* em busca das causas básicas. Por exemplo, pode ser que um formulário usado no processo seja ambíguo, acarretando campos em branco ou os dados errados necessários para a pessoa que processa os pedidos.

Acompanhamento e Fixação do Grau de Progresso

Outra incumbência de uma equipe de reengenharia é projetar um sistema para quantificar a oportunidade de melhoria e o grau de progresso em direção ao cumprimento dos objetivos estabelecidos. Ao desenvolver objetivos para clientes e processos, a gerência está de fato criando uma nova capacidade teórica para cada processo. Observando novamente a Figura 1.2 do Capítulo 1, vemos a importância de quantificar a capacidade teórica dos fluxos de trabalho reestruturados e os benefícios econômicos de reengajar as atividades do dia-a-dia de solução de problemas à realização do pleno potencial do projeto (por exemplo, eliminar o hiato entre o desempenho teórico do processo e o nível obtido inicialmente na implementação). As técnicas de modelagem apresentadas no Capítulo 6 (e abordadas em mais detalhe no Capítulo 9) ajudam a definir o potencial do processo essencial em termos de produtividade voltada para o cliente específico (responsividade, entrega, tempos de ciclo, desperdício etc.).

PRINCÍPIO DA MELHORIA CONTÍNUA 3:
Projete um Sistema para Quantificar a Oportunidade de Melhoria e o Grau de Progresso.

Art Schneiderman, ex-vice-presidente de qualidade e produtividade da Analog Devices, desenvolveu um método intrigante denominado meia-vida de fixação de metas realistas para se alcançarem as metas do negócio.[9] A meia-vida é o tempo em meses que deveria ser gasto para a redução dos defeitos — não plenamente eliminados na implementação inicial — à metade. A abordagem de Schneiderman difere de outras técnicas de fixação de metas. Historicamente, a fixação de metas tem sido mais uma arte do que uma ciência. Como resultado, as metas costumam ser "irreais". Por exemplo, "zero defeito" e "entrega 100% no prazo" geralmente não são alcançáveis, dado o processo em si ou o período de tempo solicitado. Conforme mostra Deming, dois são os problemas decorrentes: o *feedback* aos empregados é negativo ("você descumpriu a meta") e os empregados ficam frustrados porque os meios de atingir a meta não foram fornecidos.[10]

A aplicação do conceito de meia-vida à fixação de metas reconhece explicitamente as limitações do sistema atual, ao requerer o cálculo do nível de defeitos teoricamente mínimo, e implica que os empregados dispõem das ferramentas e de tempo para aplicar atividades de melhoria contínua ao defeito. Para Schneiderman, a meia-vida é o velocímetro do grau de melhoria. Schneiderman também forneceu diretrizes empíricas sobre em que devemos esperar que a meia-vida se baseie: (1) na dificuldade do problema e (2) no número de órgãos/funções envolvidos (*ver* Figura 8.8).

Figura 8.7 ◆ *Feedback* Embutido para a Melhoria Contínua

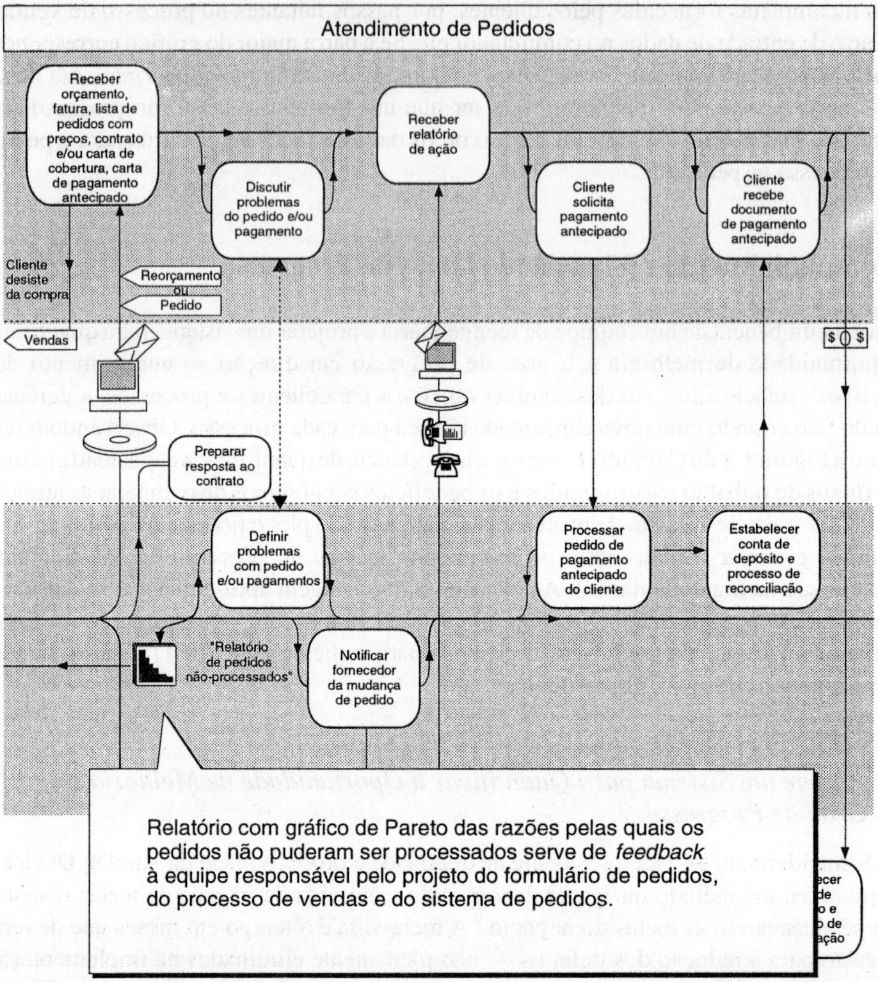

Para um problema de dificuldade baixa ou média em um departamento individual, esperaríamos uma meia-vida de um a três meses. Por exemplo, uma equipe de fabricação de cristais semicondutores da Analog Devices conseguiu identificar e eliminar a causa básica de um problema de abafamento em três meses. Por outro lado, a redução de um defeito à metade pode levar dois anos, se o problema for complexo e envolver muitos departamentos, fornecedores e clientes na ação corretiva. Por exemplo, a IBM obteve uma redução de defeitos de 50% a cada 22 meses como fornecedora, medidos por lotes defeituosos recebidos.[11] Assim aplicada, a meia-vida é um barômetro útil do grau de aprendizagem organizacional de qualquer equipe.

Além de ajudar qualquer equipe de solução de problemas a fixar metas, a meia-vida pode ser usada no processo de planejamento anual (metas de gerenciamento do desempenho e dos grupos). Definimos os sistemas de gerenciamento do desempenho como incluindo um processo claro e sistemático de planejamento, análise crítica, comunicação e *feedback*. O gerenciamento do desempenho lida com as habilidades e a motivação dos trabalhadores: um senso de importância; a compreensão do papel do indivíduo no quadro global e de sua contribuição para ele; e um domínio de um conjunto de habilidades. Entretanto, a maioria dos sistemas de gerenciamento do desempenho fica aquém disso. Em uma pesquisa de 1992, apenas 25% dos indagados afirmaram haver um vínculo claro entre o sistema de gerenciamento do desempenho e os objetivos de desempenho estratégicos e de negócios da equipe, da unidade ou do processo essencial.[12] Nas palavras de Victor Agruso, um consultor de recursos humanos da Hallmark: "Existe uma necessidade gritante de uma nova base de medição."

Figura 8.8 ◆ Diretrizes da Fixação de Metas

Metas de meias vidas (em meses)

Complexibilidade técnica	Baixa	Média	Alta
Alta	14	18	22
Média	7	9	11
Baixa	1	3	5

Complexibilidade organizacional (colunas: Baixa, Média, Alta)

Fonte: Art Schneiderman, *Analog Devices, Inc.*

Aplicação de Metas

A fixação de metas — independente do método seguido[13] — é uma atividade traiçoeira, devido às dificuldades de *timing*, foco e alinhamento. Primeiro, os gerentes devem normalmente desenvolver e aplicar metas como parte de um ciclo anual de planejamento de negócios. Isso geralmente significa que os gerentes dispõem de apenas dois ou três meses para conceber novos objetivos organizacionais e traduzi-los em algo mensurável. No Gerenciamento por Objetivos (MBO — Management By Objectives), esse exercício costuma ser realizado isoladamente dos demais departamentos no processo essencial — levando as partes a otimizar às custas do todo. Para aumentar o problema, os gerentes normalmente deparam com uma sucessão atordoante de metas e objetivos da alta gerência: reduzir custos, melhorar a qualidade, reduzir o tempo de lançamento, aumentar a retenção de clientes, melhorar os lucros e assim por diante. Finalmente — conforme argumentou Deming —, os empregados raramente recebem os meios e recursos específicos para alcançar as metas fixadas para eles.

A pirâmide de desempenho aborda algumas dessas preocupações, ao fornecer um modelo de tradução da visão e das metas da organização em indicadores concretos para todos os níveis na organização. A pirâmide também força verticalmente o alinhamento e a comunicação constantes das prioridades na estrutura da empresa e horizontalmente no processo essencial, além de ajudar a assegurar um conjunto harmônico de indicadores. Não obstante, as questões do *timing*, do foco e dos meios de alcançar as metas devem ser consideradas.

A questão do *timing* pode ser atacada pela integração contínua dos objetivos de longo e de curto prazos. O ponto de partida dessa análise é fora da empresa — conforme mostramos quando descrevemos a fase de análise da reengenharia —, avaliando-se as rápidas mudanças no ambiente empresarial com base nos novos dados tecnológicos, econômicos, culturais e políticos e compreendendo-se as tendências competitivas.

A questão do foco pode ser atacada gerenciando-se um máximo de três a cinco novas iniciativas e metas estratégicas durante um ciclo de planejamento. Por exemplo, uma empresa de serviços de informações vinha fixando metas com base em sua tradicional atividade como "intermediária": precisão das faturas, reclamações, tempo de ciclo dos pedidos e assim por diante. Com base na avaliação da alta gerência do mercado e da tecnologia disponível, novas iniciativas foram desenvolvidas para fornecer aos usuários finais as ferramentas e os softwares para processarem diretamente seu próprio trabalho. Em conseqüência, a empresa também procurou desenvolver sua habilidade de responder perguntas dos usuários finais através de uma mesa de ajuda. A gerência passou a enfatizar o desenvolvimento de novos serviços/softwares e instaurou uma nova meta de "encerramento de chamadas em tempo real". As metas de longo prazo foram fixadas com base em dados de *benchmarking* e metas específicas de um ano foram fixadas para a implantação da nova organização e o estabelecimento de indicadores de linha de base.

Para quaisquer iniciativas-chave, metas específicas (ou seja, resultados esperados) e meios (ou seja, diretrizes para se alcançar uma meta) devem ser estabelecidos. Metas e ações específicas e os meios necessários à realização dessas ações devem estar *explicitamente* alinhados com o processo de avaliação.

Acreditamos que o processo adotado pela Analog Devices exemplifica um eficaz sistema de cima para baixo de aplicação de metas. A Analog Devices começa estabelecendo o mínimo de defeitos teoricamente alcançável em um processo essencial (por exemplo, atendimento de pedidos). Esse é o ponto em que quaisquer melhorias radicais na capacidade teórica pós-reengenharia faria avançar os padrões. Durante o ciclo de planejamento do negócio, as tendências atuais são usadas no estabelecimento do nível de desempenho de linha de base para os poucos indicadores-chave de desempenho (por exemplo, entrega no prazo, peças defeituosas por milhão). A seguir, escolhe-se a meia-vida (da matriz da Figura 8.8) que determinará o grau de melhoria esperado, dadas as complexidades organizacional e técnica. Por exemplo, em um processo reestruturado, pode-se instalar uma tecnologia nova e complexa que afete diversos departamentos. Desse modo, a meia-vida selecionada para reduzir os defeitos à metade (por exemplo, peças defeituosas por milhão) seria de onze meses. No caso da Analog Devices, as discussões em torno da capacidade teórica e da meia-vida escolhida costumam envolver várias rodadas de discussão entre a alta gerência e o indivíduo responsável pelo resultado final. Uma vez aceita a meta, orçamentos específicos e planos de solução de problemas são delineados. Para assegurar a coerência, um gerente sênior é responsável por liderar um comitê-geral composto de líderes de projeto de várias equipes de solução de problemas — cada uma concentrada em contribuir para uma parte da meta maior (digamos, cortar pela metade as entregas atrasadas em doze meses). Destarte, as atividades de solução de problemas do dia-a-dia são coordenadas e focalizadas nos pontos de mais alta alavancagem, além de explicitamente reconhecidas no processo de orçamento. As equipes e os indivíduos são vinculados a esse processo pela inclusão de metas específicas em seus planos de gerenciamento de desempenho individuais.

A Analog monitora o progresso na realização das metas em vários fóruns e de várias formas. Análises críticas mensais formais pela alta gerência comparam o grau de progresso com as metas. A alta gerência também tem acesso *on-line* a dados de desempenho específicos em seu sistema de informações executivas. Ademais, líderes de equipes freqüentemente avaliam as atividades de solução de problemas de suas equipes, suprindo-as de *feedback* constante sobre as prioridades do processo essencial e de dicas sobre a solução de problemas. (Expandiremos este último tópico no Capítulo 12.) Dessa maneira, a Analog acopla seus mecanismos de ajuste dos planos de ação com seu processo de monitoramento do progresso em direção a metas específicas.

O relacionamento entre metas, ações e indicadores é mostrado na Figura 8.9.

A Natureza dos Sistemas Complexos

Em qualquer processo essencial ou mesmo subprocesso, a interação das variáveis pode ser estonteante. Ao se isolar um problema em uma área, como ter certeza de que a ação de solução de problemas escolhida não produzirá externalidades indesejáveis ou resultados antiintuitivos? Acreditamos que os sistemas de monitoramento e controle descritos anteriormente podem ser complementados pela modelagem dos negócios por meio dos princípios de sistemas desenvolvidos por Jay Forrester. Esses princípios ajudam a distinguir os sistemas abertos (os *outputs* respondem aos *inputs*, mas não exercem nenhuma influência sobre estes) dos ciclos de *feedback* ou sistemas fechados (*outputs* que são influenciados pelo comportamento passado).[14]

A compreensão da dinâmica sistêmica dos processos essenciais — suas pessoas, seus recursos e sua tecnologia — requer que o negócio seja modelado, validado e justificado e que os gerentes reajam proativamente ao *feedback* do sistema. Conforme veremos no Capítulo 9, a simulação de sistemas complexos fornece, nas palavras de Forrester, "um fundamento comum subjacente às 'duas culturas' da ciência e das humanidades e que as une".[15]

NOTAS

1. Esta seção se baseia em nossas colaborações com Arnold S. Judson. Essas idéias são expandidas nestes dois livros: Arnold S. Judson, *Making Strategy Happen: Transforming Plans into Reality* (caps. 11 e 12) e Richard Lynch e Kelvin Cross, *Measure Up! Yardsticks for Continuous Improvement* (cap. 3).

Figura 8.9 ◆ Metas, Ações e Indicadores

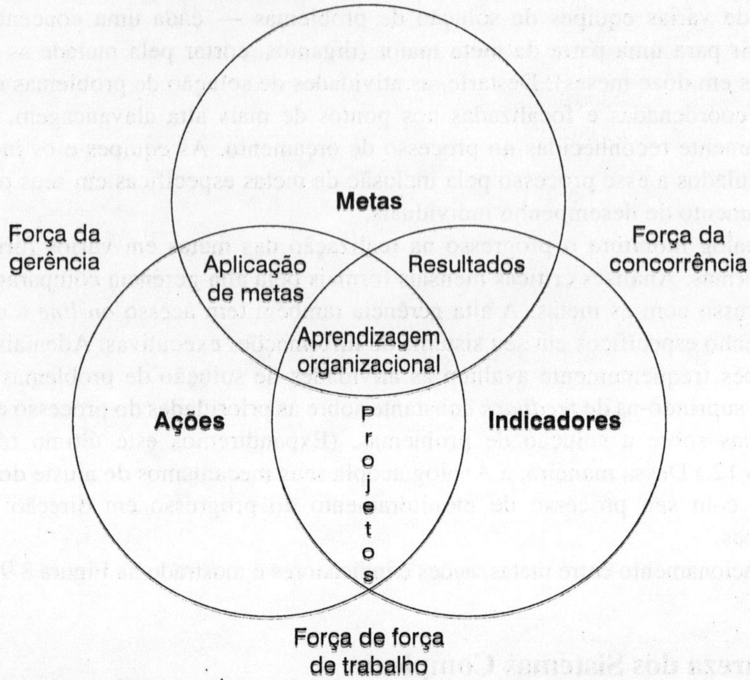

Fonte: Baseado em discussões com Tom Vollmann, da Universidade de Boston, e Art Schneiderman, *Analog Devices, Inc.*

2. Peter F. Drucker, "We Need to Measure, Not Count", *The Wall Street Journal*, 13 de abril de 1993.

3. C.J. McNair, Richard Lynch e Kelvin Cross, "Do Financial and Non-Financial Performance Measures Have to Agree?", *Management Accounting*, novembro de 1990.

4. *Ver* Lynch e Cross, *Measure Up!*, cap. 5.

5. Michael Hammer e James Champy, *Reengineering the Corporation: A Manifesto for Business Revolution.* [Ed. bras.: *Reengenharia: revolucionando a empresa.* Rio de janeiro: Campus, 1993.]

6. Stanley M. Davis, *Future Perfect*.

7. Russell L.Ackoff, *Creating the Corporate Future*.

8. Vários livros abordam a metodologia em sete passos. Eis duas das melhores fontes que conhecemos: Hitoshi Kume, *Statistical Methods for Quality Improvement* e Shoji Shiba, Richard Lynch e Ira Moskowitz, *The Seven-Step Method: A Problem-Solving Process for Continuous Improvement*. Cambridge, Mass., Center for Quality Management, 1991.

9. Para obter informações adicionais sobre meias-vidas e a fixação de metas, consulte Arthur Schneiderman, "Setting Quality Goals", *Quality Progress*, abril de 1988.

10. W. Edwards Deming, *Out of the Crisis*. [Ed. bras.: Qualidade: a revolução da administração. Rio de Janeiro, Marques Saraiva, 1990.]

11. Arthur Schneiderman, "Setting Quality Goals".

12. "Performance Management Gets Mixed Reviews from Senior Manager", *The Wyatt Communicator*, verão/outono de 1992.

13. Vários são os métodos para estabelecer a direção e o foco. Por exemplo, consulte Arnold S. Judson, *Making Strategy Happen: Transforming Plans into Reality* (caps. 9 e 11). Outro método que está conquistando a atenção é *Hoshin Kanri* — o termo japonês para o processo de aplicação de "metas" ou "políticas". (A tradução literal de *ho* é "método ou forma" e *shin* significa "agulha brilhante" ou "bússola".) Esse método foi desenvolvido na década de 1960 por equipes gerenciais da Bridgestone Tire, Toyota e Matsushita e pelo professor Yoji Akao,

da Universidade Tamagawa, no Japão. Para um estudo mais profundo de *Hoshin Kanri*, consulte Yoji Akao (org.), *Hoshin Kanri: Policy Deployment for Successful TQM*. Cambridge, Mass., Productivity Press, 1991.

14. Jay W. Forrester, *Principles of Systems*.

15. Ibidem. Eis outra impressionante semelhança na metáfora do Renascimento. Muitos dos artistas renascentistas eram primeiro artífices e depois artistas. Dada essa orientação, eles se sentiam igualmente à vontade nas artes e na ciência. (Leonardo da Vinci é o exemplo mais notável.)

Capítulo 9

AFASTAMENTO DA TELA

Quando consegue medir aquilo sobre o qual está falando e expressá-lo em números, você sabe algo a respeito; mas quando não consegue medi-lo, quando não consegue exprimi-lo em números, seu conhecimento é de uma espécie pobre e insatisfatória.
William Thompson (Lord Kelvin)

Propósito do Capítulo: *Este capítulo mostra por que, quando e como quantificar o novo projeto. Primeiro, mostramos como garantir que o projeto funcionará conforme tencionado pela equipe de projeto e, depois, apresentamos métodos de determinar se convém prosseguir com a implementação plena.*

Já observamos que, em qualquer processo essencial ou mesmo em qualquer subprocesso, a interação das variáveis é tão complexa e sutil que se torna estonteante. Como, então, nos assegurarmos de que o novo projeto funcionará conforme tencionado e fornecerá os benefícios esperados?

As respostas se encontram na quantificação do funcionamento interno de um processo para mostrar que funciona (*validação*) e, depois, na demonstração do impacto do novo processo e da nova organização de alto desempenho sobre os negócios (*justificação*).

Avaliar um processo reestruturado de negócios não difere muito de avaliar um projeto de novo produto. Por exemplo, quando um avião novo é projetado pela Boeing, antes que um protótipo seja construído, o projeto é *validado* mediante modelos computadorizados para se determinar o impacto das correntes de ar e do peso sobre aspectos como o conforto dos passageiros e as exigências de potência/combustível. Uma vez provado através de modelos de computador que o avião projetado funciona, os benefícios do novo projeto podem ser *justificados* à gerência para o financiamento de seu desenvolvimento. Nesse caso, a justificação é um avião que voará mais quilômetros com menos combustível e mais conforto para os passageiros. As conseqüências são passageiros felizes, mais receitas e lucros para as empresas de aviação e mais pedidos à Boeing. Porquanto as ações dos concorrentes podem anular alguns desses ganhos esperados, o impacto do novo projeto deve ser avaliado em um contexto competitivo.

Um novo processo de negócios assemelha-se ao projeto de um novo avião no fato de que pretende proporcionar um novo nível de desempenho competitivo. O primeiro passo é *validar* o funcionamento do projeto do novo processo e quantificar o que será preciso para fazê-lo funcionar — por exemplo, quantas pessoas são requeridas, onde são requeridas e o que farão. O segundo passo é *justificar* o projeto, mostrar os benefícios para os negócios e demonstrar à gerência que vale a pena implementá-lo. Na justificação, não se deve apenas pensar no funcionamento interno do processo, mas também focalizar na perspectiva do cliente e no contexto competitivo para os novos níveis de desempenho do processo de negócios.

A Figura 9.1 mostra os três contextos de validação e justificação: (1) processo, (2) clientes e (3) concorrentes. O contexto do processo requer a validação do funcionamento efetivo dos componentes do projeto; os contextos do cliente e competitivo requerem a avaliação do impacto e dos benefícios do novo projeto e a justificação de sua implementação.

No restante do capítulo, discutiremos:

- Por que quantificar o novo projeto.
- Quando quantificar o novo projeto.
- Como validar o funcionamento interno do projeto de um novo processo.
- Como justificar o novo projeto da perspectiva do cliente.
- Como justificar o novo projeto em um contexto competitivo.

Por Que Precisamos Quantificar

A quantificação das exigências, das características e dos benefícios de qualquer processo novo distingue os implementadores dos sonhadores. Desenvolver números durante a fase de projeto de um novo processo fornece importante *feedback* sobre certos fatores:

- Como funcionarão diferentes opções e alternativas de projeto.
- Que mudanças devem ser introduzidas antes do piloto e da implementação do projeto.
- Quão próximo você está das metas do projeto.

Através da quantificação desde cedo do projeto, as idéias começam a ser traduzidas em realidade operacional. Mais tarde, quando o projeto estiver pronto para o piloto ou para a implementação, os números serão a base para se vender a idéia à gerência, aos empregados e quiçá aos clientes e fornecedores.

Quando Quantificar

Contrariamente ao fluxo do projeto de reengenharia (mostrado na Figura 2.4), a quantificação e a validação do processo não ocorre de uma só vez durante o projeto de reengenharia. Validar e justificar um novo projeto é um trabalho tipicamente iterativo, que ocorre repetidamente através do projeto de reengenharia. A quantificação do processo atual durante a fase de análise fornece a linha de base de comparação. Durante os estágios iniciais do projeto de alto nível, cálculos aproximados permitem verificar se o conceito do projeto emergente é remotamente viável e compará-lo com o processo atual. À medida que o conceito é refinado em um projeto de alto nível, os números são recalculados para assegurar que o projeto está no caminho certo. À medida que o trabalho evolui para a fase de projeto detalhado, os cálculos se tornam mais detalhados, com o provável emprego de planilhas eletrônicas e ferramentas de simulação. (Às vezes, tal modelo computadorizado continua em uso bem depois de delineado e implementado o projeto, como uma ferramenta permanente de gerenciamento do dia-a-dia do processo.)

Figura 9.1 ◆ Os Três Contextos da Quantificação do Novo Projeto

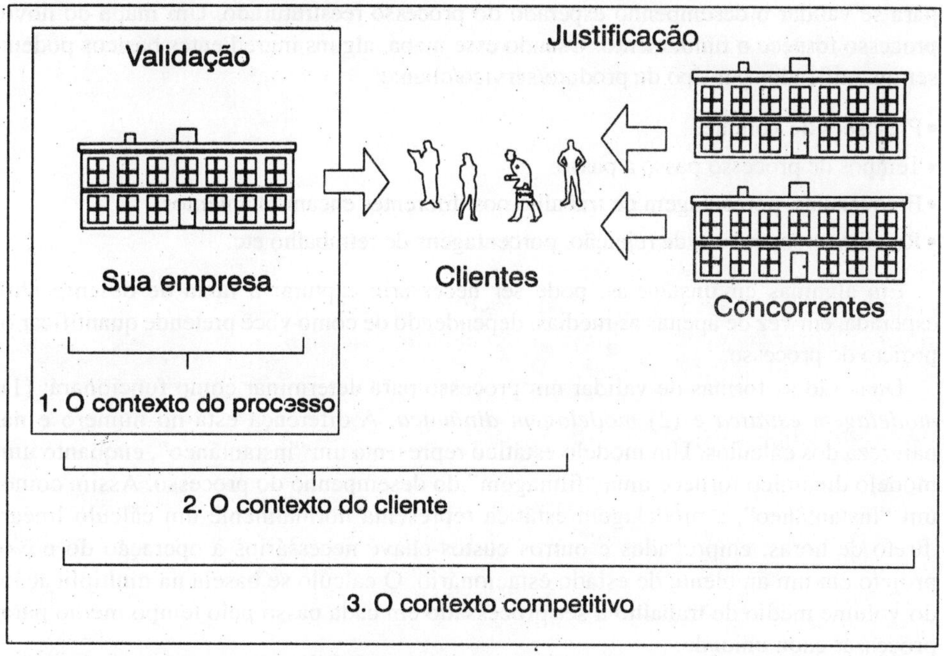

Entretanto, o momento mais crítico da validação do projeto é depois que os detalhes foram definidos, mas antes do piloto com trabalho real. Esse é o caso quando o piloto exige um investimento significativo ou implica um risco para a empresa. Em outras situações, em que um piloto não custa muito e o risco é baixo, a justificação da implementação em grande escala pode se dar após a experiência-piloto real. Na próxima seção, descrevemos como validar o funcionamento interno de um projeto de processo novo e detalhado. O modelo e a abordagem que descrevemos seguem essencialmente o mesmo conceito da quantificação, que pode ser efetuada em qualquer momento no projeto de reengenharia.

Conforme já dissemos, a validação e a justificação são, geralmente, um processo iterativo. Em cada ocasião em que o projeto é validado, pode ser novamente justificado. Entretanto, normalmente a principal justificação é requerida antes ou após o piloto de um novo processo.

Validação do Funcionamento Interno do Projeto de um Novo Processo

Em um projeto de reengenharia, a validação das características do projeto está ligada primariamente ao funcionamento interno do processo. O novo processo funcionará? Como funcionará? Quanto custará fazê-lo funcionar? Não há como implementar, ou justificar, um novo fluxo de trabalho sem se saber especificamente o que precisa ser mudado (Quantas pessoas? Fazendo o quê? Com que equipamento? Onde?).

No Capítulo 4, discutimos como quantificar os fluxos de trabalho representados no Mapeamento do Sistema de Serviço do estado atual. A mesma abordagem pode ser usada para se validar o desempenho esperado do processo reestruturado. Um mapa do novo processo fornece o fundamento. Usando esse mapa, alguns ingredientes básicos podem ser quantificados por tipo de produto/serviço/cliente:

- Previsões de volume.
- Tempos de processo passo a passo.
- Freqüências, porcentagem de trabalho nos diferentes encaminhamentos.
- Rendimentos, índices de rejeição, porcentagens de retrabalho etc.

Em algumas circunstâncias, pode ser necessário capturar a faixa de desempenho esperada, em vez de apenas as médias, dependendo de como você pretende quantificar o projeto do processo.

Duas são as formas de validar um processo para determinar como funcionará: (1) *modelagem estática* e (2) *modelagem dinâmica*. A diferença está no número e na natureza dos cálculos. Um modelo estático representa um "instantâneo", enquanto um modelo dinâmico fornece uma "filmagem" do desempenho do processo. Assim como um "instantâneo", a modelagem estática representa normalmente um cálculo linear direto de horas, empregados e outros custos-chave necessários à operação do novo projeto em um ambiente de estado estacionário. O cálculo se baseia na multiplicação do volume médio de trabalho a ser processado em cada passo pelo tempo médio para processar cada unidade.

À semelhança de um filme, um modelo dinâmico de fato simula o processamento de cada unidade de trabalho individual através de cada passo de trabalho e não recorre a médias. Muitos softwares de simulação de fluxos de trabalho chegam a exibir visualmente o "filme", permitindo que você veja o movimento do trabalho ao longo do processo.[1] A Tabela 9.1 compara a relativa simplicidade do cálculo de um modelo estático com os múltiplos cálculos requeridos para um modelo dinâmico.

Um modelo estático simplesmente calcula a necessidade total de tempo de cada passo do processo de uma forma relativamente simples. Por exemplo, suponhamos que mil pedidos cheguem diariamente por *fax* e que o primeiro passo seja separar esses *faxes*.

Assim, qual é a grande diferença entre um modelo de simulação dinâmica e um simples cálculo de planilha estático? Um modelo dinâmico representa uma verdadeira simulação do processo. Ele é dinâmico pelo fato de os tempos de chegada e de processo poderem ser programados para variar (aleatoriamente dentro de parâmetros especificados) para cada unidade de trabalho. Por exemplo, em nossa hipótese, os pedidos enviados por *fax* não chegarão exatamente a cada quinze minutos, nem serão todos processados em quinze minutos. Em um modelo dinâmico, o processamento de cada unidade de trabalho individual é calculado independentemente da próxima unidade de trabalho, conforme mostrado aqui. Embora ambos os tipos de modelagem sejam usados para prever o desempenho de processos, os modelos estáticos e dinâmicos têm, cada qual, seus próprios usos, características, vantagens e desvantagens.

Tabela 9.1 ◆ Cálculos na Modelagem Estática e Dinâmica

Um Modelo Estático
Cálculo de um Passo de Processo

1.000 pedidos/dia		250 minutos/dia de capacidade
x	=	de separação requeridos
0,25 minuto de separação/pedido		

Um Modelo Dinâmico
Cálculos de um Passo do Processo

Nº do Pedido	Tempo de Chegada	Tempo de Espera	Tempo de Início	Tempo de Processo	Tempo de Saída
1	0	0	0	0,25	0,25
2	0,25	0	0,25	0,12	0,37
3	0,55	0	0,55	0,20	1,75
4	1,50	0,25	1,75	0,50	2,25
...	...	...	...	...	...
1000	249,50	0,25	249,75	0,25	250,00

O Modelo Estático

Embora os cálculos individuais possam não ser sofisticados, um modelo estático pode se tornar bastante complexo. Pode haver um grande número de cálculos. Por exemplo, se um processo abrange cinco produtos e duzentos passos, determinar o tempo por passo por produto exigiria mil cálculos. Mas as coisas não param por aí. Os números precisam ser somados de duas formas:

1. A necessidade total de tempo de *cada atividade no processo* (que pode ser usada para o planejamento da capacidade, quer como um todo, ou talvez por nível de tarefa, por departamento ou por instalação).
2. A necessidade total de tempo de *cada tipo de trabalho* (por exemplo, por produto, por serviço, por segmento de cliente, por canal de distribuição, por tipo de pedido).

Tudo isso é mostrado na Figura 9.2, que representa um fluxo de trabalho de quatro passos extraído da seção de processamento de pedidos de um mapa do sistema de serviço. Os quatro passos são mostrados duas vezes. A Seção A mostra os encaminhamentos e tempos de processo típicos de pedidos difíceis ao longo dos quatro passos. A Seção B mostra os encaminhamentos e tempos de pedidos de rotina através dos mesmos quatro passos. Neste exemplo, existem cem pedidos difíceis e duzentos pedidos de rotina a ser processados. Pelo cálculo horizontal, podemos obter o tempo total, o tempo por pedido e o custo por pedido. Pelo cálculo vertical, chegamos ao tempo total requerido para cada atividade.

Tais cálculos podem ajudar em decisões estratégicas bem como táticas:

- Os pedidos difíceis levam duas vezes mais tempo e, portanto, custam duas vezes mais para serem processados do que os pedidos de rotina. Entretanto, essa empresa alocou um custo de 15 dólares para o manuseio de cada pedido e embutiu esse custo nos seus preços. Os pedidos rotineiros estavam subsidiando os pedidos difíceis. Os preços deveriam ser mudados para refletir os custos reais?
- Se os preços não puderem ser alterados e os custos totais de processamento de pedidos continuarem altos demais, para onde a equipe de reengenharia deveria se voltar a fim de melhorar o processo? Sem esse modelo, teria sido tentador examinar os dois passos que processam 100% do trabalho e tentar reduzir seus tempos de processo. No entanto, o modelo revela que são as exceções — a atividade fora do percurso principal (Passo 2) e a atividade com um ciclo de desvio (Passo 3) — que, conjuntamente, consomem mais de 60% do tempo total. Assim, a solução pode não estar em reduzir o tempo de processo desses passos, mas em reduzir drasticamente a porcentagem de pedidos que chegam a percorrer esses passos.

Tal revelação dos verdadeiros custos do processamento de diferentes tipos de produtos e serviços é, em essência, um exemplo simplificado do Custeio Baseado em Atividades. (Um modelo abrangente do Custeio Baseado em Atividades incluiu todos os custos, tais como equipamentos, espaço, funções e atividades de despesas gerais e quaisquer outros custos.) Quando a quantificação é completada de modo a incluir todos os elementos de custo, os resultados costumam ser esclarecedores e, às vezes, surpreendentes!

- Produtos/serviços que se imaginavam baratos se revelam caros, e vice-versa.
- Atividades imaginadas fora do percurso principal e insignificantes se revelam as mais caras.
- Umas poucas e pequenas mudanças operacionais e/ou de política conseguem, muitas vezes, reduzir drasticamente os custos.
- Uma linha de produto ou um segmento de cliente está subsidiando os outros.
- As alocações de despesas gerais muitas vezes não têm relação com a realidade.

Estudo de caso de simulação estática

Um serviço de banco de dados aplicou um modelo estático no estágio de validação de seu projeto de reengenharia para ajudar no ajuste fino do projeto detalhado. Como parte desse projeto detalhado se baseava na implementação de um novo sistema computadori-

Figura 9.2 ◆ Modelo Estático de um Processo de Pedido

Tipos de Trabalho	Encaminhamentos e tempos de processo	Tempo total (em minutos)	Número de minutos por pedido	Custo por ordem (a US$60/hora)
(A) Pedidos difíceis (volume = 100)	100% Passo 1 5 min. → 20% / 80% Passo 2 10 min. → 0% / 100% Passo 3 5 min. → 100% Passo 4 2 min.	2000	20	US$20
(B) Pedidos de rotina (volume = 200)	100% Passo 1 5 min. → 80% / 20% Passo 2 10 min. → 0% / 100% Passo 3 5 min. → 100% Passo 4 2 min.	2000	10	US$10
Capacidade requerida por passo (minutos totais) (A + B)	900 1200 1300 600	4000	15 (média)	US$15 (média)

zado de processamento de pedidos, eles precisavam examinar o impacto do novo sistema sobre o efetivo de pessoal.

Primeiramente, eles identificaram os vários tipos de trabalho a serem processados. Para as atividades de processamento de pedidos, os tipos de pedido eram (1) novos negócios, (2) pedidos individuais (em papel), (3) pedidos individuais (por telefone), (4) renovações (em papel) e (5) pedidos eletrônicos. Depois, eles especificaram os volumes de trabalho esperados durante o pico na sessão de renovação, bem como os volumes de pedidos fora do pico na sessão de não-renovação. Esses volumes foram definidos tanto pelo número de pedidos como pelo número de itens de linha por pedido.

Usando o mapa do processo de negócios reestruturado (que incorporava o novo sistema de processamento de pedidos), eles estimaram o volume percentual por tipo de trabalho que percorreria cada percurso. Depois, estimaram os tempos de processo por linha e por pedido, para cada tipo de pedido. Para algumas tarefas, o tempo de processo é determinado com base no pedido — onde o tempo de processo é o mesmo caso existam dois ou duzentos itens de linha no pedido. Para outras tarefas, o tempo de processo se baseia primariamente no número de itens de linha.

A equipe de reengenharia também reconheceu a necessidade de "fatorar" as horas totais para obter estimativas realistas do total de horas de mão-de-obra e do número de pessoas equivalentes em tempo integral necessárias. A Figura 9.3 fornece uma definição genérica dos fatores para o planejamento e a previsão da mão-de-obra.

Figura 9.3 ◆ Fatores para o Planejamento e a Previsão da Mão-de-obra

- *Utilização* – a porcentagem do tempo disponível para a efetiva execução das atividades descritas no mapa. Por exemplo, depois de deduzidas reuniões da equipe, treinamento e outras atividades ausentes do mapa, apenas seis horas do total de oito podem ser "utilizadas" – um fator de utilização de 75%.
- *Eficiência* – a porcentagem da produção esperada obtida durante o tempo utilizado. Em outras palavras, se o tempo de processo foi de trinta minutos por unidade de trabalho, você esperaria doze unidades em seis horas. Se apenas nove foram produzidas, a eficiência seria de 75%.
- *Comparecimento* – horas reais trabalhadas divididas pelas horas de trabalho esperadas
- *Horas disponíveis* – horas de trabalho esperadas (por exemplo, oito horas diárias, 240 dias por ano).
- *Custo da mão-de-obra* – salário-hora mais percentual de vantagens adicionais (20% a 35% para a maioria das empresas norte-americanas).

A base do modelo estático foram os tempos de processo estimados — os minutos para processar cada tipo de pedido ao longo de cada passo de atividade. Esses tempos de processo foram corroborados pelos passos a seguir:

- Comparação das estimativas com um quadro predeterminado e padrão de tempos e movimentos.
- Exame dos índices relevantes de um estudo de tempos obtido de uma empresa seguradora (seus padrões de tempos e movimentos de entrada de dados).
- Digitação de amostras de dados em telas de protótipo e medição do tempo.
- Medição do tempo de uma entrada de dados real, quando as novas telas de entrada de dados se tornaram disponíveis.

Os fatores de planejamento da mão-de-obra foram corroborados por estudos da divisão do trabalho realizados um ano antes para definir em que as pessoas estavam gastando seu tempo.

A primeira rodada do modelo quantificou o que aconteceria se o projeto fosse implementado. Baseou-se nas seguintes suposições:

- O novo sistema e os novos processos seriam usados exatamente como projetados.
- Não haveria mudanças no volume.
- Seria mantido o *mix* atual de trabalho (por exemplo, o mínimo de pedidos eletrônicos).
- Seriam mantidos os fatores de produtividade atuais.
- Não se estimaram quaisquer impactos à frente.
- A precisão e pontualidade do banco de dados permaneceriam as mesmas.
- Não haveria mudança na qualidade dos dados recebidos.
- Os pedidos telefônicos seriam manuseados *on-line* (sem registro do pedido em papel).

O resultado foi de fato "radical", mostrando uma melhoria de 100% da produtividade desse processo de negócio. Isso energizou a gerência sobre a premência da mudança. Graças a esses números, a "venda" para a gerência chegou a bom termo. O modelo também dotou o departamento de recursos humanos de uma contagem inicial para o dimensionamento da força de trabalho. Contornando-se os atritos e recorrendo-se a trabalhadores temporários, algumas demissões foram impedidas.

Antes que esses números finais emergissem, várias iterações do modelo foram processadas. De início, quando se revelou que algumas partes das operações realmente precisavam de 50% a mais de pessoal, a gerência reagiu com considerável surpresa.

Lembre-se, porém, que a validação e a justificação integram a fase de projeto. O momento de se surpreender é antes da verdadeira introdução de quaisquer mudanças.

Agora, examinemos com mais detalhe o desenrolar desse caso. Na parte do processo com um aumento do custo de mão-de-obra projetado, a primeira rodada do modelo indicou a necessidade de um investimento significativo em equipamentos e espaço adicionais no volume de pico. Desejando evitar esse investimento, a gerência usou o modelo para identificar as causas, avaliar várias alternativas do projeto e engendrar a solução. O modelo revelou as razões do aumento: o tempo e trabalho necessários para a manutenção de um banco de dados mais abrangente de informações do fornecedor (endereços, prazos, preços etc.).

Os pequenos fornecedores, "os muitos triviais", representavam a maioria desse trabalho adicional. Grande parte dos dados a serem digitados nas novas telas eram informações secundárias que não afetariam o processamento do pedido. A solução consistiu no reconhecimento de que parte da entrada de dados poderia ser totalmente eliminada e parte transferida para fora do período de pico. Embora uma minoria de clientes julgasse úteis tais informações, elas não eram essenciais. Eliminando-se tais informações ou transferindo-se sua entrada para fora da época de pico, a grande maioria dos clientes jamais perceberia a diferença.

O resultado final desse esforço foi um conjunto de políticas claras sobre as épocas de manutenção das informações dos fornecedores.

Por Que Usar um Modelo Estático?

Os modelos estáticos são mais simples de construir e de usar que os modelos dinâmicos. Embora a variação dinâmica reflita a realidade de cada fluxo de trabalho, na maioria dos casos, percorrer todos os passos da modelagem dinâmica de todo um processo reestruturado é um trabalho insano. No exemplo acima, ambos os modelos fornecem o mesmo resultado final: 250 minutos por mil unidades de trabalho.

Os modelos estáticos costumam ser a primeira opção nos projetos de reengenharia, por serem relativamente simples e poderem ser construídos mediante uma planilha eletrônica comum. Esses modelos são comumente construídos para a identificação dos principais gargalos e a determinação das capacidades globais requeridas, dos tamanhos das equipes de trabalho, do número de equipes de trabalho e do tempo de ciclo. A simulação estática faz sentido quando o fluxo de trabalho reestruturado possui as características a seguir:

- O número de desvios e de encaminhamentos é mínimo (há um ou dois percursos principais e o processamento de exceções é mínimo).
- A carga de trabalho é homogênea (ou seja, a chegada de trabalho é regularmente distribuída pelo dia).
- A variabilidade dos tempos de processo em um passo do trabalho é mínima.
- As regras do processo e do negócio são simples (sem uma profusão de "se isso, então aquilo").

As principais vantagens da simulação estática são:

- Investimento mínimo de tempo e de custo.
- Facilidade e rapidez de configuração.
- Com freqüência, não requer um especialista em simulações.

O Modelo Dinâmico

Quando é necessária uma "filmagem" do desempenho esperado para o processo, um modelo dinâmico é a resposta. Ele quantifica como cada unidade de trabalho flui individualmente pelo processo. Em um modelo dinâmico, os tempos de processo podem variar aleatoriamente para cada unidade de trabalho a cada passo, simulando realmente as "condições da vida real". Na "vida real", um caixa não dedica 1,25 minutos a cada cliente, nem o separador de *faxes* dedica 0,25 minutos a cada pedido, nem um trabalhador de fábrica despende 0,10 minutos por artefato. Os tempos variarão grandemente de cliente para cliente, de pedido para pedido ou de artefato para artefato. Ao simular o movimento de cada unidade de trabalho ao longo de um processo, o modelo dinâmico retrata o desempenho do processo como ele realmente ocorreria com o passar do tempo.

Normalmente, os modelos dinâmicos são aplicados apenas a partes do processo. A maioria dos processos de negócios reestruturados do início até o fim possui um número grande demais de passos simples para exigir uma simulação dinâmica sofisticada a cada passo. A modelagem dinâmica faz sentido apenas para as partes do processo onde as "médias" simplesmente não funcionam e onde vigoram as condições a seguir:

- Muitas variáveis de processo (por exemplo, alta variabilidade nos tempos de processo, nos índices de rejeição etc.).
- Padrões de fluxo complexos com múltiplos percursos.
- Processamento paralelo sincronizado.
- Equipamentos caros.
- Pontos de customização de produtos ou serviços.
- Regras complexas dos processos e do negócio.
- Alto volume de transações.
- Mudanças substanciais no fluxo de trabalho.
- Retardos, esperas e filas.

A principal vantagem da simulação dinâmica é o cálculo do processamento passo a passo real de cada unidade de trabalho individual. Erros e avaliações equivocadas derivadas de cálculos baseados em médias são eliminados. Isso minimiza o risco de que falhas no projeto e problemas de processamento — tais como a formação de longas filas de clientes — só sejam revelados durante o piloto ou na implementação.

Por exemplo, no Centro Médico Osteopático de Filadélfia, a simulação foi usada no reprojeto de seu centro de diagnóstico de pacientes de ambulatório. Um novo centro foi projetado para centralizar os serviços de ambulatório em um só local, de modo que os pacientes não precisassem ser deslocados através do hospital para exames e tratamento. Usaram um modelo dinâmico para examinar a experiência dos pacientes ao serem tratados, bem como vários cenários de efetivo de pessoal para o centro de diagnóstico. Neste caso, o modelo foi rodado para determinar os níveis de pessoal e suas atribuições ao longo do dia, de modo a se alcançarem tempos predefinidos de espera pelos pacientes "aceitáveis".

Allison Wilt, um especialista em simulações, e Drew Goddin, um engenheiro da alta gerência, colaboraram na construção do modelo e no reprojeto do centro. Em um artigo onde descreveram seu trabalho, mencionaram as várias iterações do modelo rodadas para finalizarem o projeto:

> O engenheiro passou a variar o quantitativo de pessoal do centro de diagnóstico em cada estação de trabalho... Durante a análise das filas, surgiu uma preocupação quanto aos tempos excessivos do raio X. Como resultado, o engenheiro sugeriu aumentar o efetivo da estação de raios X... Ele [o engenheiro] observou um congestionamento na sala de espera em certas horas do dia e uma alta utilização das estações de exame de sangue... O engenheiro da gerência providenciou um cronograma-mestre que refletia os níveis de pessoal apropriados para o centro de diagnóstico de pacientes de ambulatório. Ele também recomendou uma mudança no *layout* da instalação.[2]

Em outros casos, não é só a programação do pessoal que é manipulada. As regras de programação das consultas dos clientes também podem ser concebidas de modo a minimizar o tempo de espera dos pacientes e maximizar a utilização do pessoal.

A representação gráfica do desempenho do processo fornecida por um modelo dinâmico pode ser uma ajuda poderosa na venda do projeto do novo processo. Muitos softwares de simulação literalmente exibem o desenrolar do trabalho, unidade por unidade, de um passo do processo para o outro.

Vemos um uso crescente de modelos de simulação dinâmica na análise das variáveis "de política empresarial" encontradas no curso de um projeto de reengenharia (por exemplo, programas de remuneração, motivação, papéis gerenciais etc.). O Mapeamento do Sistema de Serviço e os métodos de quantificação já descritos suprem uma organização de estrutura e linguagem comuns para a discussão das questões de fluxo de trabalho e organizacionais. Até o advento da simulação dinâmica, inexistiam ferramentas rigorosas para a análise das interações e dos impactos das opções do projeto, como o pagamento por habilidades, a participação nos ganhos e outras opções do sistema de gerenciamento do desempenho. Conforme a experiência amiúde nos ensina, o impacto dessas variáveis tem muitas vezes um efeito antiintuitivo.

Chris Charyk, da High Performance Systems (software iThink) acredita que a simulação dinâmica propicia uma linguagem comum de "provisões e fluxos" para uma compreensão compartilhada das interações possíveis entre diferentes opções de projeto para a área de recursos humanos (por exemplo, planos de remuneração, projeto das tarefas), a política gerencial e as variáveis dos produtos/serviços (por exemplo, custo, preço e variáveis de participação no mercado). A gerência pode começar a formular hipóteses sobre essas variáveis sem se preocupar com fórmulas complicadas ou com habilidades de modelagem. Por exemplo, a hipótese de que o "pagamento por habilidades" melhorará a produtividade, aumentando o "fluxo" de pessoas em treinamento e "acumulando" mais trabalhadores instruídos ou especialistas, poderá ser avaliada. Certas pessoas poderão discordar, alegando que alguns membros ficarão desmotivados, aumentando a rotatividade e diminuindo a quantidade de trabalhadores especialistas.

Pela utilização de softwares de dinâmica de sistemas, podemos modelar as interações entre as opções de projeto e determinar seu impacto. Selecionar uma opção de projeto baseada no pagamento por habilidades exerceria um impacto sobre as solicitações de treinamento. Assim, surgiria um ciclo de *feedback* entre o sistema de treinamento e a base de habilidades dos recursos humanos e outro entre a certificação e o nível de pagamento. Entretanto, pode surgir um ciclo de *feedback* negativo para certa parte da base de empregados que apreciava os antigos motivadores e planos de remuneração. Essa dinâmica pode levar a um aumento da rotatividade, que, por sua vez, leva a novas atividades de contratação — muitas vezes antiintuitivas em um projeto de reengenharia onde se espera certo nível de *downsizing*. Além do mais, a nova atividade de contratação aumentaria a demanda pela atividade de treinamento (*ver* Figura 9.4).

À semelhança do modelo estático, um modelo dinâmico permite que uma equipe de reengenharia descubra problemas e oportunidades enquanto o projeto ainda está na prancheta de desenho. Caso falhas de projeto sejam detectadas, um modelo dinâmico facilitará mudanças e rápidas análises de alternativas.

Figura 9.4 ◆ Modelo de Dinâmica de Sistemas

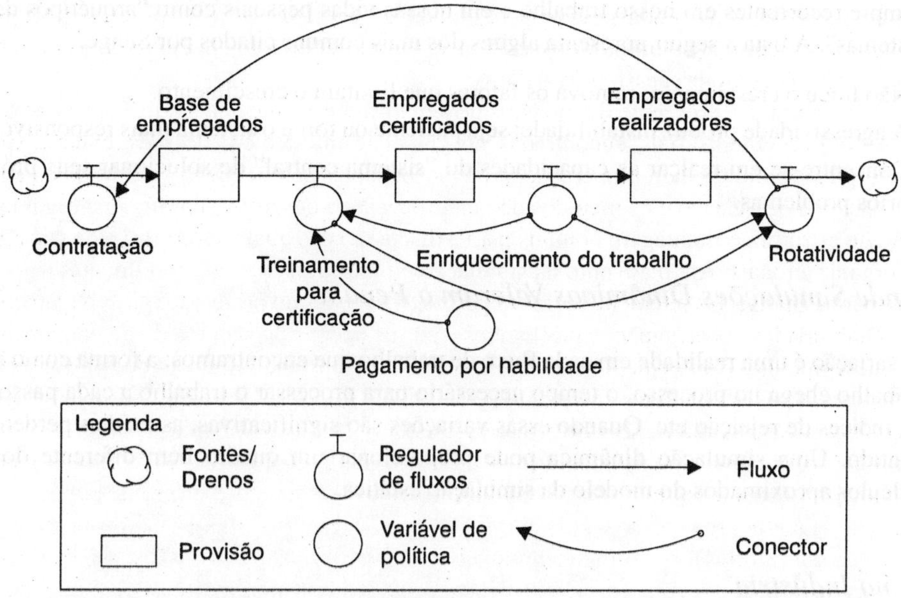

Embora esses pacotes sejam extremamente poderosos, apresentam algumas desvantagens:

- Normalmente, exigem um amplo investimento no treinamento em modelagem.
- Consomem muito tempo para serem inicialmente configurados.
- Provavelmente, um especialista em modelagem de simulações terá que se dedicar integralmente ao pacote. (Nesse caso, o resto da equipe e da gerência só precisará estar familiarizado com a linguagem do pensamento sistêmico.)

Vantagens do pensamento sistêmico

Peter Senge oferece esta descrição do pensamento sistêmico:

> É uma disciplina para visualizar totalidades... uma estrutura para visualizar inter-relações em vez de coisas, para visualizar padrões de mudança em vez de "instantâneos" estáticos... Como a quinta disciplina, o pensamento sistêmico é a pedra angular de como as organizações em aprendizagem pensam sobre seu mundo.[3]

A lógica para a previsão de sistemas complexos pode ser singular e adaptada a situações específicas, mas os princípios diretores por detrás dos diferentes comportamentos não são. Desde o final da década de 1950, Jay Forrester e outros têm observado o comportamento dos sistemas.[4] Com os anos, todo esse campo de "dinâmica de sistemas" e "pensamento sistêmico" vem evoluindo, a ponto de alguns padrões comuns do comportamento dos sistemas terem sido definidos. Senge define essas estruturas elaboradas sempre recorrentes em nosso trabalho e em nossas vidas pessoais como "arquétipos de sistemas". A lista a seguir apresenta alguns dos mais comuns citados por Senge:

- Não force o crescimento; remova os fatores que limitam o crescimento.
- A agressividade produz instabilidade; seja paciente ou torne o sistema mais responsivo.
- Concentre-se em realçar as capacidades do "sistema central" de solucionar seus próprios problemas.

Onde Simulações Dinâmicas Valeram a Pena...

A variação é uma realidade em cada fluxo de trabalho que encontramos: a forma como o trabalho chega no processo, o tempo necessário para processar o trabalho a cada passo, os índices de rejeição etc. Quando essas variações são significativas, as médias perdem sentido. Uma simulação dinâmica pode proporcionar um quadro bem diferente dos cálculos aproximados do modelo da simulação estática.

... na Indústria

Nos ambientes industriais, casos de sucesso no uso de modelos de simulação computadorizados são numerosos e bem documentados. Por exemplo, Bruce Thompson, da AT&T Istel, descreve como o emprego do software de simulação Witness proporcionou aos seus usuários economias de centenas de milhares de dólares, totalizando milhões de dólares.

Em um caso (descrito por seu cliente Kevin Nelson, da Sagem-Lucas, Inc.) uma operação de modelação por injeção de automóveis foi reestruturada para realizar mais trabalho. Os volumes de produção aumentados da operação de modelação por injeção exigiram uma capacidade adicional. Na descrição de Kevin:

> O projeto original era suplementar as duas máquinas de volume médio existentes com uma máquina adicional de alto volume. Com base em minha intuição, investiguei um projeto alternativo. A alternativa era readaptar os moldes de inserção das máquinas atuais de duas cavidades para quatro cavidades. Embora eu acreditasse que as máquinas pudessem ser readaptadas e que tivessem capacidade suficiente, a verdadeira pergunta foi: de um ponto de vista sistêmico, seria esse realmente o caso? Recorri a um modelo de simulação dinâmica para testar a sensibilidade do projeto de quatro cavidades a uma variedade de fatores, como o tempo de funcionamento, o rendimento, os *setups* de máquina, a troca de ferramentas, os tempos de processo, a disponibilidade e qualidade do material etc. O modelo confirmou que iríamos, de fato, atingir nossa necessidade de capacidade mediante a gestão rigorosa da qualidade das matérias-primas e a manutenção de um pequeno *buffer* para absorver os fluxos e refluxos do trabalho do passo anterior. Embora se tratem de números aproximados, posso dizer que o custo de implementação do projeto original esperado seria de cerca de setecentos mil dólares. O projeto alternativo custou menos de duzentos mil

dólares, uma economia de quinhentos mil dólares. O custo de configuração do modelo foi de dois mil dólares.

Os proponentes do projeto original não tiveram argumentos contra a lógica ou a magnitude dos custos que seriam evitados. O projeto alternativo foi aceito.

... nos Serviços

Em muitas empresas de serviços, a situação é bem mais dinâmica do que na indústria. O trabalho chega irregularmente, os tempos de processo variam tremendamente e as médias não fazem sentido. Por exemplo, em um banco, na hora do almoço, mais caixas são normalmente necessários para enfrentar os picos de chegada de clientes e de tempo de processamento.

Dado que os serviços não podem ser estocados, a simulação dinâmica talvez seja ainda mais proveitosa no projeto de um sistema de serviços do que no de um processo industrial. Voltando à Tabela 9.1, podemos imaginar os "pedidos" como pessoas na fila do caixa de um banco. Se você for o pedido 3, chegará 0,18 minuto após a partida do pedido 2 — você não sofreu nenhum retardo, mas o caixa ficou 0,18 minuto ocioso. Se você for o pedido 4, terá que esperar 0,25 minuto até o pedido 3 terminar de ser processado — um retardo para você, mas nenhum tempo ocioso para o caixa. Um modelo dinâmico consegue responder algumas questões-chave: onde se dão os retardos? Quais são os prejudicados? Por quanto tempo? A que horas? Iterações do modelo podem orientar quanto ao equilíbrio entre o efetivo de pessoal e o atendimento aos clientes.

Estudo de caso de simulação dinâmica

Consideremos a Weight Watchers International quando decidiu vender alimentos como uma opção de sua tradicional reunião dos Vigilantes do Peso. Um modelo de simulação dinâmica auxiliou no reprojeto do sistema de serviço. Após comparecer a nove reuniões dos vigilantes em uma semana, a equipe de reengenharia foi capaz de caracterizar os padrões de chegada dos membros, os tempos de processamento de pagamento e pesagem dos membros e os padrões de partida. Uma vez capazes de modelar precisamente uma reunião dos vigilantes sem vendas de alimentos, puderam adicionar as atividades relacionadas a essas vendas: pedido/pagamento, apanhar e embrulhar e entrega ao cliente. Ao testar vários cenários do projeto de reengenharia, conseguiram escolher o projeto do sistema de serviços que minimizasse os retardos para o cliente e maximizasse a utilização do pessoal.

Como Justificar o Novo Projeto da Perspectiva dos Clientes

Até aqui, focalizamos a *validação* — a quantificação da operação interna do processo para mostrar que funciona. Depois de provado que funciona, o passo seguinte é a justificação — demonstrar o impacto radical sobre os negócios do novo processo e da nova organização de alto desempenho. A justificação pode envolver a análise financeira clássica: retorno do investimento, análise de custo e benefício ou análise do valor para os acionistas. Contudo, algumas das melhores justificações são relativamente simples, baseadas no senso comum e, sobretudo, realizadas considerando-se o contexto empresarial mais amplo.

A justificação do projeto do novo processo pode começar pelos clientes. Se o projeto mais do que aumenta a rentabilidade dos clientes, grande parte da resistência interna pode ser superada.

Um artigo da *Business Week* descreve os benefícios da tecnologia da informação combinada com a reengenharia: "Talvez mais significativo, os ganhos de produtividade não estão advindo apenas da redução ou da evitação dos custos: as empresas reestruturadas também estão aumentando suas receitas." O artigo citou o exemplo da PictureTel Corporation, uma fabricante de equipamentos de videoconferência. Robert Mitro, um vice-presidente sênior, afirma que, embora alguns compradores ainda justifiquem o custo de um sistema pela economia em viagens, o verdadeiro retorno está em outra parte: "Os clientes nos contam que o benefício está em sua capacidade de reunir mais *know-how* com maior rapidez." Em outras palavras, a tecnologia lhes permitiu reestruturar a forma como seu trabalho era realizado. Por exemplo, um projeto de pesquisa e desenvolvimento, com equipes em múltiplos locais, pode interagir diariamente através da videoconferência (em vez de se reunir mensalmente), diminuindo grandemente o tempo de desenvolvimento. Com isso, o produto atinge o mercado mais cedo. O impacto do rápido tempo de lançamento está realmente na linha da receita, e não dos custos.[5]

Assim como os compradores da PictureTel, numerosas empresas descobriram que seus esforços de reengenharia são induzidos e justificados pelo impacto nas receitas levando aos lucros.

Estudo de caso de justificação do projeto

Outro exemplo de benefícios potencialmente maiores na receita — e não nos custos — foi encontrado em uma empresa de desenvolvimento de softwares objeto de um *benchmarking* como parte do projeto ORION da AT&T. Um grande departamento de programação deveria receber solicitações de manutenção dos gerentes de produtos e atualizar os sistemas computadorizados. No novo processo, o tempo de ciclo foi reduzido em aproximadamente 75% e o tempo de processo (conteúdo de mão-de-obra) em 30%.

Nesse caso, um exame mais próximo dos números revela a necessidade de levar em conta a contribuição de lucro do aumento da receita, e não apenas do corte de despesas. Um tipo de solicitação de manutenção foi examinado para se determinar o impacto do novo processo. Chegou-se a um resumo do potencial de redução de custos e do valor da oferta do novo produto nove meses mais cedo:

Potencial anual de redução de custos = US$ 2.400.000
Lucros anuais de "tempo de lançamento" = US$ 8.600.000
Potencial de lucro anual total = US$ 11.000.000

Entretanto, a grande oportunidade se revelou a capacidade adicional para novos produtos e serviços. Em vez de cortar 30% da mão-de-obra e poupar 2,4 milhões de dólares, aproveitou-se a capacidade adicional para desenvolver e introduzir novos produtos/serviços:

Potencial anual de redução de custos = 0
Lucros anuais de "tempo de lançamento" = US$ 14.100.000

Nesse exemplo, um lucro adicional de 3,1 milhões de dólares tornou-se possível pelo aproveitamento da capacidade "excessiva" para introduzir mais produtos e serviços. Para essa organização como um todo, o potencial de lucro foi enorme, pois esses números representavam apenas uma pequena parcela de sua carga de trabalho.

Satisfação dos Clientes como uma Justificação

Em outros casos, uma correlação mais direta pode ser estabelecida entre os propulsores da satisfação dos clientes, os níveis de satisfação e o impacto resultante sobre o desempenho financeiro. Por exemplo, numerosos estudos têm mostrado o relacionamento entre a experiência de um cliente e o impacto das recomendações de viva voz. Uma boa experiência pode fazer com que ele a recomende para seis pessoas, enquanto uma má experiência será contada para onze pessoas.[6] Expandindo-se essa pesquisa, pode-se construir um modelo que quantifique o impacto da experiência do cliente.

Uma rede de academias de ginástica desenvolveu tal modelo de satisfação dos clientes. A empresa procurara reestruturar suas atividades da perspectiva do cliente. Com um novo projeto à mão, desejava uma prova clara de que obteria retornos financeiros tangíveis de seu investimento na reengenharia do serviço para aumentar a satisfação dos clientes.

O modelo avaliou o valor da satisfação dos clientes com base em sua propensão em recomendar o serviço, na intenção de renovar a matrícula e na possibilidade de aumentar suas compras opcionais. Examinemos o valor das recomendações como um exemplo do funcionamento do modelo.

A recomendação desejada é aquela que resulta em um novo cliente. Entretanto, conquistar um cliente novo com base em uma recomendação é um exercício de aritmética — apenas uma fração das recomendações totais corresponde a novos clientes. Para recomendar o serviço, o cliente existente tem que estar "muito satisfeito" ou "extremamente satisfeito". Para estar mais do que satisfeito, o cliente tem que perceber todas as dimensões da experiência do serviço como acima da média. Usando os critérios de ServQual[7] e dados de pesquisas com clientes, a empresa de academias descobriu ser possível atribuir um peso baseado no cliente a cinco dimensões-chave da satisfação com o serviço. A Figura 9.5 mostra que, dentro de cada um desses critérios, conseguiu decompor ainda mais os propulsores da satisfação.

Com um modelo baseado no comportamento dos clientes, os retornos financeiros foram então remontados a ações e atividades específicas — os propulsores necessários ao reforço da satisfação, criando um critério de retorno do investimento para o trabalho de reengenharia. O modelo validou que projetar um negócio para a satisfação dos clientes, e não apenas para a redução de custos, resulta visivelmente em um retorno financeiro tangível e previsível.

A empresa de academias se convenceu da conveniência de prosseguir com seu projeto quando, nas palavras de um de seus membros, "fomos capazes de relacionar o retorno de

Figura 9.5 ◆ Modelo da Satisfação dos Clientes

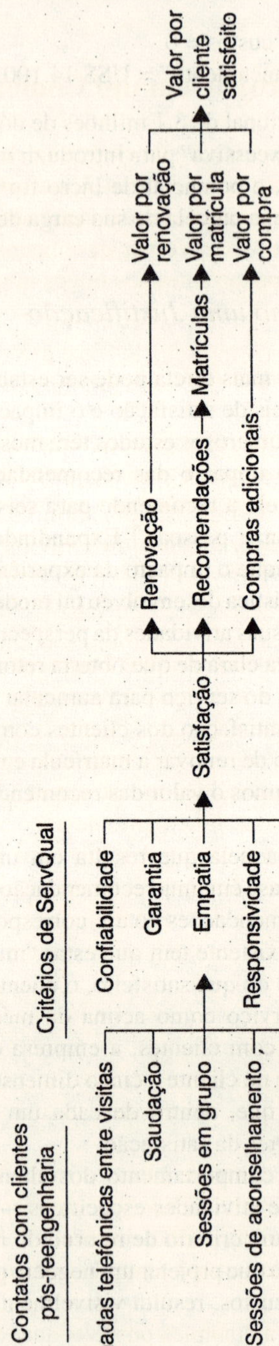

marketing — nesse caso, resultante de uma maior satisfação — com os atributos do novo projeto do sistema de serviço".

Como Justificar o Novo Projeto em um Contexto Competitivo

Em um nível mais elevado, uma simulação da empresa e de seu mercado pode se provar essencial para a justificação de um novo projeto. Uma simulação no nível da empresa examina o contexto mais amplo do processo reestruturado. Ela avalia os ganhos que o projeto de um novo processo e os novos níveis de desempenho possibilitarão no mercado. Por exemplo, como reagirão os concorrentes aos novos níveis de desempenho?

Justificação do Plano de Negócios

Muitos novos empreendimentos bem-sucedidos resultaram em parte da reengenharia de práticas setoriais consagradas, criando um cenário competitivo totalmente novo. Nesses casos, uma estratégia competitiva para aumentar a participação no mercado é possibilitada por um processo reestruturado. A Federal Express vem imediatamente à mente pelo que realizou em seu setor de atividade. A forma reestruturada de transportar pacotes — o sistema de cubo e raio — criou a possibilidade de prometer e entregar "absolutamente, positivamente no dia seguinte".

De tempos em tempos, temos ajudado novos empreendimentos a projetar seus sistemas de serviço e seus processos e a praticar a reengenharia contrariando a sabedoria convencional do setor de sorte a dominar rapidamente a concorrência. Encontramos um exemplo desse tipo de sistema de serviço reestruturado em um dos melhores planos de negócios para um novo empreendimento que já vimos: a seção sobre a resposta do concorrente era especialmente genial. Esse plano de negócios se baseava na introdução de uma nova forma de operação em um setor tradicional e contava com uma resposta ineficaz ou atrasada da concorrência. Em muitos aspectos, a intenção do plano era prestar serviços que superassem a capacidade das lojas tradicionais, assim como cadeias como a Speedy, Alpha Graphics, PIP e Kinko's modificaram a anteriormente tradicional indústria gráfica norte-americana.

O plano preconizava a compra de uma dessas empresas tradicionais em certa cidade e sua reengenharia através de uma combinação de tecnologias, de técnicas e de estilos gerenciais desenvolvidos e empregados com sucesso em outro país. A empresa reestruturada poderia, então, superar de longe as empresas tradicionais restantes, valendo-se de um sistema de serviço superior.

Jim Gardner, um consultor e o autor do plano, afirma: "O plano se baseou na experiência comprovada de que um sistema de serviço superior manterá e atrairá clientes e, no final, dominará o mercado e será altamente rentável." Conforme mostra a Figura 9.6, o derradeiro objetivo do sistema de serviço é ser tão bom, que não custe nada adquirir e manter clientes e empregados.

Em essência, o modelo mostra a dinâmica possível quando investimentos e indicadores apropriados são aplicados a uma empresa de serviços. Investimentos em melhorias dos processos (ponto 1) reduzem o desperdício no processo de prestação de serviços e reduzem os custos entre 20% e 60%. Melhorias de recursos humanos em áreas como recrutamento, treinamento, remuneração, equipes de trabalho autodirigidas etc. (ponto 2) podem reduzir os custos da rotatividade dos empregados, cuja média chega a três mil dólares por contratação em algumas empresas. Os investimentos que visam refinar a segmentação do mercado e melhorar características do serviço (ponto 3) afetam a relação crítica entre a qualidade e o preço do serviço e melhoram o valor do serviço percebido pelo cliente. Esses fatores, por sua vez, reduzem os custos de aquisição (ponto 4), pois, com o aumento do valor de mercado dos serviços, as recomendações de viva voz podem ajudar a reduzir os custos globais por novo cliente. As deserções de clientes também se reduzem (ponto 5), à medida que o aumento percebido do valor de mercado ajuda a assegurar a fidelidade dos clientes. A fidelidade dos clientes é uma alavanca financeira crítica por três razões. Primeira, custa de seis a dez vezes mais conquistar um novo cliente do que preservar um cliente existente. Segunda, conforme indicado anteriormente, as recomendações de viva voz fazem diminuir os custos de aquisição. Finalmente, à medida que a retenção dos clientes melhora algebricamente, sua conquista permanente aumenta geometricamente. O efeito final desses investimentos e dessas interações são custos unitários menores (ponto 6). Com o aumento da aquisição de novos clientes e da retenção dos clientes, a empresa aumenta a participação no mercado. Uma participação maior no mercado acoplada a custos menores resultantes de melhorias operacionais e a custos de aquisição menores aumentam significativamente as margens de lucro.

Com base nesse modelo e na experiência adquirida em diferentes mercados metropolitanos, um modelo de simulação no nível da empresa poderia ser construído. Uma simulação da dinâmica do mercado em uma área metropolitana poderia ajudar a indicar que empresas tradicionais comprar e a prever o desenlace provável. Isso se basearia na participação no mercado inicial da empresa adquirida, no grau de investimentos programados na aquisição de clientes e na extensão das lacunas de desempenho entre a empresa reestruturada e seus concorrentes.

O plano consistiu em antecipar as respostas dos concorrentes e, depois, em sobrepujar as respostas tardias dos concorrentes através de descontos e de um serviço superior. O plano continha até um relato da resposta de um concorrente potencial ao novo projeto do serviço:

> Após ouvir uma explicação do novo projeto, o gerente afirmou que "jamais funcionaria". Sua resposta se baseia em seus vários anos de luta com empregados ineficientes, desmotivados e irresponsáveis que, com bastante certeza, não conseguiriam sobreviver no ambiente descrito no novo projeto. Como em muitos outros setores de serviços, a sabedoria convencional supõe que seu efetivo de prestadores de serviço será sempre passivo, irresponsável e dado a uma alta rotatividade. Ela supõe que os empregados têm que ser "gerenciados" e "dirigidos" por um supervisor que lhes dirá aonde ir e o que fazer. Conseqüentemente, a maioria dos concorrentes norte-americanos potenciais e suas práticas operacionais se desenvolvem em torno dessa expectativa.

Em seguida, o plano enuncia que o novo sistema de serviço — com empregados investidos de *empowerment* e de respaldo tecnológico — trilharia o caminho do sucesso antes que os concorrentes conseguissem reagir:

Figura 9.6 ◆ Modelo de Investimentos Estratégicos para Empresas de Serviços

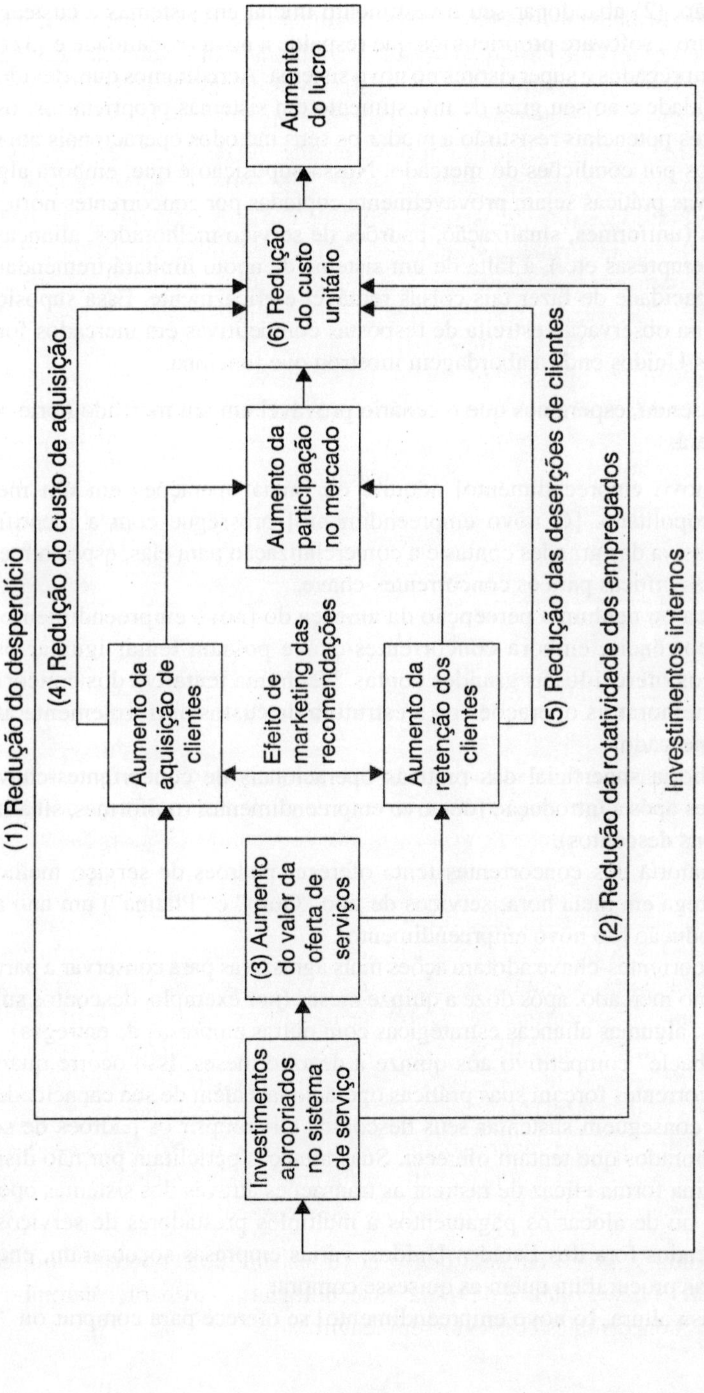

Essa dinâmica proporcionará à empresa uma vantagem sustentável nos Estados Unidos. Grandes empresas similares nos Estados Unidos já investiram em sistemas e em práticas inferiores a esse novo empreendimento. Para competir com essa operação, elas teriam que: (1) acreditar em uma nova modalidade de operação, (2) abandonar seu investimento inicial em sistemas e custear novo hardware e software proprietários que respalde a nova modalidade e (3) treinar seus empregados e supervisores no novo sistema. Acreditamos que, devido à sua mentalidade e ao seu grau de investimento em sistemas proprietários, os concorrentes potenciais resistirão a mudar os seus métodos operacionais até serem forçados por condições do mercado. Nossa suposição é que, embora algumas das novas práticas sejam provavelmente copiadas por concorrentes norte-americanos (uniformes, sinalização, padrões de serviço melhorados, alianças com outras empresas etc.), a falta de um sistema de apoio limitará tremendamente sua capacidade de fazer tais coisas rentável e eficazmente. Essa suposição se baseia na observação estreita de respostas competitivas em mercados fora dos Estados Unidos onde a abordagem mostrou que funciona.

Assim sendo, esperamos que o cenário provável em um mercado norte-americano será:

1. [O novo empreendimento] adquire ou inicia operações em um mercado metropolitano. [O novo empreendimento] prossegue com a identificação agressiva das grandes contas e a comercialização para elas, especialmente as contas críticas para os concorrentes-chave.
2. Pouca ou nenhuma percepção da ameaça do [novo empreendimento] pela concorrência, embora concorrentes-chave possam tentar igualar os descontos oferecidos às grandes contas. Nenhuma tentativa dos concorrentes de melhorar as operações ou a estrutura de custos uniformemente através do mercado.
3. Melhoria superficial das práticas operacionais de concorrentes-chave dez meses após a introdução [do novo empreendimento] (uniformes, sinalização, alguns descontos).
4. A maioria dos concorrentes tenta oferecer padrões de serviço melhorados (entrega em meia hora, serviços de tipo "Ouro" e "Platina") um ano após a introdução [do novo empreendimento].
5. Concorrentes-chave adotam ações mais agressivas para conservar a participação no mercado, após doze a quinze meses (por exemplo, descontos substanciais, algumas alianças estratégicas com outras empresas de entregas).
6. "Debacle" competitivo aos quinze a dezoito meses. Isso ocorre quando os concorrentes forçam suas práticas operacionais além de sua capacidade. Eles não conseguem sustentar seus descontos ou cumprir os padrões de serviço melhorados que tentam oferecer. Suas alianças periclitam por não disporem de uma forma eficaz de rastrear as transações através dos sistemas operacionais ou de alocar os pagamentos a múltiplos prestadores de serviços. Nos mercados fora dos Estados Unidos, várias empresas soçobraram, enquanto outras procuraram quem as quisesse comprar.

   A essa altura, [o novo empreendimento] se oferece para comprar ou "incorporar" o trabalho de bastidores dos concorrentes com relacionamentos especialmente sólidos com os clientes. Essas empresas são normalmente adquiríveis pelo montante da contribuição de capital inicial de seu proprietário mais as contas a receber.

Novamente, esse cenário reflete o que aconteceu nos mercados fora dos Estados Unidos onde [o novo empreendimento] foi introduzido e eficazmente gerenciado. O aumento da participação no mercado é obtido pela conquista de novas contas de clientes através do marketing e de descontos agressivos e pela compra de outras empresas uma vez que suas operações se tornem deficitárias. A estratégia [do novo empreendimento] tem sido transferir o volume de transações dessas operações adquiridas para o sistema [do novo empreendimento], sob o nome da empresa adquirida. Embora isso signifique manter linhas telefônicas e papéis de carta distintos para cada empresa, cria menos contratempos para a base de clientes e dá a aparência de um mercado "vibrante" às operações concorrentes que pretendam ingressar no mercado. Além disso, fornece [ao novo empreendimento] a flexibilidade para adaptar os pontos de preço, os padrões de serviço e as estratégias de marketing de cada empresa. Algumas prestam agora serviços "especiais", outras, serviços com desconto e ainda outras apenas serviços personalizados etc. Em alguns casos, [o novo empreendimento] ajustou as operações de uma empresa adquirida e, depois, a transformou em uma franquia de propriedade dos empregados, que contratam com [o novo empreendimento] o processamento do serviço de bastidores em troca de uma porcentagem da receita.

O Teste da Realidade

Todas as cifras do mundo, ainda que precisas e convincentes, não são suficientes. O projeto precisa ser exibido e criticado — não para o seu descrédito, mas para sua melhoria. Uma nova perspectiva pode trazer novos vislumbres — vislumbres que podem ser de vital importância.

Validado e justificado o projeto, o próximo passo é fazê-lo acontecer em um piloto. O teste da realidade, com a demonstração do trabalho da equipe de projeto e a experiência efetiva do novo projeto, é o tópico do próximo capítulo.

NOTAS

1. Exemplos de simulação dinâmica incluem o Cinema, ProModel e Witness para o DOS e o iThink e ExtendPlus para o Macintosh.

2. Allison Wilt e Drew Goddin, "Health Care Case Study: Simulating Staffing Needs and Workflow in an Outpatient Diagnostic Center", *Industrial Engineering*, maio de 1989.

3. Peter Senge, *The Fifth Discipline*.[Ed. bras.: *A quinta disciplina*. São Paulo, Best Seller, 1990.]

4. Jay W. Forrester, "Industrial Dynamics: A Major Breakthrough for Decision Makers", *Harvard Business Review*, julho-agosto de 1958.

5. "The Technology Payoff", *Business Week*, 14 de junho de 1993

6. Christopher W.L. Hart, James L. Heskett e W. Earl Sasser, Jr., "The Profitable Art of Service Recovery", *Harvard Business Review*, julho-agosto de 1990.

7. A. Parasuraman, Valerie L. Zeitham e Leonard Berry, "ServQual: A Multiple-Item Scale for Measuring Consumer Perceptions of Service Quality", *Journal of Retailing*, primavera de 1988.

Capítulo 10

A EXPOSIÇÃO

O entusiasmo é o maior patrimônio do mundo.
Supera o dinheiro, o poder e a influência.
Henry Chester (escritor inglês)

Propósito do Capítulo: *O capítulo descreve como se preparar para um piloto e, em seguida, configurá-lo. Explica como evitar as armadilhas fatais da "análise paralisante" ou de se perder em questões políticas, à medida que a equipe de reengenharia progride da prancheta de desenho para a ação real. Dessa forma, a equipe de reengenharia testa e experimenta a combinação de opções selecionada da palheta em um contexto de realidade e avalia os resultados reais.*

Uma vez "pintada" a tela, a equipe de reengenharia precisa encontrar uma "galeria" onde expor seu trabalho. Realizar um piloto ou "teste" da idéia é um componente fundamental do processo de projeto por duas razões: (1) começa a suscitar o entusiasmo da organização pela mudança, ao aumentar o envolvimento no processo de projeto e nos seus detalhes e (2) forma a "massa crítica" necessária à implementação integral.

O primeiro passo no lançamento de um piloto em uma organização de porte é uma grande campanha de comunicações. Os executivos e gerentes que não participaram do projeto de reengenharia precisam ser informados e, se preciso, convencidos em sessões individuais dos méritos do projeto. A força de trabalho em geral também precisa ser catequizada. Constatamos que pequenas sessões em grupo com todos os afetados pelo novo projeto constituem o meio mais eficaz de formar uma compreensão compartilhada e de angariar apoio. Os modelos do novo projeto descritos no Capítulo 9 podem fornecer uma poderosa munição persuasiva.

Preparação Pré-piloto

Apresentar um novo projeto à organização assemelha-se à exibição de um novo modelo por uma montadora de automóveis. A equipe de projeto deseja uma sensação prematura da resposta. A resposta pode assumir várias formas, da resistência direta à aceitação. O *feedback* variará da crítica à ajuda construtiva em identificar oportunidades de melhorias adicionais do projeto. O hiato entre esses pólos é um bom indicador das demandas organizacionais que terão que ser atendidas na transição do conceito para a prática plena. (Discutiremos detalhadamente a resistência à mudança e o processo de transição no Capítulo 12.)

O objetivo das atividades de preparação é abrir caminho para o piloto do novo projeto. Em nossa opinião, os trabalhadores tendem a ajudar na melhoria do projeto durante esse processo, enquanto os executivos e gerentes tendem a ajudar (ou a atrapalhar) na implementação. A obtenção de respostas construtivas exige duas abordagens diferentes: (1) "vender o peixe" à gerência para o apoio de cima para baixo e (2) sessões de "grupo de foco" com os trabalhadores para contribuições de baixo para cima.

Vender o Peixe à Gerência

Se a equipe de projeto realizou corretamente suas tarefas, os executivos seniores patrocinadores do esforço de reengenharia e muitos gerentes de nível médio devem ter sido regularmente informados durante as fases de análise e projeto. Quando o piloto é lançado, as contribuições da gerência ao projeto já foram obtidas. Cabe agora à equipe de projeto fazer o piloto acontecer.

Nesse estágio, a alta gerência pode formular perguntas sobre os detalhes para se familiarizar mais com os aspectos de integração do projeto, bem como cumular a equipe de um voto de confiança. Durante esse estágio, ela também pode ajudar na escolha do local do piloto e na remoção de obstáculos com que as equipes se defrontam.

Na maioria dos casos de reengenharia, a alta gerência impele o processo, fixando a visão, dotando a equipe de reengenharia de *empowerment* e financiando a iniciativa. Entretanto, em alguns casos — particularmente em empresas maiores —, alguns executivos seniores influentes (talvez de outro processo essencial) podem estar menos familiarizados com os detalhes. Quando existe essa situação, a alta gerência envolvida no projeto pode também ajudar a posicionar o piloto no cenário organizacional mais amplo, o que deve se dar após a depuração do projeto.

O entusiasmo da equipe de projeto também ajuda a "vender o peixe" aos céticos potenciais. Nas palavras de um alto executivo:

> Tenho uma série de trabalhos de reengenharia em andamento, conduzidos por uma variedade de equipes de projeto. Uma equipe recorre sistematicamente ao comitê executivo, pedindo autorização para prosseguir a cada passo do caminho. Outra equipe simplesmente nos mantém informados e supõe que seu trabalho é tão bom, que a continuação não está em questão. Na hora de implementar, que equipe irei apoiar e financiar? A equipe com a confiança, o impulso e a tenacidade para fazê-lo acontecer.

Infelizmente, uma tênue linha divisória separa a tenacidade da arrogância. Cada executivo tende a perceber essa linha diferentemente. Alguns executivos gostam de equipes e de indivíduos assertivos, outros não. Alguns executivos se sentem ameaçados pelo novo projeto, enquanto outros verão novas oportunidades. Outros poderão resistir por verem seu feudo ameaçado ou por temerem a mudança das regras do jogo. Inevitavelmente, haverá disputas pelo poder entre gerentes e executivos, especialmente em áreas do projeto do processo que invadam seus feudos. Por conseguinte, para assegurar que o piloto prosseguirá sem retardo, alguma preparação é essencial.

Uma análise crítica individual com cada um dos executivos-chave antes de qualquer reunião ou apresentação em grupo tem se mostrado eficaz na maioria de nossos projetos de reengenharia. O membro da equipe de projeto mais íntimo de determinado executivo é designado para lhe fornecer uma série de informações sobre a posição atual e os próximos passos no decorrer do projeto e, especialmente, antes do piloto. Essa preparação individual ajuda a evitar as lutas pelo poder, as atitudes e os posicionamentos tão comuns nos ambientes de grupo — ou, ao menos, alerta prematuramente a equipe de projeto para eles. Essa abordagem permite que as questões contenciosas sejam dirimidas antes de qualquer reunião em grupo.

Em uma empresa de alta tecnologia, a preparação antes da reunião com o grupo de executivos patrocinadores foi tão eficaz que um gerente cético se viu em descompasso. Após escutar a equipe de projeto, ele passou a descrever as "dez principais razões" pelas quais o processo recém-reestruturado não funcionaria. Ele também alegou representar as preocupações de outros responsáveis pela gestão das operações do dia-a-dia na empresa. Após escutar atentamente, o diretor operacional ordenou: "Você parece ter uma boa percepção de todas as questões e obstáculos; portanto, designo-o responsável pela implementação do novo projeto. E, daqui para a frente, quero ouvir o que é preciso para fazê-lo funcionar, e não as razões pelas quais não funcionará." A equipe de projeto quedou-se boquiaberta. Todo o seu bom trabalho estava agora nas mãos do maior adversário.

Em uma visão retrospectiva, tratou-se de uma tacada de mestre. O maior adversário fazia-se ouvir e contava com muitos adeptos, embora não-explícitos. Porém, ao lhe ser atribuída a implementação do novo processo, ele teve que descobrir como fazê-lo funcionar e como obter a ajuda de seus colegas "do contra". Uma vez implementado o processo e alcançados os resultados desejados, o gerente e seus colegas estavam todos convertidos ao novo processo e comprometidos com sua plena implementação.

Outro foco potencial de problema é a possibilidade de que o piloto requeira verbas e tempo adicional das pessoas. Não é incomum certo conflito entre os executivos quanto a quem fornecerá a verba e o pessoal para o piloto.

Para assegurar uma transição sem rupturas para o piloto, tal preparação de bastidores deve tentar identificar os principais beneficiários do novo projeto e do piloto e fazê-los compartilhar os custos, de sorte que possam colher os benefícios.

Grupos de Foco

No Capítulo 9, discutimos os meios de responder à pergunta: "O projeto funcionará?" Outra pergunta deve ser considerada: "Ele é o melhor possível?" A exibição do projeto em um grupo de foco com os trabalhadores pode ajudar a responder à segunda pergunta.

Retornemos ao caso de simulação dinâmica da Sagem-Lucas, Inc. discutido no Capítulo 9. A proposta do gerente era uma defesa precisa e convincente da aquisição de novas máquinas de alto volume. Contudo, o engenheiro sabia intuitivamente que uma solução melhor poderia ser encontrada: readaptar as máquinas existentes, em vez de comprar máquinas novas. Se a melhor solução não tivesse vindo à tona e sido avaliada, a solução do gerente teria sido implementada (ela se justificava, mas não era a solução ótima). O melhor momento de descobrir problemas e oportunidades potenciais é antes da implementação do projeto.

O aproveitamento de *insights* especiais dos trabalhadores requer que se crie o contexto apropriado e, depois, que se solicitem as contribuições. Consideremos os dois exemplos a seguir:

> Antes que se visse em sérios apuros (como resultado da interpretação equivocada do mercado e de não dar ouvidos aos clientes),[1] a Wang Laboratories embarcou em um esforço de reengenharia da fabricação, iniciado em meados da década de 1980 com a reestruturação de suas operações de montagem de placas de circuito. Seu novo projeto de "módulo de produção" de montagem de placas de circuito estabeleceu múltiplas equipes de quinze a vinte integrantes, cada uma com todo o equipamento necessário à montagem e ao teste completos das placas de circuito. Cada equipe era, de fato, uma "minifábrica".
>
> A equipe de projeto da Wang reconheceu desde o início que a implementação não era apenas um desafio técnico, mas também um desafio gerencial e cultural. As pessoas tinham que mudar seu pensamento sobre a fabricação e o papel nela exercido.
>
> Para que a idéia fosse inicialmente testada, o conceito de módulo de produção foi explicado a todo o pessoal de produção em uma série de apresentações em grupo pela gerência de produção, pelo pessoal de recursos humanos e pela equipe de projeto. Para caracterizar um contexto de inovação e de desafio, o projeto se denominou Desafio de Melhoria do Processo Experimental. Esse contexto permitiu que todos — gerentes, supervisores e trabalhadores — aceitassem o fato de que, por se tratar de uma experiência, alguns revezes eram esperados e sentissem que suas sugestões não eram apenas desejadas, mas necessárias.
>
> As contribuições dos trabalhadores provocaram modificações no projeto e alguns ajustes finais, antes do início do piloto. Por exemplo, um *layout* preliminar do módulo foi apresentado e o fluxo de trabalho foi simulado em um ambiente de sala de aula. Os trabalhadores se uniram aos engenheiros para definir o posicionamento exato do equipamento e das bancadas de trabalho.
>
> A equipe do projeto ORION da AT&T se valeu de um *workshop* de apresentação de um dia a fim de explicar seu novo projeto e colher comentários e preocupações da força de trabalho. Participaram do *workshop* de apresentação mais de setecentas pessoas, em pequenos grupos de cerca de vinte pessoas, por um período de um mês. Pela manhã, a necessidade da reestruturação e os princípios do bom projeto de processos eram explicados; à tarde, os detalhes do projeto do novo processo eram apresentados e discutidos.
>
> Os princípios de projeto descritos neste livro foram transmitidos aos participantes na primeira metade do *workshop* através de um jogo de "Servo-Dispositivo" [*ServoWidget*] especialmente projetado. Alguns participantes agem como clientes, enquanto outros desempenham diferentes papéis em rece-

ber pedidos, em construir e em entregar ServoDispositivos àqueles clientes. Após a primeira rodada do jogo, tornou-se evidente a todos que os indicadores de qualidade, de entrega, de tempo de ciclo e de custos precisavam de uma grande melhoria. Entretanto, após reestruturar o processo entre as rodadas, os jogadores obtiveram resultados surpreendentes: 100% de pontualidade, 100% de boa qualidade, bem como 90% de redução do tempo de ciclo e dos custos. Através desse jogo, os participantes vieram a entender que os princípios eram lógicos e que funcionam em um contexto impressionantemente semelhante ao seu próprio ambiente de trabalho.

Na parte da tarde, o projeto do novo processo era apresentado e discutido. Todos viam como os princípios eram usados na reestruturação de seus processos. Essa abordagem ajudou a assegurar que as críticas subseqüentes dos trabalhadores ao projeto fossem construtivas e não fugissem ao contexto.

Preparativos para o Piloto

Um piloto testa um novo processo através do trabalho real. Normalmente, realiza-se em uma escala bem limitada: uma pequena parcela da carga de trabalho global durante poucos meses.

O funcionamento em pequena escala é a chave para a implementação final bem-sucedida em grande escala. Grandes sucessos da reengenharia começam modestamente. O teste do novo projeto em uma entidade pequena e manejável proporciona um laboratório prático para as idéias. Sucessos e fracassos são esperados nesse estágio e a equipe do piloto é livre para experimentar, ajustar e modificar o projeto caso necessário. Um piloto fornece também um fórum para o exame de sua exeqüibilidade e dimensionamento em outros locais (por exemplo, para testar outras opções ou ambientes de produto/serviço diferentes) e na implementação integral. Uma equipe de reengenharia pode avaliar se o projeto pode ou não ser estendido de forma linear, bem como avaliar as externalidades potenciais.

Objetivos do Piloto

Estudamos os projetos de reengenharia de muitas empresas: alguns foram implementados e outros não. Quase todos os projetos jamais implementados sequer atingiram o piloto. Todos os projetos implementados foram testados em pequena escala. Concluímos que um piloto do novo processo é essencial para sustentar o impulso em direção à implementação integral e para assegurar o sucesso final.

"Sustentar o impulso" é um objetivo-chave do piloto. Ele permite à organização aprender fazendo. Ele força todos os envolvidos a descobrir "o que é preciso para fazê-lo funcionar". Uma vez que o trabalho real seja realizado de uma forma nova, o projeto de reengenharia adquire uma vida própria e — nas palavras de um vice-presidente — "fica difícil deter o trem".

O piloto da reengenharia se caracteriza por espírito de projeto, experiência, verificação dos resultados e ajustes. Quando visto sob esse prisma, um novo projeto não é uma questão sumária — testado, declarado um fracasso e descartado. Acreditamos que isso se deva ao fato de todo projeto de processo reestruturado bem pesquisado constituir (potencialmente) um grande avanço no desempenho. Uma vez testado, qualquer projeto novo pode ser posto em funcionamento e constantemente melhorado durante o piloto e durante as operações em estado estacionário.

Inversamente, encontramos vários casos em que um projeto aparentemente ótimo foi desenvolvido, documentado, apresentado e depois engavetado. Embora raramente abertamente rejeitados, muitos desses projetos são retardados por várias justificativas: "a época não é propícia", "necessita de estudo adicional" ou "a organização não está preparada". Finalmente, com o passar do tempo, o projeto cai no esquecimento. Um piloto pode ajudar na superação desses obstáculos, ao fornecer resultados tangíveis que são irresistivelmente persuasivos.

Os objetivos de um piloto podem ser prontamente sintetizados:

- Sustentar o impulso.
- Experimentar vários refinamentos, aprimoramentos e alternativas do projeto.
- Completar o projeto.
- Fornecer dados "reais" e quantificação dos resultados.
- Converter os céticos.
- Testar o dimensionamento para a implementação.

Por Onde Começar — Às Vezes, É Evidente

Quando um projeto de reengenharia é encomendado para solucionar um problema ou aproveitar uma oportunidade, não há dúvida sobre por onde começar. O projeto e o piloto são entrelaçados e preordenados. Esse foi o caso na McCrory Corporation, conforme descrito por Isadore Barmash em um recente artigo na revista *SKY* da Delta Airlines.[2]

> Alguns anos atrás, a McCrory Corporation, uma grande cadeia de lojas de variedades comandada por um dinâmico novo chefe, decidiu reformular uma loja em Indianapolis que vinha apresentando prejuízo. Se o teste fosse bem-sucedido, poderia servir de modelo para as mil lojas restantes. A abordagem foi simples mas drástica. Um grupo de gerentes de nível médio se reuniu em Indianapolis para, inicialmente, estudar os concorrentes a fim de descobrir por que a loja da McCrory estava fracassando e, depois, recomendar medidas corretivas. Depois de passar o dia percorrendo a cidade e os subúrbios, os membros da equipe se reuníam no final da tarde para discutir suas descobertas. Com base nessas conclusões, planos iniciais de reestruturação da velha loja começaram a tomar forma e, com eles, um entusiasmo crescente surgiu entre os participantes.
>
> Conforme rememora Samuel Neaman, o principal executivo da McCrory: "Durante semanas, eles estudaram a loja. Eles a replanejaram. Depois, remodelaram-na. Nenhum recurso humano externo foi empregado. Foi tudo realizado pela prata da casa. Não foi fácil chegarem a um consenso, mas chegaram. Eu

vivia viajando de Nova York para acompanhar os acontecimentos. O estado de espírito atingia as alturas e o entusiasmo era indescritível.

"Por quê? Pela primeira vez tiveram uma chance de se expressar como indivíduos e como um grupo, cada um dando o melhor de si. Se alguém entendesse melhor de lingerie, se concentrava nos balcões de lingerie. Outro poderia entender mais de restaurantes e um terceiro, de bens duráveis. Alguns tinham bom gosto quanto à apresentação das mercadorias. Outros tinham conhecimentos de carpintaria, de modo que sabiam como fazer os balcões: cortá-los, pintá-los e montá-los. Eles criaram dispositivos que se adequassem às mercadorias.

"Estávamos realizando tudo isso sem despesas", continua Neaman. "Nenhum centavo foi gasto, pois todas as mudanças foram realizadas com o que tínhamos na loja. Mercadorias eram levadas para fora e outras trazidas para dentro. Os pavimentos foram remodelados, os corredores, ampliados e as paredes, pintadas. Criamos como que uma loja nova, um prazer para os olhos. Para o cliente — assim me pareceu — montamos uma loja bastante atraente. A reforma daquela loja realmente valeu a pena. Nos dois anos seguintes, ela reduziu seu prejuízo, atingiu o equilíbrio financeiro e, depois, começou a dar lucro. Mas o mais importante foi que as outras lojas ouviram falar da experiência e quiseram trilhar o mesmo processo de renovação. Dessa forma, tornamos muitas delas mais lucrativas, o que aumentou a lucratividade total."

Por Onde Começar — Às Vezes, Não É Tão Evidente

Como com qualquer produto ou serviço na fase de projeto, é importante que o contexto e o ambiente do piloto sejam cuidadosamente definidos e selecionados. Uma equipe de reengenharia deve se lembrar de que o piloto continua fazendo parte da fase de projeto. Muitas empresas não reconhecem esse fato e percebem o piloto como que petrificado. Essa percepção pode levar ao fracasso.

A seleção do piloto é crítica e deve ser conduzida com cuidado, aplicando-se um conjunto de critérios de sucesso. Por exemplo, uma receita infalível para o fracasso seria realizar o piloto do projeto reestruturado em uma área cuja gerência local não apoiasse a iniciativa. Eis alguns critérios a considerar na seleção do piloto:

- A possibilidade de um clima receptivo e aberto; isso pode levar à aceitação das constatações e implementação de um novo projeto.
- Magnitude das oportunidades de melhoria (qualidade do serviço e produtividade).
- Risco para a empresa.
- Visibilidade (alta ou baixa); em alguns casos, uma baixa visibilidade, ao menos inicialmente, é importante para que a equipe do piloto possa testar os novos procedimentos sem se sentir como que em um aquário. Em outros casos, os executivos seniores podem optar por dar ao piloto alta visibilidade para demonstrar sua convicção no novo projeto.
- Escopo; capacidade da equipe de "abranger todas as variáveis".

- Capacidade de ilustrar eficazmente o poder da reengenharia.
- Credibilidade: o piloto representará um teste real e será percebido como tal?
- Capacidade de obter a cooperação da gerência de nível médio durante o piloto.
- Capacidade de obter a cooperação dos trabalhadores durante o piloto.
- Capacidade de assegurar que a alta gerência não se intrometerá (ou seja, não atrapalhará o piloto com um pânico de curto prazo).
- Número de trabalhadores instruídos.

Na existência de várias opções para o piloto, uma análise comparativa pode ser realizada. Cada critério recebe um peso (em uma escala de 1 a 5) de acordo com sua importância — conforme percebida pela equipe de projeto ou pelos patrocinadores da gerência — em relação aos objetivos iniciais do projeto. Depois, os locais possíveis do piloto são avaliados segundo cada critério. As avaliações ponderadas permitem, então, a seleção do local do primeiro piloto.

Seleção da Equipe do Piloto

A equipe do piloto geralmente é extraída das operações existentes e deve ser vista como uma extensão do esforço de projeto. Esse acréscimo de recursos proporciona um saudável sistema de freios e contrapesos ao projeto — novos olhos e novas visões. Além disso, uma adesão maior é obtida através de um maior envolvimento de toda a organização. À proporção que mais pessoas se envolvem com o projeto e se convencem dos seus méritos, contribuem para espalhar a notícia da exeqüibilidade e dos benefícios e, assim, diminuem a resistência potencial, gerando uma transição mais tranqüila. Enquanto a equipe de projeto realiza o trabalho criativo inicial de um projeto de reengenharia, é a equipe do piloto que o faz acontecer.

Os membros da equipe do piloto podem ser selecionados (1) com base em suas habilidades especiais (por exemplo, habilidades de equipe, de quantificação) para fazer o novo processo funcionar ou (2) como representantes das habilidades típicas da força de trabalho existente. O primeiro critério é preferível, dado que, na maioria dos casos, a força de trabalho existente pode não ser representativa da força de trabalho necessária no futuro. Normalmente, um esforço de reengenharia demonstra a necessidade de repensar e redefinir as características de um "trabalhador que agrega valor".

Existem várias maneiras de selecionar equipes de piloto. Se são necessárias pessoas que queiram fazer o novo processo funcionar, a solicitação de voluntários é apropriada:

- No final da apresentação do novo projeto, Wang solicitou voluntários para equipar o módulo de produção piloto. Quase todos os integrantes do módulo piloto eram voluntários, inclusive o gerente de produção e o supervisor ao qual o módulo se subordinaria. A única exigência para a seleção era um desempenho satisfatório demonstrado nos cargos ocupados. O número de voluntários foi suficiente para guarnecer o módulo com alguns dos melhores e mais flexíveis trabalhadores.
- Na Time Insurance, uma carta solicitou voluntários para o piloto. A carta descreveu o piloto, bem como as posições e os conjuntos de habilidades necessários para se fazer parte da equipe do piloto. A carta solicitou que os voluntários escrevessem um parágrafo

descrevendo por que desejavam participar da equipe. A carta recebeu um número enorme de respostas. A equipe de reengenharia e o gerente do departamento examinaram as cartas e as qualificações e realizaram as seleções finais para a equipe. Além da seleção da equipe do piloto, membros alternativos foram selecionados para a eventualidade de uma emergência. Os membros alternativos receberam treinamento junto com os membros efetivos da equipe do piloto. Ao mesmo tempo, um "grupo de patrocinadores do piloto" foi criado. O papel desse grupo foi agir como uma caixa de ressonância de problemas particularmente difíceis que surgissem no novo processo. Os patrocinadores seriam também um canal de comunicação entre a equipe do piloto e o restante da organização.

Uma vez escalada a equipe do piloto, a equipe de projeto inicial deixa de conduzir o projeto de reengenharia e assume o papel de conselheira. O piloto deve ser liderado por um forte gerente de linha, que assumirá a responsabilidade pelo sucesso do projeto. Pilotos bem-sucedidos costumam ser gerenciados por alguém com um interesse pessoal de longo prazo em resolver os problemas do piloto desde o início. Deve ser uma pessoa instruída e respeitada pelos integrantes da organização, bem como aberta a escutar e tentar novas idéias.

A equipe inicial de projeto não desaparece nesse estágio. Embora sua ênfase mude para o planejamento da implementação integral, ela permanece em contato com o piloto através do grupo de patrocinadores do piloto. Segundo nossa experiência, um ou dois membros da equipe de projeto também participam das primeiras semanas do piloto. Em certo sentido, esses indivíduos são consultores "a pedido", esclarecendo procedimentos e fornecendo apoio tático e um discreto aconselhamento prático. Um membro da equipe de projeto nas trincheiras representa uma oportunidade de observar em primeira mão o desempenho da equipe do piloto e um mecanismo de documentar melhorias do projeto para a implementação. Por exemplo, um membro de equipe de piloto recomendou a instalação de um terminal em uma mesa de classificação de modo a permitir pesquisas rápidas visando ao encaminhamento da correspondência pelo percurso apropriado de processamento do trabalho. Com esse passo, um volume maior de trabalho pôde prosseguir diretamente para a unidade de trabalho de tramitação rápida da equipe. Os membros da equipe inicial de projeto documentaram esse novo passo e o grupo de patrocinadores do piloto rapidamente aprovou a compra do terminal de computador.

Preparação da Equipe do Piloto

Um piloto bem-sucedido usualmente é precedido de cuidadosa preparação, que inclui os elementos a seguir:

- Treinamento da equipe do piloto.
- Determinação do *layout* físico do novo processo.
- Definição de indicadores, marcos de desempenho e informes.
- Plano de comunicação visando a "lidar com a imprensa".

O treinamento para a equipe do piloto é crucial. São típicas até duas semanas de treinamento pré-piloto.[3] Nesse período, a equipe do piloto tem que aprender por que, quem, quando, onde e como no processo reestruturado. Mais especificamente, o programa de treinamento inclui:

- Treinamento nos negócios: por que o negócio precisa mudar?
- Treinamento em processos: qual o projeto do novo processo? (Convém que esse treinamento seja ministrado pela equipe de projeto.)
- Treinamento em mudança: Como a equipe do piloto lida com a mudança e ajuda os outros a conviver com ela?
- Treinamento técnico: Que novas tecnologias devem ser aprendidas? (Esse treinamento é ministrado por especialistas, com freqüência da equipe de projeto.)
- Formação de equipe: Como os membros de equipes aprendem a trabalhar conjuntamente como uma equipe? (Esse treinamento é ministrado por especialistas em desenvolvimento de pessoal, com freqüência da equipe de projeto.)
- Treinamento em melhoria contínua: Que ferramentas e métodos podem ser aplicados à solução de problemas? (Às vezes, esse treinamento é mais proveitoso no contexto dos problemas e dados reais coletados pela equipe do piloto após dominar os novos procedimentos.)
- Ativação do piloto: Quais são os próximos passos, as regras básicas e os protocolos?

Conforme discutido no Capítulo 7, princípios de aprendizagem adulta devem ser aplicados no desenvolvimento do treinamento e o *mix* e os meios devem incluir treinamento em sala de aula, instruções individualizadas e apoio ao desempenho fortemente enfatizado. Por isso, é crucial que membros dos departamentos de desenvolvimento de pessoal e de recursos humanos participem da equipe de projeto. Eles avaliam necessidades, desenvolvem programas, ministram parte do treinamento e monitoram a concessão de certificados e o próprio processo de aprendizagem.

Um novo projeto pode requerer mudanças substanciais no fluxo de trabalho tradicional e nos *layouts* físicos do local de trabalho. Uma das primeiras tarefas da equipe do piloto (auxiliada pelo departamento de serviços gerais) é introduzir tais mudanças de *layout*, lembrando-se que podem ser temporárias (de três a seis meses). Além do próprio *layout*, pode ser preciso adquirir e instalar equipamentos e aparelhar a instalação (por exemplo, fiação especial, iluminação e mobiliário). Como indicamos nos critérios de seleção do piloto, convém localizá-lo longe do processo principal existente, de modo que a equipe tenha liberdade de experimentar e eliminar os defeitos.[4] Uma vez bem-sucedido o piloto, um novo *layout* mais abrangente e permanente será provavelmente necessário, à medida que a carga de trabalho do piloto for integrada ao fluxo principal de trabalho reestruturado.

Preparação do Restante da Organização: O Plano de Comunicação

A organização como um todo precisa ser informada sobre o piloto: compreender os objetivos e as expectativas, conhecer o progresso realizado com o andamento do piloto etc. Desse modo, é necessária uma comunicação sistemática e plena antes de e durante as operações do piloto. Tal plano de comunicação tem que prever o que deve ser comunicado, quando, para quem e como. Seus componentes podem ser comunicações *passivas* — minutas das reuniões da equipe, boletins redigidos por uma combinação da equipe de projeto, da equipe do piloto e outros grupos na organização, relatórios da empresa e anúncios no correio eletrônico — e comunicações *participativas* como grupos de foco, demonstrações de produtos/serviços, reuniões da empresa, reuniões de pequenos grupos, *hotlines* e *workshops* de gestão da mudança.

Definimos a reengenharia como a mudança radical na forma como o trabalho é realizado nas organizações. Isso significa mudanças que exercerão impacto sobre muitas pessoas em todos os níveis da organização. Mudanças dessa ordem de grandeza inevitavelmente desencadeiam temores pessoais, tanto racionais como irracionais. As ansiedades que acompanham tais temores incitam um comportamento de resistência capaz de assumir muitas formas. Se o conceito do novo projeto for realmente radical, muitas pessoas fora — ou mesmo dentro — do piloto advertirão para o seu fracasso ou o promoverão. (Lidar com a resistência à mudança em um plano de comunicação bem concebido e sistematicamente implementado é uma das formas básicas de enfrentar os medos do desconhecido e do fracasso. Retomaremos este tópico no Capítulo 12.)

Durante o piloto, as palavras e ações dos executivos seniores podem enviar poderosas mensagens. Essas mensagens devem ser coerentes e calculadas. A equipe do piloto necessita ser tranqüilizada e apoiada. Um principal executivo disse para a equipe do projeto: "Essa é uma experiência. É normal falhar, aprender e continuar tentando até funcionar." Para o pessoal externo ao piloto, a mensagem deve ser de comprometimento, como em: "Não me venham com as razões por que não funcionará. A questão é: o que é preciso para fazer funcionar?"

Normalmente, as ações transmitem mensagens mais poderosas do que as palavras. Em um caso, depois de algumas semanas de funcionamento do piloto, a alta gerência visitou seu local. A equipe do piloto mostrou o novo processo, apresentou o desempenho do processo até então e descreveu seus problemas e suas oportunidades de melhoria. Após a apresentação, tirou-se uma fotografia da equipe do piloto com o presidente e outros executivos seniores da empresa de três bilhões de dólares. A fotografia foi ampliada e afixada na entrada de sua área de trabalho. As ações e palavras da alta gerência enviaram uma mensagem de que a mudança seria exigida — e não apenas esperada — de todos. O vice-presidente de operações quis deixar "claro a quem estivesse em cima do muro que deveria se alinhar com as forças da mudança".

Cronograma do Piloto

Como em qualquer projeto complexo, um plano detalhado é necessário para ajudar a impulsionar, comunicar, sincronizar e relatar o progresso. O plano de projeto da Figura 10.1 é típico do que vemos nos pilotos.

Se fôssemos traçar o gráfico do clima emocional de uma equipe durante a condução do piloto, se assemelharia a uma viagem de montanha-russa (*ver* Figura 10.2). De início, a equipe é assoberbada pela intensidade do treinamento. Porém, findo o treinamento, observa-se normalmente muito entusiasmo e vontade de pôr em prática o piloto. Infelizmente, os pilotos nunca são tranqüilos. (Se fossem, provavelmente não estariam tentando algo radicalmente diferente.) Na terceira ou quarta semana, a equipe do piloto poderá estar sobrecarregada, frustrada e ansiosa com o número de problemas e de dificuldades surgidos. O nível de ansiedade poderá continuar crescendo durante mais algumas semanas, à medida que os problemas se acumularem e mais reuniões forem conduzidas para resolvê-los. No entanto, à proporção que as soluções forem identificadas e os problemas superados, a equipe desenvolverá uma confiança crescente em sua capacidade de solução de problemas. No final do segundo mês de operação, o piloto provavelmente terá se acomodado e assumido algum aspecto de uma operação de estado estacionário.

Figura 10.1 ◆ Plano do Projeto Piloto

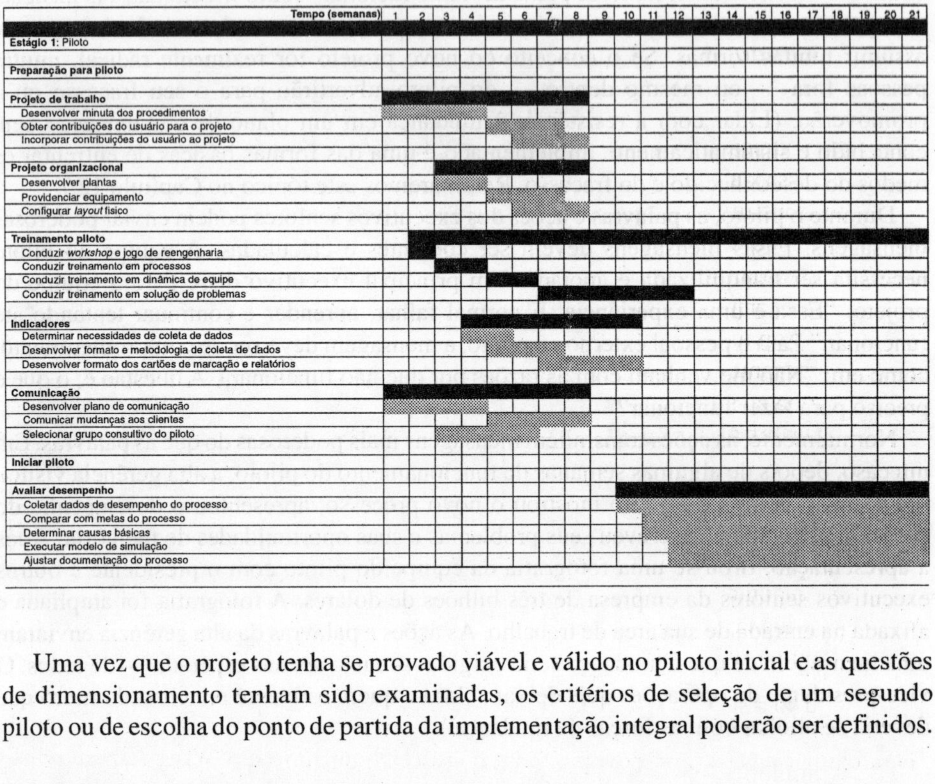

Uma vez que o projeto tenha se provado viável e válido no piloto inicial e as questões de dimensionamento tenham sido examinadas, os critérios de seleção de um segundo piloto ou de escolha do ponto de partida da implementação integral poderão ser definidos.

Exibição da Pintura

Dois grupos se importam com o piloto e com suas implicações: os clientes do processo e os membros da organização que trabalham no ou com o processo.

Exibição para os Clientes

Os projetos de reengenharia melhor sucedidos focalizam na satisfação ou superação das necessidades dos clientes. As suas reações devem ser medidas — e deixar de fazê-lo pode ser devastador. No Capítulo 3, afirmamos que definir as necessidades dos clientes é fundamental na reengenharia. Segue-se, portanto, que é o cliente quem determina se o piloto corresponde a tais expectativas. Os clientes tenderão a se envolver menos com os detalhes do processo, mas estarão em posição de ver os resultados. Assim que os dados estiverem disponíveis, recomendamos a condução de pesquisas informais para avaliar como a hora da verdade foi vivenciada e como melhorou a experiência total dos clientes com o processo essencial.

Figura 10.2 ◆ Níveis de Ansiedade da Equipe do Piloto

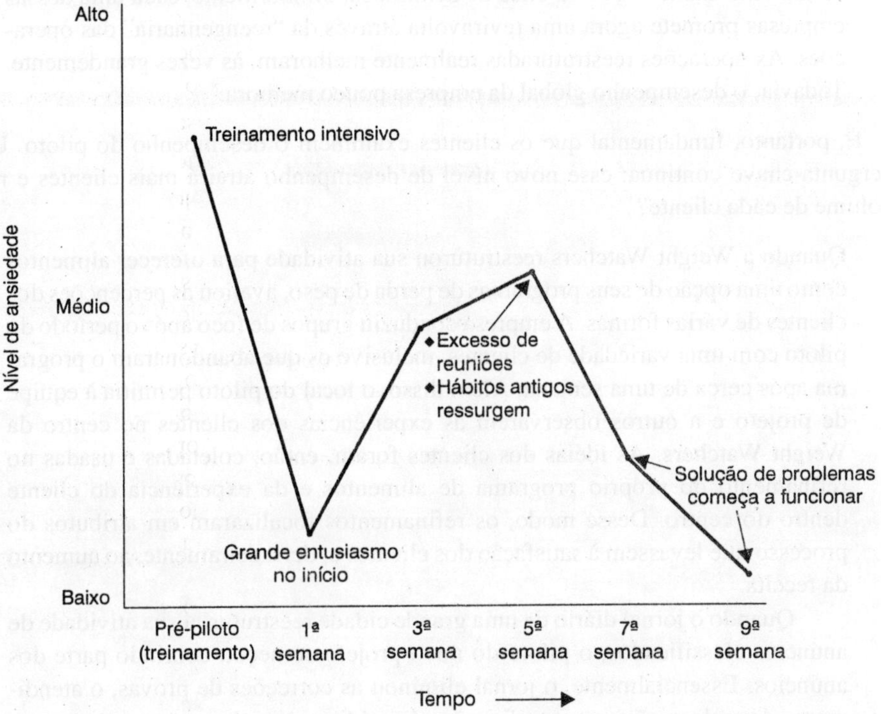

A reengenharia não funciona quando vista estreitamente e empregada tão-somente para reduzir custos. Por exemplo, com o crescente declínio dos Wang Laboratories, o *Boston Globe* proclamou: "A Redução de Custos Funcionou, mas não Compensou a Falta de Visão e de Estratégias".[5] Os processos na cadeia pedido-entrega melhoraram substancialmente através de iniciativas como:

- Redução de 90% do tempo de ciclo de montagem de placas de circuito; o retrabalho foi reduzido em 70%.6
- Redução de 70% do tempo de ciclo de faturamento e cobrança.[7]
- Redução à metade do tempo de ciclo de desenvolvimento de novos protótipos de placas.

A despeito dessas e de outras melhorias radicais no desempenho dos processos, o resultado financeiro da Wang continuou a se deteriorar celeremente, porque a estratégia de produtos deixou de reconhecer mudanças fundamentais nas necessidades dos clientes.

Peter Drucker chegou a conclusões semelhantes sobre a American Express, a General Motors, a Westinghouse e a IBM:

> Todas elas sacudiram sua alta gerência para que provocasse uma "reviravolta". Previsivelmente, seus planos também incluem cortes imediatos na força de trabalho. Durante um breve tempo, os custos provavelmente diminuirão e os lucros e preços das ações provavelmente subirão. Porém, mais ou menos um ano mais tarde, cada uma dessas empresas não estará melhor do que antes e, então, certamente anunciará outra onda de demissões. Similarmente, cada uma dessas empresas promete agora uma reviravolta através da "reengenharia" das operações. As operações reestruturadas realmente melhoram, às vezes grandemente. Todavia, o desempenho global da empresa pouco melhora.[8]

É, portanto, fundamental que os clientes examinem o desempenho do piloto. Uma pergunta-chave continua: esse novo nível de desempenho atrairá mais clientes e mais volume de cada cliente?

> Quando a Weight Watchers reestruturou sua atividade para oferecer alimentos como uma opção de seus programas de perda de peso, avaliou as percepções dos clientes de várias formas. A empresa conduziu grupos de foco após o período do piloto com uma variedade de clientes, inclusive os que abandonaram o programa após cerca de uma semana. Além disso, o local do piloto permitia à equipe de projeto e a outros observarem as experiências dos clientes no centro da Weight Watchers. As idéias dos clientes foram, então, coletadas e usadas no refinamento do próprio programa de alimentos e da experiência do cliente dentro do centro. Desse modo, os refinamentos focalizaram em atributos do processo que levassem à satisfação dos clientes e, derradeiramente, ao aumento da receita.
>
> Quando o jornal diário de uma grande cidade reestruturou sua atividade de anúncios classificados, o piloto do novo projeto começou cobrindo parte dos anúncios. Essencialmente, o jornal eliminou as correções de provas, o atendimento de reclamações e as verificações de crédito como departamentos separados, combinando essas atividades dentro de uma única equipe responsável por receber os anúncios classificados, publicá-los e receber o pagamento. Após um ou dois meses do piloto do novo projeto, uma pesquisa telefônica sondou a satisfação dos clientes com o novo processo. Novamente, os comentários dos clientes levaram a refinamentos adicionais, que levaram a mais clientes e a mais negócios por cliente.

Nesses casos, a avaliação da satisfação dos clientes com um processo-piloto é bastante detalhada. Os clientes são inquiridos sobre cada ponto de contato, suas expectativas em relação a esses contatos e se contatos devem ser alterados, eliminados ou acrescentados. Um mapa do sistema de serviço fornece os detalhes para a formulação das perguntas certas, pois cada contato é claramente representado "acima da linha" no topo do mapa. Esses contatos mais as informações contidas em suas folhas de "procedimentos" contêm as suposições e intenções da equipe de projeto quanto ao novo processo. Depois que o cliente experimentou o novo processo, as suposições e intenções podem se mostrar equivocadas. As observações dos clientes serão valiosas para o refinamento do projeto, de modo que volte "aos trilhos" e maximize os benefícios ao cliente.

Exibição para a Organização

Segundo nossa experiência, os resultados do piloto com freqüência excedem as expectativas. Não é incomum que os benefícios calculados e prometidos sejam conservadores e subestimem os resultados reais.

> O piloto do grupo Consumer Communications Services da AT&T realizou manutenções nos softwares pontualmente, sem erros e a um custo grandemente reduzido. A economia calculada se baseava na eliminação de atividades sem valor agregado (40% das horas de trabalho). Os cálculos não levaram em conta o aumento da eficiência nas atividades com valor agregado restantes. Os resultados reais do piloto revelaram um processo 50% mais produtivo do que a estimativa inicial. Uma economia de 60% na mão-de-obra para se alterar um software foi obtida durante o piloto.

Acima de tudo, os resultados gerados por um piloto devem ser totalmente confiáveis. Expectativas iniciais drasticamente excedidas por um piloto podem gerar ceticismo. A documentação e a apresentação de resultados excepcionais deve ser exata e conservadora. A substituição das estimativas do modelo de negócios por dados reais do piloto fornece suficientes referenciais e detalhes. Também é importante reconhecer — e não ocultar — quaisquer deficiências, problemas ou circunstâncias atenuantes que tenham impactado o desempenho do piloto. A chave para a exibição do piloto são dados sólidos e relevantes. Haverá desafiantes e antagonistas para quem apenas os fatos terão credibilidade. Nos melhores casos, os fatos falarão por si mesmos. Mas em casos como o seguinte, os fatos serão contestados:

> Quando uma fábrica de armas brancas melhorou substancialmente sua qualidade e capacidade em uma operação piloto, foi bastante questionada — não sobre os resultados, mas sobre como foram obtidos. Os céticos insinuaram que a equipe usara a melhor matéria-prima e não tivera que enfrentar as deficiências normais. Acusaram a linha-piloto de usar o melhor equipamento e contar com o melhor pessoal. Disseram que os produtos fabricados eram os mais fáceis — com tolerâncias flexíveis quanto a largura e aparência final. Todos esses desafios foram enfrentados com dados: a matéria-prima não era melhor segundo os registros da inspeção de entrada; o equipamento não era melhor segundo os registros de manutenção; os trabalhadores tinham o melhor desempenho e receberam mais treinamento segundo o departamento de recursos humanos; as tolerâncias eram típicas. Ao antecipar esses desafios e apresentar os fatos relevantes, a equipe do piloto e seus patrocinadores superaram os desafios e adquiriram uma sólida credibilidade.

As melhores equipes de piloto que conhecemos encorajam e apreciam o intercâmbio de tais desafios e discussões durante a "apresentação". Essas equipes aceitarão críticas se a discussão parecer estar levando a idéias de melhoria e a soluções. A intenção do piloto é testar, aprender e melhorar o processo — não petrificar o projeto. Conforme afirmou Julie Stockman, uma gerente de projetos de reengenharia e gerente distrital da AT&T: "É importante reconhecer que meu papel é defender o processo, não o projeto." Os detalhes do projeto devem mudar, à medida que a experiência levar à aprendizagem organizacional.

A apresentação do desempenho do piloto tenciona continuar construindo a base para a mudança. A apresentação tem quatro metas:

1. Validar a reestruturação dos negócios e os objetivos de desempenho do processo.
2. Demonstrar que são possíveis.
3. Demonstrar que participação e críticas construtivas são não apenas desejáveis, mas essenciais.
4. Começar a gerar entusiasmo e comprometimento em relação à mudança generalizada.

Questões de Implementação Além do Piloto

Na maioria dos casos, o piloto não consegue testar todos os aspectos do novo projeto. Existem aspectos em grande parte dos projetos que exigem mais tempo ou mais investimento para que fique claro que funcionam. Tempo e investimento são escassos em um piloto. Eis alguns exemplos de opções de projeto não testadas nos pilotos que estudamos, mas que seriam necessárias na implementação em grande escala:

- Evolução para a autodireção: Uma opção comum em muitos projetos de reengenharia é o movimento em direção a equipes de trabalho autodirigidas. Contudo, a transformação na autodireção não pode ser instantânea. Uma força de trabalho e uma gerência acostumadas com um estilo de gerenciamento precisam de tempo para mudar para outro estilo. O livro *Self-Directed Work Teams* descreve os cinco estágios do movimento rumo à autodireção:[9]

Estágio 1: Início.
Estágio 2: Estado de confusão.
Estágio 3: Equipes centradas no líder.
Estágio 4: Equipes rigidamente formadas.
Estágio 5: Equipes autodirigidas.

Embora um projeto de reengenharia possa preconizar a verdadeira autodireção (Estágio 5), normalmente precisa-se de anos para que se chegue lá, conforme mostra a Tabela 10.1.

- Vinculação do pagamento ao desempenho e às habilidades: O pagamento é uma questão por demais volátil para ser resolvida rapidamente. O projeto pode preconizar o pagamento por habilidades ou o pagamento por desempenho (grupal e/ou individual), mas o piloto não é a ocasião de tentá-lo. A maioria das empresas constatou que aprende muito no piloto sobre as exigências de desempenho e habilidade. Elas acharam a linha de base e a experiência do piloto essenciais à mudança do sistema de pagamento. Mas esta geralmente só ocorre após a experiência de implementação integral.[10]
- Tecnologia em substituição a sistemas manuais: Muitas coisas manualmente realizáveis em pequena escala exigirão tecnologia na implementação do projeto em grande escala. Por exemplo, em uma modalidade piloto de operação, podem-se coletar dados e efetuar cálculos manualmente para testar o processo. O pessoal necessário à realização manual dessas tarefas não deve ser computado nos resultados de desempenho do piloto, supondo-se que essas tarefas serão automatizadas quando o projeto for implementado por toda a empresa.

Tabela 10.1 ◆ A Evolução das Equipes

	Exemplo do estado atual	Início	Estado de confusão	Equipes centrada no líder	Equipes rigidamente formadas	Equipes autodirigidas
Individual	Executa tarefas designadas; funciona como especialista	Experimental quanto à nova estrutura em equipes	Preocupado com segurança no emprego, novos papéis	Depende do líder do grupo para diretrizes, intervenções	Plenamente integrado à equipe e intensamente fiel a ela; assume deveres de liderança rotativos	Treinado para realizar múltiplas tarefas de equipe
Equipe	Em geral, os empregados trabalham independentemente; servem de apoio para outros	Comprometimento moderno com o grupo	Incerta quanto aos novos papéis e responsabilidades	Compreende o que tem que fazer; aprende como equipe	Mais líderes de equipe se desenvolvem e emergem	Coopera com outras equipes e se coordena com elas; fixa metas da equipe
Gerência	Define o rumo e impõe a disciplina; controla e avalia os resultados	Fornece diretrizes para nova configuração dos processos do fluxo de trabalho e da equipe	Assoberbada pela necessidade de "apoiar" as equipes	Abandona o envolvimento diário nas operações	Reconhece e recompensa as contribuições do grupo	Média conflitos, instrui patrocinadores, transpõe as fronteiras entre as equipes
Organização	Acossada por pressões econômicas e competitivas	Oferece fundos, ajuda técnica e treinamento	Fornece apoio à transição	Produtividade começa a crescer	Começa a corresponder às expectativas dos clientes quanto à qualidade e ao atendimento	Mais responsiva às necessidades dos clientes e às oportunidades

Fonte: Osborn et al., *Self-Directed Work Teams.*

Anúncio das Mudanças

Mudanças operacionais e organizacionais em grande escala nunca são fáceis. Porém, várias características comuns dos atuais processos reestruturados — como pequenas equipes — facilitam a mudança. Normalmente, o piloto consiste em uma única equipe de trabalho. Após a implementação abrangendo toda a empresa, várias são as equipes de trabalho. Muitas vezes, a transformação do piloto na implementação por toda a empresa se dá gradativamente — uma equipe de trabalho a cada vez.

Em uma empresa de alta tecnologia, a transformação começou após três meses de operação piloto. Os membros iniciais do piloto foram divididos em duas equipes, cada uma reforçada por novos membros. Após mais três meses, as duas equipes foram divididas em quatro, e assim por diante — de forma bastante semelhante ao processo biológico da mitose, em que uma célula replica a si mesma. Exceto nesse caso, cada nova célula consumiu parte da antiga organização. No final, toda a operação estava convertida para a nova modalidade de funcionamento, e a antiga modalidade de funcionamento deixou de existir.

Acreditamos tratar-se de uma forma bastante inteligente de implementar a mudança em grande escala. A mudança é introduzida sem todo o trauma de uma conversão da noite para o dia, porém se dá de forma regular e vigorosa. Esse método de implementação suscita algumas perguntas interessantes: a segunda equipe constitui outro piloto? Ou o primeiro passo da implementação? Se a segunda equipe constituir outro piloto, a terceira equipe fará parte do piloto ou da implementação? Quando termina o piloto e começa a implementação para valer?

Às vezes, quando os gerentes estão apreensivos e muita resistência é esperada, essas perguntas deliberadamente jamais recebem resposta. Nesses casos, as equipes de reengenharia e seus defensores podem simplesmente continuar "experimentando" mais trabalho com novas equipes. O impulso transmitido por inércia da primeira equipe para a próxima — e assim sucessivamente — é como um trem descontrolado que ninguém consegue deter.

NOTAS

1. Charles Kennedy, *Riding the Runaway Horse*. Boston, Little Brown, 1992.

2. Isadore Barmash, *SKY*, Delta Airlines, março de 1993.

3. Embora isso dependa da complexidade do piloto, constatamos que, com duas semanas de treinamento intensivo, os *learners* se aproximam do limite de absorção. Além do mais, a equipe do piloto geralmente fica ansiosa por iniciar o trabalho e aprender fazendo.

4. Embora se possa argumentar que localizar o piloto em meio às operações principais aumenta as probabilidades de conversão de expectadores curiosos em participantes entusiasmados, constatamos que dotar a equipe do piloto de um "espaço próprio" contribui para gerar entusiasmo com a mesma rapidez. Na maioria das empresas, as comunicações informais se deslocam mais rapidamente do que as formais. Por exemplo, durante as sessões de grupo de foco em uma empresa, a força de trabalho inteira apresentou sérias dúvidas de que o projeto fosse funcionar. Uma vez iniciado o piloto (longe das operações principais), em apenas duas semanas, outros grupos da organização pediram para ser o próximo piloto.

5. *Boston Globe*, outubro de 1993.

6. Kelvin F. Cross, "Wang Scores 'EPIC' Success with Circuit Board Assembly Redesign", *Industrial Engineering*, janeiro de 1988.

7. Kelvin F. Cross e John J. Feather, "Workflow Analysis: Just-In-Time Techniques Simplify Administrative Process in Paperwork Operation", *Industrial Engineering*, janeiro de 1988.

8. Peter Drucker, "A Turnaround Primer", *The Wall Street Journal*, 2 de fevereiro de 1993.

9. Osborn, Moran, Musselwhite e Zenger, *Self-Directed Work Teams*. Homewood, Ill., Business One Irwin, 1990.

10. Entretanto, existe uma exceção. Se o sistema de pagamento atual oferecer incentivos que sejam contraproducentes para o piloto, terá que ser alterado. Por exemplo, incentivos e pagamentos baseados apenas na quantidade (por exemplo, peças trabalhadas) talvez tenham que ser extintos. As empresas com tal problema normalmente levantam o pagamento médio dos empregados nos últimos doze meses e garantem que eles receberão essa média durante o piloto. Além disso, elas oferecem a esses empregados certa voz ativa quanto ao funcionamento de um novo sistema, podendo oferecer um prêmio pago de uma só vez pelo desempenho do piloto.

Parte IV

DANDO VIDA À PINTURA

Nada é mais difícil de ter sucesso ou mais perigoso de se lidar do que iniciar uma nova ordem das coisas.
Maquiavel

Capítulo 11

IMPLEMENTAÇÃO DE MUDANÇAS ESTRUTURAIS E DO SISTEMA

Os melhores gerentes são aqueles que pensam através dos dilemas organizacionais.
Peter F. Drucker (consultor gerencial)

Propósito do Capítulo: *Tratamos do desenrolar da implementação para a mudança do sistema e da estrutura totais, inclusive o mandato para reestruturar a organização e ajustar seu tamanho.*

Na fase de implementação da reengenharia, toda a organização aplica e institucionaliza o novo projeto em suas operações do dia-a-dia. O planejamento da implementação normalmente começa em paralelo com o piloto e, em alguns casos, já no trabalho de análise e projeto.

Existem dois componentes na implementação: (1) planejamento e execução da logística da conversão em grande escala à nova modalidade de operação (por exemplo, treinamento, modificações nas instalações) e (2) condução da transição. Um projeto de reengenharia não termina quando o piloto prova que a mudança inicial é exeqüível. O período de *transição* é bem mais crucial do que tudo que já aconteceu até então. A transição começa depois que o piloto foi declarado um sucesso e termina quando a organização aprende como um todo como incorporar o novo projeto do processo às operações do dia-a-dia. Embora o projeto de reengenharia em si seja um evento delimitado, com freqüência tem implicações mais amplas para toda a organização e requer mudanças mais fundamentais em como os executivos gerenciam e em como os supervisores e empregados pensam sobre e se conduzem no trabalho de modo a florescer a longo prazo. Neste capítulo, porém, nos concentramos no primeiro componente: fazer a mudança acontecer por todo o sistema.

Implementação das Mudanças do Sistema de Negócios

Quase no final do piloto, uma equipe de reengenharia precisa desenvolver um plano de conversão integral para toda a organização afetada pelo reestruturação do processo essencial. Em grande parte, um plano de implementação integral se assemelha ao cronograma de implementação do piloto descrito no Capítulo 10, com tarefas adicionais voltadas à realização dos detalhes de gerenciamento do desempenho e projeto organizacional. Isso significa que o projeto detalhado nunca realmente se petrifica, à medida que a melhoria contínua se torna um modo de vida na organização.

Segundo nossa experiência, raramente existe um corte claro entre o projeto e a implementação. Por exemplo, embora um projeto de fluxo de trabalho detalhado possa parecer completo à conclusão do piloto, o projeto das tarefas e o plano de remuneração podem só se completar depois de adquirida experiência tangível suficiente através do envolvimento prático com o novo processo. Esses acréscimos à tela da reengenharia podem se dar vários meses após o "corte" em relação ao piloto. Similarmente, ferramentas e tecnologia adicionais podem ser acrescentadas em um segundo piloto ou uma fase posterior da reengenharia.

O plano de implementação integral da Figura 11.1 mostra os detalhes de gerenciamento do projeto necessários para a implementação tranqüila. Ele contém várias táticas de implementação comuns. Primeiro, ele se vale dos detalhes e da logística de planejamento já estabelecidos para o piloto, bem como da aprendizagem organizacional já adquirida. Segundo, atenção específica e recursos se destinam às questões de projeto do trabalho, projeto organizacional e gerenciamento do desempenho relacionadas à reengenharia. Terceiro, atividades de preparação dos empregados para a mudança — tais como treinamento, jogos de simulação, perfis de empregados de Myers-Briggs[1] e gerenciamento da transição — são posicionadas no início da fase, em tempo de aumentar a possibilidade de que o projeto seja implementado com o mínimo de resistência. (Discutimos detalhadamente o gerenciamento da transição no Capítulo 12.) Finalmente, a responsabilidade e a propriedade são transferidos da equipe de projeto às operações.

Um dos grandes desafios durante a implementação é reprojetar a estrutura organizacional e, depois, as mudanças requeridas relacionadas à extensão de controle, aos níveis de gerência, à fusão de funções, à mudança dos líderes e ao *rightsizing* da organização.

Seleção da Moldura Correta

Uma tela de reengenharia é uma mapa bastante frágil do potencial da organização. Ela precisa de uma moldura sustentadora ou infra-estrutura organizacional que amplie seus limites *e* garanta sua integridade. Cabe à alta gerência selecionar tal moldura. Nesse processo, os gerentes devem questionar e, se preciso, abandonar estruturas organizacionais e sistemas gerenciais que possam ter anteriormente implantado. Nas palavras de Arnold Judson, presidente da Gray•Judson•Howard:

> Os sistemas de gerenciamento costumavam ser medidos em gerações, divulgados pelas escolas de administração de empresas e praticados por sucessivas gerações de gerentes. Agora, pela primeira vez, os modelos e as práticas de

negócios provavelmente mudarão várias vezes durante a experiência empresarial de cada um.

Figura 11.1 ◆ Plano de Implementação

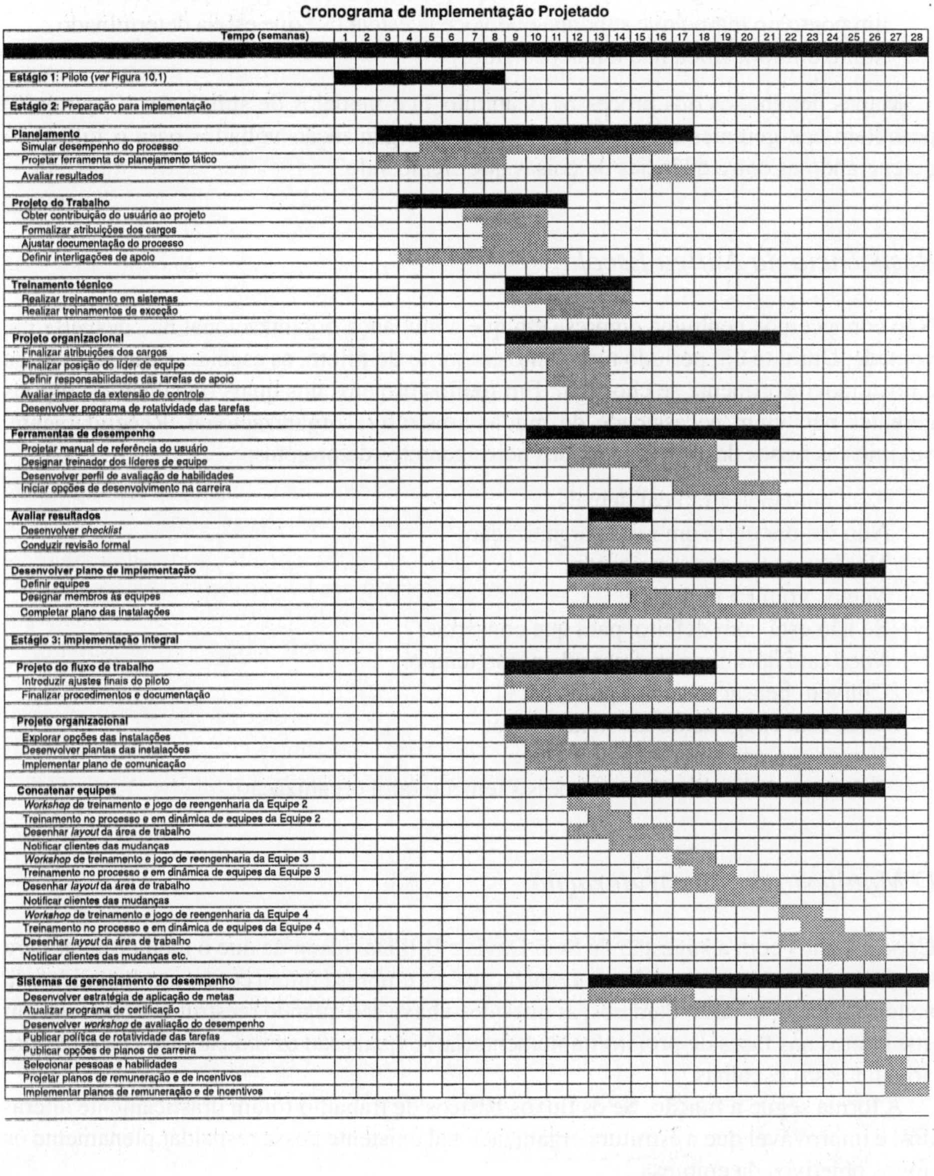

Stan Davis, autor de *Future Perfect*, afirma que a organização está sempre atrasada em relação à estratégia. Davis afirma que, aceitando-se a suposição

> ...de que é preciso saber o que se deseja fazer antes de poder saber como fazê-lo, todas as organizações baseadas no modelo industrial foram criadas para empresas que não mais existem ou que estão em vias de se extinguir!... A única forma pela qual os líderes de uma organização podem chegar lá [aos objetivos da estratégia da reengenharia] a partir daqui [a organização vigente] é liderando de um ponto no tempo que suponha que você já esteja lá e que esteja determinado, muito embora ainda não tenha ocorrido.[2]

Mapas detalhados dos processos (Capítulo 7) e modelos de simulação (Capítulo 9) permitem aos gerentes tomar decisões sobre a organização voltados para o futuro — gerenciando as conseqüências de coisas que "terão sido".

Resistência da Antiga Escola

Não conhecemos nenhuma empresa em que a mudança organizacional não desperte má vontade. Durante um período turbulento em torno do piloto, as escolas gerenciais antiga e nova inevitavelmente se chocarão. Em muitos projetos nos quais trabalhamos, alguns gerentes não viam necessidade de mudar a estrutura organizacional. Repetidamente, ouvimos as frases destrutivas temidas pelos gerentes de projetos:

> Essa mudança é radical demais.
> Não vai dar certo em nossa organização.
> Nós nunca fizemos isso antes.
> Vamos voltar à realidade.
> Se não está com defeito, para que consertar?
> Você está dois anos na frente de nosso tempo.
> Convém pensar mais um pouco.
> Você está exagerando nessa mudança.
> Vamos esperar e ver o que acontece.
> Talvez possamos mudar o processo sem alterar a organização.

O Manifesto da Reestruturação

Concordamos com a sugestão de Stan Davis e Bill Davidson de que o melhor lugar para se procurar a razão para mudar a organização é na empresa futura conforme documentada na tela da reengenharia. Para nós, as questões-chave são quando reestruturar (ou seja, em que pontos nas fases de projeto/implementação) e quais são os indicadores corretos para orientar essas escolhas.

A forma segue a função. Se os fluxos básicos de trabalho foram drasticamente alterados, é improvável que a estrutura organizacional existente possa respaldar plenamente os novos objetivos da empresa.[3]

Responsabilidade dos executivos

Cabe à alta gerência providenciar a "moldura" de tamanho e estilo apropriados para a plena realização dos benefícios radicais de um processo reestruturado. A visão de Russell Ackoff do papel de uma organização ajuda a compreender o mandato para reestruturar:

> O conceito de empresa evoluiu de mecanicista para organicista, e de organicista para organizacional. Vista como uma máquina, ela foi considerada como destituída de um propósito próprio, mas como um instrumento utilizado por seus proprietários na busca de seus objetivos de lucro. Vista como um organismo, considerou-se como principal propósito da empresa a sobrevivência e o crescimento. Conceitualizada em ambas essas formas, a empresa foi vista como sem responsabilidade para com os propósitos de suas partes, seus empregados. Entretanto, como uma organização, a empresa foi vista como dotada de tal responsabilidade para com todos os seus envolvidos e a sociedade, o sistema maior do qual faz parte.[4]

Esses envolvidos ou "eleitorados" são servidos em um ambiente caracterizado por clientes mais exigentes e instruídos, fornecedores que desempenham um papel crítico no sucesso do processo essencial, trabalhadores instruídos que aproveitam a tecnologia da informação e proprietários que investem em projetos que assegurarão o futuro da empresa. Cada um desses fatores contribui para a mudança contínua.

Decisões sobre a estrutura organizacional afetam cada um desses grupos de formas singulares baseadas em suas diferentes necessidades e interesses. Em uma visão sistêmica, porém, o interesse próprio de cada componente se subordina às necessidades da empresa maior da qual faz parte.

Modelagem Organizacional

O modelo voltado para o mercado (Capítulo 3) mostra que tanto as influências externas (mudanças tecnológicas, necessidades dos clientes, mercados, condições econômicas etc.) como os fatores internos (melhorias incrementais e radicais) criam a necessidade de a organização mudar de forma *continuamente*. Portanto, o projeto de qualquer nova estrutura organizacional não pode ocorrer de uma só vez. Qualquer organização, para preservar o auge da responsividade e da agilidade em um ambiente externo em constante mutação e cada vez mais exigente, tem que criar um clima que respalde a modificação e a evolução da estrutura organizacional no passar do tempo.

Quando se consideram opções de projeto organizacional, dois conjuntos de indicadores podem servir como referenciais úteis: indicadores de resultados e de processos. Os indicadores de resultados são definidos como os efeitos do fornecimento de produtos ou serviços da perspectiva do cliente. Os indicadores de processos se referem aos fatores gerenciais e comportamentais que os sistemas e as estruturas ajudam a moldar.

Indicadores de resultados

Conforme delineado no Capítulo 8, os indicadores de desempenho operacional se refletem na pirâmide de desempenho em dois níveis: o processo essencial (o nível médio) e indicadores específicos controláveis por gerentes e trabalhadores no dia-a-dia (o nível inferior). Se cada grupo ou departamento em um processo gera informes de qualidade, entrega, tempo de ciclo e desperdício, a consolidação desses dados para avaliar o sistema como um todo é relativamente direta. Dado que os indicadores de qualidade e de entrega de um processo de negócios são determinados pelo cliente final, eles são refletidos pelos indicadores externos do último departamento. Assim, o desempenho do sistema inteiro equivale ao desempenho do departamento — ou encontro de serviço com o cliente — mais à frente. Como um meio de avaliar o sucesso, essa abordagem exige que os grupos de trabalho focalizarem nas necessidades do departamento mais à frente e nos valores globais definidos pelo cliente externo. O tempo de processo do processo essencial seria a soma dos tempos de ciclo dos caminhos críticos de cada atividade. O custo pode ser mostrado como a soma do desperdício de cada departamento ou atividade.

Esses podem ser os principais indicadores financeiros e de participação no mercado. A equipe de projeto e a alta gerência devem indagar e modelar constantemente como as mudanças organizacionais e de fluxo de trabalho afetarão esses indicadores-chave. Em uma empresa de serviços de informação, por exemplo, a equipe de projeto avaliava constantemente o impacto do projeto sobre o atendimento de pedidos, as reclamações, o tempo de ciclo e a precisão das faturas, porque havia sido detectado que esses indicadores, mais do que todos os outros, impactavam o desempenho financeiro e o crescimento da participação no mercado.

Indicadores de processos

Se o renascimento das empresas também significa um renascimento das habilidades individuais, uma pergunta-corolário pede uma resposta: "Quais são os indicadores-chave de processo para orientar na reestruturação da organização?" Em várias empresas que investigamos, a lista de indicadores de processos pode ser agrupada em várias categorias:

- Capacidade de alcançar as competências essenciais da organização. (A organização consegue definir operacionalmente os conjuntos de habilidades importantes para seu futuro? Os procedimentos serão sistematicamente seguidos?)
- Grau em que a organização pratica o que aprende (por exemplo, indicadores de meia-vida).
- Flexibilidade da organização (por exemplo, rapidez com que a organização consegue responder a pedidos de produtos/serviços personalizados ou se ajustar a mudanças de volume/*mix*).
- Capacidade de sincronizar as operações (por exemplo, número de níveis gerenciais, porcentagem das decisões tomadas pela pessoa/equipe responsável pelo trabalho, capacidade de monitoramento de dados de controle de processos).

- Capacidade de manter os trabalhadores-chave na empresa a longo prazo (por exemplo, grau de rotatividade dos empregados).
- Posicionamento para futuras oportunidades (por exemplo, número de inovações sugeridas/implementadas, porcentagem do tempo gasto pelos empregados em trabalho "proativo" e de solução de problemas).

As decisões concernentes a formato, estilo e tamanho organizacionais podem ser avaliadas com base nesses critérios.

Os indicadores de resultados e de processos, conjuntamente avaliados, sugerem uma estrutura mais forte para promover e acelerar o impulso em direção ao estado desejado.

Posicionamento para Conquistar Participação no Mercado

Um dos propósitos subjacentes à maioria dos esforços de reengenharia é uma maior participação no mercado. Isso assegura vitalidade econômica e capital para reinvestir nas pessoas e em sua capacidade de inovar. Além de se determinar a estrutura organizacional correta, esforços são necessários para maximizar os benefícios do novo projeto. Programas de conquista de participação no mercado — por exemplo, novas campanhas publicitárias, a prospecção agressiva de clientes e a disposição de compartilhar dados de desempenho com clientes e fornecedores — devem fazer parte do plano de implementação.

Quando Expor a Nova Organização

A estrutura organizacional pode ser facilitadora ou obstrutiva. Para nós, reformular a organização em um esforço de reengenharia é realmente uma questão de quando. A sabedoria convencional recomenda esperar até o sucesso do novo processo demonstrar a inadequação da estrutura existente. Nossa experiência indica o contrário: reorganize o mais cedo possível. Em alguns casos, "o mais cedo possível" significa como parte da implementação integral. Em outros casos, pode ser benéfico reorganizar *antes* que o projeto de reengenharia atinja seu ritmo pleno. A confiança da alta gerência na tomada dessa decisão se baseia, em grande parte, na qualidade e completude dos modelos de negócios e do mapa do sistema de serviço produzidos pela equipe de reengenharia.

Para auxiliar na análise de quando reorganizar, também temos recorrido à análise de campos de força para avaliar os prós e os contras. A Figura 11.2 sintetiza uma dessas análises. (O negrito indica os fatores considerados mais importantes.)

O problema real da gerência é realizar um balanço dos prós e dos contras. Em alguns casos, os benefícios de reorganizar mais cedo são claros. Em outras circunstâncias, os dados são insuficientes ou os riscos de agir muito cedo superam os benefícios potenciais.

Usando a ferramenta de análise de campos de força, um grupo de gerentes decidiu reorganizar antes de completar o esforço de reengenharia — em grande parte com base nos dados da modelagem. Ao fazê-lo, a gerência adotou algumas opções difíceis: acabar com os segmentos por mercados e focalizar na segmentação por clientes, eliminar grupos de apoio redundantes e remover dois níveis de gerência. Embora o processo fosse doloroso e temporariamente destrutivo para a organização, dele emergiu uma organização mais enxuta, nivelada e focalizada, bem como mais preparada para realizar as metas do mandato da reengenharia.

Pensamos que outras empresas que empreendam um projeto de reengenharia em grande escala farão o mesmo. A razão é convincente. Russell Ackoff estima que as empresas gastam um ano planejando a reorganização e, depois, levam dois anos para implementar as mudanças. O resultado é que a maioria das empresas "reorganiza" a cada três anos![5]

As Garras do Dilema do *Downsizing*

Com grande freqüência, o resultado de um projeto de reengenharia bem-sucedido é uma reestruturação radical das tarefas e de seus inter-relacionamentos. Isso muitas vezes leva à redundância ou ao excedente, não apenas da força de trabalho, como também da gerência e da supervisão.[6] Apesar dos esforços por "conquistar participação no mercado", fazer mais com menos às vezes significa menos pessoas — ao menos a curto prazo. Como resultado, uma análise de *downsizing* potencial deve fazer parte do escopo da reengenharia, independente dos objetivos principais. O *downsizing*, além de gerar uma sensação de perda e de incerteza sobre o lugar de cada pessoa na nova ordem, também pode provocar um forte comportamento de resistência. Assim, um componente crítico da reengenharia é lidar com o *downsizing* de forma não apenas coerente com as metas financeiras, mas também que permita aos "sobreviventes" sentirem-se como a nova geração, pronta e capaz.

Como agentes da mudança do projeto de reengenharia, os gerentes aprenderão a ver o processo da perspectiva dos clientes e como um sistema completo. Parte de sua responsabilidade será dar recomendações apropriadas sobre o efetivo de pessoal da organização. Formular a linha de perguntas a seguir ajuda a determinar seu tamanho:

- O cliente estará disposto a pagar pelo passo no processo?
- O orçamento cobre os custos da realocação do pessoal?
- Quantas pessoas não envolvidas no fornecimento de produtos/serviços no processo essencial são necessárias?
- Com que rapidez a empresa precisa de retorno financeiro?

Nesse papel, os gerentes são envolvidos na determinação das necessidades de efetivo. Na maioria dos projetos de reengenharia, eles devem esperar saudáveis *downsizings* após a implementação — a não ser que a nova participação no mercado compense o aumento da produtividade. Utilizando ferramentas de modelagem, os gerentes podem planejar as necessidades iniciais extras de transição e conversão da organização e, mais tarde, calcular as necessidades do estado estacionário, conforme mostrado na Figura 11.3.

Como defensores do processo reestruturado, os gerentes devem participar da simulação do processo e dar recomendações para o ajuste fino da estrutura. Como *coaches*, os gerentes também ajudam a preparar os empregados para uma variedade de atribuições e despertam um sentimento de confiança em protagonistas-chave, abrindo-lhes o processo de projeto da "infra-estrutura".

Figura 11.2 ◆ Análise de Campos de Força para Determinar Quando Reestruturar a Organização

Força impulsionadora para	Reorganizar o mais cedo possível	Força restritiva
Fluxogramas estão completos e novo projeto testado		**Moral**
Estrutura organizacional existente não posiciona para o futuro		Perda do poder
Pressão do tempo de lançamento		Resistência à mudança
Curto período de medo do desconhecido		**Volume da mudança**
Período de tempo para complementar projeto de reengenharia		Reação da organização informal
Gerência leva a sério a nova direção		Incerteza
Retorno financeiro é tangível		Pilotos incompletos

Figura 11.3 ◆ Plano de Efetivo de Pessoal para a Transição

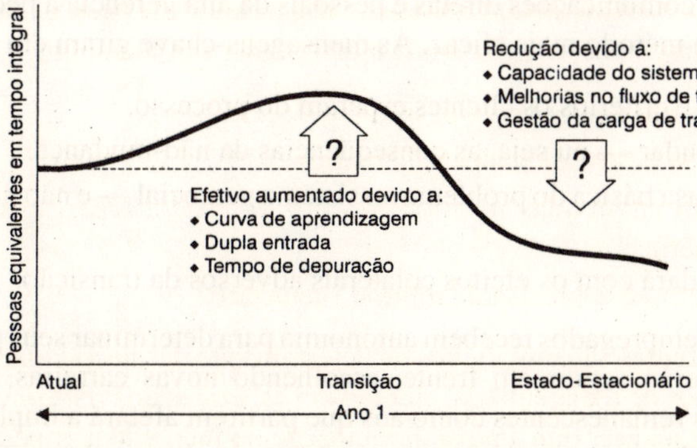

A Linha de Frente

Se os gerentes forem abertos e honestos com os empregados e se se anteciparem aos impactos esperados, as demissões poderão ser minimizadas. Por exemplo, se o modelo de simulação previr um aumento da produtividade de 200% sem um aumento correspondente do mercado, os gerentes poderão proativamente dar os seguintes passos, antes da implementação integral e de suas conseqüências sobre o projeto das tarefas e o efetivo:

- Permitir os atritos naturais.
- Recorrer a empregados temporários para cobrir a rotatividade.
- Congelar as contratações.
- Treinar e realocar empregados para outras tarefas necessárias.
- Projetar programas de aposentadoria prematura.
- Utilizar mão-de-obra temporária.
- Projetar serviços de recolocação [*outplacement*].
- Alterar a carga semanal de trabalho.
- Oferecer empregos de meio-expediente.
- Implementar programas de compartilhamento de tarefas.

De fato, Charles Handy indica que as organizações se assemelharão a um trevo: uma folha conterá os trabalhadores básicos, a segunda, os subcontratados e a terceira, os trabalhadores temporários.[7]

Administração do Remédio

Quaisquer mudanças que afetem a segurança do emprego devem ser diretamente confrontadas. Tanto quanto possível, a razão da reengenharia deve ser comunicada. Quanto mais meios de divulgação, melhor: reuniões individuais com gerentes, comunicações para pequenos grupos, boletins informativos, *hotlines*, reuniões da empresa etc.

Constatamos que comunicações diretas e pessoais da alta gerência a pequenos grupos de empregados são o método mais eficaz. As mensagens-chave giram em torno de:

- Que possibilidades e critérios os clientes esperam do processo.
- Por que é crítico mudar — ou seja, as conseqüências da não-mudança.
- Identificação da causa básica do problema no sistema gerencial — e não no desempenho dos indivíduos.
- Como a gerência lidará com os efeitos colaterais adversos da transição.

Nesse sentido, os empregados recebem autonomia para determinar seus papéis na nova ordem. Alguns poderão seguir em frente, escolhendo novas carreiras. O tratamento dispensado tanto aos remanescentes como aos que partirem afetará a implementação.

Essas ações voltadas aos recursos humanos são o primeiro sinal tangível dos valores da nova organização.

Acabamento das Estruturas de Apoio

Conforme indicado na Figura 7.1, outros sistemas também precisam ser reprojetados para se alinhar plenamente com os objetivos dos fluxos de trabalho reestruturados. Esses sistemas incluem o projeto das tarefas, os sistemas de avaliação, o treinamento e a certificação, os incentivos e as recompensas e as avaliações e a remuneração. No Capítulo 7, discutimos em algum detalhe as questões de projeto referentes a esses sistemas e indicamos no início deste capítulo que esses componentes são parcialmente projetados durante o projeto detalhado e que o acabamento é aplicado durante a implementação. Na prática, o desenrolar dessas atividades não é tão ordenado como indicado na Figura 11.1. Segundo nossa experiência, os componentes de gerenciamento do desempenho levam muito mais tempo para serem finalizados. Consideremos as experiências da XEL Communications, uma fabricante de 25 milhões de dólares de placas de circuito personalizadas:

> A XEL, em face da competição do tipo Davi e Golias (ela concorria com a AT&T e a Northern Telecom), resolveu redesenhar seus processos para agilizar o atendimento dos pedidos e as respostas aos problemas dos clientes, tudo isso com baixos custos. As opções básicas do projeto incluíram células de produção e equipes de trabalho autodirigidas. Os resultados iniciais foram realmente impressionantes: os custos caíram em 25%, os estoques se reduziram à metade e, da perspectiva do cliente, o tempo de ciclo caiu de oito para quatro semanas.
>
> Atualmente, cinco anos depois da implementação dos novos projetos de trabalho, a XEL continua projetando e reprojetando seus sistemas de gerenciamento do desempenho. Entre suas experiências, estão:
>
> O provimento de pessoal é bem mais difícil com equipes de trabalho autodirigidas.
>
> Os supervisores fizeram falta — não para fixar cronogramas e prioridades, mas para gerenciar as relações humanas.
>
> Os gerentes precisaram de habilidades não previstas durante o projeto inicial, tais como diplomacia, *coaching* e triagem das inovações.
>
> Levou mais tempo para os empregados evoluírem de indivíduos "acalentadores-apoiadores" para "assertivos-diretivos".
>
> As posições dos líderes de equipes mudaram de supervisores para facilitadores e para preparadores de cronogramas; a eliminação do papel de facilitador levou anos.
>
> As avaliações só foram abordadas quando chegou a hora das análises Como as análises de colegas eram fundamentais, o antigo estilo narrativo foi substituído por questionários objetivos.[8]

Em parte, a dificuldade em lidar com esses sistemas tem sido a falta de modelos e de ferramentas que nos permitam formular hipóteses sobre esses relacionamentos complexos e subjetivos. Conforme observado no Capítulo 9, acreditamos que modelos de dinâmica de sistemas podem ajudar a aguçar nosso pensamento sistêmico — permitindo às equipes e aos gerentes da reengenharia abordar esses sistemas críticos de uma forma mais rigorosa e oportuna.

Maximização das Probabilidades de Sucesso da Reengenharia

Embora sustentemos que não se vai muito longe atuando somente sobre a cultura organizacional — conforme mostrado na Figura 1.6 —, os gerentes não podem ignorar os aspectos comportamentais da mudança. Nas palavras de um consultor:

> A não ser que o lado humano do esforço de renovação seja tratado com sucesso, todas as bem-planejadas mudanças no mundo deixarão tudo essencialmente como está. Pois se as pessoas não passarem pelo processo de transição de reorientação interna, as mudanças não tomarão a forma de novos comportamentos e atitudes. Tentativas de mudança que desconsideram a transição são como operações bem-sucedidas em que o paciente infelizmente morre.[9]

A resistência à mudança, o processo de transição e as questões motivacionais ligadas a comportamentos, atitudes, normas e valores necessários à plena realização de uma transformação cultural são discutidos no próximo capítulo.

NOTAS

1. Os perfis de empregados de Myers-Briggs são uma técnica de obtenção de perfis da estilos individuais e de padrões de motivação. Outras ferramentas, como Strength Deployment Inventory (SDI) de W. Elias H. Porter, servem a um propósito semelhante.

2. Stanley M. Davis, *Future Perfect*.

3. O mestre renascentista Michelangelo tinha uma forma interessante de enxergar a "moldura" de sua arte. Por exemplo, em suas esculturas, ele sentia que estava "libertando a figura do mármore que a aprisionava". Similarmente, na reengenharia, a equipe de projeto começa com um "bloco de mármore existente" e desbasta tudo que não faça parte da nova visão. Mas, às vezes, Michelangelo não conseguia completar seu tema com o pedaço de mármore *existente*. Ele voltava às pedreiras em busca de um novo bloco, que permitisse concretizar sua imagem.

4. Russell Ackoff, *Creating the Corporate Future: Plan or be Planned For*.

5. Esse cenário nos foi fornecido por Arthur Schneiderman, baseado em suas discussões com Russell Ackoff sobre reestruturação organizacional.

6. *The Wall Street Journal* acredita que a reengenharia possa introduzir uma era prolongada de perda de empregos — até 25 milhões de empregos nos Estados Unidos. Do ponto de vista da criação de empregos — e da destruição de empregos —, o fenômeno mais significativo é a disseminação da reengenharia nos setores de serviços. "Reengineering Gives Firms New Efficiency and Workers the Pink Slip", *The Wall Street Journal*, 16 de março de 1993.

7. Charles Handy, *The Age of Unreason*.

8. John Case, "What the Experts Forgot to Mention", *Inc*, setembro de 1993.

9. Judy Clarke, *Managing Organizational Transition: Training for Leaders*. Gresham, Oreg., Judy Clarke and Associates, 1991.

Capítulo 12

TRANSFORMAÇÃO DE RENASCIMENTO

O problema do futuro é que geralmente chega antes de estarmos preparados para ele.
Arnold H. Glasow

Propósito do Capítulo: *Embora os sistemas de reengenharia e as mudanças estruturais possam ser implementados da noite para o dia, a aceitação e a assimilação dessas mudanças leva bem mais tempo. Neste capítulo, abordamos as questões de transição e motivacionais ligadas a comportamentos, atitudes, normas e valores necessários à plena realização de uma transformação cultural.*

Projetos de reengenharia podem ter sucesso no início em virtude dos elementos de processo e de fluxo de trabalho. Com o passar do tempo, porém, a organização poderá rejeitar o projeto — como anticorpos matando um vírus. Para se assegurar a institucionalização bem-sucedida a longo prazo, é preciso uma mudança cultural duradoura. Primeiro, abordaremos a questão de como minimizar a resistência a curto prazo e, depois, focalizaremos em como obter a mudança cultural a longo prazo.

Resistência à Mudança

Tem-se dito que as pessoas não resistem à mudança, mas a *serem* mudadas.

Por mais bem pesquisado e minucioso que seja o projeto de reengenharia ou o nível de participação no próprio projeto, a equipe de reengenharia deve esperar uma ampla variação do comportamento individual e de grupo — da resistência ativa ao apoio entusiasmado, conforme mostra a Figura 12.1.

O quadro é complicado pelo fato de que diferentes indivíduos e grupos na mesma organização reagirão de formas diferentes *ao mesmo tempo*. Por exemplo, uma organização de serviços, ante a apresentação do estado desejado — que incluía novas equipes de trabalho autodirigidas, ferramentas eletrônicas de suporte, um banco de dados relacional e canais de tramitação expressa e lenta do trabalho — reagiu de forma esquizofrênica.

Alguns integrantes viram a mudança como positiva, citando a eliminação de gargalos e acúmulos, mais controle e senso de propriedade sobre seu trabalho, momentos de verdade mais tangíveis com os clientes e muitas oportunidades novas e estimulantes de avanço profissional. Outros a viram como uma complicação sem razão aparente. Eles citaram os tempos inadequados, perceberam ineficiências no projeto (com base em uma comparação com o modelo vigente) e se preocuparam com sua posição no novo projeto, com a falta de clareza quanto às suas motivações no novo modelo e com os hiatos entre suas habilidades de então e aquelas exigidas pelo projeto.

Figura 12.1 ◆ O Espectro dos Comportamentos Possíveis em Relação à Mudança

- Entusiasmo
- Cooperação
- **Aceitação**
- Cooperação sob pressão da gerência
- Aceitação
- Resignação passiva
- Indiferença
- **Indiferença**
- Apatia; perda do interesse no trabalho
- Realizar apenas o que é ordenado
- Comportamento regressivo
- **Resistência passiva**
- Não-aprendizagem
- Protestos
- Operação padrão
- Trabalhar o mínimo possível
- **Resistência ativa**
- Diminuição do ritmo de trabalho
- Retirada pessoal (aumento do tempo longe do serviço ou da empresa)
- Execução de "erros"
- Danificação
- Sabotagem deliberada

Fonte: Arnold S. Judson, *Changing Behavior in Organizations: Minimizing Resistance to Change* (Cambridge, Mass.: Blackwell, 1991).

Um bom projeto por si só não assegura a implementação bem-sucedida ou o desempenho superior a longo prazo. Nas palavras de um consultor:

> Existe experiência suficiente para deixar claro que a parte de reprojeto do trabalho da [reengenharia] é uma tarefa bem mais fácil do que implementar a

> mudança. De fato, o gerenciamento da mudança — o aspecto de recursos humanos da [reengenharia] — se identifica como a fase de trabalho mais desafiadora e que apresenta a maior possibilidade de insucesso.[1]

Mesmo Mike Hammer e a CSC Index (pioneiros na reengenharia de negócios baseada em tecnologias da informação capacitadoras) admitem que muitas tentativas de reengenharia fracassam — até sete entre dez — porque a organização não está equipada para implementar e gerenciar a mudança.

O guru da qualidade Joe Juran fez a mesma observação décadas atrás em *Managerial Breakthrough*. Ele argumentou que as conseqüências sociais da mudança tecnológica são os verdadeiros causadores de problemas — o tipo de visitante não-convidado que pega carona em qualquer mudança tecnológica. Juran compara o gerente do projeto/a equipe de reengenharia que introduz a "mudança tecnológica" à abelha que se choca contra uma janela — repetidamente até sucumbir de exaustão. De acordo com Juran, quem não foi sensibilizado para a existência de um padrão cultural tem muito em comum com a abelha na janela — a resistência é invisível porque a equipe de projeto nada enxerga nessa parte do espectro.

Sem a transformação coletiva dos indivíduos do processo reestruturado, a organização presenciará o "aborto" do novo projeto, matando qualquer possibilidade de renascimento genuíno.

Neutralização da Resistência Individual[2]

Quer a resistência tome a forma de quedas da produtividade, negação, raiva, barganha, depressão ou permuta, não pode ser ignorada. Existem muitas razões legítimas pelas quais as pessoas resistem a serem mudadas: medos válidos sobre impactos ou perdas pessoais adversas; preocupações de que não sejam capazes de aprender as novas habilidades e competências exigidas; experiências negativas com implementações anteriores fracassadas; fadiga ou descrença com a sucessão de modismos de gerenciamento.

Os gerentes podem tentar estimar o equilíbrio entre os ganhos e as perdas percebidos. Eles podem coletar dados sobre a resistência (e a aceitação) por meio de entrevistas, de pesquisas ou de sessões de *brainstorming* (por exemplo, diagramas de afinidade ou KJ) e identificar e listar os ganhos e as perdas potenciais em forma de balanço: os fatores de aceitação são os ativos e os fatores de resistência são os passivos organizacionais. Munidos dessas informações, os gerentes podem alavancar os ativos através de uma variedade de veículos de comunicação e atacar os passivos tentando compensar ou minimizá-los.

A pior resposta à resistência à mudança são as ameaças e o suborno pela gerência. Ambas as táticas resultam em efeitos negativos, por atacarem os efeitos, e não as causas, da resistência e muitas vezes criarem novos problemas. Segundo a nossa experiência, a melhor defesa contra a resistência à mudança é dispor de um projeto bem elaborado e documentado que aborde as questões estruturais e dos sistemas. Também julgamos as "regras da estrada" para a mudança de Juran úteis para impedir obstáculos e/ou superá-los.[3]

1. Possibilite a participação tanto no projeto como na execução da mudança.
2. Proporcione aos membros da cultura tempo suficiente para avaliarem os méritos da

mudança. (Tempo suficiente significa: nada de surpresas, primeiro o piloto e escolha a época certa.)

3. Examine alternativas. Originalmente, atenha-se ao "ideal" e tente um programa de persuasão. Se necessário, ofereça compensações ou modifique partes da proposta (ou seja, aceite o segundo melhor estado).
4. Mantenha a proposta livre de excesso de peso. Não se perca em debates colaterais que não estejam ligados à obtenção de resultados.
5. Trabalhe com os líderes reconhecidos da cultura, sejam formais ou informais.
6. Trate as pessoas com dignidade e respeite suas opiniões.
7. Inverta as posições; pergunte de si para si: "Se eu fosse membro da cultura, como reagiria?"[4]

Envolvimento

O envolvimento e a participação — particularmente no mapeamento do negócio, no desenvolvimento de procedimentos e no piloto da mudança conforme descrito no Capítulo 10 — constituem a mais poderosa alavanca de neutralização da resistência e gerenciamento de um processo de mudança. Arnold Judson, em seu livro *Changing Behavior in Organizations*, fornece um espectro útil para o engajamento dos afetados pela mudança, de modo que ajudem a moldá-la (*ver* Figura 12.2).

Época Apropriada

Conforme mostrou Juran, existem épocas apropriadas ou não para a implementação da mudança. Devem-se levar em conta a duração da mudança e sua eventual coincidência com outros eventos, tais como ciclos setoriais, cargas de trabalho internas ou coordenação com instalações de novas tecnologias. Por exemplo, uma empresa de serviços adiou a implementação devido às atividades de coleta de dados da época de pico e à necessidade do novo projeto de manter dois bancos de dados durante a conversão dos sistemas. Fez sentido esperar para converter os dados uma única vez.

Persuasão

A persuasão através de recompensas (monetárias ou não) não deve ser negligenciada. Se os empregados sentirem que estarão fornecendo mais "valor", mostre-lhes que o sistema de remuneração (por exemplo, participação nos ganhos, bônus pelo projeto, pagamento por habilidades) refletirá tal agregação de valor. Recompensas não-monetárias também podem ser persuasivas. Em um processo reestruturado, uma designação do cargo mais pomposa e orientada aos clientes para o pessoal de finanças aumentou o moral e a motivação. Maiores privilégios (por exemplo, horário flexível permitido por um novo projeto) e novas oportunidades de treinamento também são importantes alavancas.

Figura 12.2 ◆ O Espectro da Participação no Estado Desejado

Ação gerencial	Ação do empregado
Ativa ▲ Delegar autoridade de tomada de decisões	Tomar e implementar decisões – Atribuições de tarefas com responsabilidade
Consenso do grupo	Formular planos e soluções aos problemas propostos – Grupos de planejamento – Forças-tarefa
Solicitação de contribuições	Sugestões e recomendações do grupo – Conselhos ou comitês formalmente estabelecidos – Grupos informais Análise de problemas e alternativas – Forças-tarefa – Conselhos ou comitês formalmente estabelecidos Sugestões individuais
Consulta	Discussões diretas dos problemas Trocas eletrônicas Convites diretas para exprimir opiniões
Passiva ▼ Inclusão	Comparecimento a reuniões de comunicação Inclusão em listas de distribuição

Fonte: Arnold S. Judson, *Changing Behavior in Organizations: Minimizing Resistance to Change* (Cambridge, Mass.: Blackwell, 1991).

A barganha é outra forma de persuasão e um importante veículo de comunicação. Ao oferecer compensações, uma equipe de reengenharia adquire uma nova compreensão de questões-chave através do diálogo aberto (as abelhas começam a reconhecer a janela). Nesse estágio, modificar partes da proposta — talvez conforme sugerido pela equipe do piloto e/ou dentro da liderança (informal) reconhecida da organização — facilita a aceitação do projeto global, porque a equipe de reengenharia está dando ouvidos às preocupações fundamentadas no contexto da experiência real com o projeto.[5]

Tratamento das Pessoas com Respeito

Embora as empresas tenham dificuldades crescentes em garantir os empregos,[6] podem tomar medidas para minimizar as perdas potenciais (conforme descrito no Capítulo 11).

As empresas também podem explicitar aos empregados o que devem fazer para ter sucesso na nova estrutura de trabalho, bem como fornecer oportunidades de aprender e praticar as novas habilidades. Desse modo, o treinamento (através de cursos, de treinamento individualizado e de atividades de melhoria contínua) é uma alavanca poderosa no renascimento das organizações.

Outra alavanca-chave na gestão da resistência individual à mudança é reconhecer o passado e valorizar o papel do empregado no sucesso passado da empresa. A reengenharia é uma resposta a mudanças nos mercados, na economia, na tecnologia e nos sistemas gerenciais anteriores — e não às deficiências dos empregados. Os empregados não são responsáveis pelas condições em transformação, nem — conforme mostra Deming — pelos problemas dos atuais sistemas gerenciais perante a nova realidade dos negócios.

O Processo de Transição

Na reengenharia, todos no processo essencial são afetados, inclusive clientes e fornecedores. É importante distinguir entre três espécies de impacto: mudança, transição e transformação, dado que respostas diferentes são requeridas.

Definição de Mudança

O dicionário define a mudança em termos de alterações, transformações e substituições. William Bridges, um conhecido consultor de transição organizacional, emprega uma definição mais direta: "Algo novo começa ou termina, tem lugar em determinado ponto no tempo e é externo à pessoa".[7] Um novo *layout* físico de uma célula de trabalho, o início de uma equipe de trabalho autodirigida ou um novo relacionamento de subordinação são exemplos de mudança observável.

Definição de Transição

A transição, por outro lado, é definida como "o processo de mudança de um estado, atividade ou lugar para outro — a renovação interior do indivíduo". De acordo com Bridges, a transição é, então, "o processo psicológico pelo qual as pessoas passam para enfrentar a nova situação".[8]

Arnold Judson observou sabiamente que a mudança é um efeito operacional — uma alteração na forma como os empregados realizam seu trabalho. A transição é mais sutil, lidando com efeitos psicológicos (ou seja, a forma como os indivíduos se relacionam com seu trabalho e o encaram) e com efeitos sociais (mudanças nos relacionamentos consagrados na organização).[9]

Como na música, a transição é uma passagem que liga dois temas diferentes. À semelhança do maestro, cabe à gerência liderar a organização até cada fase e de uma fase para a próxima, obtendo um fluxo tranqüilo.

Definição de Transformação

A transformação diz respeito à mudança completa da forma ou aparência externa e, muitas vezes, também da natureza e da função. Sharon Harwood, ex-gerente da Disney University para a Walt Disney Company, define-a como o processo que, com o tempo, molda o comportamento individual e a dinâmica de grupo, estabelecendo uma nova forma organizacional de agir — uma nova cultura.

Em suma, a mudança é a diferença entre aqui e ali; a transição é o processo de, a partir daqui, chegar ali; a transformação é o processo requerido para "consolidar" as mudanças, de modo que se tornem estáveis e não se deteriorem com o tempo.

A reengenharia requer visão, coragem, empenho e determinação de contrariar a essência do pensamento empresarial tradicional. Enfrentar crenças consagradas sobre o estilo gerencial, como realizar o trabalho, a natureza das equipes, comunicações e o que é importante para os empregados exige uma atenção e uma ênfase nos aspectos comportamentais da mudança tão grandes como o esforço investido no desenvolvimento do projeto de reengenharia.

Infelizmente — conforme mostraram Juran e outros —, muitos gerentes são amadores nos aspectos comportamentais da mudança ou não dão conta do escopo total da reengenharia e de seu impacto.

A Equipe de Transição

A transição bem-sucedida requer um projeto ou plano bem concebido de maximização do processo. Ele deve abordar não apenas os efeitos operacionais da mudança, mas também os aspectos psicológicos e sociais. Em muitos aspectos, ajudar os indivíduos através do processo de transição é a fase mais crítica e difícil da transformação da empresa.

A maioria das grandes organizações possui certa experiência e recursos internos para enfrentar essas necessidades, mas raramente recorre a eles em um estágio suficientemente prematuro para que possam fornecer contribuições e auxílio úteis. Tal experiência normalmente se situa em departamentos como da qualidade (por exemplo, vincular a organização ao cliente mediante a análise das necessidades dos clientes, projetos de avaliação de desempenho, a aplicação de metas e métodos de solução de problemas), de recursos humanos (por exemplo, habilidades organizacionais/de projeto das tarefas, planejamento do desenvolvimento profissional, planejamento da remuneração e experiência no gerenciamento do desempenho) e de treinamento (por exemplo, consultoria operacional, avaliação das necessidades de aprendizagem, programas de treinamento e de certificação de empregados). Se essas funções forem deixadas fora do ciclo e não fizerem parte da equipe de reengenharia, uma transição acidentada poderá ser esperada. Quando incluídos nas fases de análise e de projeto, esses membros da equipe podem fazer parte da rede de apoio e dar cobertura onde a transição exigir. Por exemplo, temos visto profissionais da qualidade e de recursos humanos entrar em ação e ajudar no treinamento operacional, instrutores de sistemas ajudar no treinamento de equipes e profissionais da qualidade trabalhar em programas de remuneração.

As demandas da transição para e da transformação em um verdadeiro renascimento são grandes. Os indivíduos têm que dominar novas habilidades, formar novas equipes e redes, lidar com a realidade de que alguns de seus colegas não permanecerão no novo mundo e abrir mão de algumas de suas antigas satisfações no trabalho. O atendimento dessas demandas exige: (1) um plano sólido para a transição e transformação e (2) uma equipe gerencial comprometida, incluindo recursos de apoio à transição dedicados a gerenciar o processo de passagem daqui para ali.

O Processo de Transição

A transição bem-sucedida pode ser vista como uma jornada com três partes: lidar com o final do estado atual, confusão sobre o lugar de cada um no novo mundo e, finalmente, criação de novos inícios no estado desejado. Essa progressão é mostrada na Figura 12.3.

Figura 12.3 ◆ O Processo de Transição

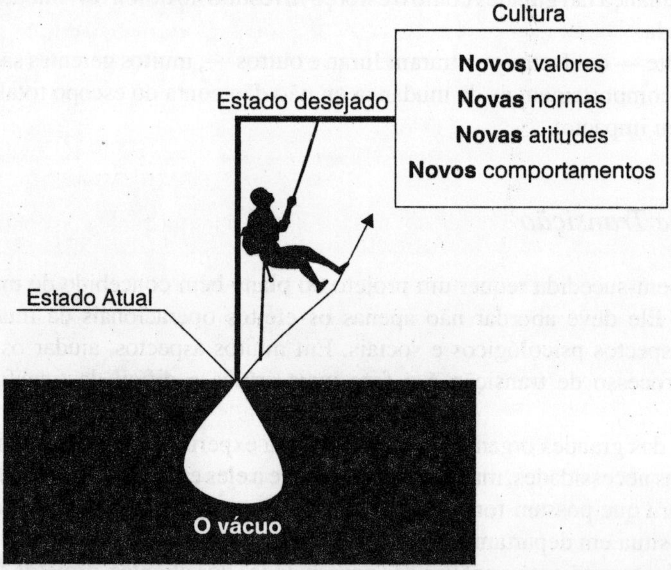

Fonte: Judy Clarke, *Managing Organizational Transition: The People Side of Managing Change* (Gresham, Ore.: Judy Clarke and Associates, 1991).

Finais

Às vezes, é difícil abrir mão dos hábitos. As primeiras reações ao processo reestruturado variarão de sentimentos de perda de identidade, de negação, de choque, de medo, de desgosto e de ressentimento até uma desorientação geral. Tais reações são normalmente acompanhadas de alguns efeitos colaterais a curto prazo: motivação diminuída, perda da confiança na liderança, perda da fidelidade, incapacidade de focalizar e incapacidade de se comunicar aberta e honestamente.[10]

Os especialistas oferecem algumas sugestões para ajudar as pessoas a aceitar as perdas e a enfrentar as conseqüências de abrir mão dos hábitos:

- Identifique quem vai ter que abrir mão de que e aceitar as perdas.
- Não confunda "lamento" com "moral baixo".
- Esclareça o que está e o que não está mudando.
- Mantenha abertos os canais de comunicação; permaneça visível e disponível.
- Elimine quaisquer reforços aos métodos antigos (por exemplo, antigas recompensas e indicadores).
- Crie "eventos limítrofes" (realce oportunidades agora existentes e antes impossíveis).
- Recorra à solenidade para obter uma sensação de encerramento.

Uma empresa de serviços passando por mudanças radicais de tecnologia e processo organizou uma "festa de despedida" dos velhos procedimentos. Outra empresa "enterrou" suas estações de trabalho antigas em um funeral de brincadeira. Ainda outra empresa enfrentou as perdas através de um "álbum" dos eventos durante a implementação da reengenharia.

O Vácuo

Um vácuo pode ser definido como "um espaço aberto ou uma quebra da continuidade — um hiato". Esse espaço é ocupado por criaturas improváveis: caos e oportunidade. Quase todos na organização entrarão nesse vácuo. Sair dele costuma exigir a ajuda da gerência. Judy Clark oferece bons conselhos para se sobreviver nessa zona neutra:

- Não tema falar sobre o vácuo.
- Crie esquemas temporários, como reuniões da gerência com grupos, linha direta de comunicação, reuniões da empresa etc.
- Desenvolva a defesa do estado desejado (por exemplo, dote as equipes de piloto de *empowerment* e divulgue seu trabalho).
- Planeje algumas minivitórias e se prepare para celebrá-las.
- Forneça conhecimentos, habilidades, treinamento em equipe e treinamento na qualidade.
- Forneça aconselhamento aos que estão lutando com o impacto da mudança.
- Envolva tantas pessoas quantas possível em preencher os detalhes do novo modelo (por exemplo, procedimentos, políticas, toques pessoais no local de trabalho etc.)
- Recompense os empregados intrépidos que adentram brava e confiantemente o novo mundo.

Início

Constatamos que a melhor forma de conduzir as pessoas para fora do vácuo é estabelecer canais de comunicação claros e detalhar suficientemente os planos do projeto. Esses planos abordam os aspectos operacional, psicológico e social da mudança e fornecem recursos que ajudam as pessoas a encontrar seus lugares no novo mundo. Por exemplo, uma empresa com que trabalhamos desenvolveu sistemas amigáveis que conduziam os indivíduos por uma excursão pelo novo mundo. Outra empresa proporcionou *workshops* de planejamento das carreiras. Talvez o mecanismo mais poderoso para fazer as pessoas progredirem seja o envolvimento em atividades de melhoria contínua.

Todavia, antes de passarmos ao tema da conciliação dos empregados com as metas e os objetivos do novo mundo pela aplicação de metas, avaliação e participação na solução de problemas, convém abordar outra conseqüência real e mais sombria da reengenharia. Alguns indivíduos poderão não atingir o outro lado. E os que o fazem às vezes sofrem da denominada "síndrome do remanescente".

Enfrentando o Baixo Astral

Se a reengenharia for acompanhada de demissões, alguns outros efeitos terão que ser considerados. Eles são antiintuitivos. Primeiro, os que ficarem poderão confiar mais no futuro da organização do que na segurança de seu próprio emprego. A preocupação com quando "será demitida a próxima leva" pode paralisar a organização e bloquear a tomada de riscos — em uma época em que o controle estatístico de processos e a solução de problemas são demandados para estabilizar e melhorar o projeto de reengenharia. Os clientes, os fornecedores e a gerência precisam da participação entusiasmada dos remanescentes para fazer funcionar os novos fluxos de trabalho. Contudo, esses remanescentes normalmente pouco se confortam com seu novo poder. De fato, segundo um recrutador, 65% de seus contatos se dão com remanescentes atualmente empregados.[11]

Síndrome do Remanescente

Os remanescentes precisam de atenção no novo mundo. Alguns especialistas defendem sua participação acionária na empresa, através de planos de distribuição de ações ou de participação nos ganhos. Outros enfatizam que lhes seja concedido controle sobre seus destinos. Outros sugerem a formação de um novo vínculo em torno das metas e dos objetivos do novo processo. Uma recomendação que nos agrada é que os principais executivos e a alta gerência "conversem com seus empregados como se fossem um grupo de analistas financeiros, convencendo-os do fundamento lógico da mudança para a empresa e das oportunidades disponíveis quando esta se tornar um guerreiro mais enxuto".[12]

Peter Cowden, da Transition Solutions, em Wellesley, Massachusetts, cita três estágios-chave para a motivação dos empregados: (1) a alta gerência deve definir um caminho claro e suscitar um senso de propósito em resposta às tendências de mercado, econômicas e tecnológicas e às demandas dos clientes em mutação; (2) as organizações precisam se planejar para uma período de baixo astral; e (3) os supervisores devem desempenhar um papel ativo na fixação dos objetivos específicos do processo reestruturado. Mesmo assim, essas táticas são um tanto quanto mecanicistas. Os remanescentes também precisam de atenção.

As intervenções no caso dos protagonistas-chave podem assumir várias formas: técnicas individuais (por exemplo, entrevistas pessoais, aconselhamento, treinamento); métodos de grupo (por exemplo, formação de equipes, análise de papéis e inversões de papéis, pesquisas, *brainstorming*); e técnicas de intervenção sistêmicas (por exemplo, solução sistemática de problemas, análise de campos de força etc.).

Segundo nossa experiência, é válido o tempo despendido em contatos individuais. A atenção pessoal humaniza o processo. Perguntas de resposta livre devem ser formuladas: o que você pensa das oportunidades de carreira? O que você julga motivador e frustrante nos fluxos de trabalho e nos procedimentos? Você está gostando dos novos relacionamentos de trabalho? De que treinamento você acha que precisa? Os gerentes devem sair dessas reuniões com uma compreensão do que impele cada pessoa — os motivadores individuais. Normalmente, eles assumem a forma da segurança do emprego, do reconhecimento, do progresso na carreira e de pagamento e benefícios.

O psicólogo Frederick Hertzberg é conhecido por seu trabalho sobre a satisfação profissional. Ele divide os diferentes fatores do trabalho em duas categorias: motivadores (os fatores capazes de aumentar a motivação) e fatores de higiene ou desmotivadores (as variáveis capazes apenas de *impedir* a perda do moral ou da produtividade).

Fatores de higiene e motivadores

Hertzberg lista os seguintes fatores de higiene e motivadores que devem ser levados em conta no projeto detalhado:

Fatores de Higiene

- Remuneração
- Políticas de trabalho
- Benefícios
- Condições de trabalho
- Supervisão

Fatores Motivadores

- Realização
- Reconhecimento
- O próprio trabalho
- Responsabilidade (ou seja, o grau de envolvimento e *empowerment*)
- Avanço (ou seja, desafios e oportunidades)

Compreender como os indivíduos respondem singularmente a esses fatores de higiene e motivadores é crucial para seu desenvolvimento no novo processo e na nova estrutura. Acreditamos que o tratamento apropriado desses fatores subjaz ao "espírito de excelência humana" da reengenharia. Por essa razão, no Capítulo 9, defendemos a dinâmica de sistemas para a modelagem de comportamentos complexos. Tais ferramentas proporcionam uma linguagem e uma estrutura comuns para a análise desses fatores, bem como um ponto de referência homogêneo para o teste de hipóteses.

Efeito Darwiniano

Os empregados também têm uma responsabilidade por moldar seu futuro. Até certo ponto, o processo da seleção natural se impõe. Pessoas com interesses e motivadores semelhantes procuram se superar umas às outras, reforçando seu empenho para com a nova ordem. Os outros menos adaptáveis correm o risco de extinção.

Revitalização da Organização para a Mudança Durável a Longo Prazo

Várias medidas podem ser tomadas para se arregimentar a organização para a mudança durável a longo prazo trazida pelo esforço de reengenharia. Entre elas estão estabelecer defensores e mentores da mudança no novo processo, desenvolver os gerentes como *coaches*, reorganizar equipes de trabalho eficazes e projetar, alinhar e institucionalizar o projeto de trabalho, o projeto organizacional e o projeto do sistema gerencial.

No Capítulo 11, afirmamos que, embora o projeto de reengenharia em si seja um evento delimitado, com freqüência possui implicações mais amplas para a organização como um todo e requer mudanças mais fundamentais e permanentes em como os executivos gerenciam e como os supervisores e empregados pensam sobre o trabalho e nele se conduzem de modo a florescer a longo prazo. Considerar o mais cedo possível a estrutura organizacional e os componentes do sistema de gerenciamento do desempenho (por exemplo, projeto das tarefas, remuneração, incentivos e recompensas etc.) ajuda a consolidar a nova cultura.

Embora muitas empresas submetidas à reengenharia se vangloriem de que "os empregados são nosso patrimônio mais importante", suas ações muitas vezes não corroboram essa alegação. Embora os empregados sejam um patrimônio no sentido de que representam um investimento, o problema é que muitas empresas os vêem como despesa, e não como capital. Embora em alguns casos a gerência precise de fato reduzir os quadros devido à eficiência pós-reengenharia, como e por que elas tomam essas decisões difíceis é o principal. Em nosso ponto de vista, o segredo talvez esteja nas pequenas empresas de espírito empreendedor. Elas não se concentram absolutamente na satisfação dos empregados — ao menos diretamente. Todos na empresa sabem como sua contribuição afeta os setores envolvidos. Dessa perspectiva, os empregados são a empresa.

Como os principais envolvidos, todos na organização devem se concentrar em atingir o pleno potencial do projeto reestruturado. À semelhança dos artistas do Renascimento, os indivíduos e as equipes devem estudar e praticar suas novas habilidades constantemente.

Motive o Comportamento Que Leva à Melhoria Contínua

Conforme argumentamos no Capítulo 1, a Gestão da Qualidade Total (TQM), além de fornecer muitas das ferramentas para a reengenharia, também fornece um sistema gerencial que pode ajudar a alcançar plenamente os benefícios da reengenharia, proporcionando a infra-estrutura (métodos e ferramentas) e a motivação (fixação de metas, treinamento, avaliação do desempenho, incentivos etc.) para "reconectar" os trabalhadores em torno das metas e dos objetivos do sistema de negócios reestruturado. É como as escolas dos mestres renascentistas; o mestre realizava grande parte da pintura, mas deixava alguns toques finais para os aprendizes. Esse processo é importante não apenas para otimizar o projeto. Ele também é útil pois, ao reconhecer a necessidade da melhoria contínua, assegura uma adesão relativamente rápida ao projeto. Também os empregados no processo essencial tornam-se motivados por transcender suas tarefas do dia-a-dia, pois têm um interesse pessoal no sucesso da implementação e em suas conseqüências.

Charles Handy usa um termo sugestivo para ajudar a visualizar o relacionamento entre as tarefas diárias dos empregados e suas atividades de melhoria. Ele chama esse relacionamento de "rosca invertida" — o centro é preenchido e a parte externa é oca. A geléia é a tarefa diária, enquanto o trabalho de melhoria, ou o círculo externo da rosca, é menos definido.[13]

As empresas precisam de pessoas como roscas inteiras. O papel da gerência é *criar* um ambiente de autonomia da força de trabalho para solver e dissolver problemas. O trabalho de equipe focalizado e disciplinado deve ser encorajado e ativamente promovido como um meio importante de solver os problemas esperados na esteira da reengenharia. Conforme mostram Deming e Juran, não se pode esperar que equipes solucionem problemas sem as ferramentas apropriadas. Para maximizar sua contribuição, todos os empregados devem receber alguma formação e treinamento formais na solução de problemas e nas ferramentas disponíveis, logo antes de começar a atacar o problema. Mais importante, os empregados podem precisar de instrução "interna" para melhorar suas habilidades de solução de problemas.[14]

O conceito de *market-in* discutido no Capítulo 3 representa uma mudança significativa no propósito do trabalho em todas as épocas — não apenas durante a reengenharia. Se os clientes não estiverem satisfeitos com o produto ou o serviço, as empresas deverão *melhorar* e *continuar melhorando* à medida que as expectativas dos clientes mudarem. A incapacidade de melhorar resulta em clientes insatisfeitos, ou pior, na perda de clientes. Quando um problema é detectado — como reclamações, erros de faturas ou pedidos atrasados —, o objetivo não é manter as coisas de acordo com o padrão. A convocação é para reparar o problema e conservar os ganhos. Por exemplo, quando um problema foi identificado e recursos foram alocados para solucioná-lo, dados são coletados, causas básicas são analisadas e soluções são planejadas. As equipes, então, implementam o plano e ministram o treinamento necessário. O plano é, depois, avaliado segundo indicadores específicos. Se os resultados forem satisfatórios, um novo padrão terá sido criado e os procedimentos são atualizados.

Preparação do Ambiente Correto

Além dos fatores corretos de higiene pessoal já citados, o ambiente físico e a percepção por ele criada também são importantes. Por isso, uma fábrica de sabonetes nos arredores de Atlanta faz seus trabalhadores vestirem jalecos brancos de laboratório quando produzem artigos de luxo para hotéis requintados e os empregados da Disney são chamados de membros do elenco e vêem seu trabalho como se desenrolando em um palco.

Preparação dos Gerentes para Liderar e Motivar as Tropas

Nas reorganizações que testemunhamos, os papéis dos gerentes mudam de várias formas:

- Eles se envolvem mais com os clientes.
- Eles têm uma capacidade de inovar.
- Eles têm um foco operacional mais forte.
- Eles têm uma extensão de controle maior.
- Eles mostram uma habilidade em liderar a mudança.
- Eles fornecem ferramentas à linha de frente.
- Eles são protagonistas/*coaches* na linha de frente.

Os gerentes — mesmo aqueles que integraram a equipe de projeto — não estão isentos do processo de transição já descrito neste capítulo. Eles terão que enfrentar suas perdas e ganhos no novo mundo.

Desses novos critérios de liderança, o *coaching* representa um novo desafio para muitos dos gerentes que conhecemos. Nesse papel, eles promovem a melhoria contínua pela solução estruturada de problemas. Portanto, eles devem realizar um *coaching* informal no local de trabalho e uma análise crítica formal dos esforços das equipes. A melhor oportunidade para esse *coaching* e reconhecimento é após a conclusão de um esforço de melhoria da qualidade, como o método dos sete passos discutido no Capítulo 8.

De acordo com Shoji Shiba, consultor do Center for Quality Management, em Cambridge, Massachusetts, "o propósito do *coaching* é a aprendizagem relativa ao processo, e não a avaliação dos resultados!" Como *coaches*, os gerentes fornecem reconhecimento, além de ajudar os empregados a melhorar suas habilidades. Isso significa que os próprios gerentes são sistemáticos e peritos solucionadores de problemas, dotados de excelentes habilidades de dinâmica de equipe e de motivação.

Tabela 12.1 ◆ A Jornada de Diagnóstico

Passo	Dicas de coaching	Erros comuns
1	Como a equipe de liderança foi envolvida?	Problema não foi plenamente explorado.
Identificação do problema	O tema foi selecionado após a análise? O tema focaliza em uma fraqueza ou em um problema específico? O tema tem um foco no cliente? Metas desafiadoras foram fixadas?	Problema foi enunciado como uma solução ou uma força. Problema foi abstrato ou limitado demais. A meta foi impossível para a equipe. Causalidade estava implicada no tema.

2	A equipe coletou seus próprios dados?	Múltiplas variáveis não foram examinadas.
Coleta e análise de dados	Eles documentaram a metodologia? Os dados eram apropriados ao processo? Que conclusões foram tiradas dos dados?	Dados não foram estratificados. Diagrama de Pareto não foi usado. Dados eram externos ao processo.
3	A causa básica foi analisada minuciosamente com um diagrama de espinha de peixe ou de relações?	O "efeito" de espinha de peixe não foi relacionado ao principal aspecto do problema identificado no(s) diagrama(s) de Pareto.
Causa básica	A equipe verificou a conclusão (por exemplo, estabeleceu uma forte correlação)?	A análise causal foi por demais abstrata ou não-focalizada. Conclusões não foram quantificadas ou validadas.

Segundo a nossa experiência, os gerentes geralmente não se sentem à vontade nesse novo papel. Entretanto, nos fluxos de trabalho reestruturados onde a tecnologia da informação está mais prontamente disponível a todos os trabalhadores do conhecimento, os gerentes têm uma obrigação de ajudar os empregados a dominar o aspecto de melhoria de seu trabalho.

Coaching sobre os fundamentos

Idealmente, o *coaching* ocorre continuamente no local de trabalho e em pontos críticos no processo de solução de problemas.

Equipes inexperientes podem pedir *coaching* no início de um passo (por exemplo, coleta de dados) e, em alguns casos, no meio de um passo (o que fazer com os dados?). Como *coach*, o papel do gerente é guiar a equipe e preservar o seu ímpeto. *Coaches* não devem procurar a perfeição. Eles devem manter a equipe no caminho certo e progredindo.

A lista de pontos de *coaching* nas Tabelas 12.1 e 12.2 contém perguntas a serem formuladas às equipes quando necessitarem de ajuda e mostra erros comuns contra os quais se precaver e os quais corrigir no processo de solução de problemas.[15] A Tabela 12.1 cobre o terreno do que Juran denomina "jornada de diagnóstico" e a Tabela 12.2 sintetiza o processo curativo.

A ênfase na "melhoria contínua", com um olho nas forças externas em constante mutação, solidifica uma cultura que se recusa à acomodação ao *status quo*. As organizações renascidas buscam constantemente inovações — tanto grandes como pequenas.

Jack Welch, principal executivo da General Electric, tem sido descrito como um partidário dessas mudanças grandes e pequenas:

> Welch sempre viu o processo revolucionário como incessante, simplesmente porque o mundo além da empresa nunca pára de mudar... Ele passou a apreciar o valor das pequenas mudanças... No afã de obter tanto saltos quânticos como mudanças incrementais, Welch descobriu que se alimentam mutuamente. A grande revolução abre caminho para um sem-número de pequenas melhorias e o acúmulo de pequenos ganhos aumenta a confiança da organização para tentar mais um salto quântico.[16]

Transição Permanente

A quantidade e o ritmo das mudanças no mundo dos negócios não deverão diminuir. Se os acontecimentos do passado servem de guia, o grau de mudança atualmente experimentado nos parecerá lento no futuro próximo. De fato, Peter Drucker afirmou que o único grupo ou departamento permanente nas empresas será o de gerenciamento da transição!

Embora a reengenharia acelere o grau de mudança e seu escopo, o próprio espírito por detrás da melhoria radical ou descontínua dota a organização de controle sobre a feição das mudanças vindouras. Ao fazê-lo, pela primeira vez na moderna história da empresas, os empregados estão sendo convidados para definir a agenda de renovação da empresa.

Tabela 12.2 ◆ A Jornada Curativa

Passo	Dicas de *coaching*	Erros comuns
4	A solução abordou causas básicas específicas?	Solução não foi documentada.
Planejamento da solução e implementação	Soluções alternativas foram consideradas?	Apenas uma solução foi explorada.
	A equipe conseguiu implementar a solução?	Faltou envolvimento "local" no planejamento da solução.
	Outros membros do processo essencial foram envolvidos no planejamento da solução?	*Feedback* rápido não foi obtido.
	Houve um plano de implementação detalhado?	
	A equipe realizou/realizará o piloto da solução?	
5	A melhoria atingiu o objetivo?	Antes e depois, dados não foram usados ou foram inconsistentes.

Confirmação de que a solução funciona	O efeito da solução foi quantificado de uma perspectiva pansistêmica? Os benefícios intangíveis foram documentados?	Impactos à frente ou para trás não foram avaliados.
6	Como o novo padrão será compartilhado com outros no processo?	Opiniões de colegas / associados/foram ignoradas.
Certeza de que a solução "pegará"	Quais são os planos de treinamento? Como os procedimentos eletrônicos/em papel serão atualizados? A atividade de melhoria sugeriu novos indicadores de desempenho? Se sim, como serão captados e informados?	Padronização foi tentada procurando-se modificar o comportamento e a cultura humanos. Medidas tomadas do tipo "um tiro só". Indicadores não foram definidos pelo cliente interno / externo.
7	O que a equipe aprendeu sobre o processo?	Histórico da melhoria não compartilhado com liderança.
Verificação do processo	Por que alguns passos levaram mais tempo do que esperado? Que ferramentas precisam ser mais exercitadas?	Processo e resultados não foram compartilhados como colegas.

NOTAS

1. David E. Clinkenbeard, "HR Aspects Critical to Success in Business Reengineering", *Consultant News*, Kennedy Publications, abril de 1993.

2. Esta seção se baseia fortemente em Arnold S. Judson, *Changing Behavior in Organizations: Minimizing Resistance to Change*. Cambridge, Mass., Blackwell, 1991).

3. Essas regras da estrada advêm das lições dos antropólogos ao estudarem o impacto da mudança tecnológica sobre a cultura.

4. J. M. Juran, *Managerial Breakthrough*.

5. Essa questão nos remete à epígrafe de Platão no Capítulo 1 e à subseqüente discussão na Nota 1. Na *República*, Platão descreveu sua visão radical de um "estado ideal" — que incluía educação igual para as mulheres, uma educação nas artes liberais e uma aprendizagem prática questionando e sintetizando-se as diferentes ciências. A obra posterior de Platão, *As Leis*, e a obra de seu discípulo Aristóteles modificaram seu estado ideal no que ele denominou um "segundo melhor estado" mais prático.

6. Isso vem se tornando realidade mesmo em algumas das grandes empresas japonesas que há muito se vangloriam dos empregos vitalícios.

7. William Bridges, *Surviving Corporate Transition*.

8. William Bridges, *Managing Transitions: Making the Most of Change*. Reading, Mass., Addison-Wesley, 1991.

9. Arnold S. Judson, *Changing Behavior in Organizations: Minimizing Resistance to Change*.

10. Judy Clarke, *Managing Organizational Transition: The People Side of Managing Change*. Gresham, Oreg., Judy Clarke and Associates, 1991.

11. Kevin McCarthy, "Employees Begin to Strike Back at Downsizing Employers", *Careers of the 90's*, inverno de 1993.

12. William M. Mercer, Inc., "Regrouping after Downsizing", *The Bulletin*, nº 186, dezembro de 1990.

13. Charles Handy, *The Age of Unreason*.

14. Para obter maiores informações sobre equipes, sugerimos os livros: *How to Operate QC Circle Activities*. Tóquio, Japanese Union of Scientists and Engineers, 1985; Peter R. Schotles, *The Team Handbook: How to Use Teams To Improve Quality*. Madison, Wis., Joiner, 1990.

15. Essas notas foram registradas por Richard Lynch. Elas documentam diagnósticos reais de Shoji Shiba de dezenas de casos de solução de problemas de empresas do Center for Quality Management, tais como Analog Devices, Bolt Beranek e Newman and Teradyne.

16. Noel M. Tichy e Stratford Sherman, *Control Your Destiny or Someone Else Will*.

Epílogo

ALVORADA DO RENASCIMENTO EMPRESARIAL

O Renascimento criou uma imagem do homem, uma visão da excelência humana, que continua no âmago da tradição ocidental. Raramente atingida, ela tem mesmo assim assombrado os homens qual uma miragem.

J. H. Plumb (historiador do Renascimento)

A mudança continuará a dominar o cenário político, econômico, empresarial e tecnológico neste final de século. Conforme a história demonstrou repetidamente, quem se adaptar melhor a essas mudanças permanecerá e, em muitos casos, prosperará com novas oportunidades. Contudo, a grande diferença e desafio para os gerentes e as autoridades governamentais atuais é o *grau* de mudança. De fato, pela primeira vez na história, os modelos e a prática de negócios mudarão provavelmente várias vezes no decorrer da experiência empresarial de um indivíduo.

A reengenharia — conforme a vemos — é um catalisador que permite às organizações implantar as mudanças necessárias para acompanhar as mudanças externas. Conforme discutimos ao longo deste livro, a reengenharia representa mudanças radicais e abrangentes nos sistemas e nas estruturas. Ela requer coragem e perseverança; não é empreendimento para os covardes. Com base nos casos de reengenharia discutidos no livro, podemos sintetizar a essência da reengenharia:

- É um dos três elementos necessários à renovação empresarial; os outros são a estratégia e a transformação organizacional (ou seja, fazer as mudanças "pegarem").
- Não se trata de mera redução.
- Representa um renascimento em nosso pensamento sobre mercados, processos essenciais e pessoas.
- Representa uma busca da excelência *humana* e da estética — uma qualidade melhorada da vida profissional.

Se a reengenharia é um conceito realmente novo no mundo dos negócios tem sido objeto de muito debate. Peter Drucker, por exemplo, argumenta que "a reengenharia é o novo e precisa ser realizada", enquanto Joseph Juran sustenta que a reengenharia "é um novo rótulo para algo que já existe há algum tempo". Em nossa opinião, o importante não é há quanto tempo vem sendo praticada ou como é chamada, e sim como está sendo implementada. Infelizmente, a reengenharia, em várias versões atuais, tem um escopo menos radical do que aquele que descrevemos. Alguns "especialistas" em reengenharia a vêem como um compromisso entre iniciativas de cima para baixo e idéias de baixo para cima. Vemo-la como o reprojeto radical da forma como o trabalho é realizado — sem acomodamento e com um foco comum e um senso de premência. Outros consultores e profissionais estão, simplesmente, reembalando seus velhos produtos (melhorias de processos de negócios, análise do valor das despesas gerais, programas do custo da qualidade) com um título novo e mais quente.

Cremos que a reengenharia seja mais do que a soma das partes. Ela pode ser a centelha para o renascimento de uma organização.

Inovação Disciplinada

Embora seja um evento delimitado, a reengenharia possui implicações mais amplas para a organização como um todo. Por definição, a reengenharia contraria a essência da prática empresarial tradicional, incluindo os papéis e o estilo gerenciais, a forma de execução do trabalho, o que é importante para os clientes e as expectativas dos empregados.

A alta gerência deve liderar pessoalmente o processo de renovação. Ao se mostrar comprometida com sua visão do potencial da organização, deve estar propensa a desafiar sistemas de negócios e estruturas organizacionais — sempre que o mercado, a economia e a tecnologia o exigirem. Essa espécie de responsividade à mudança poderia ser percebida como "apostar a empresa". Mas é possível se garantir em apostas através de operações compensatórias. A alta gerência deve insistir em uma metodologia segura. Com base em nossas observações e contribuições, essa metodologia incluirá certos fatores:

- Análise de clientes: Compreender a segmentação do mercado é um primeiro passo crítico na reengenharia, pois ajuda a focalizar nos clientes e nos recursos de um determinado processo para satisfazê-los. No desenvolvimento de novos processos, as inovações podem e devem levar a novas ofertas ao mercado.
- Análise de linha de base: Embora a reengenharia não seja um sistema totalmente determinado pelos números, compreender os níveis de desempenho e as possibilidades dos concorrentes ajuda a definir as especificações de desempenho necessárias à conquista dos clientes. Mapear o processo atual também ajuda a compreender as especificações e opções de projeto. Porém, não deve ser visto como uma caça às bruxas. Pelo contrário, é uma expedição pelos detalhes da organização que pode revelar detalhes de processamento, encobertos pelas devastações de planos de negócios, orçamentos e mudanças gerenciais anteriores.
- Papel da tecnologia: Em nossa visão, a tecnologia é uma opção do projeto ou um capacitador do processo — não uma especificação da reengenharia. A chave para o uso eficaz da tecnologia da informação está em melhorar os fluxos de trabalho que agregam valor, e não em transmitir mais informações com mais rapidez.
- Importância de mapear o estado desejado: Mapear o projeto de alto nível ou estado futuro do processo essencial parece, de início, uma aplicação simples e direta de engenharia industrial de princípios de projeto. Porém, após uma avaliação mais profun-

da, identifica momentos críticos de verdade muitas vezes ocultados da organização. Essas oportunidades de satisfação dos clientes servem de lembrete ou de "porta-vozes" dos clientes das mudanças mais importantes. Como uma ferramenta de comunicação, o mapeamento proporciona um veículo para transportar os empregados do processo atual ao estado futuro. O mapa também sugere a estrutura organizacional futura em termos de que recursos e atividades têm que convergir para fornecer valor aos clientes nos termos *deles*.

Papel da experimentação: A experimentação desempenha um papel crítico na reengenharia. Descobrimos que são precisos dois instrumentos para libertar uma organização dos grilhões do passado. O primeiro são as ferramentas de simulação e modelagem. A simulação não se limita aos testes e reestruturações ainda no estágio da prancheta de desenho, fornecendo também um mecanismo para os gerentes começarem a agir voltados para o futuro — gerenciando as conseqüências de coisas que *terão sido*. Cada vez mais, vemos essa como *a* função da alta gerência. O segundo instrumento é o piloto do novo projeto. É verdade que é preciso ver para crer, porém o piloto também abre o processo de projeto a membros adicionais da cultura existente. Esses membros suplementares da equipe desempenham um papel crucial e devem ser selecionados cuidadosamente. Eles são os agentes da mudança ou os discípulos de uma nova forma de pensar sobre as ações da organização e a razão de sua existência.

Esses métodos de análise e de projeto levam à implementação integral. Porém, a implementação integral não ocorre — nem pode ocorrer — da noite para o dia. Acreditamos que muitas das mudanças de fluxo de trabalho e de impacto organizacional (por exemplo, extensão de controle, projeto de equipes de trabalho etc.) podem ser implantadas rapidamente, porém os sistemas de gerenciamento do desempenho (projeto das tarefas, sistemas de remuneração e planos de carreiras) levam mais tempo para evoluir. Por isso, os gerentes devem dar à transformação dos negócios a mesma atenção que dão ao desenvolvimento do novo projeto reestruturado.

Integração entre Arte e Ciência

Além de proporcionar uma imagem clara da nova empresa, o papel da alta gerência é desencadear, motivar e sustentar a busca da excelência. Um fator-chave do sucesso é a capacidade da gerência de limitar a palheta de opções do projeto àquelas mais capazes de alavancar o esforço de reengenharia no momento oportuno. Limitar a palheta não equivale a impor restrições. Pelo contrário, é uma "arte" da alta gerência — muitas vezes baseada em modelos e na simulação do negócio — para ajudar a dar foco à organização em uma época de apreensão e incerteza. Esse foco ajuda a integrar as diferentes opções do projeto como um todo coeso. Como em muitos sistemas, a complexidade desnecessária é um convite aos problemas.

A gerência tem que preservar o colorido e o espírito originais do novo projeto, erradicando as causas de deterioração no local de trabalho. Tais agentes corruptores e corrosivos incluem as barreiras organizacionais, projetos de tarefas arcaicos, treinamento inadequado, planos de remuneração contraproducentes e os indicadores de sucesso antigos.

Embora o projeto desses sistemas e as mudanças estruturais sejam bastante diretos, a verdadeira aceitação e níveis de desempenho revolucionários só serão obtidos e sustentados se a organização como um todo estiver engajada. A *transição* bem-sucedida até esse estado desejado é uma jornada em três partes: lidar com o final do estado anterior (talvez mais confortável), sentir-se "à deriva" à procura de um lugar no novo mundo e criar novos começos.

Segundo nossa experiência, essa jornada dificilmente terá sucesso se os gerentes não percorrerem pessoalmente o mesmo processo. Somente então eles poderão ajudar a conduzir os demais através do vácuo. Pois sem o renascimento pessoal coletivo dos integrantes da organização, o novo projeto do processo será provavelmente abandonado antes que tenha tempo de maturar.

A motivação de todos será testada no novo mundo. Para complicar as coisas, cada indivíduo reagirá diferentemente às exigências da transição. A gerência e o departamento de desenvolvimento de pessoal serão postos à prova. Em muitos casos, esse esforço equivalerá ao desafio do próprio projeto de reengenharia!

Descobrimos três métodos para ajudar a assegurar o envolvimento e o comprometimento com a nova filosofia de negócios: (1) a alta gerência pode estender a participação nos detalhes do projeto e da implementação; (2) os executivos podem tornar os objetivos de desempenho e o *feedback* constantemente visíveis; e (3) o envolvimento de todos na solução de problemas pode ajudar a organização a atingir o pleno potencial de suas capacidades reestruturadas.

A Propagação do Renascimento

A transformação descrita neste livro nunca termina, tal qual o artista não pára de trabalhar terminada uma pintura. Um renascimento da empresa não é medido apenas pelo valor de sua carteira existente. É medido também pelo talento artístico de seu pessoal.

Parafraseando o historiador do Renascimento J. H. Plumb,[1] o crescimento de idéias e o desenvolvimento de atitudes mentais são difíceis de localizar — contudo, estão no núcleo do significado da palavra *renascimento*. Ao nos aproximarmos de um novo século, os executivos — como os mestres renascentistas dos séculos XV e XVI — se tornarão renomados pela extensão de suas inquirições, pelo frescor de seu ceticismo, pela agudeza de suas observações e pela criatividade e inovação — tudo isso na busca da excelência.

NOTA

1. J.H. Plumb, *The Italian Renaissance*. Boston, Houghton Mifflin Company, 1961.

APÊNDICE A

GLOSSÁRIO

Análise: A fase da reengenharia em que uma compreensão profunda das exigências do mercado e dos clientes é desenvolvida. Além disso, a pesquisa se volta para a compreensão detalhada de se o trabalho interno atualmente realizado está atingindo os níveis de desempenho necessários para se alcançar e ultrapassar a concorrência.

Análise de custo/benefício: Uma avaliação quantitativa que relaciona os benefícios de um projeto aos custos necessários para produzir esses benefícios. Com freqüência, uma ferramenta crucial para justificar a implementação plena do projeto.

Aplicação de metas [*goal deployment*]: Um processo sistemático de identificar as metas-chave de desempenho e de nelas focalizar a organização, bem como de identificar o período de tempo e os recursos necessários à realização das metas.

Aprendizagem organizacional: A aprendizagem que ocorre através do pensamento *sistêmico* e de *insights*, conhecimentos, modelos mentais e aprendizagem em equipe *compartilhados*. Difere da aprendizagem individual, que ocorre quando uma pessoa adquire novos conhecimentos e *insights*. Estes podem ou não levar à mudança de comportamento. A mudança é bloqueada, a não ser que todos os principais agentes de decisão aprendam conjuntamente, venham a compartilhar crenças e metas comuns e estejam empenhados em agir. (Ray Stata, presidente da Analog Devices, Inc.)

Banda: O eixo horizontal de um SSM, que representa a organização das atividades estratégicas.

***Benchmarking*:** Uma abordagem estruturada de olhar para fora da organização, estudando-se e adaptando-se as melhores práticas externas, de modo a complementar as operações internas e obter idéias criativas. O *benchmarking* é uma experiência de aprendizagem: observar como a concorrência está se conduzindo agora e projetar como será esse desempenho no futuro. (Definição da Xerox)

Benefício intangível: Um benefício difícil de quantificar, mas crucial na avaliação de investimentos potenciais.

Célula de trabalho [*workcell*]: Módulos de produção ou de prestação de serviços baseados em equipes que processam o trabalho até o seu término.

Cliente interno: A próxima operação, atividade ou usuário fluxo abaixo na cadeia de valor agregado.

Custeio baseado em atividades [*activity-based costing* - ABC]: O processo de determinação dos custos específicos associados à produção de uma unidade de produto ou de serviço. Os métodos ABC levam em conta as atividades, os impulsionadores de custos e os processos necessários à geração dos produtos, ao contrário dos métodos convencionais de alocação de custos, que costumam recorrer a medições baseadas em volume, como as horas de mão-de-obra ou de máquina.

Custo: As atividades e os recursos sem valor agregado para se satisfazerem as necessidades dos clientes. O desperdício inclui todos os custos associados a falhas, avaliações e excedentes.

Desdobramento da Função Qualidade [*Quality Function Deployment* - QFD]: Um sistema originário do Japão de projeto de produtos ou serviços com base nos desejos dos clientes e envolvendo todos os membros das organizações fornecedoras. Como tal, trata-se de um diagrama conceitual para o planejamento e as comunicações interfuncionais.

Desperdício: As atividades e os recursos sem valor agregado para se satisfazerem as necessidades dos clientes; o desperdício inclui todos os esforços e custos associados a falhas, avaliações e excedentes.

Diagrama de controle [*control chart*]: Um método estatístico para o estudo e o controle de processos repetitivos. É concebido para revelar graficamente a aleatoriedade ou a tendência dos desvios em relação a um valor médio ou de controle.

Diagrama de evento do cliente [*customer event diagram*]: Uma ilustração da perspectiva que o cliente tem do processo.

Diagrama de Pareto: Um histograma que mostra a freqüência cumulativa dos defeitos e ajuda a focalizar nas principais falhas. Geralmente, um pequeno número de problemas corresponde à maioria dos defeitos.

Engenharia de conceitos [*concept engineering*]: Um processo de moldagem de idéias e necessidades imprecisamente definidas em necessidades tangíveis.

Entrega [*delivery*]: A quantidade de produtos ou de serviços entregues pontualmente ao cliente, ao usuário ou ao próximo departamento, conforme definido pelo cliente.

Equipe [*team*]: *Ver* Equipe de projeto; Equipe piloto; Equipe de transição; Equipe de trabalho autodirigida.

Equipe de projeto [*design team*]: Os membros da equipe do projeto de reengenharia mais os membros adicionais que contribuem com certas habilidades e certos conhecimentos técnicos ou analíticos.

Equipe de transição [*transition team*]: Um grupo básico de gerentes de operações e de profissionais de recursos humanos, de controle da qualidade e de treinamento envolvido nos detalhes da transformação: comunicações, gerenciamento da mudança, certificação, novas atribuições de cargo etc.

Equipe piloto [*pilot team*]: Membros do processo essencial que são acrescentados à equipe de projeto para testar, validar e aperfeiçoar o projeto antes da implementação integral.

Equipes de trabalho autodirigidas [*self-directed work teams*]: Equipes de trabalhadores com o mínimo de ou nenhuma supervisão, que são responsáveis pela produção de todo um produto ou serviço ou de um grande segmento dele. A equipe tipicamente assume a responsabilidade por suas funções de apoio, bem como por seus sistemas de gerenciamento do desempenho.

Ergonomia: A disciplina que estuda as variáveis ou as características dos objetos, dos procedimentos e dos ambientes que influenciam a eficiência e a eficácia do desempenho humano no trabalho.

Especificação: Os detalhes sobre as particularidades e as dimensões de um processo.

Fatores higiênicos [*hygiene factors*]: Aquelas variáveis capazes de agir apenas para *impedir* a perda do moral e da produtividade.

Flexibilidade: Um indicador da responsividade do processo essencial; a combinação de fornecimento externamente orientado e de tempo de processamento internamente orientado define a flexibilidade.

Fluxo de trabalho [*workflow*]: Uma seqüência de passos e de atividades específicos que possuem *inputs* e *outputs*.

Folha de procedimento [*procedure sheet*]: A documentação necessária à compreensão do novo processo; usa-se tanto como um auxílio de treinamento e como um mecanismo de implementação.

Gerência interativa: Uma teoria da gerência desenvolvida por Russell Ackoff que lida com sistemas como produtos de interações.

Gestão da qualidade total [*total quality management* - TQM]: Um sistema estruturado para se atenderem e ultrapassarem as necessidades e expectativas dos clientes, através da participação de toda a organização no planejamento e na implementação de melhorias radicais e incrementais nos produtos e nos processos.

Hora da verdade: Qualquer momento em que um cliente entra em contato com a empresa; a experiência pode ser favorável ou desfavorável.

Implementação: Passagem integral para o novo projeto, incluindo a execução dos componentes de gestão do desempenho.

***Input*:** Qualquer coisa que inicie um processo.

***Just-in-time* (JIT):** Um sistema caracterizado por um compromisso com atividades de melhoria contínua e com a qualidade do produto, ao mesmo tempo em que se elimina o desperdício.

Mapeamento do sistema de serviço [*service system mapping* - SSM]: Uma técnica de mapeamento que representa uma combinação dos diagramas de serviço com os fluxogramas de engenharia industrial.

Medição: A dimensão, a quantidade ou a capacidade de um processo; *ver* Métrica de resultados e Métrica de processos.

Meia-vida [*half-life*]: Um indicador do ritmo de redução de um defeito (fornecimento atrasado, erro de fatura etc.) do nível atual até o mínimo teoricamente possível. Em outras palavras, representa a quantidade de tempo decorrida até que metade das "coisas" avaliadas desapareçam.

Melhoria contínua [*continuous improvement*]: Esforços de melhoria no desempenho que são ao mesmo tempo radicais e incrementais.

Meta de melhoria do processo [*process improvement target*]: O nível de melhoria esperado pelo cliente para um processo reestruturado.

Método KJ: Um método inventado por Jiro Kawakita, um notável antropólogo japonês, como meio de sintetizar e caracterizar grandes volumes de dados antropológicos coletados durante suas expedições. Em uma dessas excursões, Kawakita tomara notas em pequenos pedaços de papel e, depois, os dispusera sobre sua mesa para registrá-las em seu diário. Observando a forma como as fichas estavam agrupadas, Kawakita descobriu novos significados nos dados não-aparentes nas anotações individuais. Mais tarde, Kawakita refinou essa "descoberta" e desenvolveu o que se conhece hoje por método KJ. Uma ferramenta prática para a definição e o esclarecimento de problemas, a técnica envolve o registro de dados qualitativos em fichas (fatos expressos em uma sentença), a organização das fichas em grupos baseados nas semelhanças das imagens contidas nas fichas, a atribuição de títulos aos grupos (i.e., a extração da essência das fichas de um grupo), a descoberta dos relacionamentos entre os grupos e o foco nos problemas mais importantes.

Metodologia: Um corpo de métodos, de procedimentos e de regras de trabalho.

Métrica de resultados [*results metrics*]: O resultado do fornecimento de produtos ou de serviços da perspectiva do cliente.

Métrica do processo [*process metrics*]: Os fatores gerenciais e comportamentais, como por exemplo o grau de aprendizagem de uma organização.

Modelo: Uma estrutura idealizada preliminar usada para testar um projeto.

Motivadores: Fatores capazes de aumentar a motivação (o próprio trabalho, recompensas, reconhecimento etc.).

Mudança: Alterações, transformações e substituições; algo de novo começa ou termina e ocorre em um momento específico do tempo.

Mudança radical [*breakthrough*]: A criação organizada de mudanças radicais em grande escala no desempenho da empresa; às vezes denominada mudança descontínua.

***Output*:** Um produto interino ou uma entrada para o próximo passo dentro de um dado processo.

Passo [*step*]: As partes detalhadas de uma atividade.

Passo de atividade [*activity step*]: Um resumo de um grupo de tarefas específicas. Ao longo deste livro, usaremos as seguintes convenções de nomeação para a hierarquia de níveis de trabalho:

1. Processo essencial
2. Processo de negócios
3. Subprocesso ou segmento
4. Passo de atividade (uma "bolha" no SSM)
5. Procedimento
6. Passo de tarefa

Piloto: Um teste em pequena escala do projeto de reengenharia em um contexto do mundo real.

Processo de negócios [*business process*]: Um importante componente dos processos essenciais. Por exemplo, o processo de desenvolvimento de produtos (transformar especificações em produtos) faz parte do sistema de lançamento de novos produtos, que também inclui a pesquisa de mercado e a colocação em produção.

Processo essencial [*core process*]: Todas as funções e seqüências de atividades (*independente de onde residem na organização*), políticas e procedimentos, e sistemas de apoio necessários para se atender uma necessidade do mercado por meio de uma estratégia específica. Inclui todas as funções envolvidas no desenvolvimento, na produção e na provisão de produtos ou serviços específicos a determinados clientes. Em outras palavras, a ênfase recai sobre o fluxo de trabalho — e não sobre os organogramas. O lançamento de novos produtos, o atendimento de pedidos e o atendimento aos clientes são exemplos do que queremos dizer por "processo essencial"; também conhecido como um *sistema operacional de negócios.*

Projeto [*design*]: A fase da reengenharia de repensar e projetar a melhor forma de atender ao cliente. Com base nos princípios, nas especificações e nas opções desenvolvidos na fase de análise, a equipe de reengenharia pinta um quadro de como poderia ser o processo — primeiro, como um simples esboço das idéias fundamentais e, depois, como um diagrama mais detalhado da forma como o trabalho será efetuado. A fase de projeto inclui o desenvolvimento de diagramas de negócios, de procedimentos e de políticas operacionais detalhados da empresa e o projeto de infra-estruturas de apoio (por exemplo, indicadores de desempenho, planos de cargos, organogramas, sistemas de remuneração etc.).

Projeto de alto nível [*high-level design*]: Um esboço que transmite uma nova visão sobre as capacidades do processo e as pessoas dele participantes.

Projeto detalhado [*detailed design*]: Um diagrama e a documentação correspondente que retratam como o trabalho passará a ser realizado no futuro.

Projeto idealizado [*idealized design*]: Um projeto baseado não em alguma previsão imprecisa do futuro, mas no potencial que a organização poderia realizar *agora*; também conhecido como *estado futuro*.

Qualidade: Conformidade sistemática com as expectativas dos clientes, em cem por cento do tempo, através do fornecimento de produtos ou de serviços livres de defeitos. A qualidade é uma determinação do cliente, e não de um engenheiro ou de um gerente geral ou de marketing. Baseia-se na experiência real do cliente com o produto ou o serviço, avaliada em relação às suas necessidades — enunciadas ou não, conscientes ou meramente sentidas, tecnicamente operacionais ou inteiramente subjetivas — e sempre representa uma meta em transformação em um mercado competitivo. (Armand V. Fiegenbaum)

Quantificação: A análise numérica realizada conjuntamente com a modelagem do fluxo de trabalho.

Radical: *Ver* Mudança radical.

Reengenharia [*reengineering*]: O repensar fundamental e a reestruturação radical dos processos empresariais, dos sistemas gerenciais e das estruturas da empresa que visam alcançar drásticas melhorias em indicadores críticos e contemporâneos de desempenho, tais como custos, qualidade, atendimento e velocidade. (Michael Hammer e James Champy)

Reestruturação: A revisão da estrutura organizacional e das relações de subordinação à gerência.

Resolução de problemas [*problem resolving*]: Reação a falhas do serviço através de medidas *ad hoc* baseadas no julgamento subjetivo. A maioria dos gerentes e dos atendentes de clientes se orgulham da criatividade em resolver um problema ou uma falha do serviço para a satisfação do cliente. *Ver* Solução de problemas.

Restrição [*constraint*]: Uma limitação à missão ou ao escopo do projeto de reengenharia identificada pela alta gerência.

Segmento: A orientação vertical do SSM, que representa um processo de negócio.

Semântica: O estudo das palavras e do significado e de como as pessoas se comunicam.

Serviço: Todos os aspectos, as ações e as informações que aumentam a capacidade do cliente de perceber o valor potencial de um produto ou serviço básico.

Simulação: Uma aproximação das condições de trabalho reais (variáveis).

Sistema: Um conjunto de dois ou mais elementos que satisfazem estas três condições: (1) o comportamento de cada elemento exerce um efeito no comportamento do todo; (2) o comportamento dos elementos e seus efeitos sobre o todo são interdependentes; e (3) os elementos de um sistema estão tão conectados, que subgrupos independentes não conseguem ser formados. Em outras palavras, um sistema, como o corpo humano, não pode ser dividido em suas partes. (Russell Ackoff)

Sistema aberto: Os *outputs* respondem aos *inputs*, mas não exercem nenhuma influência sobre estes (por exemplo, um automóvel acelera quando o pedal da gasolina é calcado).

Sistema de medição do desempenho [*performance measurement system*]: A integração dos indicadores de um processo essencial que (1) apóia as prioridades da alta gerência de uma forma sistemática de cima para baixo na organização; (2) agrega os indicadores de modo a fornecer aos agentes de decisão as informações certas nos momentos certos; (3) equilibra e integra os indicadores financeiros e não-financeiros da empresa; e (4) comunica *feedback* sobre o desempenho do processo essencial horizontalmente nas redes internas de clientes-fornecedores, fornecendo a cada parte a informação de que precisa para ajudar a otimizar o sistema.

Sistema fechado: Um sistema (tal como um termostato) influenciado pelo comportamento passado. Os ciclos de realimentação [*feedback*] podem ser positivos ou negativos.

Sistema operacional de negócios: *Ver* Processo essencial.

Sistemas de gerenciamento do desempenho [*performance management systems*]: Uma abordagem sistemática para desenvolver, fortalecer e reforçar as ações corretas para a maximização do desempenho e da aprendizagem organizacional.

Solução de problemas [*problem solving*]: A incorporação de métodos e de indicadores mais científicos para eliminar um problema, geralmente mediante um processo sistemático de diagnóstico da causa profunda do problema e identificação, teste e documentação de soluções. *Ver* Resolução de problemas.

Tempo de ciclo [*cycle time*]: A soma dos tempos de processo, de deslocamento, de retardo, de inspeção e de armazenagem do ponto de vista do cliente. Em outras palavras, abrange as várias categorias de tempo do momento em que o cliente solicita o produto ou o serviço até o momento de sua entrega ao cliente.

Tempo de processo [*process time*]: O tempo total de produção de uma unidade de trabalho, exceto a espera. É a soma dos deslocamentos, dos ajustes, das verificações e do reparo de falhas (internas/externas), bem como do tempo de agregação de valor.

Transformação: Uma mudança completa na forma ou no aspecto exterior e, muitas vezes, também na natureza e na função; o processo que, com o tempo, molda o comportamento individual e a dinâmica de grupo resultante, estabelecendo de fato uma nova forma organizacional de realizar as coisas — uma nova cultura.

Transição: O processo de mudança de um estado, atividade ou lugar para outro; o renascimento interno do indivíduo.

Valor agregado [*value-added*]: Passos essenciais de processos; determinado por se o cliente está ou não disposto a pagar pelo passo, por se o passo o aproxima mais de fornecer o produto ou o serviço ao cliente e por se o passo é executado corretamente na primeira vez; comparar com Tempo do processo.

Voz do cliente: *Feedback* direto e focalizado no contexto da experiência do cliente com um produto ou um serviço, que fornece pistas sobre suas expectativas, percepções e necessidades.

APÊNDICE B

BIBLIOGRAFIA

Os Clássicos

Ackoff, Russell L., *Creating the Corporate Future: Plan or Be Planned For.* Nova York, Wiley, 1981. Ackoff falou sobre reengenharia em termos de "gerência interativa". Grandes lições sobre o pensamento sistêmico, as relações interempresariais cliente-fornecedor e o planejamento "retroativo".

Deming, W. Edwards, *Out of the Crisis.* Cambridge, Massachusetts Institute of Technology, Center for Advanced Engineering Study, 1986. [Ed. bras.: *Qualidade: a revolução da administração.* Rio de Janeiro, Marques Saraiva, 1990] Um clássico sobre a qualidade; linguagem direta, ótimos exemplos.

Drucker, Peter F., *Innovation and Entrepreneurship: Practice and Principles.* Nova York, HarperCollins, 1986. [Ed. bras.: *Inovação e espírito empreendedor.* São Paulo, Pioneira, 1991] Baseado nas pesquisas de Drucker da década de 1950 à de 1970, esse livro desvenda o mistério da inovação; escrito em 1980, mas ainda atual.

Forrester, Jay W., *Principles of Systems.* Cambridge, Mass., Wright Allen Press, 1971. Forrester vem pensando sistemicamente há décadas. Um livro à frente de sua época.

Juran, Joseph M., *Managerial Breakthrough: A New Concept of the Manager's Job.* Nova York, McGraw-Hill, 1964. Um excelente livro sobre a solução de problemas reativa e o gerenciamento da mudança organizacional. À semelhança de Drucker, Juran escreveu diversos livros dignos de menção. Particularmente, gostamos de seu *Planning for Quality* (Nova York, Free Press, 1988).

Obras Recentes

Bridges, William, *Surviving Corporate Transition.* Nova York, Doubleday, 1988. Excelente livro sobre a diferença entre mudança e transição e como lidar com ambas.

Davenport, Thomas, *Process Innovation: Reengineering Work Through Information Technology.* Boston, Harvard Business School Press, 1992. [Ed. bras.: *Reengenharia de processos: como inovar na empresa através da tecnologia da informação.* Rio de Janeiro, Campus.] Boas idéias sobre o papel da tecnologia da informação no projeto organizacional/de processos.

Davidow, William H. e Bro Uttal, *Total Customer Service: The Ultimate Weapon.* Nova York, HarperCollins, 1990. [Ed. bras.: *Serviço total ao cliente: a arma decisiva.* Rio de Janeiro, Campus, 1991.] Expande o popular artigo publicado na *Harvard Business Review*, "Service Strategy: Focus of Falter".

Davis, Stanley M., *Future Perfect*. Reading, Mass., Addison-Wesley, 1987. Um livro que muda nossa forma de pensar sobre como será o trabalho no futuro.

Hammer, Michael e James Champy, *Reengineering the Corporation: A Manifesto for Business Revolution*. Nova York, HarperCollins, 1993. [Ed. bras.: *Reengenharia: revolucionando a empresa em função dos clientes, da concorrência e das grandes mudanças da gerência*. Rio de Janeiro, Campus, 1994.] Um livro penetrante sobre o que é afinal a reengenharia e por que ela é absolutamente necessária para a sobrevivência no mundo empresarial atual.

Handy, Charles, *The Age of Unreason*. Boston, Harvard Business School Press, 1991. Um livro que muda nossa forma de pensar sobre as organizações e o papel de seus integrantes; observações penetrantes sobre a aprendizagem.

Imai, Masaaki, *Kaizen: The Key to Japan's Competitive Success*. Nova York, Random House, 1986. Um dos melhores livros sobre a administração japonesa e o controle da qualidade total; muito prático.

Judson, Arnold S., *Making Strategy Happen: Transforming Plans into Reality*. Cambridge, Mass., Blackwell, 1990. Concordamos com a resenha de Arnoldo Hax do MIT de que esse livro é "um esquema pragmático para a estratégia de implementação — um livro lúcido e uma grande contribuição para a literatura de administração".

Judson, Arnold S., *Changing Behavior in Organizations: Minimizing Resistance to Change*. Cambridge, Mass., Blackwell, 1991. Um dos melhores livros sobre o comportamento nas organizações; fornece métodos e ferramentas práticos para se identificar e enfrentar a resistência à mudança.

Kume, Hitoshi, *Statistical Methods for Quality Improvement*. Tóquio, Association for Overseas Technical Scholarship, Quality Resources, 1986. Excelente panorama do controle da qualidade, de estatística básica e dos sete passos da melhoria da qualidade.

Lynch, Richard L. e Kelvin F. Cross, *Measure Up! Yardsticks for Continuous Improvement*. Cambridge, Mass., Blackwell, 1991. Um guia completo para o projeto e a implementação de indicadores de desempenho diários em processos essenciais que motivem a melhoria contínua na satisfação dos clientes, na flexibilidade e na produtividade.

Senge, Peter M., *The Fifth Discipline: The Art and Practice of the Learning Organization*. Nova York, Doubleday/Currency, 1990. [Ed. bras.: *A quinta disciplina*. São Paulo, Best-Seller, 1990.] O melhor livro sobre aprendizagem organizacional de que temos conhecimento até agora.

Shiba, Shoji, Alan Graham e Dave Walden, *A New American TQM*. Cambridge, Mass., Productivity Press, 1993. Essa é a compilação de Shiba do trabalho que realizou com o Center for Quality Management (CQM) em Cambridge, Massachusetts. Shiba apresenta alguns pensamentos contra-intuitivos, com um foco voltado para os processos. Ele também reúne nessas páginas pesquisas recentes do JUSE e do Kawakita Institute, bem como suas observações de implementações em diversas empresas associadas ao CQM.

Tichy, Noel M. e Stratford Sherman, *Control Your Destiny or Someone Else Will*. Nova York, Doubleday, 1993. Um livro bem escrito e penetrante sobre a mudança em grande escala.

Uchimuro, Kiyoshi et al., *TQM for Technical Groups*. Cambridge, Mass., Productivity Press, 1993. Uchimuro é considerado um dos grandes gurus do Japão, embora seja menos conhecido alhures. A primeira parte trata da Gestão da Qualidade Total (TQM) no projeto de produtos e se baseia na divisão de microcomputadores IC da NEC. A segunda parte trata da *Hoshin Kanri* ou aplicação de políticas. É a melhor abordagem da aplicação de políticas que já lemos.

APÊNDICE C

ANÁLISE DA VOZ DO CLIENTE[1]

Conforme indicamos no Capítulo 3, poderosas ferramentas de gerenciamento e planejamento estão atualmente disponíveis para ajudar as empresas a concentrar recursos escassos de P&D em produtos ou serviços críticos. Muitas dessas ferramentas fazem parte da "engenharia de conceitos" — o processo de tornar necessidades dos clientes imprecisamente definidas em necessidades de produtos ou serviços específicos. No contexto da reengenharia, a engenharia de conceitos tem um valor igualmente importante. Ela também pode fornecer e clarificar as especificações do processo reestruturado. Uma vez identificadas as necessidades dos clientes e estabelecidos os referenciais competitivos (*ver* Capítulo 4), e a carteira de produtos/serviços da empresa estrategicamente alinhada com essas necessidades, as solicitações dos clientes podem ser usadas para moldar a capacidade e as possibilidades do sistema de produção ou de prestação de serviços.

Com o propósito de ilustrar o processo de engenharia de conceitos, usamos um software de pesquisa de bancos de dados razoavelmente genérico (o software poderia ser um produto à venda ou para uso em um processo interno). Os termos "cliente" e "usuário" são usados de forma intercambiável.

A Figura C.1 mostra os quatro estágios do processo de engenharia de conceitos:(1) escutar seus clientes; (2) descobrir o que seus clientes estão realmente dizendo; (3) estruturar o que você ouviu; e (4) operacionalizar esses dados para o sucesso comercial. Nas páginas a seguir, descrevemos e discutimos em grande detalhe cada um dos oito passos que, conjuntamente, compõem os quatro estágios.

PASSO 1
Explorar o Mercado

O propósito do Passo 1 é obter uma avaliação contextual do ambiente do cliente. Para isso, a equipe de projeto (ou seja, a equipe de projeto de produtos e/ou de reengenharia) deve primeiro examinar e compreender a estratégia da empresa. (*Sem esse passo, como saber quem são seus clientes?*) Esse exame pode exigir reuniões com gerentes de produtos e com o pessoal de marketing e de desenvolvimento. Depois, para posicionar em um contexto útil o que seus clientes estão contando, a equipe de projeto deve analisar o mercado em busca de oportunidades. As empresas com foco interno muitas vezes deixam de perceber mudanças demográficas e econômicas, mudanças de segmentação e tendências tecnológicas com uma importância potencial para seus objetivos e estratégias. Abordamos algumas dessas técnicas de pesquisa de mercado nos Capítulos 3 e 4 (por exemplo, segmentação do mercado e *benchmarking* competitivo).

Figura C.1 ◆ Compreensão das Necessidades

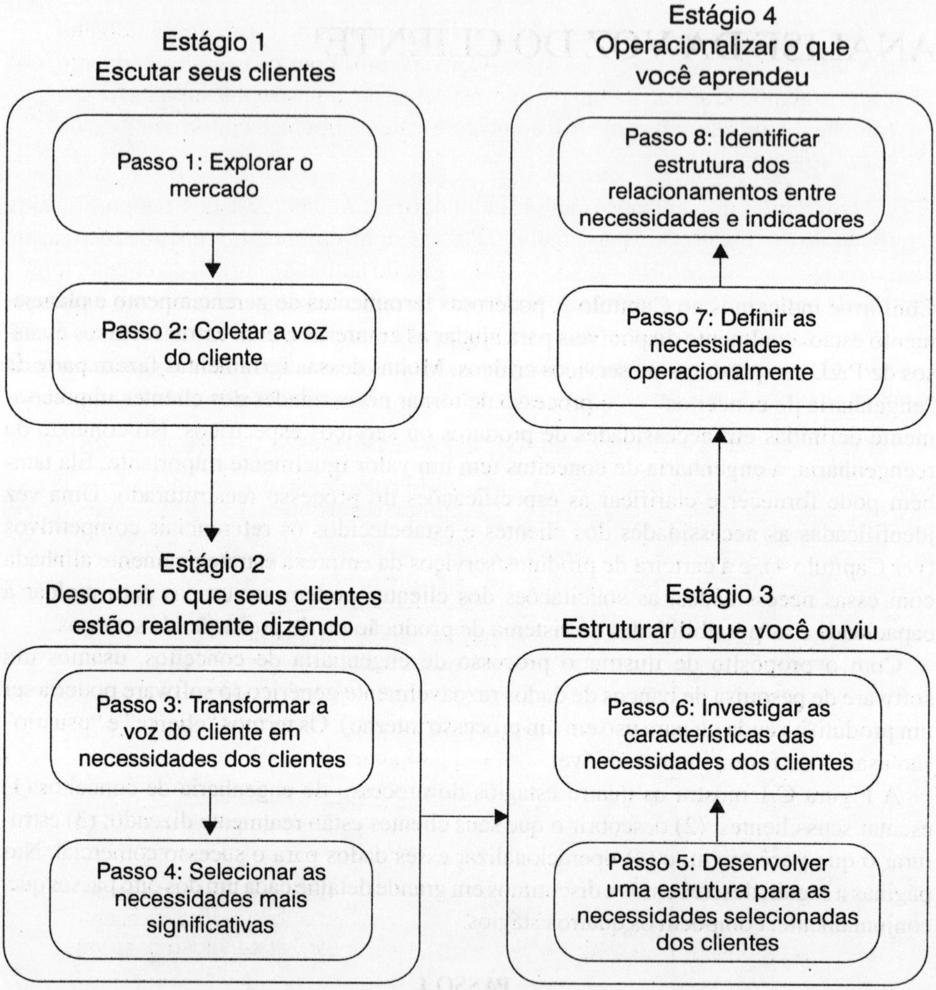

Fonte: Shoji Shiba e o Center for Quality Management de Cambridge, Mass.

PASSO 2
Coletar a Voz do Cliente

O propósito do Passo 2 na Figura C.1 é coletar informações diretas dos clientes. A coleta desses dados pode ser sistematicamente explorada por uma variedade de métodos. O método de uma análise específica escolhida depende de dois fatores: nível de intervenção em relação ao cliente e proximidade do ambiente do cliente, conforme mostra a Figura C.2.

Embora vários dos métodos mostrados na Figura C.2 — como grupos de foco, visitas a clientes e pesquisas telefônicas — sejam familiares e estejam documentados na literatura de marketing, a investigação contextual talvez seja menos conhecida. A investigação contextual é a base do projeto de sistemas da Digital Equipment Corporation. Os engenheiros da Digital assim a explicam:

> A base da investigação contextual é a coleta de dados no contexto do trabalho dos usuários e como parceiros deles. Conversamos com os usuários enquanto estão trabalhando. Examinamos que aspectos de um sistema apóiam o seu trabalho ou interferem com ele e como esse sistema interage com o contexto de trabalho global.[2]

Diversos fatores influenciam o método escolhido para a coleta de dados: tempo, dinheiro e a propensão dos clientes em participarem. Por exemplo, embora os grupos de foco sejam relativamente caros e normalmente conduzidos fora do ambiente normal do cliente, fornecem rapidamente grande quantidade de dados. Por outro lado, gastar tempo no ambiente dos clientes e perguntar por que fazem isso ou aquilo pode ser relativamente barato, mas é mais difícil encontrar quem esteja disposto a participar. A necessidade da empresa (por exemplo, tempo de lançamentos, inovação) geralmente determina o método escolhido.

Figura C.2 ◆ Alternativas de Coleta de Dados de Clientes

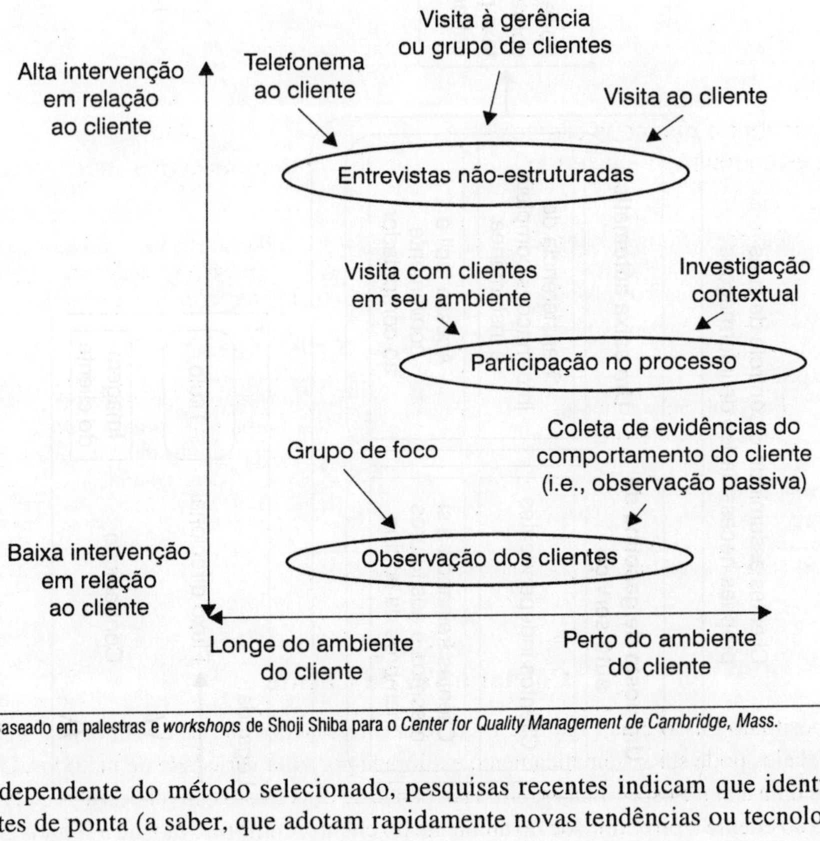

Fonte: Baseado em palestras e *workshops* de Shoji Shiba para o *Center for Quality Management de Cambridge, Mass.*

Independente do método selecionado, pesquisas recentes indicam que identificar clientes de ponta (a saber, que adotam rapidamente novas tendências ou tecnologias)

Figura C.3 ◆ Um Diagrama KJ: Que Imagens Lhe Vêm à Mente ao Visualizar um Produto de Pesquisa de Bancos de Dados

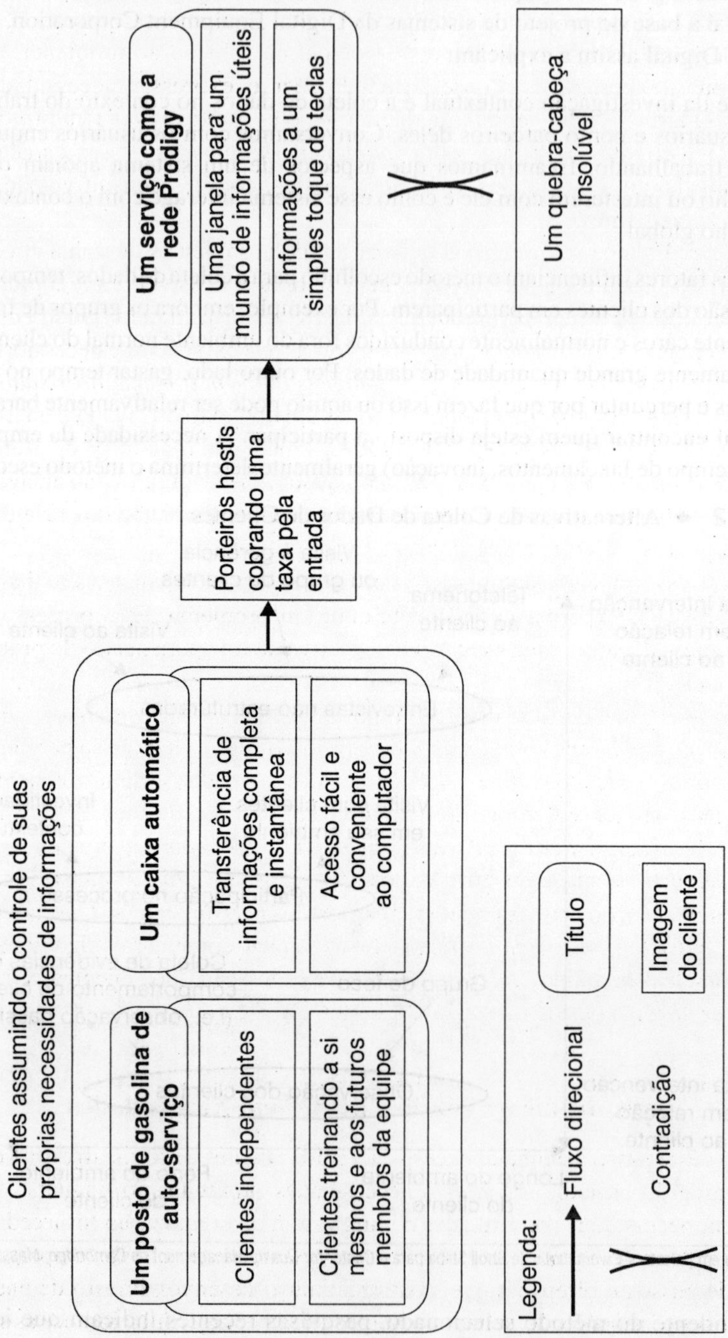

é um passo crucial na inovação. À medida que mudam os mercados e se aceleram os avanços tecnológicos, as empresas precisam ao menos responder às oportunidades, ou ainda melhor, antecipá-las. Usuários/clientes de ponta têm várias características importantes para as equipes de projeto. Primeira, eles prenunciam a demanda geral do mercado. Segunda, eles têm um interesse pessoal na solução do problema. Terceira, devido às suas experiências, conseguem perceber e expressar necessidades mais claramente. Quarta — uma verdadeira dádiva —, eles muitas vezes têm protótipos de soluções.[3] Os "clientes de ponta" com freqüência demonstram essas características pela participação em associações, redes de usuários, comitês consultivos de clientes e entidades semelhantes.

Embora acreditemos ser preferível dedicar tempo aos clientes de ponta em seu contexto de uso do produto ou serviço, isso nem sempre é possível. Para contornar essa restrição, Shoji Shiba desenvolveu um questionário não-estruturado (tendo em mira de doze a vinte clientes/usuários de ponta) para trazer à tona exigências e necessidades-chave. A primeira pergunta é algo como *Que imagens lhe vêm à mente ao visualizar esse produto ou serviço?* Esta pergunta ajuda a formar um contexto do cliente para as exigências do Passo 3. As imagens podem ser agrupadas mediante diagramas de afinidade ou KJ[4], conforme mostra a Figura C.3. Nela, os quadros retangulares são imagens reais fornecidas por clientes, enquanto os quadros ovais são títulos atribuídos pela equipe de projeto para aguçar ou sintetizar as imagens.

Imagens como "um caixa automático" ou "porteiro hostil" ajudam a situar as exigências no contexto da experiência do cliente com um problema. Esse processo ajuda a equipe de projeto a manter uma saudável perspectiva de fora para dentro do problema ou da oportunidade.

A segunda pergunta de Shiba é algo como: *Baseado em sua experiência, quais são suas queixas ou problemas em relação a esse produto ou serviço?* Essa pergunta sonda profundamente as percepções atuais. Normalmente, esses dados são muito concretos, mas às vezes ficam ocultos na forma de uma solução, em vez de uma necessidade. Ao perguntar *Que características você tem em mente ao selecionar esse tipo de produto ou serviço?*, a equipe de projeto obtém dados sobre as expectativas atuais. Finalmente, necessidades latentes ou ocultas podem ser exploradas perguntando-se *Que novas características atenderiam necessidades futuras?* Ao alinhar comentários de clientes sobre suas necessidades (perguntas 2 a 4) com diferentes imagens dos clientes, a equipe de projeto talvez consiga detectar necessidades inteiramente novas.

PASSO 3
Transformar a "Voz do Cliente" em Necessidades

O propósito deste passo é enunciar necessidades dos clientes de forma irrestrita e inequívoca. A equipe de projeto converte as necessidades implícitas no linguajar do cliente/usuário em necessidades reafirmadas na linguagem da organização fornecedora. Para transformar a "voz do cliente" textual em uma necessidade do cliente, emprega-se uma seqüência de passos e diretrizes que visam facilitar o desenvolvimento de enunciados claros, concisos e inequívocos da necessidade do cliente. Shoji Shiba fornece as seguintes diretrizes para tal conversão:

- Não a enuncie como uma solução.
- Não use termos abstratos.
- Não use um pensamento bivalente (por exemplo, lento-veloz).
- Não use as palavras "deveria" ou "tem que".
- Não use palavras desnecessárias; seja conciso.
- Não escreva de uma perspectiva negativa.

Por exemplo, uma voz do cliente no exemplo do produto de pesquisa de bancos de dados (citado no Passo 2) dizia: "Não há coerência em usar as teclas de função F1 ou F2 para pesquisar à frente." A equipe de projeto descobriu no "porteiro hostil" um contexto para essa reclamação e identificou o item-chave como "mapeamento incoerente do teclado". A necessidade foi reafirmada como "Mapeamento do teclado do produto coerente de uma tecla de função para outra."

PASSO 4
Selecionar as Necessidades Mais Significativas

Normalmente, centenas de necessidades são geradas a partir das "vozes brutas" dos clientes sobre qualquer oferta individual no mercado. Entretanto, nem todas as necessidades são iguais. O propósito do Passo 4 na Figura C.1 é reduzir tal lista às necessidades mais importantes a serem consideradas imediatamente pela equipe de projeto. Para manter uma perspectiva do cliente, é fundamental contar com um subconjunto de seis a dez clientes submetidos à pesquisa envolvida neste passo.

Um método eficaz é listar as necessidades e fazer a equipe (inclusive os clientes) avaliar a clareza dos dados e, depois, "votar" naquelas que sintam serem as mais importantes, marcando-as com um ponto ou outro sinal. Após algumas rodadas de "votação silenciosa" (esse método permite a fixação de prioridades democrática e sem restrições), a equipe deve selecionar as necessidades mais importantes e explicar o porquê ao grupo. (Essa técnica força os participantes a pensar cuidadosamente em que necessidades são mais importantes para eles.) Esse processo dá aos outros participantes a chance de apreciar diferentes perspectivas sobre a oferta no mercado. Segundo nossa experiência, esse processo reduz as necessidades em cerca de 60% — normalmente restando cerca de 75 necessidades, um número manejável nesse estágio.

PASSO 5
Desenvolver uma Estrutura para as Necessidades Selecionadas dos Clientes

O propósito do Passo 5 é identificar e mapear os relacionamentos entre as necessidades. A ordenação em uma estrutura das necessidades selecionadas dos clientes pode se dar mediante um diagrama de árvore (Figura C.4). Nele, as necessidades ou "ramos" são agrupados por semelhança sob um título ou "galho" da árvore. Outros métodos de grupamento, como diagramas de afinidade, também podem ser usados e, depois, simplesmente convertidos no formato de árvore. Ao estruturar as necessidades, a equipe de projeto pode procurar necessidades faltantes e preencher os "ramos" (na árvore).

Figura C.4 ◆ Formato de Diagrama de Árvore

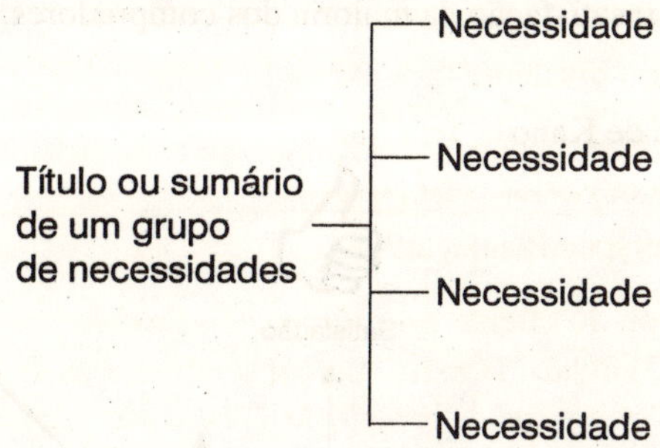

PASSO 6
Investigar as Características das Necessidades

Nesse estágio, as necessidades identificadas não são de igual importância para uma maioria de clientes. O propósito do Passo 6 é determinar quais são. Uma técnica poderosa para isso foi desenvolvida pelo professor da Universidade Tóquio Rika, Noriaki Kano, e seus colegas.

Teoria de Kano[5]

Para algumas necessidades de clientes, a satisfação do cliente é proporcional à extensão em que o produto ou serviço é plenamente funcional.

O eixo horizontal da Figura C.5 indica quão plenamente funcional é um produto/serviço e o eixo vertical indica quão satisfeito está o cliente. A linha que atravessa a origem em um ângulo de 45 graus representa a situação em que a satisfação dos clientes é diretamente proporcional à funcionalidade do produto/serviço. Em outras palavras, ela representa a situação em que o cliente fica mais satisfeito com um produto/serviço mais plenamente funcional e menos satisfeito com um produto/serviço menos funcional. Kano designa tais necessidades de "unidimensionais". Uma melhoria de 10% na funcionalidade resulta em uma melhoria de 10% na satisfação dos clientes. Por exemplo, quanto mais rápido o "tempo de resposta" de um sistema ou quanto mais "quilômetros por litro" um automóvel rodar, mais o cliente gostará do produto.

Algumas necessidades de clientes não são unidimensionais; existem também elementos "tem que ser" e "atraentes". A curva do "tem que ser" indica situações em que o cliente fica menos satisfeito quando o produto ou serviço é menos funcional, mas não fica mais satisfeito quando o produto é mais funcional. Por exemplo, os usuários de um bureau de serviços esperam que este funcione 99,9% do tempo. Seu nível de satisfação não aumenta com o aumento do tempo de funcionamento, mas o tempo de paralisação leva a uma profunda insatisfação.

A curva do "atraente" indica a situação em que o cliente fica mais satisfeito quando o produto ou serviço é mais funcional, mas não menos satisfeito quando este é menos funcional. Por exemplo, quinze opções de *fading* em uma filmadora de vídeo aumentaria a satisfação de todos os compradores, mas a falta de *todas* as quinze opções provavelmente não acarretaria a insatisfação da maioria dos compradores.

Figura C.5 ◆ Análise de Kano

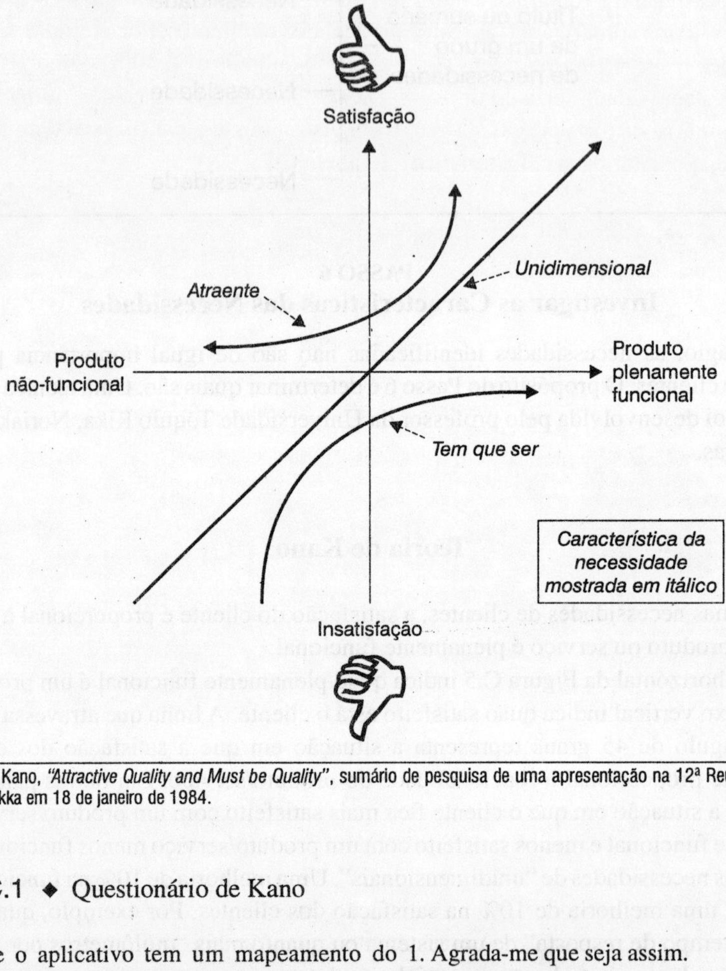

Fonte: Noriaki Kano, *"Attractive Quality and Must be Quality"*, sumário de pesquisa de uma apresentação na 12ª Reunião Anual da Nippon QC Gakka em 18 de janeiro de 1984.

Tabela C.1 ◆ Questionário de Kano

40(a)	Se o aplicativo tem um mapeamento do teclado coerente de uma tecla de função para outra, como você se sente? (Funcional)	1. Agrada-me que seja assim. 2. Tem que ser assim. 3. √ **Sou neutro.** 4. Posso conviver com ele assim. 5. Isso não me agrada.
40(b)	Se o aplicativo não tem um mapeamento do teclado coerente de uma tecla de função para outra, como você se sente? (Não-funcional)	1. Agrada-me que seja assim. 2. Tem que ser assim. 3. Sou neutro. 4. Posso conviver com ele assim. 5. √ **Isso não me agrada.**

Algumas necessidades não se adaptam a nenhuma dessas definições. Os clientes podem ser indiferentes à necessidade ou não gostar absolutamente da necessidade.

Convidando-se clientes/usuários adicionais para responder a perguntas de pesquisa, como as mostradas na Tabela C-1, cada necessidade pode ser indagada e, depois, analisada das perspectivas funcional e não-fumcional. Podemos determinar a característica de cada necessidade sumarizando as respostas de todos os clientes. Por exemplo, se a maioria dos clientes respondeu a pergunta 40(a) como "Sou neutro" e 40(b) como "Isso não me agrada", a necessidade seria do tipo *tem que ser*. A característica é determinada tabulando-se o sumário de cada pergunta (a) e (b), registrando-se o par (neste exemplo, 3 e 5) e, depois, pesquisando-se a característica na Tabela C.2.

Tabela C.2 ◆ Matriz das Classificações de Kano

		Não-funcional				
		1. Agrada-me	2. Tem que Ser	3. Neutro	4. Posso Conviver	5. Não me Agrada
FUNCIONAL	1. Agrada-me	Q	A	A	A	U
	2. Tem que ser	C	I	I	I	T
	3. Neutro	C	I	I	I	(T)
	4. Posso conviver	C	I	I	I	T
	5. Não agrada	C	C	C	C	Q

Tipo de Necessidade:

A: Atraente — U: Unidimensional

T: Tem que ser — Q: Resultado questionável

C: Contrário — I: Indiferente

Para esta necessidade, um T (*tem que ser*) está na interseção das coordenadas (3,5). Esse processo é repetido para cada necessidade. A classificação de Kano pode, então, ser adicionada ao diagrama de árvore mostrado na Figura C.6.

PASSO 7
Definir as Necessidades Operacionalmente

O próximo passo é assegurar a existência de definições operacionais claras para todas as necessidades "tem que ser", "atraente" e "unidimensional". Segundo Deming, uma definição operacional é um significado comunicável expresso como um conceito.

Adjetivos como "bom", "confiável", "rápido", "de fácil uso" só adquirem um significado comunicável depois de expressos em termos operacionais de amostragem, teste e critério.6 isso atende a dois propósitos: (1) a equipe pode testar se a necessidade foi satisfeita na execução do projeto (a saber, a especificação voltada para o cliente) e (2) ao desenvolver termos mensuráveis específicos (indicadores) usados para determinar os objetivos do projeto, a equipe pode então realizar um benchmarking das especificações em relação ao desempenho das ofertas dos concorrentes (discutido no Capítulo 4).

Figura C.6 ◆ Diagrama de Árvore com as Classificações de Kano

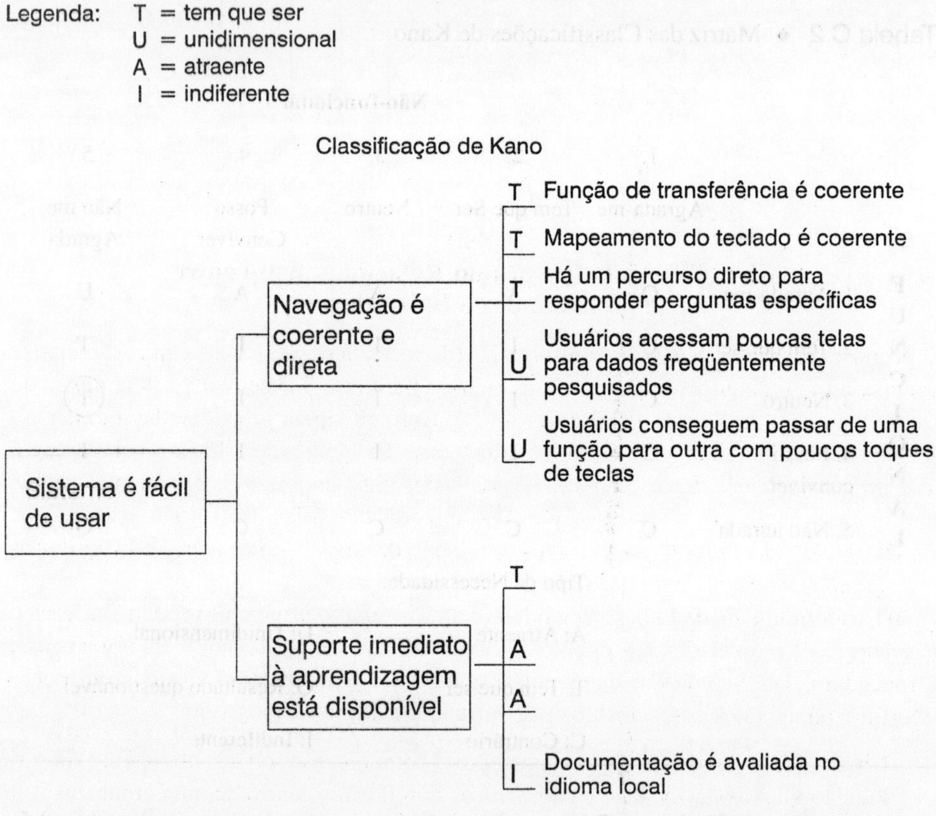

Por exemplo, a primeira necessidade da Figura C.6 ("Função de transferência é coerente") não satisfaz ao teste de Deming: (1) não está claro que função de transferência deve ser coerente e (2) "coerente" é uma palavra ambígua. A equipe de projeto teria dificuldade em determinar se um projeto satisfez esta especificação. Ao adicionar informações quanto a que função de transferência interessa e estabelecer critérios de decisão (por exemplo, a mesma tecla é usada na passagem de uma aplicação para a outra, dentro de três segundos), a especificação adquire um significado útil.

Figura C.7 ◆ Casa da Qualidade

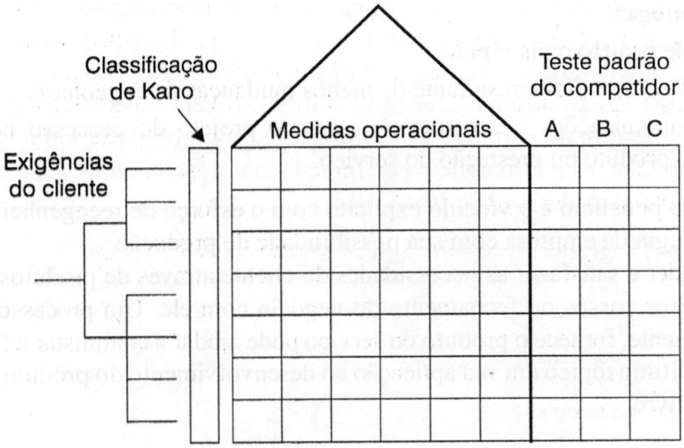

PASSO 8
Identificar a Estrutura do Relacionamento entre Necessidades e Indicadores

O propósito do Passo 8 é exibir a informação de forma a permitir a comunicação clara e concisa a toda a equipe de projeto. Um método para isso é desenvolver uma tabela de Desdobramento da Função Qualidade (QFD). Como a tabela se assemelha a uma casa (Figura C.7), é muitas vezes denominada "casa da qualidade". Essa tabela ajuda a assegurar a aplicação dos recursos às necessidades mais importantes dos clientes de três pontos favoráveis: (1) as necessidades dos clientes classificadas (o lado esquerdo da figura), (2) os indicadores operacionais (o telhado da casa) e (3) os marcos de desempenho de um concorrente em relação às mesmas necessidades.

O Desdobramento da Função Qualidade é um sistema de projeto de produto ou serviço baseado nas necessidades dos clientes e envolvendo todos os membros da organização fornecedora. Trata-se de um mapa conceitual para o planejamento e as comunicações interfuncionais. Dois especialistas nessa ferramenta assim a descrevem:

> Um conjunto de rotinas de planejamento e comunicação, o Desdobramento da Função Qualidade focaliza e coordena as habilidades dentro de uma organização, primeiro para o projeto, depois para a fabricação e comercialização dos produtos que os clientes desejam comprar e continuarão comprando. A base dessa ferramenta é a crença em que os produtos devem ser projetados para refletir os desejos e os gostos dos clientes — de modo que o pessoal de marketing, os engenheiros de projeto e o pessoal da fabricação devem trabalhar em estreito contato desde o momento em que o produto é originalmente concebido.[7]

As empresas que adotam a Desdobramento da Função Qualidade propiciam, de várias formas mensuráveis:

- Um volume maior de vendas, pois os clientes obtêm o que desejam (qualidade) quando desejam (entrega).
- Um tempo de projeto mais rápido.
- A redução do desperdício, resultante de menos mudanças de engenharia.
- Melhores comunicações e contribuições para o projeto do processo necessários à produção do produto ou prestação do serviço.

Este último benefício é o vínculo explícito com o esforço de reengenharia: ele ajuda a unir a estratégia da empresa com sua possibilidade de produção.

Compreender e satisfazer as necessidades do cliente através de produtos ou serviços são os primeiros passos no fechamento do negócio com ele. Um processo eficaz que, subseqüentemente, fornece o produto ou serviço pode ajudar a conquistar a fidelidade do cliente. Este último tópico em sua aplicação ao desenvolvimento do produto ultrapassa o escopo deste livro.

NOTAS

1. Os conceitos empregados nesta análise foram desenvolvidos pela equipe do Center for Quality Management de Gary Burchill, Diane Shen, Ron Santella, Alan Graham e Rich Lynch, sob a direção de Shoji Shiba. Para obter informações adicionais sobre a metodologia de engenharia de conceitos, consulte Shoji Shiba, Alan Graham e Dave Walden, *A New American TQM*.
2. Dennis Wixon, Karen Holtzblatt e Stephan Know, "Contextual Design: An Emergent View of Systems Design". Nashua, H.H., Digital Equipment Corporation, 1991.
3. Eric von Hipple, *The Sources of Innovation*. Nova York, Oxford University Press, 1988.
4. O método KJ é descrito no glossário.
5. Noriaki Kano et al., "Attractive Quality and Must-be Quality", sumário de pesquisa de uma apresentação na 12ª Reunião Anual da Nippon QC Gakka em 18 de janeiro de 1984.
6. W. Edwards Deming, *Out of Crisis* (Cambridge: Massachussets Institute of Technology, Center for Advanced Engineering Study, 1986). [Ed. bras.: *Qualidade: a revolução da administração*. Rio de Janeiro, Marques Saraiva, 1990.]
7. John R. Hauser e Don Clausing, "The House of Quality", *Harvard Business Review*, maio-junho de 1988.

APÊNDICE D

CHECKLIST DA REENGENHARIA

As perguntas a seguir podem ser usadas para se verificar a qualidade do reprojeto. (A equipe de projeto deverá marcar uma pergunta se acreditar que o projeto satisfaz a ela.)

Teste da Qualidade do Serviço

_____ O processo reflete uma perspectiva do cliente do que acontece?
_____ Os momentos-chave de verdade são identificados e o projeto elimina os pontos falhos?
_____ É possível tomar ações específicas no processo para dar conta das expectativas?
_____ Os serviços intangíveis oferecidos foram tornados mais tangíveis?
_____ Os tempos de espera do cliente foram minimizados?
_____ Existem formas de maximizar o valor do tempo do cliente?
_____ Existe um planejamento para as principais exceções nos procedimentos?
_____ Os empregados de linha de frente têm *empowerment* para tomar decisões em benefício dos clientes?
_____ A tecnologia da informação pode ser usada a fim de produzir resultados para os clientes?

Teste do Fluxo de Trabalho

_____ O ciclo de vida completo de um produto ou serviço está representado no mapa?
_____ Os *buffers* e acúmulos estão visíveis no processo?
_____ O trabalho pode ser processado até o fim uma unidade de cada vez (ou ao menos em lotes bem pequenos)?
_____ Os gargalos existentes foram removidos?
_____ Existe *feedback* sobre como balancear o fluxo de trabalho por gargalos potenciais?
_____ As passagens de tarefa foram eliminadas sempre que possível?
_____ O fluxo do trabalho é em paralelo, em vez de seqüencial?
_____ Especialistas foram integrados ao processo?
_____ O projeto acomoda variações e flutuações no volume de trabalho?

_____ Foram dados passos para garantir a qualidade na primeira vez?
_____ Os passos de inspeção e armazenagem foram eliminados?

Teste do Espaço de Trabalho

_____ As pessoas foram situadas próximas entre si para promover o *feedback* imediato?
_____ O trabalho foi tornado visível de modo que os acúmulos sejam facilmente detectados?
_____ Há disponibilidade de espaço para as equipes conduzirem reuniões, entrevistas etc.?
_____ As ferramentas apropriadas estão disponíveis na célula de trabalho?

Teste da Melhoria Contínua

_____ Indicadores de desempenho no nível do processo essencial foram explicitamente enunciados?
_____ As atividades específicas estão alinhadas com essas metas?
_____ Existe um equilíbrio apropriado entre qualidade, entrega, tempo de ciclo e desperdício?
_____ Estimativas foram realizadas quanto à capacidade teórica do projeto?
_____ Metas realistas foram embutidas no processo de planejamento para se obter o pleno potencial do projeto?
_____ Existe um processo embutido para a melhoria do processo (por exemplo, controles estatísticos do processo)?
_____ Os indivíduos no processo reestruturado estão preparados para solucionar sistematicamente os problemas?
_____ Existe um processo para alinhar as equipes de solução de problemas com as prioridades do processo essencial?
_____ Os fatores de motivação foram projetados para encorajar o comportamento que leva à melhoria contínua?

Teste do Projeto da Força de Trabalho

_____ Passos foram dados para garantir a capacitação dos empregados (treinamento e certificação)?
_____ A segurança do emprego e o pagamento foram abordados?
_____ Os objetivos do esforço de reengenharia foram claramente comunicados?
_____ A experiência prática com o novo projeto foi planejada de modo a fornecer aos empregados um contexto de como a mudança os afetará?
_____ O escopo da maioria das tarefas foi ampliado?
_____ Os empregados dispõem de meios de introduzir mudanças no projeto?
_____ A equipe de projeto despendeu tempo suficiente com a liderança informal da organização?

_____ Existe um número suficiente de agentes e mentores da mudança para a implementação integral?

_____ Os sistemas de gerenciamento do desempenho foram reprojetados de modo a promover a aprendizagem individual e organizacional?

Teste da Tecnologia da Informação

_____ Tecnologia foi aplicada após o primeiro término de uma análise de valor agregado?

_____ Bancos de dados compartilhados foram projetados para permitir que as informações apareçam em todos os lugares onde é necessária?

_____ O processo consegue fazer uso de sistemas especialistas para permitir aos generalistas um trabalho mais complexo?

_____ Telecomunicações foram usadas para se colherem os benefícios da centralização e da descentralização?

_____ Ferramentas de apoio à decisão foram empregadas para que a tomada de decisões faça parte da tarefa de todos?

_____ Ferramentas de comunicação de dados sem fio permitiram ao pessoal de campo enviar e receber informações onde quer que estejam?

_____ Discos de multimídia/interativos foram considerados para certas funções de vendas e técnicas?

_____ Tecnologia de rastreamento automático foi incorporada?

Índice Remissivo

Este livro foi composto pela Kraft Produções Gráficas Ltda., em Times New Roman, e impresso por Tavares e Tristão Ltda., em novembro de 1995.